中央大学社会科学研究所研究叢書……10

体制擁護と変革の思想

池庄司敬信　編

中央大学出版部

はしがき

本書は、中央大学社会科学研究所の「体制擁護と変革の思想」研究チームが、一九九五年四月から二〇〇〇年三月までの五年間にわたって行ってきた研究の成果をまとめたものである。この研究チームは、世界の歴史において展開された諸々の思想を取り上げて、それらの、体制との関わりを究明することを基本的な課題として発足した。

一口に思想と体制との関係といっても、態様はまことに多様である。思想は、時系列の関係では、体制に対してウトピーとして、あるいはイデオロギーとして、さらにはアポロギーとして機能する。また、両者の相互関係からみれば、ある思想は体制の変化する過程では変革のイデオロギーとして機能しながら、新たな体制の下では、それを擁護する役割を演じたりもする。機能する範囲の点からみれば、ある思想は、時代や民族を越えて、体制を変革し、あるいは擁護の役割を果す。また、ある時代にある地域で一定の役割を演じた後、地下水のごとく沈潜し、別の時代の別の地域において、装いを新たにして、体制に働きかける思想として登場する。

チームの掲げた課題がかなり包括的な性質を有しているせいか、比較的多くの人が参加した。いきおい、このチームには、様々な専攻分野、個性豊かな問題意識、独自性に富んだ研究の手法などが持ち込まれることになった。チームは五年の間に、六回の合宿を含めて三五回の研究会を開いた。研究会の内容は、個人あるいは複数での研究報告、メンバーが行った学会報告についての討論、外部から講師の招聘、論文集編纂の打ち合わせ等と多様であった。また、こうした研究会の合間にも、少数者のグループの研究会も時折もたれた。

以上のような経緯を経て編纂された本書の各章について簡単に紹介すれば次のようである。

第一章（和田重司）

ナチズムの野蛮を告発するM・ホルクハイマーの近代啓蒙思想批判について、A・スミスの同感理論と比較しながら検討し、資本主義の貨幣万能主義・経済成長至上主義、官僚支配、正義・平等・自由などの諸理念と現実の乖離という状況のなかで、一八世紀啓蒙思想のもつ現代的意義をあきらかにしている。

第二章（齋藤俊明）

E・バークによるフランス革命批判と、それに対するR・プライス、T・ペイン、M・ウルストンクラフト、C・マコーリー、J・マッキントッシュたちの論駁を検証し、「イギリスにおけるフランス革命」をめぐる論争を、体制擁護と変革の思想という視点から整理している。

第三章（高橋和則）

フランス革命とそれにつづく対仏大同盟の結成を、主権国家という枠組を確立した「ウエストファリア体制」の擁護と変革をめぐる思想的対立としてとらえ、同体制を擁護するE・バークの主権国家論を、のちにI・カントによって乗り越えられるべきものと位置づけている。

第四章（下條慎一）

貴族階級が支配するイギリスの体制変革をこころざしたJ・S・ミルが、選挙における腐敗行為にいかに取り組んだのかに焦点をあて、ミルにとって体制変革とは、選挙浄化によって富の力による政治を打破し、労働者階級の政治参加をとおしてなされなければならないものであったことを究明している。

第五章（落合　隆）

J・J・ルソーが、かれの生まれ育った、「貴族」と「市民」が闘争するジュネーヴの政治にどのように関与していたのかを明らかにしたうえで、『人間不平等起源論』や『社会契約論』を再検討し、ルソーの政治思想はかれが「ジュネーブ市民」として生きるなかで形成されたものであることを解明している。

第六章（鳴子博子）

J・J・ルソーとM・ロベスピエールの国家論を連続するものとしてとらえ、前者をジャコバンあるいは全体主義の源流に位置づける通説にたいして、ルソーの一般意志論とロベスピエールによるエリーティズムを識別すると同時に、ルソーの歴史体系の中に、旧ソ連・東欧の体制崩壊後において提示すべき新たな共同理論を見出している。

第七章（横山清彦）

P・J・プルードンが当時のヨーロッパの政治的混乱を回避する手段として「ウィーン体制」を擁護しつつ、中央集権的なネーション＝ステイトの形成に資するナショナリズムの高揚に反対して、地域主義的・分権主義的な連合主義理論を構築したところに、体制擁護と変革の思想が併存していることを指摘している。

第八章（大矢　温）

Ф・И・チュッチェフがクリミア戦争におけるロシアのトルコ進出を、ビザンチン帝国の正当な後継者であるロシアによる「失われた版図の復活」としてのみならず、人民が正教の精神に基づいて有機的に結合しているロシアと、「革命」精神が支配して社会を崩壊に導いている西ヨーロッパの「最終戦争」と認識していたことを明らかにしている。

第九章（村井　淳）

ロシア革命による社会主義政権の誕生からソ連崩壊に至るまでの間、ソヴィエート体制において「何が変わったのか」よりもむしろ「何が変わらなかったのか」ということについて、現代ロシアになお存続する旧ノーメンクラトゥーラの支配を視野に入れながら分析している。

第一〇章（大木昭男）

ソ連邦の崩壊後に、共産主義と資本主義をともに西ヨーロッパに由来する思想として排斥しロシア独自の路線である「第三の道」を模索するなかで、ソヴィエート体制下の大ロシア主義を否定する亡命知識人たちによる「ユーラシア主義」が、ふたたび登場してきた意義を考察している。

第一一章（土橋　貴）

フランス革命以前の絶対王政下において「神義論」にもとづくアンシャンレジームの変革をこころざしたJ・J・ルソーと、四民差別の身分制社会からなる徳川幕藩体制のもとで「宇宙義論」による平等論を構築した安藤昌益の体制変革思想を、かれらの自然観の比較をとおして究明している。

第一二章（山田博雄）

中江兆民が翻訳したJ・バルニの「民主国ノ道徳」をとりあげて、この著作とJ・J・ルソーの『社会契約論』との関連に着目しながら、兆民はバルニにおける「霊魂と神にもとづくあらゆる体系から」独立した「道徳」概念を、薩長政府が準備する「一人」の「帝」もしくは「王」からの「独立の道徳」と読み替えたことを解明している。

第一三章（中島吉弘）

梯明秀による三木清の哲学批判を分析することをとおして、「暗い谷間」と呼ばれた戦時下の日本ファシズム体制変革の思想を浮き彫りにするとともに、かれらの哲学を、個人の尊厳を普遍的原理として承認することなく同質化を強制してきた日本精神史における貴重な遺産として位置づけている。

第一四章（崔　長根）

韓国と日本の国境形成過程について、日本で「竹島」と称されている「独島」をめぐる領土問題を中心として考察し、豊臣秀吉による全国統一以後から、徳川時代、明治時代を経て、第二次世界大戦後にいたるまで、日本がその領有権を主張してきた経緯を、帝国主義的な領土拡大と植民地支配を批判する視座からあとづけている。

第一五章（中村勝己）

イタリアにおけるファシズム体制を批判し、変革の主体を工場評議会運動に参加する労働者階級に見出したP・ゴベッティの「自由主義革命」思想にたいして、冷戦終結後にN・ボッビオたちがおこなった再評価の動きを追究し、そこに、国家の役割を過大に評価して諸個人の自発性を抑圧してきたボリシェヴィズムへの批判的含意を読み取っている。

第一六章（高橋善隆）

大恐慌後におけるアメリカ政治経済体制の安定を目指したニューディール政策に対するT・スコッチポルたちの分析を、『ニューディール期の国家と政党』における農業調整法と全国産業復興法の成立・執行過程およびそれらの成否などに着目しながら、検討している。

研究会を重ね、本書を上梓するまでには、多くの方々のお世話になった。ここにそのお名前を記して、篤くお礼を申し上げたい。

中央大学社会科学研究所前所長　古城利明　教授
中央大学社会科学研究所事務室前室長　関口伸夫　氏
中央大学社会科学研究所所長　川崎嘉元　教授
中央大学研究所合同事務室担当副課長　高橋繁雄　氏

中央大学出版部副部長　矢崎英明氏
中央大学出版部担当副部長　平山勝基氏
研究チーム叢書編集幹事　星野智教授
同　補佐　下條慎一講師

二〇〇一年三月七日

「体制擁護と変革の思想」研究チーム　幹事
池庄司敬信

目次

体制擁護と変革の思想

第一章　スミスの同感理論とホルクハイマーの啓蒙批判

和田重司

序節　ホルクハイマーの近代批判とスミス

ホルクハイマーとアドルノの『啓蒙の弁証法』(1)は、ヨーロッパにおける近代啓蒙の歴史的な展開が第二次大戦の惨劇やユダヤ人虐殺という非道な結果をもたらし、理性と啓蒙に出発した文明が結局のところ野蛮へ転退したという近代史の悲劇を告発したものである。彼らのこうした近代史認識は近代啓蒙思想批判の一つの典例とみなされている。現代世界の実相は、近代初頭の啓蒙思想が展望したように明るくもなく美しくもない。自由な個人主義にもとづく社会的な調和があるわけでもない。むしろ資本主義的な貨幣追求原理によって人間性は歪められているし、官僚制的な大衆操作によって人々は逼塞感に打ちひしがれている。だから明るい楽観的な調和思想を含む近代啓蒙思想は、一つの虚偽意識でしかないと考えられている。

一方では資本主義の貨幣万能主義・経済成長至上主義、他方では官僚支配、自由や平等や正義の諸理念の現実からの乖離というような現代的な情況が、一八世紀啓蒙思想の（少なくともその最良の思想が）掲げた理念とあまりにもかけ離れてしまったとしても、それではこうした退落を批判し克服しようとする手続きあるいは方法は、どのように求められるであろうか。彼らは、現代的な情況を批判するばかりで、そこからの脱却の方法を指示することまではしなかった。しかし批判は、問題克服の方法を示すことによってはじめて十分な批判でありうる。彼らも自分たちの近代批判にはこのような意味で未解決の問題が残されていることを感じているように見える。だから抽象的・暗示的ではあるが、近代の諸理念の請け戻しにその解決の方向があるようにさえいっている。こうして一方では近代批判を展開し、他方では近代の諸理念の請け戻しを暗示していたことになる。いずれにしても一見矛盾するこの批判と克服の方向は、一八世紀の啓蒙思想の現代的な意義に関してどのような問題を投げかけているであろうか。本章は、ホルクハイマーとアドルノの共著『啓蒙の弁証法』やホルクハイマーの『理性の腐蝕』(2)を取り上げて、こうした問題を考えてみようとするものである。

この問題を考えるに際してこともあろうにアダム・スミスを引き合いに出すのは、私自身が長年スミスへの研究関心を持ちつづけてきたことを別にすると、次の二つの問題が気になるからである。

一つは、スミスも広い意味での一八世紀啓蒙の一翼をになっていたのだから、おのずと彼らの啓蒙批判の対象に含まれることになりそうだが、彼らの啓蒙批判、理性批判はスミスの同感感情論を正当に評価した上でなされているとは到底言えない。スミスの同感感情論も、一種の理性批判であって、この限りでは彼らの理性批判はスミスに妥当しない側面を持っている。彼らは理性と自然、理性と感情を対立させており、理性によって樹立される社会の一般規則が自然感情の抑圧である点を糾弾し理性と自然との宥和を期待しているが、もともとスミスの同感理論は社会の一般規則と人間の自然感情との宥和がどのように可能であるかを証明しようとしたものである。主としてドイツ哲学の伝統から放たれた近代啓蒙批判の矢が、どのようにスミスを射損じているか、この点ははっきりさせねばならない。

第二に、この点をはっきりさせたいと思う理由は、ホルクハイマーたちの近代啓蒙評価がアンビヴァレントであるからである。彼らは一面では正義だ自由だ平等だという啓蒙思想の標語は現実の実相からかけ離れた虚偽意識だと論難しているが、他方で「正義、平等、自由といった文明の偉大な諸理念は」「文明の窮状に対する自然の抗議であり、われわれが有する唯一の定式化された証言である」と言い、「哲学は諸理念と現実との断絶を克服するために闘う」(3)と宣言する。しかしこの最後の点についての彼らの考えは、今ここで引用した以上の具体性をほとんどもっていない。第二次大戦中の弾圧と惨禍の中で形成された悲観的な理論だからでもあるだろうが、彼らの社会哲学が単なる批判理論に終わっていると言われるのはそのためである。しかしこのネガティヴな批判理論に学びながら、戦争直後の明るい世相の中でもっとポジティヴな社会哲学の建設を目指したハーバーマスのコミュニケーション的行為の理論は、日常的な生活世界での人々の自然感情の交流をとおして自然に形成される相互了解が、上記諸理念を維持している基礎であり、またその意味で社会の民主化の極めて重要な基盤であるという見方を提示している。生活場面での人々の自然な感情交流によって社会の諸規則の正当性を根拠づけようとする見方は、理性と自然との対立に焦点を合わせたドイツ哲学史においては、大変新鮮な見方であったように考えられるが、逆にそのような考え方はまさにスミスの同感理論と同じ性質を持っているように感じさせる。言ってみれば、フランクフルト学派第一世代のマックス・ホルクハイマー（一八九五―一九七三）やテオドール・アドルノ（一九〇三―六九）が「諸理念と現実との断絶」を克服するという未解決の問題を残し、同学派第二世代といわれるユルゲン・ハーバーマス（一九二九―　）が残されたこの問題を解決する方法としてコミュニケーション的行為を通しての相互了解という社会心理学的メカニズムを分析した、この方向性の中に私は大づかみに言ってスミス的な同感理論のモーダーン・エディションを見る思いがする。これがここでスミスを取り上げる第二の理由である。(4)

1　啓蒙と理性――ホルクハイマー

まず、ホルクハイマー、アドルノが上記の本で「啓蒙」といっているのはどのようなことがらであろうか。その一番目立った特徴は、啓蒙ということばをギリシア時代以降のヨーロッパ文明という意味と事実上重ねていることである。話はホメロスの『オディッセイア』から始まっている。しかしこの点にすでに彼らの啓蒙理解の度し難い特徴が出ているように思われる。

『オディッセイア』は、難行苦行を重ねて戦場から故郷へ帰還する英雄オディッセウスの物語である。あらゆる誘惑を克服して故郷の妻のもとへ帰還する夫の物語である。帰路遭遇するさまざまな危難に対して、自然にわきあがってくる恐怖心に怯えてその危難から逃げ回っていては、彼ははるかに離れた故郷へ帰り着くことはできなかっただろう。自然な感情のおもむくままに美女、妖精の誘惑のとりこになるようでも、国許で彼を待つ妻のもとへ帰り着くことはできなかったであろう。こうして彼は、強固な意志によって自然の感情を抑制し、自然の猛威を克服して、故国に帰りついたのであった。そこで彼は、彼の妻に言い寄る男たちを発見した。彼は、妻もまた社会の掟を守っていたことを確かめ、そしてその男たちを皆殺しにしてしまった。ホルクハイマー、アドルノが描く『オディッセイア』はこのような観点から、自然の克服としての文明社会のきびしい規則の遵守を描いているように思われる（反面、彼らは『オディッセイア』が、神話上の神々の怒り、許し、助力によってひきおこされるところの、人知人力を超えた神話的暴力の展開であるという側面には、焦点を当てていない）。

ホルクハイマーたちが描き出そうとしているのは自然感情の克服としての文明であり、自然感情を抑制するものとしての社会的な規則であり、社会的な秩序を守るものとしての理性である。啓蒙というのもこうした理性的な思考様式と等置されている。自然というのは外界の自然と心の中の自然である。オディッセウスは外界の自然の荒波と戦った。そしてそれを克服した。同時に彼は、孤独な戦いの中にあっても魔女、妖精の誘惑に負けないように、彼の心中の自然の感情を抑制した。恐ろしい妖怪変化に立ち向かうために知力と勇気とを総動員してこれを克服した。こうして彼は夫婦の契りという社会的な規則の遵守のための手段として、合目的的、合理的な力を発揮して、外界の自然も内的な自然も克服したのである。そして両著者はオディッセウスの行為のなかに、ウェーバーが資本主義の発展の中に見てとったのと同様な、目的合理性、手段的理性を読み取った。彼らはこうして啓蒙の概念をいきなり古代にまで引き伸ばしている。こうして、科学の一定の発展と市民的自由を基盤にして特徴づけられる近代啓蒙思想がいきなり古代の英雄にまで拡張される。もしこのような概念拡張が成り立ちうるものだとすると、逆に、近代と古代の隔絶、近代の立場からの封建制批判などという啓蒙思想の歴史的特徴づけは成り立たなくなってしまうだろう。

本章で問題とするスミスの『道徳感情論』も古代の哲学に大いに学び古代文学から多くの引例を試みてはいる。しかし彼は、ギリシア早期の神話上の神々の介入によって展開される人知人力を超えた英雄物語へ言及するというよりも、おおくはもっと後の時期の社会哲学的理論や市民たちの生活や政治活動に注意をむけている。ホルクハイマーたちの神話的英雄物語とはちがって、この側面はたしかに古代社会が近代啓蒙思想に多くの示唆を与えたことを物語っているのであるが、一八世紀イギリスの市民感覚から、古代の捨て子の慣習や奴隷制や神話的迷信も批判の対象になっている。『道徳感情論』は全体として、神話と結びついた古代の英雄伝説にも、神が社会とその諸規則を定めたのだという中世的な思想にも対立して、人間がその自然的な感情のコミュニケイションに立脚して社会の秩序を形成し維持することができることを論証しようとしたものに他ならない。そのようなものとしてはスミスの社会理論、すなわち普通の市民の自然感情と社会の諸規則との関係づけは、古代の神々の見えざる力への盲従とも中世的な宗教的規範への服従とも対立する。したがってスミスは古代の多神教に表現される迷妄や、封建社会の武力的抑圧、身分制、教会支配等々を、科学の未発達に対応するもの、あるいは不自然なものとして批判するのである。スミスの社会科学は、普通の市民の自然な生活感情の在り方を探りつつ、それを基準にして、市民の生活世界を抑圧する封建的な武力国家、消費者としての市民を犠牲にし官僚的権力と癒着して貨幣追求に猛進する重商主義的資本主義を批判するという強い問題意識のもとでうまれている。そのことは『国富論』が、資本主義的な貨幣崇拝、貨幣追求を表現した重金主義や重商主義を批判していることによって明らかである。したがって彼の言う国民や市民や消費者の生活世界の観点は、資本主義的な貨幣崇拝、貨幣追求に対しても一線を画し、官僚制的国家権力に対しても批判的な態度をとっていたことになる。

しかしホルクハイマーたちは以上のようなスミス風の啓蒙思想の持つ歴史的な特性を識別しないで、先に述べたように古代、中世、近代を通しての社会的諸規則の共通な強制力を見ようとするから、社会の一般的な諸規則はいつでも不可避的に人間の自然的な感情と対立的であるように見られている。そうだとするとその理由はどこにあるのか、この点は若干検討してみなければならない問題であろう。

2　理性と自然——ドイツ

この点を念頭においてドイツの啓蒙思想を見ると、スミスとほぼ同じ時代ではあるが市民的自由の欠けたプロシアの哲学者カントにおいて、ホルクハイマー、アドルノ的な見方がすでに見うけられるように考えられる。カントの『実践理性批判』でも、社会の規則を支えているものは、人間の自然の感情ではない。規則を支えているのは人々の理性の働きによる。しかしこの理性なるものは、人々の自然な感情を抑制統御するものである。自然な感情を統御するものとして理性的な判断が言われている。また実際、ホルクハイマーとアドルノも『啓蒙の弁証法』第三章「ジュリエットあるいは啓蒙と道徳」の冒頭部分で、カント哲学における理性と自然感情の関係について、おおよそ以上のような理解を示している。

なるほど理性的な道徳的判断は、私はすべての人々に通用するようなことをしなければならないという命令判断であるという。そしてこのような判断を人は自然になしうるというのであるから、道徳的な判断と人の自然な心の働きとは決して真っ向から対立しているわけではない。しかし人々は、どのようにこうした判断ができるのか、目に見える経験的な事情の説明は必ずしも明確ではない。

その上にカントの説明では、私の理性による私の自然感情の統御ということは問題になっているが、その際、私の判断に対する他人の是認や否認が私の判断の修正や形成にどうかかわるかという、社会性のあるコミュニケイション的な交流が見えてこない。私の道徳的判断は単に理性的でも先験的でも純粋でもなく、人と人との日常の生活経験のなかで、他人を観察し他人と交流し他人の判断を参照しながら自然に形成されるという、いわば生活経験に根づいた観点がはっきりしない。私に対する他人の関係、他人の目、スミスが日常的な生活世界として理論の背景に据えた人―人関係が見えてこない。(5)

「啓蒙とは何か」という問題は格別にドイツ的な問題の立て方だと言われる。(6) この事実は、ドイツ人にとって近代啓蒙思想が外来の思想であり、頭の中で理性的・理論的に考えられるべきものであったということを物語っている。

カントは『啓蒙とは何か』(一七八四)の中で当時のドイツの社会的な時代状況は「啓蒙の時代」といえるかもしれないが「啓蒙された時代」とは言えないといっているが、イギリスでは事情が違っていて、エドマンド・バークは一七九〇年の著書でイギリスの現状を「啓蒙された時代」と呼んでいる。[7] それだけではない。大変有名な文章だが、カントは『啓蒙とは何か』の中で、学者が自由な論議をすることができるのでなければならないし、君主もそれを容認し、学者の議論はそれ自体としては国家を危険におとしいれるわけではないということを理解しうるのでなければならないと論じた後、「意のままに論議せよ、しかし服従せよ」と断じている。[8] したがって「現代はまさに啓蒙の時代、すなわちフリードリッヒの世紀だ」ということになる。[9]

以上のことと関連してホルクハイマーは『理性の腐蝕』において、人間の自然的な性質(人間性)とは別個に、二種類の理性について論じている。「主観的理性」と「客観的理性」がそれである。主観的理性というのは、自己保存という主観的な目的を実現するための手段として目的合理的に知的能力を運用することである。これに対して客観的理性というのは、社会や国家の「最高善の観念」、「人間の運命の問題」、(社会の存立と運動の方向や目的という意味での)「究極的目的」を規定する理性である。[10] 古代のプラトン主義は「客観的理性の古典的体系」[11] であり、中世世界の「権威主義的宗教」も神のご意志の名を借りて社会の究極的目的やその宿命を指し示した客観的理性であるが、近代資本主義においては貨幣に媒介された「経済的装置の物象化機構」がこの役割を引き継いでいる。[12] すなわち現代的情況は、貨幣欲、貨幣追求、国家経済のできるだけ急速な成長という資本主義的な原理が、かつての「権威主義的な宗教」の教理の役割を引き継いでいる。それが客観的に社会の在り方を規定し社会の究極目的であるかのような支配力をふるっている。

こうした「客観的理性」のもとで「自己保存」をはかろうとする人々の「主観的理性」は、「形式的」になり「手段的」になり「形骸化」する。「形式的」になるのは、人々が「自己保存」にかまけて、古代国家、中世的宗教、近代資本主義的貨幣万能主義の社会的意味内容（自分にとっての意味）を問うことをしないからである。このように内容を問わないで「自己保存」のために手段が合目的的であるかどうかだけを問題にするのだから、そのような主観的理性は「手段的」である。主観的理性は自然な感情にしたがって行為することができないのであって、主観ないし主体として持つべき生き生きとした自律性を放棄しているのだから「形骸化」しているのである。このような「主観的理性は何事にも順応する」[13]。現在のように国際競争と経済成長至上主義のために国民が総動員されることもあり、かつてのようにナチズムにも利用されることもある。

3　自然感情と一般諸規則――スミス

これに対してスミスの場合はどうであったろうか。スミスもカントと同様に自然な感情と一般的な規則との関係を問題にしている。しかしカントと比べた場合スミスの議論の特徴は、スミスが市民の日常的な感情生活に密着した議論をしていることである。スミスが観察している舞台は日常的な人-人関係である。市民間関係である。ハーバーマスのいう生活世界に等しいものと考えられる。

この舞台のうえで問題は二方向性のものである。一つの方向では、私が他の人たちの行為を見てどのように評価するか、その経験の積み重ねである。もう一つの方向においては、他の人たちが私の行為を見てどのように評価してくれそうであるか、この点について反省的に思いを巡らすことである。私は他人の行為について関心を持たないではいられないのと同様に、他人が私の行為をどう判断しているかについても気にしないではいられない。だから自然に私は、他人が私の行為を是認してくれそうであるかどうかの反省によって、自分の行為を自己規制しないではいられない。私たちはこうした意味で自然に社会的な感情を持った人間である。自然に自分の行為を自己規制し、社会的な判断をする能力を備えている。自己規制（self-command）とはいっても、それは人々の自然な感情と対立するものではない。平たく言えば、私たちは他人の批判的な目をあびればひるんでしまい、他人の賞賛の目を感じれば気持ちがはずむ。社会の中で人々と交流を重ねて行くなかで、他人の目を気にしながら、自然に自分たちの感情表現や行為を自然に規制するのである。それは自然な感情の働きと対立する理性の働きというよりも、自然な感情の働きに立脚してつちかわれる自然な判断能力である。人々は、社会生活の経験を積み重ね幼児から大人に成長するにつれて、社会的に通用するような感情表現の基準を自然に身につけるようになる。

社会生活場面でのこうした事情を基礎にして社会的に通用する一般的な規則が形成される。それらのうち規則に違反するような行為が、人々の批判の目を集めるだけでなく、人々の報復感情を呼び起こし、しかもその埋め合わせがはっきり求められうる場合には、正義にかかわるものとして法の処罰対象になる。生命、名誉の毀損、共同社会の安全を脅かすことなどは、その社会の政治システムにかかわることとして法的な処罰の対象になるであろう。私有財産権の侵害、契約の不履行というようなことは経済システムにかかわることとして、やはり法の対象にされるであろう。しかし友情や親子、男女間の情愛、慈愛心、勇気、慎慮などについては、各社会、各時代において、人々の同感感情によって是認されたり否認されたりする一般的な道徳的判断基準がないわけではないが、事柄の性質上、こうでなければ処罰するというような規則を決めることはできないので、法の対象にはならない。しかしスミスは同感感情の原理にもとづくこうした法や道徳基準によって社会は結構うまく統合されうると考えたのである。

以下若干、後論との対応上あらかじめ言及しておいた方がいいと思われる論点をいくつかピックアップしておこう。

このようにスミスの社会理論においても経済と政治と道徳の区別は見られないわけではない。そもそも『国富論』を書いて経済学を独立の科学に仕立てたのはほかならぬスミスである。そこでは人々の行為を導く原理は、自由競争や利潤の追求というような独自の原理であって、人々の行為は、資本と労働と土地のいずれを所有するかによって内容的に違っており、日常的な友情や情愛というような感情とはまったく別個なメカニズムによって規定されてしまっている。王族、貴族、市民の三層からなる政治システムについても、本章では言及を省くが、いろんな意味でその独自性を引き出すことができるだろう。

また資本主義システムと生活感情との関係は二面的である。一方では、資本主義の生活感情への支配的影響は決定的である。そもそもスミスの『道徳感情論』は商品経済の一般化という背景を度外視しては成り立たないものであろう。その中に典型的に描かれた自己規制の効いた自立的で合理的な人間像は商品経済の競争場裏で最もよく育てられるとスミス自身が述べているほどである。基本的にはスミスはこのような人間像を肯定的に見ていたのである。この点ではスミスの楽観的な人間観は、初期資本主義期のものであり、資本主義の発展が人間性を抑圧することになったとする晩期資本主義期のホルクハイマーの悲観的な見方とは対立する。しかし両者とも資本主義の生活感情への支配的な影響力に着目した点では同じなのである。後論のためにこの側面を資本主義システムの生活世界支配的な側面と呼んでおこう。

しかし他方では、主として生活世界での市民の生活感情の分析に立脚したスミスの市民感覚は、資本主義的諸現象に対して無批判であったわけではない。『道徳情論』の同感原理は『国富論』で是認された経済的ビヘイビアの原理でもある。したがって自由競争はフェアな行為でなければならない。この点をぬきにしては、彼の重商主義批判はでてこない。生産の目的は消費でなければならないというスミス経済観も出てこない。国民の富は金銀貨幣の蓄積額ではなくて、国民一人ひとりがおしなべて豊かな消費生活を享受しうることだという生活的な観点も出てこなかっただろう。スミスの社会理論はこうした生活世界の観点から資本主義的システムを批判したという側面をもっている。この関連では、周知のようにスミスの高利潤率批判、高賃金推奨論、分業の発展が一つの特殊分野に専従する労働者の知的関心を狭めてしまい道徳的能力を頽廃させてしまうという批判、富者への憧憬的同感が生じやすくこれもまた人々の道徳感情を腐敗させる原因になるという指摘など、紙数さえあれば詳論すべき論点がいくつもある。この側面を後論のために、生活世界からの資本主義批判の側面と呼んでおきたいと思う。後述する予定だがホルクハイマーなどはこの側面には着目していないのに対して、ハーバーマスはこの側面にも十分な注意を払うことになる。

後論との関係でさらに注意しておきたいのは、スミスの同感論は法や道徳の一般的規則が形成されるうえでの人々の社会心理の働き具合を叙述したものであって、法や道徳の特定の内容を推奨しようとするよりも、むしろ人々の同感感情がさまざまな法や道徳を社会の一般的な規則として是認する仕方、その形式、その社会心理的なメカニズムを説明しているという点である。もちろんスミス自身は『国富論』で明らかなように、資本主義初期段階にふさわしく特定の私有財産制度、特定の自由競争制度、特定の国家政策の正当性について明確な信念を持っていたのではあるが、『法学講義』ではこのような諸制度が過去から現在にかけてどのように変化してきたかを説明しているし、その時々の法や道徳がどのように是認されるか、その仕方を説明している。したがってこのような一般規則は人々の同感感情が変化すればその内容も変化するという関係にあるのであって、法や道徳の歴史的な変化を弾力的に説明するのに適している。

このように言うとまるで世論とその変化が法や道徳の変化の基礎であるという考えにスミスは満足したかのように

受け取られるかもしれない。スミスは二つの仕方で世論に限定的評価をあたえている。一つは『道徳感情論』におけるものである。前述のように、私が私の行為の当否を判断する場合、私は、他人の批判的な目をあびればひるむし、他人の賞賛の目を感じれば気持ちがはずむ。こうした他人の目を寄せ集めたものは私にとっての一種の世論である。私たちはたしかに自分の行為について自己評価するとき、この意味での世論に強く影響されがちではあるが、しかしスミスはこれに満足しているわけではない。なぜなら他人が単にほめてくれる行為と、ほめられるだけの真の値打をもつ行為とは、ちがうことがありうるからである。前の事情は世論に、後の事情は良心にかかわる。スミスの真に倫理的な立場は、当然ながらこの後の立場である。もう一つは『国富論』におけるものである。スミスによれば、重商主義的な植民地政策が遂行されるに際しては、少数の独占的な商人たちが政府と結託してあらゆる手を尽くして世論を操作した。世論なるものは独占的な商業資本と政府との合同の操作によって作られることがあることを、スミスは『国富論』第四編で詳しく描いている。

したがって、スミスの同感理論を含めて一七―一八世紀の啓蒙思想が、ジョン・ステュアート・ミルなどの民主主義思想、議会改革運動に継承発展させられる際にも、世論はもちろん民主主義の有力な基礎であるとは認められてはいるが、逆に世論に依拠すればなにごとも正当化されるとは考えられていない。ミルの『代議制論』はむしろ少数意見をどのように尊重するか、その方法を検討している。

舌たらずな説明ではあるが、こうした諸点をあらかじめ押さえて、ホルクハイマーの批判理論と比較してみよう。

4 啓蒙批判と自然との和解――ホルクハイマー

前に述べたように、ホルクハイマーとアドルノのいう啓蒙とは理性による支配であり一般的規則による支配であった。しかし同時に理性的な判断も一般的な規則も自然の支配と理解されていた。外界の自然を支配し人間の心の自然な衝動を統制することであった。

たしかに近代資本主義の発展の中で人間による自然制覇は大々的な成果を収めた。すなわち技術も科学も産業も大々的に発展した。『啓蒙の弁証法』の「文化産業」の章が描いているとおり大規模なマスメディア産業も発展した。産業が大規模大量生産を発展させたように、マスメディアによる大衆操作の効果も著しく発展した。巨大化した文化産業は人々の心の内面（の自然的感情）をも支配するまでになった。同一のニュースをくりかえし大量放送することによって大衆の政治的意見をさえ生産するようになった。人々はマスメディアを通して（まやかしの）理性的な事柄を外側から与えられるようになった。人々は個々人の自然の感情を自由に育むよりは、マスメディアを通して同質同様な知識と感覚を身につけることになったのである。

このようにして、大衆は一面では自然な感情を押さえられているから、そのはけ口を必要とする。（この歪んだはけ口の一つは芸術上の表現である。）反面大衆は一般的な規則に従うものとして、あるいは従うべきものとして、互いの間に同質性を求める。その規則に従いうるところの同質性を求める。ドイツ人であるということがそうした同質性の要求に対応する。ユダヤ人であることは異質性のものとして、一般的な規則への服従を拒否するものとして排除される。この排除の傾向は先の押さえつけられた自然感情のはけ口の必要と合わさって、支配欲・抑圧欲へと反転する。

これがホルクハイマーたちの言う「啓蒙の弁証法」であり、また歪曲された理性に対する大衆の自然的感情の歪曲された反乱である。

この「自然の反乱」はいろいろな角度で繰り返し説明されている。それはフロイト心理学を援用して、抑圧体験の憎悪への反転としても説明される。またドイツ哲学を彩る「自我」（Das Ich, Das Ichprinzip）の喪失から生ずる自然の復讐としても説明される。また大衆の模倣衝動（Der mimetische Impuls）という観点からも説明される。大衆は、自己保存のために抑圧権力に服従しているが、反面では、その支配権力に自己を同一化させその権力に仕えることを通して、自らもまた支配し抑圧する立場に立ちたいという願望を満たそうとする、したがってこのような抑圧的な社会の指導者は、この大衆の歪んだ支配欲望を組織し活用するというのである。このすべての理論的な考察の試みは、西欧文明の展開の中でなぜにナチズムの野蛮が結果したかを説明しようとするものである(14)。

上記の理性批判は、前述のスミスからミルにかけてのイギリスの思想史の流れとは対照的に、大変悲観的な民主主義論を導き出している。

民主主義の原理と不可分の多数決の原理はしばしば客観的理性に変わるものであるばかりか、それより良いものと思われている。なぜなら自分の利害を最もよく知るものは自分自身であり、それゆえに多数者の判断はいわゆる超越的理性（中世の神）の意志（客観的理性）と同様の価値を有するものと考えられるからである。しかし両者の間には想像されるほどの違いはない。なぜなら人が自分自身の利害について最もよく知っているということの意味は何か。それは、資本主義のもとでの自己保存のための主観的理性を意味するにすぎない。前述のように形式化され、手段化され、形骸化した「主観的理性」を意味するにすぎない。当時のドイツにおいては、それは、英米仏の資本主義に対抗して強大な生産力を実現しまた強大な民族国家を形成すること、こうした客観的理性＝国家目的に合わせた個々人の合理的な判断（目的合理的な主観的理性）にほかならない。ドイツにおける資本主義の発展、官僚制国家の発展、前述の文化産業＝マスメディアの発展、こうした大きな力の圧力のもとで個々人の意見が目的合理的な主観的理性として形成されたにすぎない。こうした意見が世論であり、多数者の意見であるにすぎない。したがって多数者の意見というのは近代における客観的理性の写像にほかならない。「したがって議論の全体は同義反復になるだろう」[15]。

このようなわけで「民主的原理は合理的な基礎を剝奪されて、もっぱら人民の利害関心に依存するようになる。利害関心は盲目的なあるいは若干意識過剰な経済的諸力の関数である。それは決して専制政治に抵抗する保証を与えない」[16]。実は、多数決は必ず少数者の権利の剝奪を伴う。「啓蒙はある発展の段階で迷信と偏執狂に転退する。……多数決原理は一つの新たな神である……「世論は（客観的――引用者）理性の代理者として現れる」[17]。ホルクハイマーたちは、もっぱら前述の資本主義の生活世界支配の側面を一面的に注目しているわけであるが、そのことによって民主主義の支えを見失っているのである。

『啓蒙の弁証法』も『理性の腐蝕』もこのような文明の野蛮への退行が必然におこると考えている。「啓蒙」の思考構造の中にこのような転落の原因が組み込まれていると考えている。啓蒙だ、理性だ、一般的諸規則だといっていることのうちに、人間の自然感情の抑圧が潜んでいるから、人間の心の底には憤懣やるかたないマグマが蓄積され、こうしてマグマの噴出と野蛮への転落の危険も伏在しているというのである。しかし具体的な形では、この転落を阻止し矯正する方法を提示しようとはしない。したがってこの書を読むと、啓蒙の夢を破られるばかりで、さてどうしたらいいのかという点では、暗然、お先真っ暗な感じを免れない。ホルクハイマーはナチスを逃れてアメリカにわたりこの書を書いた。一九四四年のことである。しかしホルクハイマーは啓蒙一般についてこのような悲観論を身につけていたから、亡命先のアメリカでもファッシズムの傾向が極めて強くなるという不安に悩まされていたのである[18]。

もっともホルクハイマー、アドルノといえども西ヨーロッパの近代思想をかなぐり捨ててしまったわけではない。究極的な立場はむしろその逆である。そのことはこの書の「序文」で著者たちが本当の啓蒙を「請けもどす」こと（Einlösung）が必要だといっていることから判明する。[19]「正義、平等、自由といった文明の偉大な諸理念 Idee は、（現実には――引用者）歪んでいるかもしれないが、窮状に置かれている自然の抗議（プロテスト）であり、われわれの有する唯一の定式化された証言である。……哲学は理念と現実の断絶と闘う」。[20] あるいはこうも言っている。「現存するものの与える示唆に左右されないで哲学が保持する自由は、市民的諸理想（Die bürgerliche Ideale）を、それらが、現存するものの代弁者によって、歪めてであれなお公言されているものであろうと、またいかなる人為的操作にもかかわらず技術的および文化的諸制度の客観的意味としてなお認識しうるものであろうと、あれこれ詮索すること無しに承認している点にある」。[21]

このような主張には私は何ら異議を唱えるべきものを持っていない。私たちがスミス等々の一八世紀啓蒙の最良の思想から日本の「市民社会論」として取り出している「正義とか平等とか自由」というのは、西欧においても日本においても十分な形では実存しない「市民的理想」である。しかしだから今どき「正義や平等や自由」などと声を大にするのは時代遅れだということにはならない。なぜならこうした諸理念は根本的な文化の諸理念として「真理値」を持つからである。だから哲学は「理念と現実との断絶と闘う」と断言され、理念に対する現実の歪みを「批判」し、それをこえようとすると言われる。したがって「哲学を懐疑主義と同列に置くわけにはいかない」[22] とも断言されているのである。

しかしこの現実超克の方法についてのホルクハイマーの叙述は、上に引用した程度の抽象的な叙述にとどまり、それ以上の具体性はない。この点は一八世紀にまだ自由主義の前途に大きな望みをかけたスミスの叙述が、いかにも力強く生き生きしていたのに比べて、まことに今昔の感を禁じ得ない。ただ、ハーバーマスへの進路と課題が示唆されているにとどまる。それでは上述してきた啓蒙の弁証法という問題について、ハーバーマスはどのような打開策を見出そうとしているであろうか。

5　ハーバーマスのホルクハイマー批判とスミス

ハーバーマスは「ホルクハイマーとアドルノ」という副題をつけた評論のなかで、本章でも前に紹介したオディッセウスの物語を取り上げている。この英雄が強靱な自己支配、果敢な自然支配をとおして自己の目的を達成した物語に言及している。そして『啓蒙の弁証法』から次の文章を引用している。

「人間の自己支配は彼の自我の根拠となる。この自己支配は主体のためになされるのだが、それは潜在的にはつねに当の主体の破壊である。というのも支配され抑圧され自己保存によって解体される実体は、自己保存の遂行をもっぱらその機能とするはずの生命体、本来まさに保存されるべき当のものにほかならないからだ」[23]。

この文章に対してハーバーマスは次のような解釈を施している。

「こうした論旨、つまり、人間は自己の内部の自然の抑圧という代償を払ってのみ、外部の自然の支配の仕方を収得し、それによって自己の同一性（アイデンティティ）を形成すると言う思考様式が、彼らの叙述のパターンをなしている」[24]。

こうした自我に対応するのが前述のような「主観的理性」であり、それに対峙するのが「客観的理性」である。

近代社会においては客観的理性の役割を果たすのは、経済的にはマルクスが描いたような資本の論理であり資本主義の原理である。すべての人は資本主義の原理を度外視しては生きて行くことができなくなる。このことからウェーバーが描いたような目的合理性が不可避となる。資本主義の発展は私企業、行政制度両面で官僚制を発展させる。それは資本の目的を実現するために不可避的に必要な合理性の具現化にほかならないからである。企業も行政機関もそれに従事する人々もこうした目的合理的な行為を強要されてしまう。この間資本主義はその発展の手段として巨大な科学と自然支配力を実現するのであるが、こうした体制の下で自己保存をはかるためには、「主観的理性」は（知的な教育を強要されるが、本当の意味で自由な主体ではありえないわけで）「外部の自然の支配の仕方を取得し」「自己の内部の自然の抑圧という代償」を払わされている。前述したことの繰り返しを避けて、「客観的理性」と「主観的理性」の関係を別の言葉でやや解説風にまとめると、以上のようになるかと思う。これではどんづまりで抜け道がなくなるであろう。どんづまりであるだけではなくこの見方は一面的である。なぜなら、それは資本主義あるいは官僚制が市民生活の全面を支配してしまっているかのように考えており、逆に市民生活の側からのこうした「客観的」圧力への道徳的対抗力・批判力を評価していないからである。

ハーバーマスの試みは、マルクス主義者のいう階級対立とか革命の可能性が消滅したと同時に、ナチス崩壊後ドイツではじめて市民的自由が与えられたという戦後ドイツの現状認識に立って、マルクスやウェーバーから引き出されたホルクハイマーの批判理論に一筋の明るい改良主義の可能性を与えようとするものであろう。

ハーバーマスは上記のひっそくした目的合理性というとらえ方に対してコミュニケイション的合理性を持ち出す。彼は合理性の一つの条件を、発言や行為の「批判可能性」、それに対応した「修正可能性」であるといっている。(25) この点は彼の考え方の重要な特徴を示すものである。なぜならある人の発言が、もしも「批判可能」でないとすると、普通の人々は、その言説が妥当なものかどうか、正しいものかどうかについて、なにごとも決めることはできないからである。そして、「合理的な」諸規則なるものが、批判すべからざるものとして、あるいは君主や賢人や官僚の「理性」的な判断として、普通の市民にとってはいわば外側から与えられることになるであろう。

ある発言の合理性を決める要件として批判可能性をあげているということは、ある言説や行為をしてもいいかどうかを決めるに際して、スミス的に言えば、「他人の目」を考慮に入れなければならないということを含んでいる。この後者の限りでは、ハーバーマスの考えはスミスの同感理論を期せずして含んでいることになる。本章においてはこの点が重要なポイントである。

上記の規定によれば、ある言説や行為の正当性が保証されるためには、ある行為や言説は反対意見を持つ他人の批判にさらされ、修正すべき点は修正されるということが保証されていなければならない。そのことによって妥当性の根拠づけが与えられる。根拠づけられたものは合理的である。「合理的発言は批判可能であるから訂正可能である。すなわちもしわれわれが犯した誤りを確かめることができれば、失敗した試みを訂正できる。根拠づけの概念は学習の概念と絡み合っている。学習過程にとっても、議論は重要な役割を果たす、……（失敗や他人の批判から学ぶという――引用者）このような否定的な経験を摂取して仕上げるための媒体が、理論的討議、したがって論争上の真理の要求をテーマ化する議論形式である。道徳的・実践的領域でも事情は同じである。現存の規範的脈略を引き合いに出して自分の行為を正当化しうる人を、われわれは合理的と呼ぶ。だが、このことが当てはまるのはまさしく、規範的行為（をめぐる）葛藤が生ずるとき、賢明に行為する人々、したがって自分の情愛に屈したり、直接的な利害にしたがったりすることなく、道徳的視点の下に争いを公平に判断し（unparteiisch beurteilen）、合意で争いを処理しようと努力する人なのである。行為の規範が事実上認められていようといまいと、公平に正当化しうるかどうかを仮定的に検証しうる媒体が、実践的討議であり、したがって規範的正当化への要求をテーマ化する議論形式である」(26)。

こうしたつかみかたは、ハーバーマスが踏まえたシステム論的展開や言語論的展開という現代的な論証の仕方を度外視すれば、スミスの同感理論と同じ内容を持つもののように思われる(27)。

第一に、「自己支配」は「自我の根拠となる」というホルクハイマーたちの「叙述パターン」のなかには、すでにカントに見られた思考の伝統があるように思われるが、逆に、スミスの同感理論に見られるような人―人の相互交流を通して形成される相互了解という観点が欠けている。同感理論において「自我」に相応するものを探すなら、それは、生活世界の中で生活をしている人の、人々のなかでの自分の位置づけである。自分が他人をどう見ているか、他人が自分をどう見ているかと自分が思うか、この両方向での自己了解が成り立つところに「自我」が成り立っている。そこには良心と世論との齟齬といった複雑な問題も発生するが、この問題に立ち入らないで概括表現すると、「自我」は他人様と自分との人―人関係のなかで形成される自己了解にほかならない。ところがホルクハイマーたちの「自我」にはそのような人間関係、そのような社会性のある場、そのような社会的心理としての自己了解が欠けている。自分をこのような人―人関係の中で位置づけ、意味づけようとする場合に、スミスは自己規制の心理が自然に働くことを強調している。他人の目を気にするこの心理は自然に働くのであるから、必ずしも「主体自身の破壊」などというものではない。相互了解を求める気持ちが自然に働くというにすぎない。自己の「アイデンティティー」(同一性)と言うのは自己についての自分の了解と他人様が自分に対してしてくれると想像(期待)される評価とが一致していることを言うにほかならない。そしてここにスミスの社会性のある「自我」認識がある。ホルクハイマーたちのドイツ的、伝統的、Das Ich 的な「叙述パターン」に対して、ハーバーマスがコミュニケイション行為を通しての相互了解をもちだしたのは、期せずしてスミス的な社会性のある観点の「請け戻し」にほかならない。

第二に、ハーバーマスはコミュニケイション的行為の基盤として「生活世界」を持ち出している。それは、資本主義の枠内での貨幣追求の行為と区別され政治的な権力の行使とも区別された市民の日常の生活舞台である。スミスが『道徳感情論』のなかで主として着目した市民的日常生活の舞台である。今、自由という大前提が与えられているならば、この生活世界での相互了解を志向するコミュニケイションにおいては（直接に経済的でも政治権力的でもない）道徳的な規範が問題になるであろう。この意味では経済や政治権力のシステムと生活世界とは区別される。この点がハーバーマスの理解するところによればマルクスやウェーバーやホルクハイマーやアドルノに対する自説の一つの特徴である。彼によれば（マルクスの思考の一面を強調しすぎているようであるが）、マルクスは資本主義的人間関係が人々の生活意識までをも規定すると考え、その意味で資本主義的な関係と生活世界とを区別しなかった。まさにこのようなマルクスを受け継ごうとしたがゆえに、ホルクハイマーは主観的理性の逼塞という近代批判をすることになったのである。

しかし資本主義システムと国家行政システムから生活世界を区別してみると、自由が与えられている限り、人々は自然に相互了解を志向しながら言葉のやり取りをしているのであって、そこでは習慣や道徳的な規範にかかわることがらが問題になる。

資本主義と権力国家とに対して生活世界で生ずる相互了解は（したがって世論も）二面的な関係を持っている。前者の後者への支配的な影響力という面と、後者の前者への批判という側面である。ホルクハイマーなどとちがって、ハーバーマスは後者の側面をも意図的に主張しようとする。彼によれば……生活世界からの市民のこうした資本主義批判のおかげで福祉国家、社会国家的な発展が現におきてきたのである。権力担当者が社会の諸規則を決定する直接的な権限を持っているとしても、生活世界の政治への関与という点からいえば、権力の正統性の認知という機能が浮かび上がってくる。大衆の正統性認知がない場合には権力の存続も不安定になるという意味で、生活世界は権力に対して一定の影響力を持っている。すなわちコミュニケイション行為を通じての集団的了解の成立ということが、社会の一般諸規則の有効性や社会がどのような方向に向かって進んでいくかという社会の目的ともいわれてきたところの方向性を決めるうえで、それなりの影響力を持っているということになる。

およそこのようなシステム論的な社会構成は、なにも（アルフレッド・マーシャルを素材にした）パーソンズの『経済と社会』（一九五六）を想源とするにとどまらず、はるかにさかのぼってスミスの社会科学の構想を想起させるに足るものである。彼も『道徳感情論』（一七五九）と『国富論』（一七七六）とを区別したし、また講義録として残された『法学講義』（一七六二―四）を担当した。それらはただに区別されただけではない。同感原理が正義と法の基礎とされ、現実の重商主義的資本主義批判の根拠ともなっている（前述一三―一四ページ参照）。

またこのことに関連してイギリスの思想史において、スミスを有力な要素として含む一七―一八世紀の啓蒙思想が一九世紀の民主主義運動に対して基礎的な意義をもったのとおなじように、ハーバーマスのコミュニケイション的行為を通しての相互了解という理論は彼の民主主義論の基礎になっている。彼は言う……支配秩序の正統化が必要になるような場合には「原理的に言って政治的意思決定の民主主義的手続きだけが正統性を生み出しうる。こうして組織された労働運動も市民的解放運動と同じ方向を目指すことになる」[28]。もっと直截に言えば彼にとってはコミュニケイション的合理性、すなわち「理性的な合意という原理は、政治的に具体化されるならば民主主義の原理にほかならないのである」[29]。「政治的意志形成の民主主義的形態は、資本主義経済システムの担い手階層に有利な権力配置の結果であるだけではなく、同時にそれによって、討議的意志形成の形式もまた実現されるのである」[30]。この点は、前述したようにホルクハイマーなどの批判理論が、民主主義の支えになる主張を打ち出せなかっただけに、ぜひ一言言及しておくべき重要なポイントである。

しかし相互了解（ないし世論）自体が上述のように資本主義と国家権力に対して、それに支配されている面とそれに抵抗している面と二面性の関係を持っているから、実際にはコミュニケイション的行為を通しての相互了解によっても、ことが理想的にはこぶわけではない。世論が理想的な判断基準ではないという点は、前述のようにスミスもミルも（それぞれ違った意味においてではあるが）また認めていたことがらである。したがってこれを「具体化」したものとしての民主主義も完全ではありえないだろう。

だからコミュニケイション的合理性が、現実に資本主義や官僚制による歪曲を免れていわば純粋に実現しているように言うのは、現実ばなれした一つの虚偽意識である。それでは近代の諸理念やコミュニケイション的合理性は空論かというと、そうではない。かりにそれが空論であり「ユートピア」にすぎないと見なさなければならないとすれば、議論の全体は再びホルクハイマーたちのもとに舞い戻ってしまうだろう。

ハーバーマスにとっては近代の諸理念にしてもコミュニケイション的合理性にしても、純粋な姿で現れることはないとはいえ、それは、資本主義の原理への生活世界からの批判として、権力への正統性の大衆的な認知として、絶えず潜勢的な批判の拠り所を与えてくれるものと見られている。というのも古くスミスにおいてもそうであったように、資本主義や権力に対する生活世界の関係は二面的であって、資本主義や権力に対する生活世界からの批判という側面も絶えず働いているからである。ホルクハイマーたちの悲観論を克服しようとするハーバーマスの観点は生活世界からのこの批判という側面を、相応に大事なこととして評価しようとする点にある。

スミスが世論を不完全なものと見たのと同様に、コミュニケイション的行為から生じる現実の相互了解はいつもこのように不完全なものであるから、問題なのは相互了解のその時その時の内容であるよりは、自由なコミュニケイションによって可能となる合意に向けての手続きである。「このような批判の基礎にコミュニケイション的合理性の手続き的な概念を置くことができる」[31]。ハーバーマスの『コミュニケイション行為の理論』は、自由なコミュニケイション行為を通じてどのように相互了解に達することができるか、その手続き的な問題を主題にしている。スミスに親しんでいる読者なら、この点で再び彼の『道徳感情論』が、人々がしたがうべき規範の内容を訓示するよりも、前述のように規範が成立する社会心理的なメカニズム、その形式を中心に議論していることを想起しないではいられないであろう[32]。

（1）この書はユダヤ人迫害を逃れて両人が亡命したアメリカにおいて一九四四年に *Philosophische Fragmente* と題してタイプ印刷で公表された。その後、*Dialektik der Aufklärung* と題してアムステルダムの Querido 社から一九四七年に出版され、この表題で Max Horkheimer, *Gesammelte Schriften*, Bd. 5, S. Fischer Verlag, 1987 に収められている。本章では全集版を参照した。邦訳は『啓蒙の弁証法』徳永恂訳、岩波書店、一九九〇年。以下引用は『弁証法』と略記して、全集版と翻訳のページ数を併記する。

（2）この書はホルクハイマーの単著。一九四四年の講義をもとに一九四七年に *Eclipse of Reason*, (Oxford Univ. Press) という表題で出版。後で A. Schmidt によってドイツ語に翻訳され *Zur Kritik der instrumentellen Vernunft*, S. Fischer Verlag, 1967 として出版され、その後 Max Horkheimer, *Gesammmelte Schriften*, Bd. 6, S. Fischer Verlag, 1991 に収められた。英語原書は求めにくい。本章は全集版を参照した。邦訳は『理性の腐蝕』、山口祐弘訳、せりか書房、一九八七年。以下引用は『腐蝕』と略記して全集版と翻訳のページ数を併記する。

（3）『腐蝕』S. 181. 訳二一五ページ。

（4）本章では論じえないが、もっと正確に言えば相互了解を志向したコミュニケイション的行為というのは、同感論という観点から見る限りでは①相互了解が形成されるに際して慣習と言語とのそれぞれの役割が重要視されている点で、②同感感情が当事者の心縁的距離によって濃淡を生じうるというヒューム同感論に似て、ハーバーマスの場合も発話者を中心とした同心円的な幾重ものサークルの広がりが考えられ、相互了解形成上の影響力に差が生じるとされている点において、③したがって事情に精通した公平な観察者（＝良心）というスミス的な着想が欠けており、④道徳判断において（i）他人の単なる是認・否認と（ii）良心による是認・否認と（iii）神によるそれという三階層の審級といった着想も欠けている点において、スミスよりもヒュームに近いように思われる。この点についての点検は他日を期したい。

（5）カントとスミスを比較してこの点を強調した知念英行『カントの社会哲学』未来社、一九八八年を参照。

（6）J. Schmidt (ed.), *What is Enlightenment? Eighteenth-Century Answers and Twentieth-Century Qustions*, Univ. of California Press, 1996, p. ix.

（7）Cf. ibid., pp. 16-17.

（8）カント『啓蒙とは何か』篠田英雄訳、岩波文庫、一九九九年、一〇ページ。

（9）同上書、一七ページ。

（10）『腐蝕』S. 28. 一三ページ。

（11）『腐蝕』S. 179. 二一二ページ。

（12）『腐蝕』S. 59. 五一ページ。

（13）『腐蝕』S. 45. 三四ページ。

（14）以上『腐蝕』、第三章自然の反乱などを参照。

（15）『腐蝕』S. 47. 三六ページ。

（16）『腐蝕』S. 48. 三八ページ。

（17）『腐蝕』Cf. SS. 49-50. 三九―四〇ページ参照。

（18）Cf. J. Habermas, *Philosophisch-politische Profile*, Dvitte erweiterte Aufl.,Suhrkamp Verlag, 1981, S. 277.『哲学的・政治的プロフィール』小牧治、村上隆夫訳、下、未来社、一九八六年、四三ページ参照。

（19）別の個所ではこの「請戻し」は、歪んだ精神病理からの「回復」（Genesung,『腐蝕』S.277. 176. 二〇八ページ）とか、

「自然との和解」(Versöhnung mit der Natur) (ibid., S. 134. 一五一ページ) などと表現されている。

(20) 『腐蝕』S. 181. 二一五ページ。

(21) 『弁証法』S. 276. 三八八ページ。

(22) 『腐蝕』S. 182. 二一六ページ。

(23) 『弁証法』S. 78. 七九―八〇ページ。J. Habermas, *Der Philosophische Diskurs der Moderne*, Suhrkamp Verlag, 1985, S. 133. ハーバーマス『近代の哲学的ディスクール』1、三島憲一等訳、岩波書店、一九九九年。一九二ページ。

(24) Ibid., SS. 133-134. 同上書、一九二―一九三ページ。

(25) Cf. J. Habermas, *Theorie des kommunikativen Handelns*, Suhrkamp Taschenbuch Verlag, 1995 (die erste Aufl., 1981), Bd. 1, S. 25ff. ハーバーマス『コンミュニケイション的行為の理論』河上倫逸、M・フーブリヒト、平井俊彦訳、未来社、一九九五年、上巻、三三ページ以下参照。

(26) Ibid., SS. 38-39. 同上訳、四三ページ。

(27) スミスとの類似もさることながら、以上の議論は、ジョン・ステュアート・ミルの『自由論』の議論と直截に一致するものと私は思う。ミルの場合にも、他人の批判にさらされる場合にだけ、真理への（これは合理性の一要素）接近が可能だとされている。

(28) Habermas, op. cit. Bd. 2, S. 507. 同上邦訳、下巻、三四四ページ。

(29) J. Habermas, *Philosophisch-politische Profile*, S. 286. ハーバーマス『哲学的・政治的プロフィール』前掲五七ページ。

(30) Habermas, *Theorie des kommunikativen Handelns*, Bd. II, SS. 220-221. 前掲邦訳、下巻、五四―五五ページ。

(31) Ibid., Bd. I . S. 113. 前掲邦訳、上巻、一一四ページ。

(32) 日本のかつての「市民社会論」は、ホルクハイマーたちの社会理論とはむしろ対照的であるかもしれないが、ホルクハイマーたちの批判理論を批判的に受け継いだハーバーマスの発想とは、上述のいろんな諸論点で共通な観点をもっていたことがわかるかと思う。しかし、この点を整理するには別稿を必要とする。

第二章　フランス革命とイギリスの思想家たち

――体制擁護と変革の思想――

齋藤俊明

はじめに

トマス・カーライルの『フランス革命史』は、一八三四年の九月に執筆が開始され、翌三五年の一月に、第一部が脱稿した。原稿は、助言を仰ぐために、資料の提供を受けていたJ・S・ミルに手渡された。しかし、不幸にも、ミルの過失によって、五カ月の成果は灰燼に帰してしまった。ミルは金銭の補償を申し出、カーライルは、失意のなかで、再び執筆を開始した。脱稿したのは九月であった。その後、第二部と第三部の執筆が精力的に進められ、三七年の一月にようやく完成し、五月に出版された。カーライルの『フランス革命史』は英文で書かれた最初の本格的なフランス革命史であったのみならず、一八三〇年代という激動の時代に対する警世の書でもあった。

ミルは、直ちに、詳細な書評を *London and Westminster Review* の七月号に発表した。書評は、「本書は歴史というよりはむしろ一編の叙事詩である。それにもかかわらず、否それゆえに、本書は真実の歴史である」という評価に始まり、「過去の時代を扱うと称しながら、また真実の歴史と称しながら、われわれを真に人間と交わらせるような書物は本書の出現までいまだかつてなかった」[1]と絶賛している。このような賛辞は、初稿を焼失してしまったという経緯からして当然かもしれないが、ミルは、カーライルの歴史観が有している欠陥を指摘するのに躊躇することはなかった。彼は、独特の英雄史観によってフランス革命というできごとが故意に一面的に単純化されていることを指摘し、次のように述べている。「ひとつの理論から出発するが、対象をその理論を通して見ないこと、自分の光で見るが、すべての方向からくる他の光を十分に見ること、これが、哲学者、真の実際的な観察者、洞察力をもつ人の任務である」[2]。ここに、歴史を見る二つの眼を読みとることはさしてむずかしくはない。

一八三七年というヴィクトリア朝の明け方には、歴史観こそちがえ、カーライルにとってもミルにとっても、フランス革命は遠い過去の歴史上のできごと、すなわち叙述と分析の対象になってしまっていた。しかし、そのことは、フランス革命がイギリス社会を揺り動かした衝撃は比較的小さなものであったということではない。確かに、その衝撃は、イギリス社会の深部にまで到達して、根底から社会を揺り動かすものではなかったが、産業革命による社会構造の劇的な変化ともあいまって、政治および社会のあり方の根本的な問い直しをせまるものであったことは言うまでもない。革命直後から一八三〇年までの模索の時代をへて、改革の時代へとイギリス社会を突き動かしていったのは、まさしく、フランス革命が体現した革命思想とそれによって明るみにだされた諸問題であった。

以上のようにとらえるとき、当然、イギリスにおけるフランス革命の衝撃とその余波をどの程度の時間的長さにおいてとらえるべきかという問題が提起される。時間的には、たとえば、革命直後まで、一八世紀末まで、一九世紀初頭まで、ナポレオン戦争の終結まで、あるいは一八三二年の選挙法改正ないし一八三四年の新救貧法の成立まで、というふうに区切ることができるであろう。衝撃とその余波をどのような視点においてとらえるかによって短くもなったり、長くもなったりするが、イギリスの国制という点からするならば、革命直後から一八三〇年までの模索の時代をへて、改革の時代へとイギリス社会が突き進んでいく過程において、体制にかかわる諸改革が断行される一八三〇年代を下限として時間軸を区切るべきであろう。(3)

しかし、一八三〇年代を下限として区切るとしても、本章において、一七八九年からの約四〇年間を検討対象とするにはあまりにも情報が多く、しかも錯綜している。そこで、議論の対象を限定するために、何段階かの絞り込みを行わなければならない。まず、「イギリスにおけるフランス革命」という視点を設定してみる。ブレイルズフォードによれば、この視点においては、一七八九年一一月四日に名誉革命記念協会の記念祝賀会の席上で行われたリチャード・プライスの講演から、シェリーが革命的長篇詩「ヘラス」（*Hellas*）を発表した一八二一年までの三二年間が対象となる。(4)ブレイルズフォードのテーマは、フランス革命とイギリスの思想および文学であるが、この領域に足を踏み込んでしまうと、研究対象は絞られるどころかさらに拡散してしまう。

対象をさらに絞り込むとすれば、視点は、いわゆる「バーク―ペイン論争」になる。ところが、これもまた、一筋縄ではいかない。グレゴリー・クレイズは、この論争に焦点をあて、一九九五年に、『一七九〇年代の政治的著作』（*Political Writings of the 1790s*）全七巻を編集、刊行したが、これに収載されている著作は全部で一〇九編である。「バーク―ペイン論争」によってくくられる文献の数は、もちろん、これだけではない。G・T・ペンデルトンは三五〇篇にのぼる文献目録を作成している。(5)そして、これらの文献には、ブレイルズフォードが取り上げている思想家、作家も含まれている。

結局、一七八九年からの約四〇年間を検討対象とすることは、かなり無謀な計画であることは明らかである。グレゴリー・クレイズは、『一七九〇年代の政治的著作』の編集にあたって、一七八九年から一八〇五年までを対象とし、それをさらに四つの局面に区分している。一七八九年から九一年までが第一の局面であり、第二の局面は一七九一年

から九三年まで、第三の局面は一七九四年から九七年まで、そして第四の局面は一七九七年から一八〇五年までである。(6)

本章では、クレイズの区分にしたがって、パースペクティブとしては一七八九年から一八〇五年までとするが、紙幅の関係上、直接的な議論の対象は第一の局面と第二の局面に限定する。もちろん、これでも、考察の対象とすべき文献は膨大な数にのぼる。実は、G・T・ペンデルトンの文献目録に掲載されている文献はすべてこの時期のものである。そこで、本章においては、対象をさらにしぼり、エドマンド・バークに対する主要な批判を中心にすえ、「体制の擁護と変革の思想」という視点を軸にして、「イギリスにおけるフランス革命」をめぐる論争の一局面を概括するにとどめる。

1 開始 一七八九年―一七九〇年

リチャード・プライスは、一七八九年一一月四日、名誉革命記念協会の記念祝賀会において、「祖国愛について」(A Discourse on the Love of Our Country) と題する講演を行った。この協会は、名誉革命後イギリス各地で結成された革命協会の中心をなすもので、会員は主として中産階級の非国教徒で、議員も参加して、人民主権、議会改革、非国教徒解放などを唱え、急進主義運動における指導的な役割を果たしていた。プライスは、講演において、フランス革命と名誉革命を対峙させつつ、名誉革命について次のように述べた。

われわれは、この国における次のようなできごとのゆえに、神に感謝するために集まっている。それは、これまで名誉革命の名が与えられてきたものであり、また一世紀以上もの間、自由の友が、そしてとりわけプロテスタント非国教徒が喜悦と歓喜とを込めて祝賀するのが習わしとなっているものである。……しかし、われわれは、感謝で満足すべきではないことを記憶にとどめておこう。……特に、〔名誉〕革命の諸原理を忘れないように注意しよう。……私は次の三つのことに注意をうながすにとどめよう。第一に、宗教的諸問題における良心の自由の権利、第二に、権力が乱用された場合に抵抗する権利、第三に、統治者を選び、非行の場合には放逐し、われわれ自身で政府を作る権利、である。名誉革命はこれらの三つの原理に、そしてとりわけ最後の原理に基礎をおいていた。（中略）

わたしはさらにあなたがたに次のことを記憶にとどめていただきたい。それは、名誉革命は偉大な仕事であったが、決して完全な仕事ではなかったということ、そしてこの王国が自由の天恵を確実かつ完全な形で手に入れるに必要なもののすべてが獲得されたわけでは必ずしもないということである。特に、その時に獲得された寛容は不完全なものであることをあなたがたは思い起こさなければならない。（中略）

しかし、名誉革命がわれわれの国制を不完全なままに放置したもののなかで最も重要なのは、代表の不平等である。わたしは、実は、われわれの国制におけるこの欠陥ははなはだしいもの、明々白々たるものなので、われわれの国制の特長は主として形式的、理論的なものにとどまる、と考えている。(7)

記念祝賀会において表明されたプライスの見解は、名誉革命以降再三論争の議題にのぼってきたものの再確認であり、新しいものは何もなかった。提起されているのは、宗教的自由の要求、平等代表制の主張、等々である。いずれも名誉革命原理の拡大解釈によってその正当性を見いだそうとしているにすぎなかった。しかし、この講演によって、プライスは、名誉革命をどのように解釈するかという問題を復活させた。

プライスの『祖国愛について』は直ちに印刷に付され、年内に二版が、翌九〇年にはさらに四版が印刷された。エドマンド・バークが『祖国愛について』を読んだのは、講演から二カ月後の、九〇年一月であった。読後、バークは、そこに、ぞっとするような感情と扇動的な原理がふくまれていることを知って、驚愕した。バークにとって、フランス革命を契機に、名誉革命がやり残した議会改革や非国教徒解放運動を推進しようとするプライスたちの思惑は明白であった。

バークの『フランス革命についての省察』(*Reflections on the Revolution in France*)が刊行されたのは、プライスの講演からちょうど一年後の九〇年一一月一日であった。かくして、「イギリスにおけるフランス革命」論争の火蓋が切られることになる。(8) バークは、『フランス革命についての省察』において、プライスに種々の侮蔑的な渾名を献呈し、憎悪の感情を露わにしながら非難を繰り返しているが、バークの批判は主としてプライスの名誉革命観をめぐって展開されている。(9)

プライスは、前述のように、名誉革命の原理として、「宗教的諸問題における良心の自由の権利」、「権力が乱用された場合に抵抗する権利」、「統治者を選び、非行の場合には放逐し、我々自身のために政府を作る権利」の三つをあげている。そして、名誉革命がとりわけその基礎をおいている原理は最後のものである。これに対して、バークは、第三の原理を「我々の統治者を選ぶ権利」、「統治者を非行のゆえに放逐する権利」、「我々自身のために政府を作る権利」に区分したうえで、それらが名誉革命の原理にもとづく真の権利ではないことを明らかにしながら、プライスを論駁している。

バークは、まず、プライスのいう名誉革命の原理の所在を確かめることからはじめる。

……もしも一六八八年の名誉革命の原理がどこかに発見されるとすれば、それは権利宣言なる名称の法規においてである。……この最も賢明で堅実で思慮深い宣言書の中には、「我々の統治者を選び、彼らの非行を理由に放逐して我々自身のために政府を作る」一般的権利なるものへの表現や暗示などただの一言半句も存在しない。

この権利宣言は、この時に実施され、説明され、改善されて、その根本原理が恒久的に確定した我が憲法の礎石である。それは、「臣民の権利と自由を宣言して王冠の継承を確定する法律」と呼ばれる。見られるように、ここでは臣民の権利と王冠の継承とは一体のものと宣言されて、不可分に結びつけられている。(10)

バークによれば、権利章典は「臣民の権利と自由を宣言して、王冠の継承を確定する法律」であり、そこにおいては、「臣民の権利と王冠の継承とは一体のものと宣言されて、不可分に結びつけられている」。バークは、このことを根拠としながら、プライスのいう三つの権利を論駁していく。

第一の権利の「我々の統治者を選ぶ権利」について、バークは次のように述べている。

我々の統治者を選ぶ権利どころか、彼らはこの家系内の継承が「この国土の平和、安寧、安全のために」は絶対に必要であり、併せて「臣民が自らの保護のために安心して依拠できる王位の継承の確定」が彼らの同様の急務である、と宣言した。(中略)国民に選出された国王だけが唯一合法的な国王であるとの原理を確立する好機が万一にもあったとすれば、それは全く疑いもなく名誉革命の際であった。この時機にそれが行われなかったという事実そのものが、この国民がその種のことは金輪際行うべきではない、との考えを持っていた証拠に他ならない。(中略)我々が名誉革命によって自ら国王選出の権利を獲得したとの主張は真実であるどころか、万一それを我々が以前に保有していたにしても、間違いなくイギリス国民は、この時期に最も厳粛に、これを彼ら自身と子々孫々すべてのため永久に放棄した。[11]

バークは、このような論証をへて、最終的に、名誉革命の原理は、古来の統治の基本的原理、すなわち世襲原理への配慮抜きで、好き勝手に自分の手で国王を選ぶ権利などをイギリス国民に与えなかった、という結論に到達する。[12]次に、バークは、第二の権利の「統治者を非行のゆえに放逐する権利」をとりあげ、プライスを論駁している。プライスは「非行」については具体的に何も述べていない。それに対して、バークは、ジェームズ二世の廃位は「非行」といった「些細で不確実な原理」を根拠としたものではなく「非行以上の罪状」にもとづいてなされたものである、と主張している。すなわち、「名誉革命で指導的な役割を演じた人々は、ジェームズ王の実質的な王位放棄を、この種の些細で不確実な原理に依拠させなかった。彼らは、国王が無数の明々白々たる不法行為によって、プロテスタント教会と国家の、そして彼らの基本的で疑問の余地ない法規と自由の転覆を企てた、と告発した。彼らは、国王を彼が国民の間の原初契約を破壊したかどで告発した。これは非行以上の罪状である。彼らは、最も重大で圧倒的な必要性にもとづいて、あたかも最も厳格な法規にもとづくかのように、最も不本意な気持で自分らが取った手続きへ実際に踏み出した訳である。[13]」

統治者の放逐を権利としてとらえるプライスに対して、バークは、「『国王を放逐する』という事案は、実際これまで一貫してそうであったように、今後も常に法律の埒外にある国家非常の事案、つまり実定的な権利の問題ではなく、意向と手段、そしてその考えられうる結果についての問題である」と主張している。バークにとって、統治者の放逐という事態は、権利などではなく、まさしく内戦であった。[14]

バークはさらに、第三の権利である「我々自身のために政府を作る権利」について議論を進め、「名誉革命は、我々の古来の疑うべからざる法と自由の確保、つまり、我々の法と自由の唯一の保障に他ならぬ統治の古来の憲法の維持のために達成された」[15]と述べている。ここにおけるバークの政府（government）は、どちらかというと、「国制」（consititution）を意味している。それに対して、プライスの政府は、ジョン・ロックが『政府二論』において用いている「統治機構」に近い。この点については、バークがプライスの意味するところを誤解しているという解釈も成り立つ。[16]しかし、バークはむしろ、政府（government）を「国制」（consititution）概念によって包括し、名誉革命を「保存と補正」という枠組みのなかに位置づけ、「古来の国制」を固守しようとしているのである。王政復古と名誉革命という二つの重大な危局について彼は次のように述べている。「この二つの時期に国民は、古来の建造物を統合する絆を喪失していたが、全構築物を解体はしなかった。逆に彼らは、この両方の場合、損傷を受けない箇所を通じて古い憲法の欠陥部分を再生させた。彼らは、これら古い部分をまったく旧来の姿に残したままで、再生された部分をこれに適用させた。[17]」プライスとバークのすれ違いは、バークにとっては、フランス革命が賞揚した諸理念だけでなく、プライスをはじめとする急進主義者たちが要求する諸改革を封じ込めるためにとられた戦略であった。

プライスは、九〇年一一月二三日付けで再版された『祖国愛について』の「第四版への序」において、内容的に注目すべき点は何もないが、バークの批判に応えている。バークに対する批判はこれにとどまるものではなかった。その後、バークの『フランス革命についての省察』をめぐって賛否両論が入り乱れ、いわゆる「イギリスにおけるフランス革命」論争が始まる。[18]九〇年末までの間に、急進主義の立場から、二つの注目すべき著作が発表された。第一は、メアリー・ウルストンクラフトの『人間の権利の擁護』（*A Vindication of the Rights of Men*）であり、第二は、キャサリン・マコーリーの『フランス革命の省察についての所見』（*Observations on the Reflections of the Right Hon.*

Edmund Burke, on the Revolution in France）である。

ウルストンクラフトの『人間の権利の擁護』が刊行されたのは、バークの『フランス革命についての省察』が刊行されて間もなくのことであった。ウルストンクラフトのバーク批判は、主として、自由と世襲財産をめぐって展開されている。バークは自由について次のように述べている。「フランスのこの新しい自由への私の祝意を、この自由が統治や公権力と、軍隊の規律や服従と、効果的で均衡がとれた歳入の徴収、道徳や宗教と、財産の安定性や平和や秩序と、民生的社会的な慣習と、どのように結びついているのかの知識を得るまでは手控えねばならない。これらすべてのものも同様に有益であり、これらを抜きにした自由は、それが存続する間も決して恩恵ではありえず、そもそも最初から長続きはしないであろう。」[19]バークによれば、ここで確認されている諸条件を満たす自由は、「マグナ・カルタから権利宣言に至るまで一貫して我が憲法政策は、祖先から我々に伝えられ、今後は我々の子孫へと伝承されるべき限嗣財産」として、イギリス人が固有の権利としてすでに保持しているものであった。[20]

バークは、このようにして、自由を、「抽象的原理に立った人間の権利」としてではなく「イギリス人の権利」としてとらえている。それに対して、ウルストンクラフトの立場はまったく逆である。ウルストンクラフトは、「限嗣財産」として引き継がれるべき自由を国王によって付与された特権にすぎないとし、バークのいう自由の基礎がどのようにして確立されたかについて説明している。「国王が下院から資金供給と支援を受ける見返りとして、彼らは特権を要求した。エドワード三世は、彼の治世を大部分を通じて戦争に明け暮れていたため、戦費の調達に困り果て、彼らに特権を付与することを余儀なくされた。その結果、彼らは、次第に、権力にまでのぼりつめ、国王と貴族の両方に対する抑止力となった。このように、我々の自由の基盤は、主として、国王のやむにやまれぬ必要によって確立されたのである。」[21]ここにおいて、バークの擁護している自由が国王によって与えられた特権に過ぎないことが暴露される。

ウルストンクラフトはさらに、マグナ・カルタから権利宣言にいたるまで一貫して保障されてきたのは、自由ではなく、財産であり、それも一部の富裕な人々の財産であった、ということを暴露する。イギリス人の自由というのは、すなわち財産の保証である。「この利己的な原理のために、すべての気高い人々は犠牲にされている。……安全なのは富裕な人々の財産だけである。額に汗して生きている人々が抑圧から逃れることのできる隠れ家はどこにもない。」[22] バークにおいて「限嗣財産」としてとらえられた自由は、富裕な人々が引き継いできた自由にすぎなかった。

このように、富裕な人々の自由のみが保障されてきたのは、偏見と迷信が支配する暗黒と無知の時代に、イギリスの国制が確立されたからであった。すなわち、「我々の無知なる父祖たちは、人間の生得的威厳を理解することができなかっただけでなく、理性と宗教が示唆するすべてのものを踏みにじるような取り引きを是認してしまったがために、我々は非人間的な慣習に甘んじることになっているのである。」[23] ウルストンクラフトは、このような認識にたって、理性が偏見や迷信に、人間の権利が特権に取って代わることによって、真の自由を実現すべきであるという議論を展開している。

さて、マコーリーが『フランス革命の省察についての所見』を発表したのは、ウルストンクラフトの『人間の権利の擁護』が刊行されて間もなくのことであった。マコーリーは、一七六三年から八三年にかけて、『イングランド史』全八巻を刊行していた。そこにおいて、彼女は、一七世紀のできごとの革命的性格を強調し、正当化して、ホイッグ、急進主義者、非国教徒から絶大な賞賛をかちとっていた。[24]

『フランス革命の省察についての所見』において、マコーリーは、バークがプライス批判において取り上げている諸点について言及しながら、批判を展開している。第一の「我々の統治者を選ぶ権利」について、バークは、「イギリス国民は、この時期に最も厳粛に、これを彼ら自身と子々孫々すべてのため永久に放棄した」と述べている。これに対して、マコーリーは、「統治者を選ぶという権利を行使するにあたって、市民及びその子孫は、生得的特権を永久に失い、全世代を通じて支配者の意思に奉仕することを義務づけられるようになる」[25]として、非難している。第二の「統治者を非行のゆえに放逐する権利」については、「その権利は、自らの統治形態に満足し、その腐敗を正すに足るだけの気概を持っている人々によっては決して行使されてはならない権利である」[26]と述べている。第三の「我々自身のために政府を作る権利」については取り立てて論じていない。批判の矛先は、むしろ、権利請願の上奏にあたって、「彼らは自らの諸特権を、抽象的原理に立った『人間の権利として』ではなく、イギリス人の権利として、また彼らの祖先より発する家産として要求した」[27]、という主張に向けられている。

バークが、「祖先から我々に伝えられ、今後は我々の子孫へと伝承されるべき限嗣財産」として賛辞を惜しまない「イギリス人の権利」について、マコーリーは、「君主の愚かな行為の結果として強引にむしり取られたものであるか、君主の自発的な寄贈から発しているかのいずれかである」と述べている。そして、次のように付け加えている。「私自身は、誇りとされるイギリス人の権利を、いつも、卑しい根拠にもとづいて打ち立てられた傲慢な権利と見なしてきた。それは、特権を持たない人々を同様の特権からある種排除することを暗に示しているから、傲慢な権利なのである。そして、我々の正当な自由を君主の施しにもとづかせているから、卑しいのである。」[28]

バークが熱を込めて誇らしげに語った「イギリス人の権利」は、マコーリーにおいては、卑しい根拠にもとづいて打ち立てられた傲慢な権利、君主の施しにもとづく卑しい権利と見なされている。自由は、いまや、バークが力説するような「イギリス人の権利」としてではなく、「抽象的原理に立った人間の権利」すなわち「抽象的権利」として再構築されなければならなかった。

2　転換　一七九一年―一七九三年

一七九一年に入って、「イギリスにおけるフランス革命」論争は、バークの『フランス革命についての省察』をめぐり、知識人と政治家が入り乱れて、新たな段階に突入した。論争の歯車を一気に加速させたのは、それまでとはまったく異なる視点からバークに対する批判を展開した、トマス・ペインの『人間の権利』第一部の刊行であった。ペインは、一年前の九〇年一月には、バークをフランス革命の良き理解者と目して、革命の進展を伝える手紙をパリから送っていた。しかし、いまや、バークを撃つための最初の矢がペインによった放たれた。

『人間の権利』の第一部は、プライスの主張に対するバークの批判の再確認によって始まる。ペインは、バークが引証している法令とそれについての注釈を引用しながら、論駁している。

氏はさらに、同じくウィリアム王の治世下に作られたいま一つ別の法令の条文を引用して、「われわれ、およびわれわれの後継者と子孫の者を、彼ら、および彼らの後継者と子孫の者に、時の終わりまでむすびつけるものである」と言っている。

バーク氏は、以上のような条文を持ちだすことによって、その主張が十分に立証されたものと考え、これらの条文は国民の権利を永久に排除すると言って、その意味を強調する。しかも、……氏はさらに次のようなことまでも言う。「イギリスの人民がそのような権利を革命以前から持っていたとしても、イギリス国民は、革命に際して、自分たち自身のため、およびすべての子孫の者のために、自らの権利を永久に、きわめて厳粛に否認し放棄し去ったのである」[29]。

これに対して、ペインは次のように反駁している。

後生の人々を「時の終わり」までも拘束し、支配するような、あるいはこの世の中はどのように統治すればよいか、またただれが統治したらよいかを永久に命令する権利ないし権力を所持するようなものは……けっしてあってはならない。

あらゆる時代および世代は、それ以前の時代および世代と同様、どのような場合にも、その思うとおりに振舞う自由がなければならない。（中略）

人間には人間を所有する権利はない。同様に、いつの時代の世代も、その後につづく代々の世代を所有する権利はない[30]。

名誉革命の擁護者ジョン・ロックにおいて独自の統合がはかられた「古来の国制の原理」と「契約・自然権・理性の原理」は、ここにおいて、決定的に分裂する。そして、バークがもちだしている「権利章典」は、ペインにおいては「不法の章典、侮辱の章典」として非難の対象となり、「国制」（consititution）は「憲法」（consititution）に置き換えられ、バークの議論は「憲法と政府」の観点から論駁される。

ペインは、憲法についてはさまざまに語られているが、イギリスには憲法などはなく、過去においても存在したことがなく、全体に、憲法を持たず、自分の好むがままの権力でもって自分自身を形作っている統治形態にすぎないという認識にたって、「それゆえ、民衆はこれから憲法を作らなければならない」と主張している。[31] そして、次のように、憲法を定義している。

憲法は政府に先立つ存在であり、政府は憲法から作り出されるものであるにすぎない。一国の憲法は、その国の政府の行為ではなく、政府を構成する人民の行為であるのだ。それは、つねに引き合いに出すことができ、条文を一条一条引用することのできる諸要素の集成であって、政府が樹立されるべき根本の諸原理、政府が組織されるべき様式、その持つべき権力、選挙の方法、議会その他、名称は何であれ、この種の組織体の会期、政府の行政部門が持つべき権力――要するに、市民政府の全組織と、それが行動し、また拘束されるべき諸原理とに関連のあるすべてのものを含んでいる。[32]

バークが『フランス革命についての省察』において全力を傾けて擁護している「古来の国制」、そして諸制度は、ここにおいて、瓦解してしまう。ペインのバーク批判は、名誉革命以降、ボーリングブルック、ヒューム、その他の人々によって絶えず議論の俎上にのぼせられ、支配的となっていた「古来の国制」に対する革命的、原理的挑戦であった。[33]

バークとペインの論争は、その後、おびただしい数のパンフレットの嵐となって拡大していった。そして、その過程で、論争はいくつかの流れをなして展開していった。

ペインの『人間の権利』の刊行に先立って、九一年一月には、プライスと同じユニテリアン派の牧師で、哲学者、科学者でもあったプリーストリが、「バークへの手紙」において、バークの国教会擁護論を攻撃し、非国教徒への宗教的寛容を主張しつつ、フランス革命を賛美する議論を展開している[34]。しかし、その衝撃は、ペインの『人間の権利』にまさるものではなかった。こうして、ペインに依拠しながら数多くのパンフレットが刊行される。

九一年四月には、最良のバーク批判の書として高い評価を得、八月までの間に三版を重ねる、ジェームズ・マッキントッシュの『フランスの擁護』（*Vindiciae Gallicae : Defence of the French Revolution and its English Admires, against the Accusations of the Right Hon. Edmund Burke.*）が刊行された。これは、ペインではなく、プライスの議論に触発されたものであった。マッキントッシュの議論は五章からなるが、ここでは、これまでの議論との関係で、次の三つの視点から主張を検討することにする。第一は名誉革命をどのように位置づけるかという問題であり、第二はフランス革命の擁護、そして第三は議会改革の実現である。

名誉革命をどのように位置づけるかという問題について、マッキントッシュは、プライスの主張を擁護する立場から、それを敷衍する形で議論を展開している。マッキントッシュはまず、「我々の統治者を選ぶ権利」を取り上げ、バークを批判している。バークは、「我々が名誉革命によって自ら国王選出の権利を獲得したとの主張は真実であるどころか、万一それを我々が以前に保有していたにしても、間違いなくイギリス国民は、この時期に最も厳粛に、これを彼ら自身と子々孫々すべてのため永久に放棄した」と述べていることからも明らかなように、選ぶ権利を獲得したのかどうかを争点としている。これに対して、マッキントッシュの議論は、オレンジ公ウィリアムがイングランドの国王に選ばれたのも、継承順位から逸脱したのも事実であり、「選択も、他のあらゆる選択と同様に、政策と思慮の観点から行われた。しかし、それでも、選択であったのである」と述べて、バークの批判を退けているにすぎない[35]。選ぶ権利の獲得という点からすると、反論としては十分なものとは言いがたい。

「統治者を非行のゆえに放逐する権利」をめぐるマッキントッシュの主張はこの権利を自明のものとしているが、

「非行」(misconduct)のとらえ方には明らかな「ずれ」がある。この「ずれ」はすでにプライスにおいて確認済みのものである。ジェームズ二世は、「非行」のような「些細で不確実な原理」にもとづいて王位を放棄させられたのではなく、「無数の明々白々たる不法行為」、すなわち「非行以上の罪状」によって告発された、というのがバークの主張である。それに対して、プライスは、第四版に付された脚注においてこのことを取り上げ、「彼は、悪い国王は、もし威厳をもって行われるならば、罰せられるがよいとほのめかし、また国王ジェームズはその不法行為のために正当に王権を奪われたことを認めざるをえない」[36]と反論している。マッキントッシュも同様の点に言及しながら、語るに落ちたバークを揶揄している。[37]

第三の「我々自身のために政府を作る権利」については取り立てて論じていないが、第一、第二の権利をめぐる主張の根底にあるのは、自然権に対する確信であった。マッキントッシュが『フランスの擁護』を執筆してフランス革命を擁護したのは、フランス革命が自然権の原理に依拠していると信じていたからであり、その種を蒔いたのは名誉革命であった。名誉革命は、それゆえに、偉業として誇る価値があった。マッキントッシュは名誉革命について次のように述べている。

一六八八年の名誉革命は……自由の諸原理を神聖なるものとして正当化した。名誉革命は、文明化した近代ヨーロッパにおいて、形式的政治的自由及び市民的自由の大部分を安定及び平和と調和させた政府の最初の事例をもたらした。(中略)それゆえ、外形に盲目的に固執せずに、我々の祖先の諸原理を理性的に尊敬する人々がフランス革命を喜ぶことほど自然なものは何もない。(中略)一六八八年に、我々の祖先は……汚染された水源を浄化する代わりに、混濁した流れをきれいにすることで満足した。しかし、彼らは、彼らの偉業のゆえに尊敬に値するのであり、欠陥があったとしても十分なゆるしに値するのである。……名誉革命の真の賛美者は、大いなる諸原理を確立したという理由で革命に敬意を払っているのだから、不当な諸制度が残っていたとしてもゆるしてくれるであろう。[38]

マッキントッシュは、さらに、名誉革命からアメリカ革命、フランス革命にいたる過程と、ロック、ルソー、テュルゴー、フランクリンを引き合いに出しながら、名誉革命が蒔いた種について言及している。

ところで、『フランスの擁護』の真のねらいは議会改革にあった。マッキントッシュは、プライスと同様に、名誉革命によって確立された諸原理がフランス革命によって実現されたのに対して、イギリスにおいては、代表の平等はいまだ不平等なままに放置されているとして、代表の平等を主眼とする議会改革を主張している。

議会は、それが有している力と特権のゆえに、人民に対してはまったく無関心である。というのは、議会は、彼らの権利の守護者でも、彼らの声を伝える機関でもないからである。われわれは不平等に代表されていると言われる。……不平等な自由というのは、言い方としては、矛盾している。それは、自由と呼ばれるべきではなく、一部の人々が権力を握り、他の人々が隷属している状態に過ぎない。……代表というのは、すべての人々の声を、平和裡に、体系的に、そして無条件に集約するための手段である。[39]

このように述べたからといって、マッキントッシュは普通選挙権や民主主義を主唱しているわけではない。

彼らの国制について一般的に述べるならば、それに民主主義という言葉を適用することは間違っており、誤解を与えるということをあらかじめ付言しておかなければならない。その言葉が人民の権力という語源的意味においてとらえられるならば、それはまさしく民主主義と呼ぶにふさわしいものであり、正当な政府である。しかし、歴史的意味においてとらえられるならば、それは民主主義ではない。古代において、あるいは近代において民主主義国と呼ばれてきた国々の政府はそれとは似てもにつかないものである。（中略）フランスの新しい国制は、このような形態のものとはまったく正反対のものである。それは、人民の代表者に立法権を、世襲の最高行政官に行政権を、そして裁判官には司法権を賦与している。裁判官は、定期的に選出されるが、立法府や行政官からは独立している。(40)

このことからも明らかなように、マッキントッシュが想定しているのは、権力分立、勢力均衡を前提とする代議制民主主義であり、人民の代表というのは「商人階級」（the commercial, or monied interest）、いわゆる「第三身分」である。彼が、「商人階級」を代表として想定しているのは、次のような理由による。すなわち、「商人階級は、ヨーロッパのすべての国において、地主階級ほどには偏見にとらわれておらず、度量が広く、より知的である。彼らの見解は、人との広範な交流によって、またそれゆえ現代世界を自由主義化するにあたって商業の有している重要な影響力によって拡大された。それゆえ、我々は、この啓蒙された階級が自由のために、また政治改革のためにきわめて熱心であることを証明したとしても、驚くにはあたらない。(41)」マッキントッシュは、このようにして、議会改革の主体を特定している。

マッキントッシュの議論は、ウルトストンクラフトやペインの主張と比較すると、かなり穏健なものであり、プライスの議論を敷衍することにとどまっているといっても過言ではない。とはいえ、『フランスの擁護』が版を重ねたのは、彼の主張がラディカル・ホイッグを代弁していると目されていたからであった。

ところで、一七九一年から九三年にかけては、すでに述べたように、ペインの参入によって、おびただしい数のパンフレットが刊行され、論争が展開された。しかし、ここにおいて、ペインの『人間の権利』とは別の意味において「転換」を画すのは、九一年八月に、匿名で刊行された、バークの『新ウィッグから旧ウィッグへの上訴』(*An Appeal from the New to the Old Whigs*) であった。

周知のように、バークが『フランス革命についての省察』の刊行にあたって読者としてとりわけ意識していたのはウィッグの同僚議員たちであった。しかし、党内での評判はかばかしくなかった。当初、分裂を回避するために批判をひかえていた党の指導者チャールズ・J・フォックスが、九一年四月に入って、ピット政権の対ロシア政策をめぐる議会討論においてフランス革命を賛美するにおよんで、決裂は時間の問題となった。そして、五月に入って、全面対決の日がやってきた[42]。

フォックスは議会において次のような演説を行った。「フランス革命は、全体的に見て、人類史上最も名誉あるできごとのひとつである。……バーク氏が非現実的かつ空想的なものとして一笑に付した人間の権利は、実際には、すべての合理的な憲法の基礎であり、根拠である。我が法令全書が証明しているように、イギリスの憲法でさえもそうである。……私は、フランスの憲法がイギリスの憲法そのものの礎石である人間の権利のうえに構築されるようになって以来、喜びに堪えない。このことを否定することは、イギリスの憲法を侮辱することにほかならない[43]。」

こうして、フォックスとの決裂は明らかとなった。五月一二日付けの *Morning Chronicle* は、バークの引退を勧告する記事を掲載した。四面楚歌に近い状態のなかで一気呵成に書いた『新ウィッグから旧ウィッグへの上訴』が刊行されたのは八月三日であった。『新ウィッグから旧ウィッグへの上訴』は、フォックス派を「新ウィッグ」、バーク自身を「旧ウィッグ」とし、「新ウィッグ」と「旧ウィッグ」の対決を第三者が裁くという形式で書かれている。

『新ウィッグから旧ウィッグへの上訴』の主たる眼目は、一方で、名誉革命及びアメリカ革命を擁護し、他方で、フランス革命を攻撃するのは矛盾もはなはだしいという告発に対して、またそれを「変節」と非難する告発に対して、自らの主張の一貫性、名誉革命解釈の正しさ、我こそはホイッグ党の「純粋な教義の擁護者」である、ということを立証することにあった。バークは、二つの視点から、告発に対して反論を展開している。第一の視点は、サッシェヴァレル弾劾裁判の記録において確認されるウィッグの原理と「フランスから輸入された新しいウィッグ主義の原理」はまったく異質のものであることを立証するというものである。第二の視点は、『フランス革命についての省察』においてプライスに対する反論として展開した名誉革命論の正しさを、ウィッグの原理が表明されているサッシェヴァレル弾劾裁判の記録を典拠として立証するというものである。

バークは、「フランスから輸入された新しいウィッグ主義の原理」を次のように定義している。①主権というのは、ひとりもしくは多数のいずれによって行使されようとも、民衆に由来するものであるのみならず、不変、不可譲なものとしてつねに民衆に帰属する。②民衆は、非行のあるなしにかかわらず、国王を合法的に退位させることができる。③民衆は、思い通りに、どのような新しい形態の政府でも作ることができるし、また政府なしで暮らすこともできる。④民衆は本来的に自分自身の規則にしたがうものであり、彼らの意思が彼らの行動の尺度である。⑤行政官は義務を持っているが権利を持っていないので、彼らは契約の適切な主体とはなりえない。⑥ある時代に行政官との間で事実上の契約が結ばれたとしても、その契約は当事者を拘束するにすぎず、子孫にまで及ぶことはない。(44)

バークによれば、このように定義される「新しいウィッグ主義の原理」は、彼が批判の俎上にのぼせたプライスの主張そのものであるか、それと何ら変わるものではなく、あらゆる形態の政府のみならず、理性的自由の安定的保証、さらには道徳それ自体の規則と原理のすべてを完全に破壊するものであった。

それに対して、「旧ウィッグ」が信奉する教説はまったく別種のものであった。サッシェヴァレル弾劾裁判において、名誉革命を正当化するためにウィッグが持ちだした根拠について、バークは次のように述べている。①国王・貴族院・庶民院という形で、不可侵の統治機構としてこの国の国制に含意され、表現され、確認されている原初契約が侵害された。②古来の国制の根本的破壊が、その一部を構成するひとつの部分である国王によって試みられ、事実上なしとげられ、名誉革命において正当化された。③名誉革命は、イギリス国家に関する原初契約によって構築された古来の国制を回復するために、また同じ統治機構を将来にわたって保持するために残された唯一の手段として状況の必要にせまられて正当化されたのであった(45)。バークは、以上の三つの根拠を、サッシェヴァレル弾劾裁判の協議会委員の証言を長々と引用して、「旧ウィッグ」が信奉していた教説を確認し、自らの主張の正統性を根拠づけようとしている(46)。

サッシェヴァレル弾劾裁判においてウィッグが持ちだした根拠、「旧ウィッグ」が信奉する教説、そしてバークがプライス批判のために持ちだしている根拠は、確かに、一致している。しかし、ここで、二つの疑問を投げかけることによって、バークの論理はあえなく瓦解してしまう。第一は、サッシェヴァレル弾劾裁判においてウィッグの持ちだしている根拠が、名誉革命を正当化するための根拠として、果たしてウィッグの正統説であったのかどうかである。第二は、彼が「新しいウィッグ主義の原理」と呼んでいるものは、名誉革命、フランス革命についてフォックスをはじめとする「新ウィッグ」が信奉している教説なのかどうかである(47)。この疑問に答えることは容易である。しかし、バークの議論をよりよく理解するためには、こうした疑問に答えることよりも、あえてそのような議論を展開せざるを得なかったバークの心情を読み解くことのほうが重要である。『新ウィッグから旧ウィッグへの上訴』において展開されている議論は、単に「旧ウィッグ」と「新ウィッグ」との正統性をめぐる戦いに限定されるものではない。『新ウィッグから旧ウィッグへの上訴』においては、フォックス、プライス、ペイン、トマス・ハーディ、等々の言説が渾然一体となり、奔流となり、悪夢となってバークに襲いかかっている。バークは、必死に「古来の国制」にしがみつくことによって、その奔流を押しとどめようとしている。バークの保守主義の哲学、思想はこの過程において鍛えられる。そして、残された頼みの綱は革命から反革命への「転換」であった。

むすび

バークは、『新ウィッグから旧ウィッグへの上訴』に先立つ一七九一年四月に、『フランス国民議会議員への手紙』(*Letter to a Member of the National Assembly*) を刊行した。この手紙に、バークの反革命思想を読みとることはそれほどむずかしくはない。そして、それは、一二月に執筆された『フランスの国情についての考察』(*Thoughts on French Affairs*) においてさらに鮮明になる。しかし、いずれの著作も反響はほとんどなかった。

バークのますますつのる危機感を見透かすかのようにして、フランス革命の進展に呼応して、イギリス各地で議会改革を叫ぶ急進主義運動が発生し、大きな流れとなっていった。そして、九二年二月には、改革運動をさらに鼓舞する要因が出現した。ペインの『人間の権利』第二部の刊行である。三月に、シェフィールド憲法協会は次のような声明を発表した。「我々は『人間の権利』第一部、第二部と題したトマス・ペイン氏の著作から、他の著作以上に真実の知識を得ることができたと言明する。」また、トマス・ハーディらによって設立されたロンドン通信協会は、『人間の権利』を福音書と考え、廉価版を普及させるために全国の友好団体に働きかけて、予約注文を取った。ペインの『人間の権利』は運動全体のマニフェストとして圧倒的な人気を博した。[48]

しかし、ペインの言説は、急進主義の運動によって無批判に取り上げられたわけではなかった。彼らの主要な目的は、税の軽減、選挙権の拡大、議会会期の短縮、腐敗の排除であった。彼らはまた、国債、戦争、君主の必要経費、狩猟法、徴兵、長子相続、十分の一税、等々について自分たちの代替案を提示した。[49] ロンドン通信協会は、『呼びかけと決議』（*Addresss and Resolutions*）において結社の主旨と目的を明らかにし、「決議文」で次のように述べている。「不完全で、不公平で、不適当な代議制、ならびに腐敗した議員選出法の結果として、重税、不当な法律、自由の制限、公金の浪費が生じている。これらの悪弊を正す唯一の方策は、議会への人民の代表の公正、平等、公平な選出しかありえない。一切の不公平な特権が廃止されない限り、公正、平等、公平な代議制は実現しえない。本協会は無政府状態ではなくて改革を志向し、騒乱や暴力への嫌悪を表明する。権力の乱用に対しては、理性、毅然たる信念、全員一致のみが、自ら行使し、また仲間の市民に行使するように説得する、唯一の武器である。」[50]

しかし、他方では、急進主義運動の高まりを背景に、それに対抗する運動が各地で発生し、保守派の団体が組織された。九一年七月には、その後の政治的反動傾向の前兆ともいえる「バーミンガム暴動」が起きた。フランス革命二周年を祝う非国教徒の集会がバーミンガム・ホテルで開かれていた。祝賀会と参加者たちに敵意をいだく暴徒たちはホテルだけでなく、プリーストリの自宅も襲った。この襲撃の背後には、バーミンガム市当局か内務省による暴徒扇動の事実があったのではないかという動議が議会に提出されたが、否決された。[51]『人間の権利』の普及と急進主義運動の高まりに脅威を感じた政府は、九二年五月に、扇動的な文書を取り締まるための「布告」を発布した。

こうして左右の対立は激化していった。その最中、九二年四月二〇日に、フランスがオーストリアに宣戦布告し、プロイセンもオーストリアに加勢するという形で、戦争が始まった。イギリス政府は、当初中立政策を採っていたが、ヴァルミーの戦いを契機に、フランスの脅威が実感され、危機感をつのらせていった。それに対して、野党ウィッグ党内の状況は、フォックス派とバークをはじめとする保守派との間で意見が分かれていた。

九二年の末にはじまった、外国人登録制度やパスポート制度を内容とする外国人法案をめぐる審議過程において、野党ウィッグの分裂は一層鮮明になった。バークは、フランス革命の教義を水際で食い止めることを意図して提案されているとして、法案に支持を表明した。バーク、ポートランド公をはじめとする保守派の賛成もあって、法案は簡単に議会を通過した。改革派の敗北は明らかであった[52]。

そして、九三年二月一日の国民公会による対英宣戦布告を受けて、イギリスは、対仏戦争に突入していった。対仏戦争が本格化すると、ピット政権は、右傾化した世論を背景として、国内の引き締めにかかった。九四年四月には、人身保護法の適用停止が議会に提案され、トマス・ハーディ、ジョン・テルウォール、ホーン・トゥックといった急進主義運動の指導者の多くが逮捕された。そして、九五年には、政治集会禁止令が公布され、運動は沈黙を余儀なくされ、九六年には、地方のほとんどの政治結社が消滅してしまった。そして、九七年末までには、「イギリスにおけるフランス革命」論争と急進主義運動の主役を演じた、プライス、バーク、プリーストリ、ペインといった人々の名前すらまれにしか聞かれなくなってしまった[53]。

（1） J.S. Mill, "Carlyle's French Revolution (1837)" in John M. Robson (eds.), *Collected Works of John Stuart Mill*, Vol. XX (Canada : University of Tronto Press, 1985), p. 131.

（2）Ibid., p. 162.

（3）同様の視点は以下においても採用されている。永井義雄『イギリス近代社会思想史研究』（未来社、一九九六年）、七一―八八ページ。

（4）H・N・ブレイルズフォード、岡地嶺訳『フランス革命と英国の思想・文学』（中央大学出版部、一九八二年）。

（5）G.T. Pendleton, "The English pamphlet literature of the age of the French Revolution anatomaized", *Eightennth Century Life*, Vol. 5, No. 1, Fall 1978., pp. 29-37. "Towards a bibliography of the *Reflections and Rights of Man contoroversy", Bulletin of Research in the Humanities*., 85, 1982, pp. 65-103.

（6）G. Claeys(eds.), *Political Writings of the 1790s*, Vol. 1(London : Pickering & Chatto, 1995), pp.xvii-lvi.

（7）Richard Price, *A Discourse on the Love of Our Country*, in Political Writings, ed.by. D.O. Thomas(Cambridge : Cambridge University Press, 1991), pp. 188-192. 永井義雄訳『祖国愛について』（未来社、一九七九年）、四五―五五ページ。

（8）「イギリスにおけるフランス革命」論争については、本章作成にあたって参考にした主要な単行本をあげておく。A. Cobban(eds.), *The Debate on the french Revolution 1798-1800* (London : A. & C. Black, 1960.) R.R. Fennessy, *Burke, Paine, and the Rights of Man : A Difference of Political Opnoin* (The Hauge : Martinus Nijihoff, 1963). J. T. Boulton, *The Language of Politics in the Age of Wilkes and Burke* (London : Routledge & Keagan Paul, 1963.) H.T. Dickinson, *British Radicalism and the French Revolution 1789-1815* (Oxford : Basil Blackwell, 1985). S. Prickett, *England and the French Revolution* (London : Macmillan, 1989.). C. Crossley & I. Small(eds.), *The French Revolution and British Culture* (Oxford : Oxford University Press, 1989.). S. Blakemore(eds.), *Burke and the French Revolution : Bicentennial Essays* (Athens : University of Georgia Press, 1992.). J. Mori, *William Pitt and the French revolution 1785-1795* (New York : St. Martin's Press, 1997).

（9）「イギリスにおけるフランス革命」というテーマに関する日本での研究は、おおむね、エドマンド・マークに関する研究の視点から行われてきた。特に、以下の研究は、本章作成にあたって有益であった。松浦高嶺「『名誉革命体制』とフランス革命」柴田三千雄・成瀬治編『近代史における政治と思想』（山川出版社、一九七七年）。岸本広司『バーク政治思想の展開』（御茶の水書房、二〇〇〇年）。真嶋正己「バークとプライス」（『広島女子商短期大学紀要』第六号、一九九五年）、同「E・バークの名誉革命論［I］［II］」（『広島女子商短期大学紀要』第七号、一九九六年）、同「急進主義者によるバーク批判［I］［II］」（『広島女子商短期大学紀要』第八号、一九九七年、第九号、一九九八年）」。

（10）Edmund Burke, *Reflections on the Revolution in France*, ed. by Mitchell, L.G (Oxford : Oxford University Press, 1999), p. 16. 中野好之訳『フランス革命についての省察（上）』（岩波書店、二〇〇〇年）、三六ページ。

（11）Ibid., pp. 17-20. 前掲書、三七―四二ページ。

（12）Ibid., p. 25. 前掲書、五〇―五一ページ。

（13）Ibid., p. 27. 前掲書、五四―五五ページ。

（14）Ibid., p. 30. 前掲書、五九―六〇ページ。

（15）Ibid., p. 31. 前掲書、六一ページ。

（16）松浦高嶺、前掲論文、一八二ページ。

（17）Edmund Burke, op. cit., p. 22. 前掲書、四五ページ。

（18）本章作成にあたって参考にした主要な論文をあげておく。S. Bernstein, "English reactions to the French Revolution : the division of public opinion between the Burkeites and the Paineites", *Science and Society*, 9, 1945, pp. 147-71. F.P. Canavan, "The Burke-Paine controversy", *Political Science Reviewer*, 6, 1976, pp. 389-420. G. Claeys, "Republicanism versus commercial society : Paine, Burke and the French Revolution debate", *History of European Ideas*, 11, 1989, pp. 313-324. "The French Revolution debate and British political thought", *History of Political Thought*, 11, 1990, pp. 59-80. C.B. Cone, "Pamphlet replies to Burke's Reflections", *Southernwestern Social Science Quarterly*, 26, 1945, pp. 22-34. T.P. Schofield, "Conservative political thought in Britain in response to the French

Revolution", *The Historical Journal*, 29, 1986, pp. 601-22. *H.R. Winkler, "The Pamphlet campaign against political reform in Great Britain 1790-95"*, *The Historian*, 15, 1952, pp. 23-40.

(19) Edmund Burke, op. cit., p. 8. 前掲書、一三二ページ。

(20) Ibid., p. 33. 前掲書、六四ページ。

(21) Mary Wollstonecraft, *A Vindication of the Rights of Men*, in *Mary Wollstonecraft : Political Writings*, ed. by Janet Todd (London : Pickering, 1993), p. 11.

(22) Ibid., p. 14.

(23) Ibid., p. 13.

(24) R・C・リチャードソン、今井宏訳『イギリス革命論争史』（刀水書房、一九七九年）、七六ページ。

(25) Catherine Macaulay, *Observations on the Reflections of the Right Hon. Edmund Burke, on the Revolution in France*, in Claeys, G (eds.), *Political Writings of the 1790s*, Vol. 1 (London : Pickering & Chatto, 1995), p. 124.

(26) Ibid., p. 126.

(27) Edmund Burke, op. cit., p. 32. 前掲書、六三ページ。

(28) Catherine Macaulay, op. cit., p. 130.

(29) Thomas Paine, *Rights of Man*, with an introduction by Eric Forner (New York : Penguin Books, 1985.), p. 41. 西川正身訳『人間の権利』（岩波書店、一九七七年）、一三二ページ。

(30) Ibid., pp. 41-42. 前掲書、二四―二五ページ。

(31) Ibid., p. 131. 前掲書、一六八ページ。

(32) Ibid., p. 71. 前掲書、七五―七六ページ。

(33) 松浦高嶺、前掲論文、一九七ページ。

(34) Joseph Priestley, *Letters to the Righit Honourable Edmund Burke, Occasioned by His Reflections on the*

Revolution in France, in Claeys, G (eds.), *Political Writings of the 1790s*, Vol. 2 (London: Pickering & Chatto, 1995), pp. 315-385. 杉山忠平『理性と革命の時代に生きて』(岩波書店、一九七四年)、二二〇—二二九ページ。

(35) James Mackintosh, *Vindiciae Gallicae: Defence of the French Revolution and its English Admires, against the Accusations of the Right Hon. Edmund Burke*, in Claeys, G (eds.), *Political Writings of the 1790s*, Vol. 1 (London: Pickering & Chatto, 1995), pp. 360-361.

(36) Richard Price, op. cit., p. 190. 前掲書、九ページ。

(37) James Mackintosh, *op. cit.*, p. 362.

(38) Ibid., p. 371.

(39) Ibid., p. 373.

(40) Ibid., p. 338.

(41) Ibid., p. 311.

(42) *Parliamentary History of England 1791-1792*, Vol. XXIX (New York: AMS Press, 1966.), p. 249. 堀江洋文「フランス革命とイギリス議会」専修大学人文科学研究所編『フランス革命とナポレオン』(未来社、一九九八年)、一七〇—一九四ページ。

(43) Ibid., pp. 377-380.

(44) Edmund Burke, *An Appeal from the New to the Old Whigs, in Consequence of some late Discussions in Parliament relative to the Reflections on the French Revolution, in The Works of the Right Honorable Edmund Burke* (Boston: Little, Brown, 1871), pp. 120-121.

(45) Ibid., p. 121. 松浦高嶺、前掲論文、一五九—一七二ページ。

(46) Ibid., pp. 122-147.

(47) 松浦高嶺、前掲論文、一八八—一八九ページ。

(48) 小松春雄『評伝　トマス・ペイン』(中央大学出版部、一九八六年)、一六九ページ。

(49) G. Claeys, "Introduction" to *Political Writings of the 1790s*, Vol. 1 (London : Pickering & Chatto, 1995), pp. xxxiv-xxxv.

(50) Mary Thale (eds.), *Selections from the papers of the London Corresponding Society, 1792-1799* (Cambridge : Cambridge University Press, 1983). 松浦高嶺、前掲論文、一九七―一九八ページ

(51) 堀江洋文、前掲論文、一八四―一八五ページ。

(52) 堀江洋文、前掲論文、一八五―一九〇ページ。

(53) G. Claeys, op. cit., pp. xliii-xlvii.

第三章　エドマンド・バークと主権国家
――ウエストファリア体制擁護の論理――

高橋和則

はじめに

あえてトクヴィルの指摘を引くまでもなく、フランス革命にたいする啓蒙主義思想の影響を無視することはできない。そこでは近代自然法に基盤をもつ契約論的思想が主役を担ったのである。このフランス革命にたいして対仏大同盟が結成されたが、それはむろん、君主制をとるヨーロッパ諸国がその制度を根底から揺るがすものという危機を感じたためであることは言うまでもないであろう。現実においてもナポレオンによる「革命の輸出」があったように、その危機感は当を得たものであった。たとえ「ヨーロッパ各国に結局フランス革命の理念を受け入れさせる条件があったとすれば、それはナポレオンの暴力とイギリスの経済的圧力――二重革命そのもの――とくに後者であった」(1)にしても、それは確かに、「理念」の輸出であったことに違いはない。

このフランス革命とそれにたいする対仏大同盟の結成という事態は、制度面から言えば、君主制の是非をめぐる陣営の形成であるが、より踏み込んだ思想面から言えば、ヨーロッパ全体の秩序をいかに形成するかという秩序思想の対立である。ヨーロッパでは、三十年戦争の後にウエストファリア条約が結ばれ、主権国家という枠組みが成立していた。このことからすると、例えば「革命の輸出」というものはこうした秩序に大幅な変革を迫る思想であった。革命勢力が基礎をおく自然法思想は、こうした既成の法律の枠内で考えられるものではなく、そうした法律を形成する法を問題にしていることは明白なのである。

しかし、こうした秩序思想を問題にする際に注目すべきなのは、国家というものについての認識であろう。なぜならば、キリスト教教会がヨーロッパ全体にたいして持っていた権力が後退した後に、ヨーロッパ諸国の対内的および対外的な秩序の担い手となったのが国家だったからである。国家は、教会から世俗にかんする事柄についての権力を獲得し、政治的な秩序の形成にかんする唯一の担い手となった。この国家という政治的単位はその意味では世俗の頂点にたつものである。主権国家という枠組みを考えるときに、フランス革命、および「革命の輸出」という事態は、秩序の担い手としてのこの主権国家という枠組み、ひいてはウエストファリア体制を揺るがす事態であったことは明らかであろう。

近代自然法思想は、契約論という枠組みを用いて人民主権を理論的に基礎づけることに成功した。こうした国内秩序にかんする思考はジョン・ロックにおいて典型的な表現を得たが、国際秩序に関する場合、ロックにおいては「世界中の独立した共同体の君主や支配者は全て自然状態にあるのだから、世界ではいままでもこれからも、多数の人が自然状態にいるのは必然」であるとされている。(2) このように主権国家は、対外的には、自然状態に置かれていると認識されている。自然状態は戦争状態ではなく、そこには自然法が存在しているが、それが統一的に保障されておらず、容易に戦争状態に堕する可能性をもった状態なのである。こうした論理においては国家は自然法を認識する主体であるが、対外的な秩序は明確に形成されていない状態であるともいえるであろう。では、例えば、これにたいして近代自然法思想の流れに属さない思考では、秩序の担い手としての国家はどのように認識されるのであろうか。

こうした関心から、本章は、ヨーロッパの秩序の担い手たる主権国家をいかに位置づけるのかということについての思考に関して考察を行うことにする。その際に、フランス革命がヨーロッパ秩序に与えた影響に注目し、コモン・ロー法思想に基づいた政治思想を展開したエドマンド・バークを例にとって、この問題を考察することにしたい。むろん、こうした国家の位置づけという問題は、ある意味で西欧政治思想の全体を貫く問題であり、それからすれば本章はその一局面を明らかにするという意味を持つものになるであろう。

1　ヨーロッパ諸国の同質性

ヨーロッパ諸国が同質的であることは、例えば、ヴォルテールがヨーロッパを、一種の偉大なコモンウェルスと呼んだことからも明らかなように、一八世紀においても広く認識されていたことである。それは、非ヨーロッパの存在に対しては常に意識されることであろう。バークが次のように述べていることは、このことの典型的な表現である。「トルコ帝国がヨーロッパの勢力均衡の一部であると考えられたなどという話は一度たりとも聞いたことがない。トルコはヨーロッパの国家とは何ら関係がなかった。つまり、トルコは自らを完全にアジアとして考えていたのである。我が国や、プロシア、オランダの宮廷のどこにトルコの公使がいるだろうか。トルコは全てのキリスト教君主を、不信心者として嫌悪し、批判した。そしてキリスト教君主とその人民を征服し、絶滅させることのみを願っていたのだ」(3)。ここでの非ヨーロッパとしてのトルコは、バークによってのみならず、現実の脅威として認識されていたのであり、当然、ヨーロッパの勢力均衡には含まれていない。逆にいえば、ヨーロッパの勢力均衡は、例えば、トルコを排して成立していた。均衡という概念は、ひとつの単位を前提としなければ、意味をなさないものである。つまり、単位を確定しなければ、どこが均衡しているかを理解することはできない。とすると、ここでの単位は、明らかにヨーロッパであり、その意味でヨーロッパはひとつの同質的な単位として考えられていることは疑いないことであろう。

このように、同質性は異質なものとの遭遇によって明確になる。では、ヨーロッパの場合は、いかなる同質性が明確にされたとバークは考えているのだろうか。ヨーロッパ諸国を、いかなる点で同質的なものとして結合していると考えているのだろうか。バークによれば、ヨーロッパの「人々はお互いに、文書や印章で結びつけられているのではない」。つまり、条約そのものによって結びつくことに取り決めたというだけではない。条約を結ぶことだけなら、非ヨーロッパ諸国とも可能であるし、実際に結んでもいるのである。ヨーロッパという単位にはそれだけではない結合要因が存在する。「彼らは、互いが相似していること、符合していること、共感できることによって結びつくように導かれている」のである。それはなぜなら「法、慣習、風俗、生活習慣での一致ほど、国民と国民の間の友好の絆として強いものはない」[4]からである。つまり、ヨーロッパの諸国家は、具体的には「法、慣習、風俗、生活習慣」の点で、同質であり、それによって結合しているとバークは認識しているのである。

この場合、バークの念頭にある「法」とは、ローマ法である。バークによれば、ヨーロッパの各国は「同一の起源に根ざしている」とされるが、その起源は「ゲルマン的あるいはゴート的慣習」であり、「その慣習からの所産と考えられる、封建的諸制度」なのである。そして「こうした慣習全体がローマ法によって、体系づけられ、分類されてきた」と認識されている。[5]ローマ法がヨーロッパに共通しており、ローマ法がヨーロッパ諸国の法の基盤となっているということ、換言すれば「西洋のみが、ローマ法という個性的な形成物を成立させ、ローマ法の継受というごとき事件を経験した」[6]ということ自体は、一般的に理解されることである。したがって、中世における「ローマ法の第一次継受」によって「ローマ法が中世ヨーロッパ社会に共通する法となっていった」[7]ことをバークは前提としていると解釈することに問題はないであろう。バークが「公法学者たちは、しばしば、こうした諸民族の総体をひとつのコモンウェルスと呼び慣わしてきた」と捉えているのは、こうしたことを指していると考えられる[8]。

しかし、バークがヨーロッパを同質的なものと捉えている理由はローマ法の共有という法的側面だけではない。それは言うまでもなく、宗教的側面である。「ヨーロッパ諸国はまさに同一のキリスト教を保有してきた。そのことについては、儀式や下位の教義といった微妙な部分では差異があるものの、基本的な部分では一致しているのである」[9]。こうして、ヨーロッパは共有された宗教的価値に依拠しており、それによって結びつけられているのである[10]。こうした認識も、別段、特異なものではなく、極めて一般的なものと言っていいだろう。「国際社会の理論家もキリスト教国家同士の関係が、キリスト教国家とその他の国家との間の関係と同一の基礎の上に立つとは、誰も考えていなかった」[11]のである。むろん、バークが「儀式や下位の教義といった微妙な部分では差異がある」といったのは、宗教改革以降のカトリックとプロテスタントの間の差異のことではない。バークにおいてもこの宗教改革がヨーロッパに与えた影響は深刻なものと受けとめられていた。「ヨーロッパは長期間に渡って、二つの大きな党派に分断されていた。それはカトリックとプロテスタントと名付けられているが、それは国家と国家を疎外させたばかりではなく、全ての国家内部での分裂も起こさせたのである」。そして、バークによれば、こうした「分断」が「ヨーロッパの全ての政治を色づけ、性格付け、方向を与えていたのである」[12]。しかし、こうした「分断」もキリスト教という内部での分断であることは自明であり、バークがヨーロッパを同質的なものと考えるとき、念頭においているのは明らかに、このキリスト教共同体としてのヨーロッパである。

こうしたキリスト教共同体としてのヨーロッパという把握は、バークにおいて極めて重要な意味をもつ。というのは、この同質性の宗教的側面が法的側面と、現実において強い連関を保っているからである。実際には、中世において、「唯一の真の国家と見なされるのは、キリスト教教会[13]」であった。まさに、ヨーロッパは教皇の権威によって統治されていたと考えられるのである。そして、この神学的な世界観は法思想にも影響を及ぼした。つまり、永久法のもとに自然法を置き、そして、さらにその下に実定法を位置付けることになったのである。中世末期になってなされた「ローマ法の第一次継受」によって、中世のヨーロッパ世界は、実定法（普通法）の世界においてローマ法の概念が用いられるようになっていたことは前述したが、中世の法思想において形成された法のハイアラーキー構造によって、このローマ法の概念を用いて構成された実定法（普通法）と自然法とが関係づけられることになったのである。

以上のことからすると、バークが同質的なヨーロッパというとき、この中世キリスト教世界を具体像として意識しているということは明らかなことであるように思える[14]。ではバークは、ヨーロッパがこの中世キリスト教世界にとどまっていることを、最善の状態として想定していたのであろうか。

しかしこのように想定することは、第一に、宗教改革についてバークが示した重要性の認識とは相矛盾することになってしまうであろう。バークにおいては、前述のように、宗教改革はヨーロッパの政治を基本的な部分で規定していたと認識されているのである。中世キリスト教世界がバークにとって最善なるものとして認識されていたとすれば、こうした宗教改革以降のヨーロッパというものは、その本質において、誤ったものであり、否定されなければならないということになってしまう。第二に、バークはイギリス人の権利を保持することを主張しつづけ、それにはイギリスの constitution を維持することが必要であると考えていたこととも矛盾してしまうであろう。バークによれば、イギリス人は「イギリス人の権利として、自らの祖先から引き継いだ相続財産として[15]」権利をもつのであり、イギリスの constitution は「我々の自由を、祖先から我々に引き継がれそして子孫へ引き継がれるべき限嗣相続財産として、もっと一般的あるいは優先的な他のいかなる権利にいささかの関係もなく、この王国の人民に特に属する財産として主張[16]」しているのである。このように、「普遍的な」権利にたいしてイギリス人の「特殊的な」権利を強調する姿勢は、中世キリスト教世界の普通法のもつ普遍性と矛盾を来してしまうであろう。

したがって、問題は、こうしたイギリス人の「特殊的な」権利というものと、ヨーロッパの同質性の基礎をなす普遍性を帯びた法のあり方とを、バークは整合的に捉えているのか、いないのか、ということであり、もしそのような整合性があるとすれば、その論理はどのようなものなのか、が検討されなければならないであろう。そのことは、バークの思想のなかで、ヨーロッパの同質性という観念がどのような位置を占めるのか、という問題にも関連し、それに一定の見解を示すものとなるであろう。そのために、まず、次節において、宗教改革以降のヨーロッパ秩序についてのバークの認識を検討することにしたい。

2　ウエストファリア体制

前節のような、ヨーロッパの同質性に関する議論において、宗教改革はまさに決定的な出来事である。それは、言うまでもなく、キリスト教における内部分裂であり、前述のようにキリスト教という同質性としての枠組みは存続したものの、いわゆる教皇の精神的権力と呼ばれるものが消滅したからである[17]。これはつまり、中世キリスト教世界という一元的な支配が終焉したことを示すものであり、世俗的な政治の世界と精神的な世界が完全に分離されるという思想史的な変化の萌芽であった。

こうした変化において、これまで教皇の占めていた位置は空白となり、その権威の真空を埋めるものは三十年戦争によっても現れなかった。このことが意味するのは、ヨーロッパ全体の秩序を支えるものが変化したということである。宗教改革以前においては、この秩序は教皇が皇帝たちを用いて支えていた。しかし、宗教改革とそれ以降の一連の混乱の帰結は、一元的な秩序の担い手は存在しない、ということだったのである。そして、そのことは、この秩序の担い手が、各国の君主の他にはないということを意味していた。それによって、新たなひとつのシステムとしての認識が要請されるのである。それを主権国家システムと呼ぶこともできるが[18]、このことがウエストファリア体制の意味するところなのであった。つまり、「ウエストファリア条約は、国際法についての見方の決定的な変遷を示している。それはつまり、国際法は諸国家の上から課されるものという見方から、諸国家の間の法とする見方への変遷である」[19]。

それでは、こうしたヨーロッパの状況をバークはどう理解していたのであろうか。例えばバークは、ドイツを例にとって、次のように述べている。

ドイツの法と自由は以下のような条件の下において存在しているし、また、これまでもつねに存在してきたのである。その条件とは、封建的な土地の所有とその継承、帝国的な国制、および主権、支配的党派、裁可された公的な条約の認可と承認である。それらのいくつかは他の主権国家によって保護されたのである。それはとりわけ、ウエストファリア条約の起草者であり、本来の支持者であるフランスの旧政府である[20]。

このことから読みとれるのは、ウエストファリア条約の認識である。ここでは、ドイツを例にとって、ドイツの法と自由がヨーロッパの他の主権国家によって保護されていることが述べられているが、それは、むろん、ウエストファリア条約によって設定された主権国家の独立があるからである。「ウエストファリア条約の起草者であるフランスは、ドイツの独立とバランスの自然的な保護者[21]」なのである。もしヨーロッパの同質性が、単一国家としてのヨーロッパであることを意味するならば、こうした主権国家の独立について言及されることはありえないであろう。バークにおいては、宗教改革が、それ以降のヨーロッパの政治を規定してきたと認識されていることは前述したが、それがこうした主権国家の独立性についての認識と結合していることは明らかであって、決して単一国家としてのヨーロッパという認識はなされていないのである。以上から、バークがヨーロッパにおける主権国家システム、つまりウエストファリア体制を前提としていることは明らかである。

したがって次に確認しておかなければならないのは、バークにおいて、このウエストファリア体制はどのように維持されると考えられているのか、ということである。

その手段は、まず第一に、勢力均衡という政治原理である。一八世紀においても、この勢力均衡という観念は、例えば、ヒュームが論じたように、当時のヨーロッパの相対的な平和をもたらす政治原理のひとつとして、一般的に理解されていたし、現在でも同様であるといってよいであろう。この勢力均衡という原理が、バークにおいても重要視されているということは、例えば、バークが次のように言及していることからも明白であろう。つまり、バークによれば、「勢力均衡はこれまで常に、全ての国家によってよく知られたヨーロッパの共通法と考えられてきたものなのであり、問題はただ（これまで必ず発生してきたように）その均衡がどのような傾斜をもっているのかということなのである[22]」とされるのである。

しかし、ここにある「これまで常に」という言葉は、この勢力均衡という政治原理がヨーロッパの政治における歴史貫通的、普遍的原理である、ということを意味しているわけではない。それは勢力均衡について、バークがさらに踏み込んで、次のように論じていることからも理解できるであろう。

もしヨーロッパがその帝国（ドイツのこと＝引用者注）の独立と安定を、ヨーロッパにおける勢力均衡というシステムの本質として理解しないならば、また、この帝国の独立と安定が依拠する公法の機構や多くの法によって、その独立と安定は維持もされれば破壊されもすると思わないならば、ヨーロッパのこれまでの政治はすべて、この二世紀以上もの間、惨めなばかりに誤っていたということになる。(23)

ここでバークが想定している「ヨーロッパのこれまでの政治」というのは、明らかに宗教改革以降のヨーロッパの政治である。実際に、「いかなる一国であれ優越的地位に立つことを抑制しようとする意識的試みという意味での現実の勢力均衡制度は、フィリップ二世に対抗する同盟においてすでに発達し始め、勢力均衡の維持はハプスブルグ家の普遍的君主制の主張に終止符を打った一六四八年の『ウエストファリアの平和』の暗黙の目的となった」(24)のである。これは主権国家の登場とともに成立した概念であることを示しているのであり、その意味で、勢力均衡という概念は、時代上の制約を帯びた、歴史的概念なのである。(25)バークにおいては、明らかに歴史的概念として用いられている政治原理としての勢力均衡がこのウエストファリア体制を維持する秩序として認識されていると言えるであろう。この限りにおいては、「バークにとって、ヨーロッパが相対的な秩序と優越的な富を獲得したのは、勢力均衡システムのゆえであり、その勢力均衡システムは（ヨーロッパ）社会に埋め込まれた、共通の規範、支配、法によって規制されているのである」(26)ということはできるであろうが、この場合の「（ヨーロッパ）社会に埋め込まれた、共通の規範、支配、法」というものが、中世キリスト教世界のそれを指しているわけではなく、それは間接的なものにとどまるのであって、直接的には、主権国家システムを形成するものであることに注意する必要があるだろう。

ここで言及したように、この勢力均衡という政治原理は、あくまで、政治原理であって法ではない。それは、主権国家における政治的な意志が自らの利益にしたがって準拠することを選択するものであって、主権国家が自らの利益はそれに準拠することによって損なわれると判断した場合は、その原理は選択されず、むろん、その原理に従うことを他国が強制することはできないものであることは自明である。つまり、この原理による秩序維持は、主権国家の主観性に大きく依拠することとなり、客観的、外面的な強制力を欠くものであることを意味しているであろう。その意味では、この「勢力均衡システム」には、それを規制する「共通の規範、支配、法」が必要である。

もちろん、この「共通の規範」が完全なる客観性を獲得できるわけではない。なぜなら、この規範が適用される主権国家自体がこの規範を形成するからであり、中世キリスト教世界におけるように、諸国家の上から課されるものではないからである。したがって、言うなれば、相互主観的に形成されるこの規範が主権国家システムにおける国際法ということになる。この限りでは、勢力均衡という政治原理も国際法も相互主観的である。ただし、勢力均衡という政治原理においては、国力の違いがその均衡の傾きにおいて実質的に表されるのであるが、国際法において、各主権国家は、形式的に主権国家として平等に考えられるものである。この形式性が法的な性質を与えるものであるだろう。こうした視点から見ると、勢力均衡という原理を「国際法が機能するための基礎的条件」(27)として位置付けることも可能である。

したがって、ウエストファリア体制を維持するためのもうひとつの秩序として、バークにおいては国際法がどのように認識されているのか、ということが検討されなければならないということになる。

「一六世紀以来、その核心において本質的に、ヨーロッパ主権者たちの国家相互間的な法」であったのは、ヨーロッパ公法と呼ばれていたものであり、「この時代の国際法上の概念形成にはただひとつの軸、つまり主権的な領域国家」のみが存在していた。(28) こうしたヨーロッパ公法が、国際法にあたるものとして、つまり諸国民の法にあたるものとして理解されていたのである。バークにおいても、このヨーロッパ公法が国際法として認識されている。(29) しかし、それに加えて、バークは、「諸国民の法」という用語も用いており、(30) それは一見、用語法上の混乱と思われるかもしれないが実際はそうではない。それらはいずれにせよ、中世キリスト教教会の秩序、より具体的に言えば、教皇の権威と対比的に用いられた用語であり、主権国家システムによって構成されているヨーロッパでの、国際法のことを意味しているのである。このバークの用語法は、バーク自身が宗教改革以降のヨーロッパの秩序の担い手が主権国家しかありえないということを認識している、ということを示しているのであって、必然的に、諸国家間の法としての国際法が想定されていると考えることに不自然はないであろう。以上の考察からしても、バークはウエストファリア体制の本質、つまりヨーロッパ秩序の担い手の変化を認識していることは疑う余地はない。

ここで、このヨーロッパの秩序のあり方が、思想的にどのように表現されてきたかということを、一旦、概観しておきたい。

宗教改革以降、とりわけウエストファリア体制において、ヨーロッパはそれぞれの主権国家という秩序の担い手を見いだしたが、こうした秩序のあり方は、グロティウスとそれに続く論者において、一定の表現を獲得しているといってよいだろう。例えば、グロティウスが、「我々が今、述べていることは、神が存在しないとか、神は人事を顧慮しないといった最大の冒瀆を犯さずには認め得ないことをあえて容認したとしても、ある程度までは妥当するだろう」(31) として、中世における法のハイアラーキーを否定し、神法と自然法を乖離させたことは、少なくとも、中世キリスト教世界における教皇の精神的権力が消滅したことを示している。そして、「自然的諸原理から生ずる正しい結論」としての自然法と「何らかの（万人に）共通の合意」としての諸国民の法を区別した[32]。その上で、諸国民の法を自然法に基礎づけたのである。こうした思想的な操作が意味するのは、諸国民の法に普遍性を付与するという試みでもある。つまり、中世キリスト教世界においては、ヨーロッパは教会というひとつの普遍的国家によって統治されており、そこにおいては、最終的な法的権威は教皇なのであって、普遍的な法として自然法は永久法と関係づけられたが、教皇の権限の衰退を境にして、自然法は諸国民の法に普遍性を付与したのである。こうした操作によって、ヨーロッパにおける普遍性を法的に表現したと考えることができるであろう。

この操作を踏まえて、諸国民の法が、諸国家間の法としての意味を明確にしていったのである[33]。むろん、この諸国民の法をヨーロッパ公法と考えることに問題はないであろう[34]。このグロティウスに続く一連の過程において、教皇のもっていたヨーロッパ世界の秩序維持機能を国家が代替する、ということが、思想的な表現を獲得していった。ジョン・ロックは「世界中の独立した共同体の君主や支配者は全て自然状態にある」[35]として、こうした主権国家システムとも呼ばれるヨーロッパにおける秩序のあり方を社会契約論の中で定式化していることは前述の通りである。ロックにおいて自然状態は、統治契約をかわしていない者同士が置かれる状態のことであり、その意味では、支配—被支配関係が成立していない状態である。これはまさに、ヨーロッパが単一の支配者を欠いた状態であるという本質が認識されていることを示しているであろう[36]。

自然法とその他諸法との関係についての理解を変化させることで、ヨーロッパの秩序のあり方の変遷を認識する方法とその秩序の表現は、極めて図式的に言えば、以上のようなものであると思われる。

そこで問題となるのは、バークのヨーロッパに関する秩序のあり方についての認識である。これまでに確認したように、バークにおいても、主権国家の独立が認識され、それらの上に立つ政治的存在はなく、主権国家が秩序の担い手となってウエストファリア体制が構成されている。ここでの秩序は明らかに、ヨーロッパ公法という諸国民の法である。それでは、このバークのヨーロッパの秩序の認識は、前段で概観したような認識と通底しているのであろうか。

それを考察するためには、バークにおける自然法の位置づけが検討されなければならないであろう。それにはまず自然が何を意味するかが問われなければならないが、バークのいう自然は、確かに、有機体として認識されたものであって、それは、ある意味で、アリストテレスからトマス・アクィナスに至る自然観であったことは、すでに議論されていることであり、改めてここで論ずるまでもないであろう。こうした自然についての理解を前提とすると、バークにとっての自然法というものがいわゆる伝統的自然法、とりわけトマス・アクィナスによる法の理解に接近したものであると理解されるのである。これを換言すれば、自然法は永久法に関係づけられて存在しているということになる。それは明らかに、中世キリスト教世界の解体による教皇権力の世俗からの後退を、自然法の永久法からの分離と理解しようとする解釈とは異なっている。つまり、このことは、バークが、ヨーロッパの秩序について、グロティウス以降の一連の過程が示した解釈とは異なった解釈を与えていることを示しているであろう。では、そのバークの解釈はどのようになっているのであろうか。こうした問題は、これまでの行論からして、自然法とヨーロッパ公法ないし諸国民の法とを、バークがどのように関係づけていたのか、という問題となって端的に現れてくるのである。

この問題に向き合う際には、本章の第一節において検討したヨーロッパの同質性についてのバークの議論がひとつの足がかりを提供するであろう。

バークにおいては、ヨーロッパの同質性は、まさに、ローマ帝国から中世キリスト教教会まで、普遍的国家がヨーロッパを支配していたという歴史的な事実に起因したものであった、ということである。この普遍的国家においては、ヨーロッパ全体は統一した秩序で統治されているのであり、とりわけ、中世キリスト教世界においては「帝権および教権によって適切に秩序づけられており、皇帝と教皇という目に見える担い手を有していた」[37]ということが重要であろう。永久法と自然法との結びつきは、こうした普遍的な統治を法的に表現したものに他ならない。この普遍的国家の内部の「キリスト教の君主相互間の戦争は、限定された戦争」であり、「この戦争はそれが正しいか正しくないかという問題についての道徳神学的および法律学的な判断を許容するのみならず、かかる判断をまさに必然とする」のは、それゆえなのである[38]。ヨーロッパ内部のみに限局した場合[39]、宗教改革を経て、ウエストファリア体制において結実した主権国家システムのもとでのヨーロッパ公法に相当するものは、したがって、この普遍的国家においては、永久法と結びついた自然法であったと理解することができる。

とすると、バークにおいて、同質的なヨーロッパを単位として考えた場合、この単位は、永久法と結びついた自然法に秩序づけられてきたし、その延長線上のヨーロッパ公法によって秩序づけられるということになるであろう。例えば、バークは次のように言及している。

公法学の権威が認識しているように、諸外国に関する問題においてなら全て、彼は自然法と諸国民の法の下で行為するように強いられる。本国（イギリスのこと＝引用者注）に関することの場合、彼はイギリスの法や規定に従って行為するよう強いられる。そして、インドの人民に関係する場合、彼は、最大限に拡大させ、もっとも緩やかな構成である、インドの人民の法、権利、慣用、制度、良き慣習といったものに従って行為するよう強いられるのである[40]。

ここで「諸外国」というのは、ヨーロッパの他の国家のことを意味しているだろう。というのは、インドといった植民地は含まれないからである。つまり、他の国家の植民地も同様である。とすると、ヨーロッパの諸国家は、「自然法と諸国民の法」によって秩序づけられているということになるであろう。その意味で、ヨーロッパの人間は全て、この「自然法と諸国民の法」によって秩序づけられるのであり、この「自然法と諸国民の法」は最高の法ということになるであろう。この法は、結局、ヨーロッパの各国の人民の安全を守るものであり、ひいては、その植民地の人民の安全を守るものなのである。(41) バークの次のような言及は、こうした文脈で理解される必要があるだろう。

その法はイングランドの人民の安全を保障する。つまり、インドの人民の安全を保障する。統治する側であれされる側であれ、全ての人民の安全を保障するものである。それは全てのもののための唯一の法である。あらゆる法を支配している法、つまり、我々の創造者の法、人間性や正義やエクイティの法、自然法と諸国民の法である。(42)

こうした言及から確認できることは、第一に、バークにおいて、自然法は「我々の創造者の法」、つまり永久法との結びつきをまだ失っていないということである。第二は、より重要なことなのだが、こうしたいわゆる伝統的自然法が、「諸国民の法」、あるいはヨーロッパ公法と並立させられているということである。この点において、バークの国際法についての認識と、グロティウス以降の国際法論者のそれとは、大きく異なっていることが鮮明になるであろう。バークにおいては、このヨーロッパ公法が自然法に基礎づけられているわけではない。「自然法は部分的に諸国民の法に埋め込まれた原則と等しいものである」というよりも、(43) かつての自然法に対応するものが、ヨーロッパ公法なのであり、これはヨーロッパ全体の秩序を指すものという意味で、等価物なのである。この限りにおいて、ヨーロッパ公法とは、主権国家システムの成立以降における自然法の別称である。バークにおいては、自然法とヨーロッパ公法は、その機能に関して、歴史的に連続したものであると理解するべきであろう（ただし、その成立の仕方については異なっている。つまり、ヨーロッパ公法はあくまで、諸国家間で形成されたものである）。

しかし、このように自然法とヨーロッパ公法を歴史的に連続したものとして把握するという解釈には、中世キリスト教世界と主権国家システムの形成過程を歴史的連続として把握するという見地が含まれていると言わなければならない。とすると、主権国家システムの形成は、何ら必然性のない現象と捉えられているのだろうか。あるいは、換言すれば、やはり中世キリスト教世界にとどまるのが最善であり、主権国家システムに移ったことは、歴史の偶発事だったのであり、宗教上の変化に対する政治的対応にすぎなかったのであろうか。もし、そうでなければ、バークはその形成についていかなる法的な解釈を示しているのだろうか。その形成はどのように法的に表現されるのであろうか。次節では、このことが検討されなければならないであろう。

3　主権国家の独立性と「固有の権利」

この場合、我々が想起しなければならないことは、バークが「人間の権利」ではなく「イギリス人の権利」を主張しているということである。それはイギリスの名誉革命体制という constitution を擁護する際の論拠として提示されたものであった。(44) しかし、このことはイギリスに限局して述べられたものではない。例えば、フランスの「constitution は、完成する前に中絶されたが、しかし、あなた方（フランス人のこと＝引用者注）は、望みうる限り、ほとんど最良の constitution の諸要素を持っている」[45]と述べている。これは、明らかに、フランスに関しても同様に考えられているということを示しているだろう。そのことは、フランス人の「特権は断絶したとは言え、記憶から失われていたのではなかった」[46]という言及からも理解されうることである。

つまり、バークにおいては、各国の人民には固有の権利が存在している。むろん、こうした固有の権利というものは、固有の法律が存在していることを前提としているであろう。例えば、イギリスにおいては、そうした固有の法律としてコモン・ローというものがある。コモン・ローが「イギリス法ないしそれを継受した国々の法全体を指す意味で、大陸法と対置して使われる」[47]ということが、そのことをよく表しているであろう。この大陸法とコモン・ローという区別はよく知られているが、しかし、この区別だけが顕著なわけではない。イギリスばかりではなく、その他の国においても、法律は固有のものであるとバークは考えているのである。そうした認識は明らかにモンテスキューの議論の影響下にあるものであろう[48]。

このように固有の法律が生まれ、固有の権利が生まれるのは、バークによれば、まず第一に、立法は習俗との関係においてなされるからである。constitution において体現されている理念を、その習俗に即して明文化するのが立法という行為なのであって、この場合、constitution が、最高の法であることになる。この constitution は自然法によって正当化されているのであり、基本的には不変の法であるが、こうした関係においては、唯一普遍的なものは自然法なのであって、相対的な意味では、constitution も固有のもの、換言すれば、特殊的なものであることは明白であろう。このようにバークにおいては、自然法は各国の constitution と関係を持たされているのであり、それらは、普遍的なものと特殊的なものという関係に置かれているのである。その意味で、諸国民の法を自然法に基礎づけている、という解釈に対して、バークは、constitution を自然法に基礎づけているのであると言うことができるであ

ろう。(49)

しかし、こうした法のハイアラーキーの中で、特殊的な法の頂点に立つconstitutionは、その他の国家の法からの影響は本質において排除するのである。それは、一国のconstitutionは、それ自体特殊的なものであり、干渉がなされるとすれば、それは自らの特殊性を否定することになってしまうからである。バークが、フランス人は「自分たちの祖先の、ほとんどが消えてしまったconstitutionを、はっきり識別できなくとも、隣人たち（イギリス人のこと＝引用者注）を頼りにしていたならば、あなた方（フランス人のこと＝引用者注）は賢明な実例にしたがうことによって賢明さの新しい実例を、世の中に与えたであろう」(50)と言うとき、それは決して、フランスのconstitutionをイギリス化しようとしていたのではなく、フランスに固有のconstitutionの維持を主張していたのである。このことは主権国家の独立性を法的に表現したものであると考えられるであろう。つまり、バークにおいては、constitutionが固有であるために、特殊的であるために、主権国家は独立すべきなのである。

各国に固有の法や権利が生まれる第二の理由は、宗教に関係している。これはさらに重要な要因である。というのは、第一の要因について述べた中での自然法とconstitutionとの関係を媒介するものだからである。中世キリスト教世界における法思想では、永久法と自然法、実定法が法のハイアラーキーを構成していることは前述したが、そこでは、実定法は自然法に即して正当化されるものである。つまり、自然法は実定法における正しさの保障であるが、自然法は永久法に結びつけられて存在していたから、実定法は最終的には永久法の拘束を受けているのである。つまり、法を実定化するときには、人間は正しさ、つまり神のいう正しさを自然法を通じて理解しなければならないということにされていたのである。しかし、宗教改革は、それに決定的な影響を及ぼした。教皇の影響力が後退するということは、何が神の命ずる正しさであるかという点に関する理解が、最終的に統一できないということであろう。

ウエストファリア条約において決定されたのは、こうしたキリスト教のいずれの宗派を採用するかに関しては、各国家に委ねるというものであったが、それは法的にはまさに、何が神の命ずる正しさであるかということの理解の分裂を解消するという意味を持っていたことになる。とすると、バークの主張する自然法と constitution との関係においては、どのようなことになるのであろうか。一国の constitution は、その正統性は自然法に依拠することによって獲得されているので、何が神の命ずる正しさであるか、ということが不分明であるときは、自動的に、constitution がいかなる正しさを体現すれば良いのか不明確であることになってしまうのである。それを各主権国家ごとに宗派を定めることで、この正しさの分裂の問題は解消する。それは分裂ではなく、それぞれの解釈であり、特殊的なものとして肯定されるのである。このことによって constitution が安定化した正しさを保持しうる。各主権国家の独立というのは、こうした特殊性の確立を意味するのであり、それぞれの constitution に依拠する法や権利が固有のものとされるのである。

バークは、イギリスの国教会について「それは我々の偏見のうちの第一のものであり、理性を欠く偏見ではなく、その中に深遠で広範な智恵を含む偏見である」[51]として、国教会を擁護している。この「偏見」という言葉の意味は、バークにおいては確かに、「古来の意見」であり、「個人の抽象的な思弁的理性よりもいっそう高次の理性、いわゆる『具体的理性』であり、長い歴史の中で蓄積された一朝一夕には獲得することのできない人間の集合的智恵にほかならぬものである」[52]。ただ、より具体的に、この「偏見」である国教会は、バークによれば、人民が「行使する権力が合法的であるためには、意志と理性が同一である永遠不変の法に従わなければならぬことを意識する」[53]ために存在している。この「永遠不変の法」というのが、永久法と結びついた自然法のことであることは明白であるとすると、ここでバークが述べているのは、明らかに、正しさはこの永久法と結びついた自然法から知られる、ということである。その意味では、「普遍的なもの」はバークにおいては、依然としてこの自然法である。習俗が生まれ、同質的ではありえなくなって成立した各主権国家においては、中世キリスト教教会のような普遍的な解釈機関による正しさの解釈は否定され、主権国家ごとに、神の命ずる正しさに関してどの解釈を採用すべきかを決定することが必要になるのである。その解釈が「特殊的なもの」なのであり、各主権国家の constitution に反映するということになるであろう。その意味で、国家ごとの解釈が必要なのであり、それはまさしく各国人民の、つまり「我々の偏見」なのである。(54)

以上の議論からすると、中世までの普遍的国家が解体して、主権国家が形成されたという現象は、バークにおいては、個々の constitution の発生と解釈される。中世キリスト教世界という普遍的国家の内部で発生した各領域ごとの差異、つまり習俗の差異が、普遍的な秩序によってつなぎ止めることができないほどにまで拡大したというのが、中世の末期であるとすると、こうした状況はバークにおいて、固有の法や権利の発生として解釈されるであろう。そして、この普遍的な国家が解体し、それぞれの主権国家が成立した、という状況は、その固有な法や権利が、constitution の下に包括されて、その特殊性を確立したという状況と解釈されるのである。普遍的な自然法は、実際は constitution の中に解消されるが、逆に言えば、この constitution の中において存続しているのである。こうして「特殊的なもの」として各主権国家が位置付けられるのであり、バークが「人間の権利」ではなく「イギリス人の権利」を主張するのは、主権国家の発生を背景に背負ってのことなのである。(55)

しかし、この主権国家は個々単独には存在しえない。なぜなら、主権は相互に承認することによってしか、存在しないからである。(56)階層関係が形成されるとしたら、それは下層の国家には主権が認められることはない。つまり、階層関係を形成せずに主権を確保することは相互に承認することによってのみ可能なのである。この相互に承認しあった主権国家がひとつの単位を形成する。この単位はヨーロッパの主権国家システムであり、それは同質性を保持している。なぜなら全く異質なものでは相互に承認することが不可能だからである。この「同質性」と「特殊性」についてのバークの認識を総合すると、主権国家システムを構成している各主権国家は、その基層部分において構成国に共通する部分を保持しながら、それぞれ固有な部分を形成していったということになるであろう。むろん、この基層部分における共通性がヨーロッパの同質性であり、その上に築きあげられたものが各主権国家の「特殊性」である。

こうした認識がなされる原因となったバークの関心の在処は、イギリス人「固有の法や権利」の擁護に求めることができるであろう。バークが「人間の権利」ではなく、この「固有の法や権利」を擁護していることは前述の通りだが、実は、バークの議論の出発点は、そこにあったと考えるべきであろう。「固有の法や権利」を維持する、あるいは擁護するには、どのような体系が必要なのかという点にバークの議論は収斂する。「固有の法や権利」が他の法や権利の体系に吸収されるという帰結を避けることが重要なのであった。バークにおいて、具体的には、ウエストファリア体制の擁護という形をとった相互承認の法的枠組みは、「固有の法や権利」を包括している各国の constitution が、自らの維持のために、形成し、遵守することになったヨーロッパ公法である。ヨーロッパ公法が、国家相互間で形成された法であることはこのように理解することができるであろう。(58) バークにおいて主権国家と主権国家システムはこのように関係づけられ、一方の破綻は両者の破綻となってしまうものなのである。(57)

したがって、バークにとって、ヨーロッパに発生する問題は、特殊的なもの、つまり「固有の法や権利」に関わるものであるか、普遍的なもの、つまりヨーロッパの同質的な部分に関わるものなのかに分類されることになるのであって、「世俗的なシステムの中で共存する主権国家の多元性を求めているというよりも、中世キリスト教共同体の連帯性に回帰したのである」(59) と一概に断ずることは、危険を伴うと考えなければならないのである。この分類における後者に該当する場合は、むろん、ヨーロッパ公法上の問題であって、つまり、主権国家システムの存続に関わる問題である。バークがフランス革命について次のように述べているのは、まさにこのことを示している。

フランスの国内的な取り決めについては関与しない、と認めることで、（対フランスの）盟約を結んだ主権者たちは、自らの大義を大きく傷つけたのである。それは、ヨーロッパ公法の全体の主旨に反しているのであり、また、諸国家のそれに対応した実践にも反しているのである。[60]

ここでバークが主張しているのは、当該の問題はフランスの国内の問題、つまりフランスに「固有の法や権利」に関わる、フランスの constitution 上の問題ではなく、ヨーロッパという単位に関わる、ヨーロッパ公法上の問題だということである。

そう判断されるのは、むろん、革命勢力がなしている主張が、「固有の法や権利」の擁護ではなく、「人間の権利」の擁護であるからである。これは、「固有の法や権利」を維持、存続させるために形成されたウエストファリア体制という主権国家システムを根底から覆すものであったからである。「人間の権利」というものは、つまり万人に共通する権利であることを意味するという点で、主権国家相互の差異を抹消する普遍的な性質を持っているのであり、「固有の法や権利」を否定する。つまりこの革命勢力は「フランスの征服から始めて、普遍的帝国を目的としている」[61]のであるとバークには認識されていた。キリスト教に対する「無神論」という対立も同様である。バークの主張の核心はここに存していると考えてよいであろう。つまり、バークはヨーロッパが、「普遍的帝国」によって統治されることを拒否していたのである。これまでヨーロッパはローマ帝国と中世キリスト教教会という単一の国家に統治されてきたが、それは歴史的事実としてヨーロッパという単位の形成に関わっているものの、諸領域に発生した差異は、バークにとっては、修復不可能、あるいは修復すべきではないものと認識されていた。つまり、こうした差異の発生は不可逆的なものであると考えられていたのである。そうした論理は、ヨーロッパを再び「普遍的帝国」によって統治させることを否定するであろう。[62]

したがって、この「固有の法と権利」と「人間の権利」という対立、そしてキリスト教と無神論という対立は、ヨーロッパという単位、あるいは主権国家システムという単位で問題にされるべきであり、このことが前提になっているからこそ、革命勢力とその対抗勢力はこの単位での内部の対立、つまり「内戦」であるということになるのである。[63]

おわりに

「他ならぬバークまでが、フランス人に次のように言っている。『あなた方は自国の政治の悪弊を正そうとしていますが、なぜ新しいものを作るのですか。どうしてあなた方はフランスの旧い伝統に立ち返らないのですか。どうして旧い特権を取り戻すだけにとどめないのですか。あるいは先祖伝来の constitution の在りし日の特徴を再発見することが不可能ならば、どうして英国に目を向けないのですか。そうすれば、まさしくそこに旧来のヨーロッパ共通の法を再発見したでしょうに』。目前で起こっていることが、まさに旧来のヨーロッパ共通の法の廃止をもくろむ革命である、ということにバークは気づいていない」とトクヴィルは述べている。[64] むろん、トクヴィルが言う、「ヨーロッパ共通の法」が、一連のヨーロッパ公法の封建的な性格のことを指していることは明白である。これまで本章が試みてきた議論は、トクヴィルが言うのとは逆の意味で、バークもこの「ヨーロッパ共通の法」を重視していたことを示すであろう。こうしたバークの主権国家とヨーロッパ公法に関わる議論は、トクヴィルのように正面から受けとめられる場合よりも、主にドイツの政治的ロマン主義者の場合のように一部を拡大して受けとめられることが多かったといえるであろう。(65) しかし、本章の関心からすると、ドイツのフリードリッヒ・フォン・ゲンツによってバークの著作は翻訳され、カントの批判の対象となったことの方をより注目すべきである。「私は、この論文を観点の違いに対応させて三つの章に分ける。その観点とは、理論や体系に対して大胆にも否定的態度をとる高名な人がその対象を判定する場合の観点としてよく見られる三つの観点であり、それゆえ㈠私人ではあるが実業家として、㈡政治家として、㈢国際人（あるいは世界市民一般）として、という三つの資格である」。(66) カントはここで「高名な人」とバークに言及して、最終的に国際法を論ずるのである。本章で検討してきたバークの議論が、ウエストファリア体制を擁護し、主権国家システムの論理のひとつの典型的な表現であったと理解することができるとすれば、カントが『理論と実践』やそれに続く『永遠平和のために』で行った国際的な規範の議論は、フランス革命以降の、あるべきヨーロッパ国際秩序の姿を法的哲学的に表現したものと解釈することができるのではあるまいか。「帝国主義というもうひとつの変化が、主権国家体系を破滅に追い込むことに」なり、「全く新たな秩序原理を持ったアクター、アメリカが国際政治体系に加わる」ことで、国際秩序が主権国家体系から国民国家体系に決定的に変化するのは、まだ先のことであるが、その変化にはフランス革命の寄与を疑うことはできず、カントの「人間の権利」を基盤とした国際秩序の構築の議論が前提となるであろう。本章のバークの「固有の法や権利」に基づく国際秩序の議論は、そのカントが批判し乗り越えようとした議論のひとつとして位置付けられるべきなのではなかろうか。(67)

（1）川北稔「環大西洋革命の時代」『岩波講座世界歴史17　環大西洋革命』岩波書店、一九九七年、五〇ページ。
（2）Locke,Second Treatises, sec. 14.
（3）Parliamentary History, vol. XXIX, 76-7, 29 March, 1791.
（4）Edmund Burke, Select works of Edmund Burke, Liberty Fund, 1999, vol. 3, p. 132 (Letters on regiside peace 1) なお以下、本書をSelect workとして巻数を示す。
（5）Ibid., p. 133.
（6）Max Weber, Wirtschaft und Gesellshaft, 5revidierte Auflage J.C.B. Mohr, S. 505, 世良晃志郎訳『法社会学』、創文社、一九七四年、五一〇ページ参照。
（7）森末伸行『法思想史講義』中央大学出版部、一九九四年、六一ページ参照。なお、三島淑臣『法思想史（新版）』青林書院、一九九三年、一六四―五ページの注一七も参照のこと。
（8）Burke, Select work, vol. 3 p. 133.
（9）Ibid., p. 133.
（10）フランス革命政府が無神論をもって拡大する勢力であり、それをバークが批判したことを指摘したものとして以下の文献を参照のこと。Vilho Harle, Burke the International Theorist, ed. Harle, European values in International Relations, Pinter Publishers, 1990, p. 75.
（11）ヘドリー・ブル『国際社会論』岩波書店、二〇〇〇年、五七ページ、を参照のこと。ここでブルはさらにグロティウスに言及して「自然法原則によって拘束される、より広範な全人類世界の内部には、神意法、万民法から受け継がれた慣習と規則、教会法やローマ法によって拘束される、より限定されたキリスト教国家世界が存在すると考えた」と述べている。
（12）Burke, The writings and speeches of Edmund Burke, Clarenden Press, 1991, vol. 8, p. 342（以下、本書をWritingsとして、巻数を付す）.

(13) Pierre Manent, Histoire intellectuelle du Libéralisme, Calmann-Levy, 1987, p. 21. 邦訳高橋誠・藤田勝次郎訳『自由主義の政治思想』新評論、一九九五年、一九ページ。この中世におけるキリスト教教会の位置づけに関しては、カール・シュミットも同様の評価を与えている。「ヨーロッパ中世の包括的な国際法上の統一体は、キリスト教共同体およびキリスト教的人民といわれた」のである。Carl Schmitt, Der Nomos der Erde, 4 Auflage, Duncker und Humblot, 1997, S. 27, 邦訳新田邦夫訳『大地のノモス』福村出版、一九七六年、二七ページ。ただし、両者はその場合、教皇と皇帝（領域の統治者）の関係についてはまったく異なった理解をしていることは付記しておくべきだろう。マナンによれば「カトリック教会は特定の傾向をもって、あらゆる人間の行為をめぐる『監視の義務』をもつ。（中略）カトリック教会は自らの存在理由から、統治者たちがその救済を危うくする行為を犯すような命令を下すことがないように、また同様に統治者たちが、このような行為を犯す『自由』を被統治者に与えることがないように、最大限の注意を払って監視」したとされる（二一ページ）。一方、シュミットにおいては「皇帝（各領域の統治者）という地位は、具体的な王政あるいは冠位のために、すなわち一定のキリスト教の国およびその人民を支配するために、付け加える、具体的な課題と伝道をもつカテーコンの機能」つまり教皇の命令なのである（三一ページ、なお、引用に際して訳文はそれぞれ変更した部分がある）。この差異はシュミットが国際法について焦点を合わせた議論を行っているためであると思われる。むろん世俗的領域に関しては、皇帝が優位にたつことを主張する議論が中世に存在しなかったわけではない。それはギールケが「国家派」と呼ぶ立場からなされているものである。しかし「中世において、国家派が次のようなことを試みるのは、ごく稀である。つまり、この理論を世俗的権力に有利なように改めること、そして単一性思想から演繹して帝国の主権を教会に対して主張することを結論づけることである」。このように主流の議論も、教皇の優位を認識していたことは疑いないであろう。しかしそのことと、「国家派」の議論の思想史的意義の有無とは無関係であることは言うまでもない。Otto von Gierke, Das Deutsche Genossenscaftsrecht, Dritter Band, Akademische Druck-U. Verlag-sanstalt, 1954, S. 533、邦訳阪本仁作訳『中世の政治理論』ミネルヴァ書房、五二ページ参照。

(14) ヨーロッパの共通性に関しては、ここで挙げたローマ法とキリスト教の他に、君主政体と自由貿易と経済的相互依存があるとする分析もある。Jennifer M. Welsh, Edmund Burke and international relations, St. Martin's Press, 1995, p. 71を参照。本稿では自由貿易と経済的相互依存については考察しない。

(15) Burke, Writings, vol. 8, p. 83 邦訳、水田洋訳「フランス革命についての省察」『世界の名著　バーク・マルサス』中央公論社、一九六九年（以下「水田訳」とする）、八九ページ。

(16) Ibid., vol. 8, p. 83、水田訳、九〇ページ。

(17) この位置づけに関しては、例えば、Schmitt, a.a.O.S. 96, 邦訳、前掲書、一四四ページ、を参照のこと。

(18) こうした秩序を国家システムと呼ぶ場合、ウエストファリア条約において、この国家システムが誕生したわけではなく、宗教改革以降の混乱の中で発生したシステムの萌芽がウエストファリア条約において成熟したのである。このことについては、Martin Wight, Systems of states, Leicester University Press, 1977, p. 152を参照のこと。また、このシステムを主権国家システムと呼ぶことについては、ブル、前掲書を参照のこと。

(19) Torbjorn L. Knutsen, A history of International Relations theory, 2ed., ManchesterUniversity Press, 1997, p. 92.

(20) Burke, Writings, vol. 8, p. 348-9.

(21) Ibid., p. 351.

(22) Burke, Select Work, vol. 3, p. 246.

(23) Burke, Writings, vol. 8, p. 350.

(24) ブル、前掲書、四一ページ。

(25) ヒュームは「勢力均衡について」の中で、この概念はギリシアにおいては存在したが、ローマには存在しなかったとしている。本稿での歴史的概念としての勢力均衡とは異なる理解であるが、ここでヒュームがギリシアに求めている概念は、どちらかというと「権力の配分」と呼んでいるものに近いと理解されるならば（Harbert Butterfield, The balance of power, ed. Butterfield and Wight, Diplomatic investigations, George Allen and Unwin, 1966, p. 132）、これは矛盾するものではないであろう。

(26) Knutsen, op. cit., p. 161.
(27) ブル、前掲書、一三五ページ。
(28) Schmitt, a.a.O., S. 97, 邦訳、一四五ページ。
(29) 例えば、Burke, Writings, vol. 8, p. 392, Sekect Works, vol. 3, p. 90 などである。
(30) 例えば、Burke, Writings, vol. 8, p. 340, Sekect Works, vol. 3, p. 90 などである。
(31) グロティウス、グロティウス研究会訳「グローティウス『戦争と平和の法』プロレゴーメナ邦訳」『日本法学』第五一巻第一号、一三八―九ページ。
(32) グロティウス、同訳、『日本法学』第五一巻第三号、九六ページ。
(33) グロティウスにおいては、主権国家という概念はまだ十分に展開されていない。それは、グロティウスにおいては、国家には最高支配権というものが存在しているものの、この概念には「絶対性・不可分性という属性が認められず、したがって近代主権概念とは明らかに異なる」からである（グロティウス、同訳、『日本法学』第五一巻第二号、一九五ページ、また田中忠「国家と支配権」大沼保昭編『戦争と平和の法（補正版）』東信堂、一九九五年、二一二ページも参照のこと）。このような、主権国家をこの諸国民の法の当事者とする見方はヴァッテルにおいて定着したと考えてよいであろう。このことについては、Frederick G. Whelan, Vattel's doctrin of state, History of political thought, vol. 9, no. 1, 1988, とりわけ七六ページ以降を参照のこと。
(34) シュミットはこうした一連の論者がヨーロッパ公法を論じているものと捉えている。Schmitt, a.a.O. III 同訳書第三部、参照。
(35) John Locke, Second Treatise, sec. 14.
(36) ロックにおいては、諸国民の法についての意識が希薄である。ヨーロッパの君主が置かれている状態が自然状態であるとすると、彼の議論によれば、自然状態には自然法が存在するのであるから、このヨーロッパの君主の間には自然法が秩序として存在するということになるであろう。その意味では、グロティウス以降の国際法論者とは異なる議論ではある。しかし、自然法が神法と切り離されているという枠組みでは一致するであろう。
(37) Schmitt, a.a.O., S. 28、邦訳、前掲書、二九ページ。
(38) Schmitt, a.a.O., S. 28、邦訳、前掲書、二七—八ページ。
(39) ここでは、ヨーロッパに限局して論ずる。むろん、中世ヨーロッパにとっての外国はイスラムなどであるが、それはむろん、この限りではないものの、教皇の判断によっては、それが「正当原因」のある「聖戦」ともなる。それも、永久法の最終的解釈者は教皇であることになるため、永久法に従っていることになるであろう。
(40) Burke, The Writings and Speeches of Edmund Burke, Little Brown, 1901, vol. 11, p. 194-5.
(41) ウィーレンは、インドにたいしてもこの諸国民の法が適用されるとバークは考えていたとしているが、それはインドが文明社会化した場合、つまりヨーロッパ化した場合であって（バークはインドの人民を「文明化され、陶冶される時期にある人民」と言っている）、あらゆる植民地において、そうであるということにはならないであろう。したがって、少なくともヨーロッパと同質である場合にのみ、植民地にもヨーロッパ公法が適用されるということになる。Whelan, Edmund Burke and India-political morality and empire, University of Pittsburgh Press, 1996, p. 289 参照。
(42) Burke, The Writings and Speeches of Edmund Burke, Little Brown, 1901, vol. 11, p. 225.
(43) Whelan, Edmund Burke and India, p. 287 ウィーレンによれば、「生起しつつある諸国民の法は、こうした経験によって引き起こされた問題、ヨーロッパと非ヨーロッパ、キリスト教徒と非キリスト教徒との関係を秩序づけるための規範的ルールを明確にするものであった」としているが、それではなぜ植民地化をするのか、植民地の主権はどのように理解されるのかという問題を理解することはできない。本質において、諸国民の法はヨーロッパ諸国間の法であって、それが非ヨーロッパ諸国との間にも適用されるようになるのは、植民地獲得が終焉してからである。その意味で、本稿の主張とは見解を異にするものであろう。
(44) こうした名誉革命体制擁護の論理の詳細については、拙稿「エドマンド・バークにおける constitution の概念について」『イギリス哲学研究』第二三号、日本イギリス哲学会、二〇〇〇年、を参照のこと。

(45) Burke, Writings, vol. 8. 水田訳、九二ページ。

(46) Ibid., 水田訳、九二ページ。

(47) 望月礼二郎『英米法（新版）』青林書院、一九九七年、四二ページ。

(48) このバークの議論とモンテスキューの議論との関係については前掲拙稿参照のこと。

(49) Welsh, op. cit., p. 44では、ヨーロッパ公法と諸国民の法を同じものとしている点で本稿と一致するが、それが自然法の下位に階層化されている点で見解を異にするものである。

(50) Burke, Writings, vol. 8、水田訳、九四ページ。

(51) Ibid., 水田訳、一六二ページ。

(52) 岸本広司『バーク政治思想の展開』御茶の水書房、二〇〇〇年、五九八ページ以降を参照のこと。

(53) Burke, Writings, vol. 8、水田訳、一六四ページ。

(54) これは無論、教皇皇帝主義のことを意味しているわけではない。他国がその国家の宗派に干渉しないことを意味していると考えるべきであろう。

(55) 国際政治を把握する際に、三つの立場が存在するという議論がある。それは闘争状態として国際政治を捉えるホッブズ的立場、将来的には人類共同体が出現し、現在の闘争はなくなると捉えるカント的立場、その中間で、完全な闘争状態ではないが人類共同体の出現もありえず国家が主体であり続けると捉えるグロティウス的立場である。こうした枠組みで、バークはグロティウス的立場に属するとされているが、それは主権国家という枠組みをもって論じているという点では、その通りである。しかし、ここではグロティウス的立場とグロティウスが同一ではないことに注意を喚起しておくべきであると思われる。グロティウス以降の一連の議論とは、自然法の捉え方からして、バークは異なっていることは本稿で述べた通りである。こうした国際政治の捉え方の分類に関しては、Martin Wight, Western values in International Relations, Diplomatic Investigations, 1966. および Hedley Bull, Martin Wight and the theory of International relations, British Journal of International Studies, vol. 2, no. 2, 1976 を参照のこと。

(56) Welsh, op. cit., p. 81においても、このことはバークの思想の中で重要視されていると指摘されている。

(57) 以下のような指摘はこのことを支持していると思われる。「バークはヨーロッパ諸国の深層にある文化の類似性に着目する。そしてそれを平和と安定の礎にし、それによってヨーロッパの価値体系、およびその上に成り立つウエストファリア条約以来保たれてきた勢力均衡した伝統的秩序を維持しようとする」。岸本、前掲書、六九二ページ参照。

(58) スタンリスは、国際法と国内法は自然法と対立することなく、自然法から必然的に派生した各部分である、として、「諸国民の法の憲法的概念化」と「諸国民の法の国際法的概念化」という分類をしている。前者は、「個々の国家の政府に自然法を適用すること」であり、後者は「道徳法を諸国家の間の政治的法的関係に適用すること」である。本稿とは様々な部分で微妙に見解を異にしているが、この後者が国家相互によって形成された法であるとバークにおいても認識されていることを、この議論では把握できない、という点に本稿との本質的な差異があるであろう。Peter J. Stanlis, Edmund Burke-the Enlightment and Revolution, Transaction Publishers, 1991, chap. 2参照

(59) R. J. Vincent, Edmund Burke and the theory of international relations, Review of Internationl Studies, 10, 1984, p. 206この「連帯性」を同質性と理解するならば、問題の性質によってはこのような理解が正しい、ということは、言うまでもないことであろう。

(60) Burke, Writings, vol. 8, p. 392.

(61) Burke, Select work, vol. 3, p. 157.

(62) 「人間の権利」「万人の権利」を契約論をもって議論する流れにおいては、基本的に、この普遍的国家を構成する端緒を持っているだろう。例えば、ロックは前述の通り、ヨーロッパ諸国が自然状態に置かれていることを明言しているが、それは彼の契約論からすると、自然状態にあるものが、統治契約をすることで、権利の安定を確保しようとするのであるから、つまりはヨーロッパ統一政府、世界政府を形成すると論ずる契機をはらんでいるし、また彼の契約論という議論構成そのものには、それを阻む要因は存在しないであろう。カントは『永遠平和のために』において、「各民族は自分たちの安全のために、彼らの権利が保障されうる場として、一緒に市民的体制に類似した体制に入ることを、他

に対して要求することができるし、また要求するべきなのである」としている。しかし、それは「諸民族合一の国家であってはならないと思う」としていることには留意すべきであろう。それは国家間の平和を求めるという議論の前提に反するからである、と理由を述べている。しかし、カントにおいても、こうした世界政府あるいは普遍的国家への契機そのものは明確に認識されていることは疑いないであろう。Immanuel Kant, Uber den Gemeinspruch, Schriften zur Anthropologie, Geschichtsphilosophie, Politik und Padagogik 1, Suhrkamp, 1968, S. 209, 邦訳、『カント全集　一四』岩波書店、二〇〇〇年、二六八ページ参照。このような契機をハーバーマスは明確に認識している。ハーバーマスはカントの世界市民法という枠組みをより精緻に論じて、国連を過渡的段階とした世界政府の構想と対応させている。Jurgen Habarmas, Kants Idee des ewigen Friedens-aus dem historischen Abstand von 200 Jahren, Die Einbeziehung des Anderen,Suhrkamp, 1996, とりわけ S. 208-9 を参照のこと。

(63) Burke, Select work, vol. 3, p. 157 また「バークは対仏戦争を通常の国家間の戦争として捉えていたのではなく、ヨーロッパ共同社会とその敵との戦争として捉えていたのである。したがってバークが提案する攻撃同盟の目的は、フランスに本拠を置いている革命勢力を打倒することであった。以後バークは、対仏戦争の中でこのような見解を一層明確にしており、対仏戦争をヨーロッパにおける「内戦」として捉えている」という見解は、この「ヨーロッパ共同社会」というのを同質性をもった主権国家システムのことであると解釈することができるならば、本稿の見解を支持するものであるだろう。森本哲夫「バークのフランス革命論の進展」『熊本大学教養部紀要　人文・社会科学編』第一六号、一九八一年、一二八ページ参照。

(64) Alexis de Tocqueville, L'ancien regime et la Revolution, GF Flammarion, 1988, p. 116, 邦訳、小山勉訳『旧体制と大革命』筑摩書房、一九九八年、一二七ページ参照（ただし、訳文に変更を加えた）。

(65) 詳細は、カール・シュミット、大久保和郎訳『政治的ロマン主義』みすず書房、一九九七年、を参照。とりわけ、「バークにおいても、革命の際に彼を支配した情熱は、革命に壮大な劇もしくは自然現象を見ていたロマン主義者たちの美的感情ではなく、彼にとっては革命は神と人間の法に対する憎んでも余りある侵害なのである（一四九ページ）」

という指摘が端的にこの影響関係のねじれを表しているであろう。バークはシュミットの言うように、全体的には、法的枠組みで議論をしているのである。しかし、バーリンにおけるロマン主義の理解はこのシュミットの理解とは異なっている。バーリンにおいては、言うなれば、ロマン主義を極めて広義に理解している。「これらがロマン主義の根本的な基礎である。まず意志。そして事物に構造などはない、あなた方は意志するがままに事物を構成できるという事実。そしてそれゆえに、現実を、研究され、書きとどめられ、学習され、他人に伝達でき、そして他の諸点では、科学的方法で扱われるようなある種の形態をもつものとして表象するいかなる見解にも反対すること」なのである。カントもその「意志」論のゆえに「抑制されたロマン主義者」とされる（！）。こうした視点からすると、社会契約といった「科学的方法で扱われるようなある種の形態をもつものとして表象する」見解に反論したバークは明らかにロマン主義者である。「人類を支配する大きなイメージ――暗い力、無意識のもの、表現しがたいものの重要性とそれを考慮に入れ、それに余地を与えることの必要性――についてのこの見解は、人間活動のあらゆる領域に広がり、決して芸術だけに限られない。それはたとえば政治学の中へ、最初は穏やかな仕方で、バークの示す死者と生者といまだ生まれぬ者たちの偉大な社会という偉大なイメージのうちに入ってくる」とバークを捉え、その極端な延長線にミュラーを置いている。この言及における「最初は穏やかな仕方で」という文言が、シュミットによるバークとロマン主義者のえき別に対応するものと受け取ることができるかもしれない。本稿はバーリンの議論についてコメントをする場ではないが、ひとつだけ言えるのは、バーリンにおいてはロマン主義は一八世紀以降の人間を大幅に拘束した思想であり、その意味で広義に理解するべきものなのであり、完全に否定的な理解はされていないものと思われる、ということである。バーリンのロマン主義については、アイザイア・バーリン、田中治男訳『バーリン　ロマン主義講義』岩波書店、二〇〇〇年、とりわけ第六章を参照のこと。

（66） Immanuel Kant, a.a.O.S. 130, (Uber den Gemeinspruch), 邦訳「理論と実践」前掲書、一六七ページ。

（67） 藤原帰一「主権国家と国民国家－『アメリカの平和』への視点」『岩波講座　社会科学の方法第11巻　グローバル・ネットワーク』岩波書店、一九九四年、六二ページ。

第四章　J・S・ミルの体制変革思想
――選挙浄化をとおして――

下條慎一

はじめに

ジョン＝スチュアート＝ミルは『ミル自伝』で述べているように、終生、急進主義者・民主主義者であって、貴族階級すなわち貴族と富者が支配するイギリスの体制を変革しようとしつづけた。(1) 本章の目的は、ミルが選挙における腐敗行為にいかにとりくんだのかに焦点をあてて、かれの体制変革思想の一端を究明することである。ミルの腐敗行為にかんする言及は、『イグザミナ』一八三〇年一二月一二日号に見出される。不動産貸主は、その借主が買収に応じた場合、かれを立ち退かせるべきであるという『スタンダード』一八三〇年一二月八日号の論説(2)について、ミルはその是非を論ずるよりもむしろ、不動産借主がその貸主の命令どおりに投票しなければ退去させられてしまうので、自らの政治的意見をもつことができない「畜牛」の状態におかれていることを問題として指摘する。(3) たとえば、ヘンリ＝クリンタン（第四代ニューカッスル公爵）は、かれの利益に反する投票をした不動産借主を立ち退かせ、このことを貴族院で質されたさい、「わたくしがわたくし自身のことについてしたいことをするのが間違っているのでしょうか」(4)と反論していた。

また、ミルは、国会が一八三五年一月に施行された選挙における「前例にないほどの買収と脅迫」に真剣に対処することを期待した。(5)ミルの認識によれば、一八三二年に第一次選挙法改正(6)がおこなわれる以前の国会は、買収あるいは脅迫を阻止する決意をまったくもたず、「旧体制」を擁護するために、多数の買収・脅迫事件を黙殺した。これこそ、エドマンド＝バークが「わが国の体制の恥ずべき部分」(7)と呼称したものにほかならなかった。第一次選挙法改正に実効性をもたせるためには、買収と脅迫を厳しく処罰しなければならなかった。ミルは、政治的な堕落がさらに拡大して、イギリス古来の「栄光ある体制」における卑しい「自由市民」と「自由都市土地保有者」よりも、多数の清潔な階層のひとびとにおよぶことを懸念した。(8)かれは、庶民院選挙を自由で清浄なものとするために、すなわち庶民院議員を正当に選出するために、選挙についての異議申立てがあれば、それを会期のはじめにえらばれた少数の適格な議員が構成する委員会に付託して、専門官による調査の結果、その選挙運動主宰者が買収をおこなったと証明された議員の当選を無効にすべきであると提唱した。(9)

1　腐敗防止運動にたいする支援

ミルは『国会改革論』において、すべての候補者に共通する選挙の必要経費は、地方公共団体か国家が支払うべきであるという主張に賛成するとともに、個人的な支出を必要とする選挙運動でさえ、候補者ではなくて、その支持者の「無報酬の熱意」か「寄付金」によるべきであると断言する。(10)ミルの知るところによれば、国会議員のなかには、自分で選挙費用をまったく支払わないか、選挙区民がその全額を支払う者がいた。こうした議員は「公共的な動機によって選出された」とみなしうるが、それ以外は「もっとも優れた者としてではなくて、もっとも富める者として、選出された」にすぎなかった。[11] では、「もっとも優れた」国会議員をさらに獲得するには、どのようにすればよいのか。ミルは、議員が自ら選挙のために、直接的にも間接的にも、金銭あるいは金銭的価値を有するものを支払うことを禁止する法律を制定するだけでは不十分なので、これらを支払わないという宣誓をさせることを提案した。[12] かれは、宣誓が「たんなる儀礼」とみなされていることを承知しており、世論が議員に宣誓を厳格に遵守させることによって、宣誓に拘束力をもたせ、選挙費用を抑制することを主張した。

ところで、当時の国会議員選挙における投票方法は、公開投票（口頭投票）であった。ミルはこの制度に代えて、投票用紙をもちいた投票方法を採用することに、それが買収と脅迫を容易に、有効にするという理由から反対した。[13] 有権者が配達された投票用紙に自宅で記入し、それを回収するという投票制度が、救貧官の選挙で実施されていた。投票用紙に自宅で記入することができれば、買収、脅迫する者は投票する者のそばにいて、自分のみている前で候補者の氏名を書き込ませることができるので、買収と脅迫をいっそう助長するであろう、というのがミルの見解であった。[14]

ミルは一八五九年一二月二〇日付のエドウィン＝チャドウィック宛の手紙で、ホイッグ党政府もトーリー党も選挙を費用のかからないものにすることを望んでおらず、選挙費用について、少額の必要経費は地方公共団体が支出し、候補者がそれ以外のいかなる費用をも支払うのを禁止・処罰するという、買収防止策をとろうとしないことを批判している。[15]『代議政治論』第九章「二重選挙をすべきか」では、国会議員をえらぶ中間選挙人が有権者全体よりも少数であって、買収をおこないやすいという観点から、間接選挙制度に反対した。[16] 同第一〇章「投票方法について」には、ミルの選挙浄化にかんする包括的な見解がみられる。[17] かれはこのなかで、候補者の指名と政見発表用の演壇、投票事務職員および選挙に必要な設備はことごとく公費によるべきこと、候補者かその支持者が負担せざるをえない宣伝・ポスター・ビラ代などは一候補者につき五〇ポンドか一〇〇ポンド以下とすべきこと、議員にそれ以上の金額を支出しなかった旨の宣誓をさせ、違反すれば偽証罪で処罰すべきことなどを提案している。ミルの認識によれば、政治家が買収を防止しようと本気で試みたことは、これまでいちどもなかった。なぜならば選挙を費用のかからないものにすることを真剣に望んでいなかったからである。国会議員への当選を富者に限定することは、それがいかに有害であっても、保守的な傾向を有するがゆえに支持された。こうした感情は自由・保守両党の議員のなかに根づいていて、かれらは民主的なひとびとが国会議員に当選するのを妨げ、富者の階級的な利益か感情に敵対するものを排除しようとしてきた。

ミルは執筆活動のみならず、腐敗防止運動を支援する集会にも参加した。かれは、外交官にして著述家であったウィリアム゠デューガル゠クリスティが一八六四年二月二四日に社会科学振興国民協会法律学部会——一八四四年に法律修正協会として設立され、一八六四年一月一八日に社会科学振興国民協会法律学部会に改組——で発表した「選挙腐敗の抑制計画についての提案」を読んで、「たいへん気に入った」と述べ、[18]同年四月四日には、チャドウィックが司会を務めたクリスティの提案をめぐる社会科学振興国民協会法律学部会の討論会に出席し、[19]同年八月五日にはヘンリ゠フォスィットに討論会の記録を送って、この組織への支援を呼びかけた。[20]また、ミルはウィリアム゠トッドの国会改革にかんする諸論文[21]を読んで、そのなかの買収された者の参政権を喪失させ、買収した者の議員資格を永久に剥奪すべきであるという主張を賞賛するなど、[22]腐敗防止にたいする関心と知識を深化させていった。

ミルが庶民院議員に当選したのは一八六五年七月一二日であった。かれは翌一八六六年五月二一日付のクリスティ宛の手紙において、代議制度にかんする問題のなかで、もっとも重要なのが「買収と選挙費用」であると論定している。[23] また、改革家が団結してこの問題にとりくむことを希望し、「イングランドとウェイルズの国会議員選挙における投票権を拡大する法案」[24]を上程したさいに買収と選挙費用の問題の重要性をたいへんつよく感じていることを示したウィリアム＝ユアト＝グラドストンが、これを国会でとりあげることを期待した。[25]

一八六七年二月にはいると、ミルは選挙法改正が当面の課題となろうが、それが成立したら、ただちに買収を抑制する方法を熟考するつもりであるとクリスティに説明している。[26] 同月五日に女王が国会開会の辞で腐敗行為を是正する必要性になんら言及しなかったことを惜しんだ[27]グラドストンも、選挙法改正後に最初に専心すべきことのひとつが、買収にかんする問題であるという認識を共有していた。

同年五月二七日付のジョン＝アラン宛の手紙には、買収に関係した信徒を厳しく譴責し深く懺悔させて、こうした過ちを二度と犯さないと決意させた「トットニス会衆派教会」にたいするミルの高い評価が見出される。[28]

同年八月八日、ミルは貴族院が第二次選挙法改正法案[29]に、投票用紙によって投票することができる旨を規定した条項を挿入しようとしたことにたいして、この修正案を採択すれば、不動産貸主がその借主を応接間に集めて、自らの党派的な利害関係にしたがって、投票用紙に候補者の氏名を書き込ませることが可能となり、買収と脅迫が増加するであろうという理由から反対し、この貴族院の提案を容認するのであれば、むしろ第二次選挙法改正をおこなわないほうがよいとさえ言明している。[30] 第二次選挙法改正が成立したのは同月一五日であった。[31] ミルは同年一〇月二六日付のジェイムズ＝ガース＝マーシャル宛の手紙で、労働者階級が投票権を獲得したことについて、かれらが投票権を他者に売り渡すことを懸念し、国会がつぎに開会するまでに、腐敗行為を抑制するための提案をまとめることの必要性を力説した。[32] ミルにとっては「選挙腐敗」こそが次回の会期においてもっとも重要な議題となるものであった。[33] かれは腐敗行為が蔓延して選挙費用が高額であることが政治道徳を低下させていると指摘し、自由党がこの問題を国会に提起すべきであるとした(34)。

選挙浄化にかんするミルの具体的な意見は、一八六八年一月八日付のクリスティ宛の手紙にうかがうことができる。かれはクリスティの提案に賛成して、いかなる選挙費用を支出するさいにも選挙管理官の承認を必要とするのみならず、従来、庶民院が管轄していた選挙腐敗を摘発する請願を、専門官による調査を経て、裁判官に審理させることを主張し、庶民院議長が任命した五名の国会議員と、一名の裁判所補佐人に審理させるという案については、国会議員が請願の当事者にたいして有する「党派性」ゆえに反対した(35)。ミルは、後者の案であれば、庶民院が容易に採択するかもしれないけれども、妥協せず、最善の提案をするよう心がけるべきであると説いている(36)。なお、ミルはこうした書簡のなかで、クリスティがイングランドと異なって選挙腐敗の少ないスコットランドのグリーナクから庶民院議員に立候補したことを応援している(37)。クリスティは一八四二年から一八四七年までウェイマス選出の国会議員であった。一八六五年にケンブリッジから、一八六八年にグリーナクから、それぞれ立候補したが二度とも落選した。

2 腐敗防止法案をめぐる論争

一八六八年二月一三日、保守党のベンジャミン＝ディズレイリ大蔵大臣――同月二七日、内閣総理大臣に就任――は「選挙請願にかんする法律を修正して、国会選挙における腐敗行為の防止をさらに有効に規定する法案(38)」を国会の第一読会に提出した。本法案は三月五日に第二読会に上程され、二六日に委員会に付託された。ミルは同日、選挙請願の管轄権を庶民院から裁判所に移譲させる本法案と、ベリグ選出の国会議員アリグザーンダ＝ミッチェルによる、この管轄権を庶民院に留保させる修正案(39)のうち、どちらをえらぶかといわれたら、「躊躇せずただちに前者を選択する」[40]と述べている。ミルは政府の提出した本法案を、選挙における腐敗行為を抑止することに精力的にかつ緊急に対処しなければならず、こうした「はなはだしい害悪」を根絶するのに通常の手段をもってしては不可能であるという政府の意識を反映したものとして、好意的に評価した。庶民院が選挙請願の管轄権を留保するかぎり、買収した者にたいする刑罰を厳格に執行するのを期待することはできなかった。なぜならば、請願を審理する者とされる者が「同じ階層で、同じ種類の感情をもち、同じ誘惑に陥りやすい」のであれば、有罪を宣告することを自然にためらうからであり、買収の事実を認定したとしても、これを「犯罪」ではなくて「不運」とみなしがちであった[41]。ミッチェルの修正案は否決されたが[42]、ミルは本法案が完全であると考えなかった。かれはこの演説のなかで、選挙請願が提出されようとされまいと、「調査官」を置いて、選挙施行後に腐敗行為の存在を調査させるべきであるという、クリスティの『選挙腐敗とその是正法』[43]における提案を紹介している。当時、腐敗行為があったとしても、請願を提出しないか、あるいは提出しても、妥協によって取り下げることがあった。こうしたことが起こるのは、落選候補も当選者と同じ瑕疵を有しているので、審理によって、自己の罪状も明らかになってしまうことに気づくからであり、また、当選者がその議席を買収によって獲得したことがどれほど確実であっても、落選候補がその事実を暴露すれば自分自身の信用を失うおそれがあるためであった。ミルは、請願が「取るに足らない」ものであれば、それに要する費用を請願者に負担させ、そうでない場合には、地方公共団体が公費によって支出すべきであるとしている[44]。かれは「国会選挙における買収の温床となっている地方選挙」についても、本法案を適用することを要求した。保守党の有名な選挙運動主宰者であったフィリップ゠ロウズが貴族院の委員会で証言したところによれば、多くの地方選挙において違法行為がおこなわれていた。国会議員にとっては「国会選挙に一〇〇ポンドを費やすよりも、地方選挙に一〇ポンドを費やすほうが有効である」といわれ、選挙運動主宰者のあいだでは「地方議員候補者を当選させることができれば、その地方の国会議員候補者を当選させることもできる」というのが自明の理となっていた。ミルは上記の討論の模様をクリスティに伝え、[45]有償の選挙運動主宰者を一名に限定して、有償の選挙運動員を禁止する提案の準備に着手する。[46]

同年四月二日には、「地方選挙における買収を防止するための法案を、『選挙請願にかんする法律を修正して、国会選挙における腐敗行為の防止をさらに有効に規定する法案』とは別個にか、同法案の一条項に入れて、提出する意向がありますか」[47]というミルの質疑にたいして、ディズレイリはこの問題が「もっとも重大」であることを認めたものの、ミルのいうような意向はないと応答し、国会選挙と地方選挙を識別して、前者のみに適用する法案の採択へ向けて努力するつもりであると発言している。[48]ミルにとって、ディズレイリの回答は「丁重であったけれども、けっして満足しうるものではなかった」[49]のであり、腐敗行為を調査する専門官を創設して、地方選挙についても調査を実施すべきであると主張している。[50]ミルは、この専門官の創設が、ディズレイリの提出した本法案の構想と相入れないので、法案が否決されるか、採択されたとしても施行したときに失敗するのを待たなければ、実現しないであろうと推測したが、修正案として提出する用意はあるとクリスティに説明している。[51]

同月二二日、ミルは、オウルダム選出の国会議員ジョン＝トムリンスン＝ヒバート卿が「あらゆる選挙費用の支払いを選挙管理官をとおしてなすべきであると規定した修正案を提出すると請け合った」とクリスティに報告しているが、[52]実際には提出しなかったようである。以後、ミルはクリスティから修正案を受け取って、それらをことごとく検討し、[53]クリスティのほかに選挙浄化の問題に精通したアリグザーンダ＝プリング上級法廷弁護士などの助言を得て、提出する修正案を吟味し、来るべき論戦の準備を着実にすすめていく。[54]

ミルは、不当な選挙についての請願を「人民間訴訟裁判所」に提起しうることを規定した本法案第五条[55]に補足して、落選候補以外の者も「選挙における腐敗行為が一般にひろくおこなわれていることについて」請願をなしうることを明定する修正案を五月二一日に提出した。ミルによれば、選挙請願の管轄権を庶民院から裁判所に移譲させる本法案は、「政府にとってひじょうに名誉となるもの」であって、政府が選挙腐敗という「政治的にして道徳的な害悪」に果敢にとりくんだ成果であった。(56) ミルは、議席を獲得するために惜しみない出費をする者を庶民院から排除することを要望した。(57) こうした者が議員になるのは「かれら自身のためだけ」(58) にすぎず、ミルは「かれらについて語らずに、見て通り過ぎる」(59) ことができなかった。かれは、本法案をいっそう完全なものとするために、落選候補以外の者も一般にひろくおこなわれている買収について進んで請願をなしうるようにして、請願が合理的な根拠にもとづくものであれば、その費用を公共の負担とすべきことを主張した。ミルの修正案は否決されたけれども、(60) かれの発言にたいする庶民院の感情は予想外に良好であった。(61) ミルは進歩的な自由党議員の多数が腐敗防止の問題を真剣にとりあげることを期待したが、同時に、急進派が秘密投票制を実施すれば、買収を防止するための法案はさほど重要でないとみなすことを警戒していた。(62) ミルは、秘密投票制が「脅迫」にたいして有効であっても、「買収」の防止には、ほとんどあるいはまったく役立たないであろうと確信していた。また、かれはクリスティに、本法案が廃案になることはおそらくないであろうという見通しを示すとともに、進歩的な自由党議員のなかには、政府と意思の疎通を図ってきた者もいて、法案について共同討議するために、ディズレイリに自由党議員の代表を派遣しようと申し出た者もいると報告している。(63) ミルは幾人かにその代表となってほしいと依頼し承諾を得ていたが、こうした企図は実現しなかったようである。

エアトン選出の国会議員エドワード＝ヘンリ＝ジョン＝クローファドは、本法案第五条について、選挙請願の提出先を「人民間訴訟裁判所」ではなくて「庶民院」とする修正案を六月二五日に上程した。(64) ミルはこれに反対票を投ずる意志を表明するとともに、裁判官が請願を審理する前に、専門官による調査を経なければならないとし、この調査費用を公共による負担とする、すなわちバラの税金か「統合基金」によって支出すべきであると主張した。[65] クローファドは修正案を撤回した。[66] 七月六日、ミルは、選挙請願の管轄権を、上位裁判所の裁判官が主宰する、国会議員からなる法廷に付与すべきであるというエドワード＝プレイドル＝ブーヴァリの提案[67]について、庶民院の委員会が選挙事件についてきわめて公平無私に裁定するというブーヴァリの主張を否定して、ある議員が買収の罪を犯したと裁定したことは、過去五〇年間にいちどもなかったと反論した。[68] もしも、ある候補者の預金を、かれがその使途を尋ねることなく、選挙運動主宰者が買収にもちいたことが証明された場合、候補者と同じ階層の、同じ誘惑に陥りやすい議員が構成する法廷が、腐敗行為がおこなわれたと裁定することはありえず、選挙請願の管轄権を庶民院が有するかぎり、買収にたいする厳格な対処を期待することはできなかった。[69] ミルは、本法案がブーヴァリの修正案よりも優れているとみなしたが、裁判官が選挙請願を審理すれば、それで十分であるとは考えなかった。[70] 裁判官がときに「政治屋」となることは、同月二日の女王座裁判所コリン＝ブラックバーン判事による、ジャマイカでの抑圧的にして違法な行為によって植民地総督法違反の罪で告訴されたエドワード＝ジョン＝エア総督にたいする寛大な説示[71]が証明するところであった。また、ミルは「請願の提出を思い止どまらせるべきではなくて、逆に助長すべきである」[72]という姿勢を示し、「正直な候補者」を苦しめる多くの「いまいましい請願」に憤慨する[73]ティヴァイトン選出の国会議員ジョージ＝デンマンとは異なって、「誠実な請願を費用のかかる面倒なもの」としないことを要求した。

七月一四日、ミルは本法案が地方選挙についても適切な規定をしなければならないという問題提起をおこなった。[74] ミルの認識によれば、地方選挙における買収が国会選挙におけるのと同じくらいに抑制すべきで、寛大に取り扱うか放置しておくのが適当でないものであることを否定する者はいなかった。本法案が地方選挙における買収をも対象とすべきであるのは、それが国会選挙における買収の「最高の学校」だからであった。ミルはこうした事実を証明するために、地方選挙とは国会選挙における買収という「悪弊の真の温床」であって、地方選挙における買収組織が国会選挙においても活用されているので、この組織を壊滅させないかぎり国会選挙における買収を阻止するための努力はことごとく無駄となろうというロウズの意見[75]と、地方選挙における買収と国会選挙における買収とのあいだに密接な関係があって、前者と後者の処罰規定をできるかぎり統一するのが有効であるという庶民院の委員会でなされた証言[76]とを引用している。ミルは、国会選挙における腐敗行為を調査する専門官に地方選挙についての調査権をも付与すべきであると提案したが[77]、ジョン＝ジョージ＝ドッドスン委員長は「本法案は国会議員の選挙のみを対象としている」[78]ので、いま検討すべき問題ではないと一蹴した。そこで、ミルは、専門官が調査しうるのは地方選挙における腐敗行為が国会選挙における腐敗行為をどの程度もたらしえたのかということである、と表現を変えて再提案したけれども[79]、ドッドスンはそれでさえ「本法案の扱うべき範囲を逸脱している」[80]とみなした。また、ミルは選挙請願の費用負担をさだめた本法案第四三条にかんして、合理的な理由にもとづく請願であれば、それは「公共の奉仕」にほかならないので、請願者がその費用を負担する必要はないという見解を表明している[81]。さらに、かれは買収のかどで有罪と判決された候補者の選挙を無効として、かれらの被選挙権を七年間剥奪することを規定した本法案第四五条について、この条項を供応あるいは脅迫をしたひとびとにも適用するために「買収」という文言を削除し、代わりに「腐敗行為」という文言を挿入する修正案を提出したが[82]、たんなる供応あるいは脅迫にあまりにも重い刑罰を科そうとしていると判断され否決された[83]。

腐敗行為を犯した選挙運動主宰者を雇用したかどで有罪と判決された候補者の選挙を無効とした本法案第四六条について、七月一七日にミルは、こうした候補者の被選挙権を三年間剥奪する刑罰を追加する修正案を提出した[84]アンバり卿の応援演説をおこなったが、(85)この修正案は否決され本法案第四六条は可決された。(86)また、ミルは買収のかどで有罪と判決された者の投票権を剝奪すべきであると規定する本法案第四七条を地方選挙にも適用させようとした。(87)しかし、本法案の論点は国会選挙に限定されているというウィリアム＝ベイリヤル＝ブレット法務次長と、地方選挙について検討しなければならないのは今後であろうというディズレイリの反対にあって、ミルはこの修正案を撤回し、本法案第四七条は可決された。(88)

フォスィットは本法案について、選挙管理官の費用を地方税から支払うべきであって、候補者が立候補のさいに一〇〇ポンドの供託金を納めて、当選者のなかで得票数のもっとも少ない者が得た票の一〇％以下しか得票できなかった候補者については、その供託金を選挙管理官の費用の支出を援助するのにもちいるべきであるという追加条項を七月一八日に提案した。(89)当時、選挙管理官の費用は候補者が支払っていた。討論においては、このことが腐敗行為に該当しないという指摘もなされた。しかし、ミルは、かりにそうであるとしても、富者のみが立候補しうるという状態を改善して、「金権政治」を脱却するには、フォスィットの提案を承認しなければならないと主張した。(90)また、かればはサファク選出の議員フレドリク＝スノウドン＝コランスにたいして、選挙管理官の費用を地方税でまかなうとすれば税負担が増大するであろうけれども、微々たるものなので反対しないでほしいと要請した。フォスィットの提案は供託金にかんする文言を削除したうえで承認された。(91)

ミルは、選挙請願を審理する裁判官が地方選挙における腐敗行為の証拠を提出させる権限を有して、腐敗行為の存在を調査するために設立された専門官が国会選挙における腐敗行為と同じ程度まで、同じ方法で、地方選挙における腐敗行為を調査する権限を有するべきであるという動議を七月二二日に提出した。(92)しかし、ブレット法務次長が国会選挙と地方選挙は別問題であるという理由で反対し、否決された。つぎに、ミルは、一名の選挙運動主宰者を除いて、選挙運動員を有償で雇用することが違法であると明定する条項を提案した[93]。選挙運動員の雇用は、選挙における「過度の出費」の最大の要素であって、候補者が金銭の力によって万人の支持を得ようと決意すれば、支出の大部分がこれに費やされることは、周知の事実であった。選挙運動員は、ひじょうにしばしば、選挙運動をする意志をもたずに何百となく雇用され、その多くはいちども選挙運動をしなかった。多数の有権者が買収者の命ずるとおりに投票したことの報酬を、選挙運動の報酬という口実で、法律に違反せずに受けとることができた。第二次選挙法改正法第一一条――サンダランド選出の国会議員ジョン＝キャンドリッシュが提案して可決された[95]条項――によって、ある候補者に実際に雇われている者の投票が禁止された。しかし、かれら自身が投票しえなくても、その父親か兄弟に、あるいはその妻の父親か兄弟に、買収者の命ずるとおりに投票させることによって報酬を受けとることができた。そのうえ、選挙区全体を買収する「集団買収」がおこなわれているところもあった。町の小規模な商人はことごとく、金銭を四方八方に惜しみなく投げ出す者によって、事実上買収されていた。なぜならば、こうした金銭はほとんど、かれらの商店で消費されたからである。有権者が利益を得る支出はことごとく、一種の買収にほかならなかった。ミルは、百万長者のみを代表として選出することを可能ならしめる買収の廃止を希求した。かれの信念によれば、庶民院の議席は、金銭の支出によってと同じく、私的な投票の勧誘によっても、獲得すべきものではなかった。有権者は候補者の政見を、新聞あるいは公開演説をとおして知っていたので、こうした勧誘を好まなかった[96]。かりに選挙運動をしなければならないとしても、それはボランティアによってすべきであった。本来、議員候補となるべき者は、その説得と道徳的な感化力によって、必要な選挙運動をことごとくおこなうのに十分な人数の熱心な支持者を集めうるはずであった。これにたいして、ブレット法務次長は有償の選挙運動員を雇用することが腐敗行為でないと答弁し、ミルの条項は否決された[97]。

また、腐敗行為の調査を公費負担とするミルの提案も、費用を敗訴の当事者に課すべきであるというジョン＝バージス＝カースレイク法務総裁の反対によって否決された。(98) さらに、チェルトナム・プール選出の国会議員チャールズ＝シュライバは、地方選挙における買収が国会選挙に影響することを防止するために地方選挙を国会選挙施行後まで延期すべきであるという提案をしたとき、(99) ミルはこれに賛成して、国会選挙の直前に地方選挙を施行するのが国会選挙における買収にとってもっとも好都合なので、地方選挙における腐敗を完全に放任したまま、国会選挙における腐敗を抑止するための厳格な手段を講ずることはばかげていると発言したけれども、地方選挙にむけてすでになされてきた準備を台なしにしてしまうであろうという理由で、シュライバの提案は否決された。(100)

ジェイムズ＝ラウザは本法案第四三条について、「腐敗行為のかどですでに処罰された選挙運動主宰者が七年以内に再度、同職に就任した場合、二年間の拘禁に処す」ことをさだめた修正案を七月二三日に提出した。ミルは、これを厳重すぎる罰則とみなしたカースレイク法務総裁を批判したが、(101) ラウザの修正案は否決された。その後、フォスィットの提案した選挙管理官の費用を地方税から支払うべきであるという追加条項(102)が再議された。ミルにとって、この条項は選挙浄化の時代の開始を象徴し、いっそう適格な候補者を誕生させるものであったけれども、政府の目論見とブレット法務次長の提案によって、削除された。翌二四日、フォスィットは第三読会における審議が開始したとき、選挙管理官の費用を地方税から支払う問題を討論するために、本法案を委員会にふたたび付託する動議を提出した。(103) ミルは政府がフォスィットの提案した追加条項に反対したことを非難した。(104) 政府の態度は、提案が有効でないという根拠ではなくて、採択されそうな提案であればなんであれ反対するという方針にもとづいていた。ミルはフォスィットの動議を採択するよう希望したが、(105) 否決され、本法案は第三読会を通過した。(106)

3　庶民院議員落選と腐敗行為

七月二四日夕刻、約四カ月後に自らの国会選挙を控えていたミルは、ウォリク街ピムリコウ＝ルームズで、自由党議員のロバート＝ウェルズリ＝グロウヴナとともに、ウェストミンスタの有権者にたいして選挙演説をおこなった。司会を務めたブルーア博士が演説に先立って、グラドストンからの書簡を読み上げた。それは、保守党候補ウィリアム＝ヘンリ＝スミスがウェストミンスタの代表となるのが望ましくないということに軽く触れ、グロウヴナを手短に賞賛した後、「ミル氏については、世界的な名声を獲得したかたなので、わたくし〔グラドストン〕が賛辞を述べるのは失礼にあたるでしょう」とことわったうえで、ミルが議員活動において「自らの意見を主張するさいには断固とした態度であったけれども、他の者の意見にたいしてもっとも寛大な姿勢をとってきた」ことと、「私利私欲にとらわれないで公務に一意専心する稀有の模範を示した」ことを激賞し、ミルが「庶民院の道徳的格調を高め支えることをおおいに助長した」と断言していた[107]。ミルは聴衆の熱烈な歓迎を受けて起立し、政府の提出した「選挙請願にかんする法律を修正して、国会選挙における腐敗行為の防止をさらに有効に規定する法案」が、庶民院にたいして選挙腐敗にかんする審理権の放棄および裁判官への移譲を要求したことを高く評価した[108]。また、本法案をめぐる論争において、一〇名程度のトーリー党議員が、選挙腐敗を防止して、富者にのみ議席を獲得させている高額な選挙費用を削減するために尽力したことを賞揚した。たとえば、コランスは地方税の著しい増税を不平としていたにもかかわらず、選挙を清浄なものにして費用がかからないようにするには地方税を一ファージングか半ファージング増税しさえすれば達成されるだろうといわれたとき、これを一笑に付して、適切にして有能な国会議員を獲得することができるのであれば、それより高額な地方税を課されても喜んで支払う用意があった。しかし、トーリー党の閣僚は、選挙請願の管轄権の変更案を採択した後、本法案にただひとつの修正を加えることをも承認しようとしなかった。自由党議員と実直なトーリー党議員が選挙をいっそう浄化して費用を削減するための修正案をつぎつぎに提出したが、政府は採択するのをまったく許容しようとしなかった。本法案の修正に失敗したことで、有権者は従来とおなじく百万長者の掌中に置かれた(109)。トーリー党の選挙運動主宰者マーカム＝スポファスは、かれの友人である閣僚に、来る選挙において腐敗行為をやめてはならないと語っていた(110)。

本法案を改良しようというミルの努力は「日夜激論した後、ことごとく水泡に帰し(111)」、フォスィットの提案した追加条項でさえ最終的に否決された。この討論は将来の改革の出発点と位置づけられ、本法案はスコットランドとアイルランドにも適用されることになったけれども、その望ましい効果を期待することはほとんどできなかった。七月三一日、「選挙請願にかんする法律を修正して、国会選挙における腐敗行為の防止をさらに有効に規定する法律(112)」が制定された。

ミルは一〇月二九日付のジョン＝エリヤト＝ケアンズ宛の手紙において、ブライトンの選挙でウィリアム＝カニンガムが、買収された有権者を厳重に処罰することを望んだフォスィットを非難して落選させようとしたことに憤慨している(113)。カニンガムは一八五七年から一八六四年までブライトン選出の国会議員を務め、フォスィットの議席を奪取すべく立候補したが、敗北した。

一一月四日にソウホウのディーン街にあるコルドワル集会場で、ミルとグロウヴナはふたたび選挙区民にたいする選挙演説をおこなった。ミルは起立したさい、驚くべき歓迎を受けた。集会の参加者はことごとく立ち上がって、長いあいだ帽子とハンカチを振り、心から感激して歓声を上げた。かれは演説のなかで、選挙費用を削減するためと、選挙費用を候補者の私財ではなくて、選挙を施行する地区の公金から支出させるために、国会で奮闘したことに言及した。[114] 候補者自身が選挙費用を支払わないのは卑しいといわれたが、ミルは、チェルシで立候補したジョージ＝オッジャのようにたいへんな率直さと道義心をもった人物の選挙費用を拠出するのは卑しいことでないと反論した。[115] また、地方選挙における腐敗が国会選挙における買収の学校ならびに温床となっているので、前者を効果的に阻止しなければ、後者を首尾よく廃止することはできないと主張した。国会選挙に先立って、地方選挙が間近に迫っていた。ミルは国会選挙の施行後まで地方選挙を延期すべきであるというシュライバと見解を同じくしていたが、トーリー党の大多数は地方選挙の直後に国会選挙を実施することに賛成していた。ミルの演説および聴衆との質疑応答について、フォスィットがミルとグロウヴナを支持する決意を表明し熱狂的な拍手を浴びた。[116] かれはミルを「偉大な政治家、立派な人間、著名な思想家、卓越した哲学者」と評した。この集会はグラドストン、ミル、グロウヴナおよびフォスィットにたいする喝采をもって閉会した。

ミルは同月一七日に施行された国会選挙において落選した。ミルの選挙費用がグロウヴナとあわせても二、〇〇〇ポンドであったのにたいして、保守党の対立候補スミスは九、〇〇〇ポンド以上という法外な費用をかけて当選し、その多くが買収した有権者を投票場に運ぶ馬車賃に費やされた。[117] ミルはかれがまさにその撲滅のために全精力を傾注してきた腐敗行為によって敗北したといえよう。ミルの選挙運動を指導してきたジェイムズ＝ビールはスミスの腐敗行為を摘発する請願を提出し、翌六九年二月一二日と一五日にウェストミンスタの法廷で審理されたけれども、一九日にスミスは当選を宣告された。[118] ミルは、第二帝政に抵抗してイギリスに亡命していたフランスの著述家にして政治家であったアーンリー＝フラーンスワ＝アルフォーンス＝エスキュイーロースにたいして、選挙において「腐敗行為のためになげかわしいほど金銭がもちいられたのみならず、イギリスのような国では財産と社会的地位をひじょうに尊重する傾向があるので、財産がひとを引きつけうる力がきわめて大きい」ことを慨嘆している。[119] また、ミルがノーサンプトンで国会議員に立候補した「無神論者」チャールズ＝ブラドローを支援したことに抗議したジョン＝ヘイワドにたいしては、「選挙請願にかんする法律を修正して、国会選挙における腐敗行為の防止をさらに有効に規定する法案」にたいするミルとフォスィットの修正案が採択されていれば、ブラドローの選挙費用を拠出する必要はなかったであろうと釈明している。[120]

ミルは一八六九年一〇月二三日付のヘンリ＝ヴィラード宛の手紙のなかで、グレイト＝ブリテンの民衆的な党派の大多数が国会選挙における秘密投票制を、買収と脅迫を抑制する手段とみなすことに賛成していて、第二次選挙法改正によって、こうした問題にますます関心が寄せられていると指摘した後、ミル自身は秘密投票制に好意的でないけれども、それを法律で規定している国で実際にどのように機能しているのかについて、信頼しうる情報を提供してほしいと要請した。[121] また、一八七二年二月一四日付のチャールズ＝ウェントワス＝ディルク宛の手紙では、有償の選挙運動員を、あるいは法定の一名の選挙運動主宰者以外の者を、雇用するのを禁止することを再説している。[122] このようにミルは腐敗防止にたいする熱意を晩年までもちつづけた。

おわりに

ミルは『ミル自伝』において自らの議員活動を回顧し、かれが積極的に貢献したけれども公衆の関心をほとんど刺激しなかった重要事項のひとつとして、かれをふくむ一群の進歩的な自由党議員がディズレイリの「選挙請願にかんする法律を修正して、国会選挙における腐敗行為の防止をさらに有効に規定する法案」について激論をつづけたことを特記している。[123]ミルはこの問題の細部にいたるまで入念に検討してきたクリスティ、プリング上級法廷弁護士、チャドウィックと協議し、かれ自身も熟考して、本法案を多様な腐敗にたいして真に有効にするような修正案と追加条項を作成した。かれらは選挙費用を削減することをめざした。修正案のなかには、フォスィットによる選挙管理官の費用を候補者に請求するのではなくて公費負担とするもの、有償の選挙運動員を禁止して有償の選挙運動主宰者を一候補者につき一名に限定するもの、買収の防止と刑罰を地方選挙に適用するものなどがあった。周知のとおり、地方選挙における買収は国会選挙における買収の「予備校」であるのみならず、恒常的な「隠れ蓑」であった。しかしながら、保守党政府は、選挙事件の管轄権を庶民院から裁判官に移譲させる規定をひとたび採択すると、それ以外の改良にことごとく断固として抵抗した。フォスィットの修正案が実際に過半数の賛成票を獲得した後、保守党政府は勢力を結集してこれを否決した。ミルの断言するところによれば、自由党は、誠実な国民代表を選出するのに必要な条件を保障するこうした試みをなんら助長しなかったことによって、はなはだ面目を失墜した。[124]かれらは庶民院の多数党であったので、修正案をことごとく採択することができたであろうが、間近に迫った総選挙の準備に没頭していた。ロバート＝アンストラザのように、対立候補がすでにその選挙区を遊説していたにもかかわらず、議員としての職務を立派に遂行しつづけた者もいたけれども、大多数は選挙運動を公務に優先させた。多くの自由党議員はまた、買収を防止する法律が重要でなく、公衆の関心を秘密投票制からそらせるものにすぎず、この制度が買収を防止する十分にして唯一の対策であるとみなした。これらの理由によって、ミルたちの論戦は、数夜のあいだひじょうな精力を傾注してきたにもかかわらず、完全に不成功に終り、総選挙では腐敗行為がいっそう蔓延した。

ミルは代議政治をとおして、労働者階級が政治に参加し、公共精神をそなえた「市民」となることを念願した。貴族階級による「金権政治」はそれを阻止するものにほかならなかった。選挙費用の制限とそれにともなう罰則の強化という点で亀鑑とされる「国会選挙における腐敗違法行為をより適切に防止するための法律」(125)が制定されたのは、ミルの死後一〇年を経過したときであった。しかし、選挙浄化によって富の力による政治を打破し、体制を変革しようとしたかれの試みは高く評価すべきであろう。

* ミルの著作は、John M. Robson et al. eds., *Collected Works of John Stuart Mill*, 33 vols., University of Toronto Press, 1963-1991. を利用し、注において *CW* と略記した。

（1） Mill, John Stuart, *Autobiography*（1873）, *CW*, I, p. 177. 朱牟田夏雄訳『ミル自伝』（岩波書店、一九六〇年）一五三ページ。

（2） *Standard*, 8 December, p. 2. Mill, J. S., "Controversy on the Ballot（*Examiner*, 12 December, 1830）," *CW*, XXII, p. 210.

（3） Ibid., pp. 210-211.

（4） The Duke of Newcastle[Clinton, Henry], "Complaint by the Duke of Newcastle, of the language used at Nottingham by the Attorney General（3 December, 1830）," *Hansard's Parliamentary Debates*, Third series, vol. I, col. 751.

（5） Mill, J. S., "Bribery and Intimidation at Elections（*Grobe and Traveller*, 12 February, 1835）," *CW*, XXIV, p. 767.

（6） "An Act to amend the Representation of the People in *England* and *Wales* [7th *June* 1832]," *The Statutes of the United Kingdom of Great Britain and Ireland. With Notes and References by N. Simons, of Lincoln's Inn, Esq. Barrister at Law. Volume the Twelfth. From A. D. 1829 ; 11 George IV.—To A. D. 1832 ; 2 & 3 William IV. Both Inclusive. With a copious Index.*（London : Printed by George Eyre and Andrew Spottiswoode, Printers to the King's most Excellent Majesty, M. DCCC. XXXII.), 2 & 3 William IV, cap. XLV, pp. 725-755.

（7）　Burke, Edmund, "Speech on American Taxation (19 April, 1774)," Paul Langford ed., *The Writings and Speeches of Edmund Burke*, vol. II, Oxford University Press, 1981, p. 459. 中野好之訳「アメリカへの課税に関する演説」、『エドマンド・バーク著作集2』（みすず書房、一九七三年）七一ページ。

（8）　Mill, J. S., "Bribery and Intimidation at Elections," p. 768.

（9）　Ibid., p. 769.

（10）　Do., *Thoughts on Parliamentary Reform* (1859), *CW*, XIX, p. 320.

（11）　*Ibid*., pp. 320-321.

（12）　*Ibid*., p. 321.

（13）　Do., "The Letter to Edwin Chadwick (February 7. 1859)," *CW*, XV, p. 594.

（14）　Do., "The Letter to Edwin Chadwick (March 10 [1859])," *CW*, XV, pp. 604-605.

（15）　Do., "The Letter to Edwin Chadwick (December 20. 1859)," *CW*, XV, p. 654.

（16）　Do., *Considerations on Representative Government* (1861), *CW*, XIX, p. 486. 水田洋・田中浩訳『代議制統治論』（『世界の大思想II—6』、河出書房、一九六七年）二九五ページ。

（17）　*Ibid*., pp. 496-498. 三〇五—三〇六ページ。

（18）　Do., "The Letter to Edwin Chadwick (March 14. 1864)," *CW*, XV, p. 923.

（19）　Do., "The Letter to Edwin Chadwick (April 1. 1864)," *CW*, XV, p. 933, n. 4.

（20）　Do., "The Letter to Henry Fawcett (August 5. 1864)," *CW*, XV, p. 951.

（21）　Todd, William, *Parliamentary Reform. The Franchise. Being a series of articles originally published in the Newcastle Weekly Chronicle*, Newcastle-on-Tyne, 1865. Mill, J. S., "The Letter to William Todd (March 20, 1865)," *CW*, XVI, p. 1017, n. 1.

(22) Ibid., p. 1017.

(23) Do., "The Letter to William Dougal Christie (May 21. 1866)," *CW*, XXXII, p. 165.

(24) "A Bill to Extend the Right of Voting at Elections of Members of Parliament in England and Wales," 29 Victoria (13 March, 1866), *The House of Commons Parliamentary Papers*, 1866, vol. V, 87-100.

(25) The Chancellor of the Exchequer [Gladstone, William Ewart], "Speech on the Parliamentary Reform—Representation of the People Bill—(12 March, 1866)," *Hansard's Parliamentary Debates*, Third series, vol. CLXXXII, col. 25.

(26) Mill, J. S., "The Letter to William Dougal Christie (February 21. 1867)," *CW*, XVI, p. 1245.

(27) Gladstone, W. E., "Address to Her Majesty on Her Most Gracious Speech (5 February, 1867)," *Hansard's Parliamentary Debates*, Third series, vol. CLXXXV, col. 71.

(28) Mill, J. S., "The Letter to John Allen (May 27. 1867)," *CW*, XVI, p. 1274.

(29) "A Bill Further to Amend the Laws Relating to the Representation of the People in England and Wales," 30 Victoria (18 March, 1867), *The House of Commons Parliamentary Papers*, 1867, vol. V, 521-546 (the Second Reform Bill).

(30) Mill, J. S., "The Reform Bill [10] (8 August, 1867)," *CW*, XXVIII, p. 232.

(31) "An Act further to amend the Laws relating to the Representation of the People in *England* and *Wales* [15th *August* 1867]," *A Collection of the Public General Statutes passed in the Thirtieth and Thirty-first Years of the Reign of Her Majesty Queen Victoria : Being the Second Session of the Nineteenth Parliament of the United Kingdom of Great Britain and Ireland* (London : Printed by George Edward Eyre and William Spottiswoode, Printers to the Queen's most Excellent Majesty, 1867), 30 & 31 Victoria, cap. CII, pp. 657-677 (the Second Reform Act).

(32) Mill, J. S., "The Letter to James Garth Marshall (October 26. 1867)," *CW*, XVI, p. 1322.

（33）　Do., "The Letter to William Dougal Christie (November 20. 1867)," *CW*, XVI, p. 1331.

（34）　Do., "The Letter to William Dougal Christie (December 28. 1867)," *CW*, XVI, p. 1337.

（35）　Do., "The Letter to William Dougal Christie (January 8. 1868)," *CW*, XVI, pp. 1348-1349.

（36）　Do., "The Letter to William Dougal Christie (January 17. 1868)," *CW*, XVI, p. 1353.

（37）　Do., "The Letter to William Dougal Christie (March 8.[1868])," *CW*, XVI, p. 1371. "Election Petitions and Corrupt Practices at Elections [1] (26 March, 1868)," *CW*, XXVIII, p. 263. "The Letter to William Dougal Christie (April 26. 1868)," *CW*, XXXII, p. 193. "The Letter to William Dougal Christie (May 25. 1868)," *CW*, XVI, p. 1404. "The Letter to William Dougal Christie (June 13. 1868)," *CW*, XXXII, p. 195. "The Letter to William Dougal Christie (July 7. 1868)," *CW*, XVI, p. 1421. "The Letter to William Dougal Christie (July 27. 1868)," *CW*, XVI, p. 1425.

（38）　"A Bill for Amending the Laws relating to Election Petitions, and providing more effectually for the Prevention of corrupt Practices at Parliamentary Elections (13 February 1868)," *The House of Commons Parliamentary Papers*, 1867-1868, vol. II, 263-286. "A Bill [As Amended in Committee] for Amending the Laws relating to Election Petitions, and providing more effectually for the Prevention of corrupt Practices at Parliamentary Elections (16 March 1868)," *ibid*., 287-308. "A Bill [As Amended in Committee and on Re-Commitment] for Amending the Laws relating to Election Petitions, and providing more effectually for the Prevention of corrupt Practices at Parliamentary Elections (18 July 1868)," *ibid*., 309-330.

（39）　Mitchell[,Alexander], "Speech on the Election Petitions and Corrupt Practices at Elections Bill (26 March, 1868)," *Hansard's Parliamentary Debates*, Third series, vol. CXCI, cols. 296-298.

（40）　Mill, J. S., "Election Petitions and Corrupt Practices at Elections [1] (26 March, 1868)," *CW*, XXVIII, p. 262.

（41）　Ibid., pp. 262-263.

(42) *Hansard's Parliamentary Debates*, Third series, vol. CXCI, col. 321.

(43) Christie, William Dougal, *Electoral Corruption and Its Remedies* (London : National Association for the Promotion of Social Science, 1864). Mill, J. S., "Election Petitions and Corrupt Practices at Elections [1]," p. 263, n. 2.

(44) Ibid., p. 264.

(45) Do., "The Letter to William Dougal Christie (March 29, 1868)," *CW*, XVI, p. 1380.

(46) Do., "The Letter to William Dougal Christie (March 31, 1868)," *CW*, XVI, p. 1381.

(47) Do., "Election Petitions and Corrupt Practices at Elections [2] (2 April, 1868)," *CW*, XXVIII, p. 265.

(48) Disraeli[,Benjamin], "Speech on the Election Petitions and Corrupt Practices at Elections Bill—Bribery at Municipal Elections—Question (2 April, 1868)," *Hansard's Parliamentary Debates*, Third series, vol. CXCI, col. 702.

(49) Mill, J. S., "The Letter to William Dougal Christie (April 3. 1868)," *CW*, XVI, p. 1383.

(50) Ibid., pp. 1383-1384.

(51) Ibid., p. 1384.

(52) Do., "The Letter to William Dougal Christie (April 22. 1868)," *CW*, XVI, p. 1388.

(53) Do., "The Letter to William Dougal Christie (April 26. 1868)," *CW*, XXXII, p. 192.

(54) Do., "The Letter to William Dougal Christie (May 8. 1868)," *CW*, XVI, p. 1397. "The Letter to William Dougal Christie (May 11. 1868)," *CW*, XVI, p. 1398. "The Letter to William Dougal Christie (May 17. 1868)," *CW*, XVI, p. 1399. "The Letter to William Dougal Christie (May 20. 1868)," *CW*, XVI, pp. 1399-1400.

(55) "A Bill [As Amended in Committee] for Amending the Laws relating to Election Petitions, and providing more effectually for the Prevention of corrupt Practices at Parliamentary Elections (16 March 1868)," *The House of Commons Parliamentary Papers*, 1867-1868, vol. II, 292.

(56) Mill, J. S., "Election Petitions and Corrupt Practices at Elections [3] (21 May, 1868)," *CW*, XXVIII, p. 279.

(57) Ibid., p. 280.

(58) Dante Alighieri, *Divina commedia : Inferno* (1304-1308), Canto III, ll. 37-39. Edmund Gardner ed., *The Divine Comedy* (*Everyman's Library* 308 Poetry & Drama, London, J. M. DENT & SONS LTD, First published in this edition 1908, Last reprinted 1955), *Hell*, p. 10.

(59) *Ibid*., Canto III, l. 51. p. 11.

(60) *Hansard's Parliamentary Debates*, Third series, vol. CXCII, col. 691.

(61) Mill, J. S., "The Letter to William Dougal Christie (May 22. 1868)," *CW*, XVI, p. 1403.

(62) Do., "The Letter to William Dougal Christie (June 6. 1868)," *CW*, XVI, p. 1409.

(63) Do., "The Letter to William Dougal Christie (June 13. 1868)," *CW*, XXXII, p. 195.

(64) Craufurd[,Edward Henry John], "Speech on the Election Petitions and Corrupt Practices at Elections (re-committed) Bill (25 June, 1868)," *Hansard's Parliamentary Debates*, Third series, vol. CXCII, col. 2173.

(65) Mill, J. S., "Election Petitions and Corrupt Practices at Elections [4] (25 June, 1868)," *CW*, XXVIII, p. 300.

(66) *Hansard's Parliamentary Debates*, Third series, vol. CXCII, col. 2189.

(67) Bouverie[,Edward Pleydell], "Speech on the Election Petitions and Corrupt Practices at Elections (re-committed) Bill (6 July, 1868)," *Hansard's Parliamentary Debates*, Third series, vol. CXCIII, cols. 722-728.

(68) Mill, J. S., "Election Petitions and Corrupt Practices at Elections [5] (6 July, 1868)," *CW*, XXVIII, p. 301.

(69) Ibid., pp. 301-302.

(70) Ibid., p. 302.

(71) Blackburn, Colin, "Charge to the Grand Jury," *Report of the case of the Queen v. Edward John Eyre on his prosecution in the Court of Queen's Bench, for high crimes and misdemeanours alleged to have been committed by him in his office as Governor of Jamaica ; containing the Evidence,* (*taken from the depositions*), *the Indictment,*

and the Charge of Mr. Justice Blackburn, with the subsequent observations of the lord chief justice. (London : Steven's & Son, 24, Bell Yard, Lincoln's Inn, Law Booksellers and Publishers. MDCCCLXVIII.), pp. 53-102. 山下重一『J・S・ミルとジャマイカ事件』(御茶の水書房、一九九八年)二〇一―二二四ページ参照。

(72) Mill, J. S., "Election Petitions and Corrupt Practices at Elections [5]," p. 303.

(73) Denman[,George], "Speech on the Election Petitions and Corrupt Practices at Elections (re-committed) Bill (6 July, 1868)," *Hansard's Parliamentary Debates*, Third series, vol. CXCIII, col. 745.

(74) Mill, J. S., "Election Petitions and Corrupt Practices at Elections [7] (14 July, 1868)," *CW*, XXVIII, p. 307.

(75) "Minutes of Evidence taken before the Select Committee on the Corrupt Practices Prevention Act (1854), & c. (Veneris, 9 die Martii, 1860)," *The House of Commons Parliamentary Papers*, 1860, vol. X, 112.

(76) "Report from the Select Committee on the Corrupt Practices Prevention Act (1854), & c.," *ibid*., 6.

(77) Mill, J. S., "Election Petitions and Corrupt Practices at Elections [7]," p. 308.

(78) The Chairman[Dodson, John George], "Speech on the Election Petitions and Corrupt Practices at Elections (re-committed) Bill (14 July, 1868)," *Hansard's Parliamentary Debates*, Third series, vol. CXCIII, col. 1168.

(79) Mill, J. S., "Election Petitions and Corrupt Practices at Elections [7]," pp. 308-309.

(80) The Chairman[Dodson, J .G.], "Speech on the Election Petitions and Corrupt Practices at Elections (re-committed) Bill," col. 1169.

(81) Mill, J. S., "Election Petitions and Corrupt Practices at Elections [7]," p. 309.

(82) Ibid., p. 310.

(83) *Hansard's Parliamentary Debates*, Third series, vol. CXCIII, col. 1178.

(84) Viscount Amberley[Russell, John], "Speech on the Election Petitions and Corrupt Practices at Elections (re-committed) Bill (17 July, 1868)," *Hansard's Parliamentary Debates*, Third series, vol. CXCIII, col. 1370.

(85) Mill, J. S., "Election Petitions and Corrupt Practices at Elections [8] (17 July, 1868)," *CW*, XXVIII, p. 311.
(86) *Hansard's Parliamentary Debates*, Third series, vol. CXCIII, col. 1371.
(87) Mill, J. S., "Election Petitions and Corrupt Practices at Elections [8]," pp. 311-312.
(88) *Hansard's Parliamentary Debates*, Third series, vol. CXCIII, col. 1373.
(89) Fawcett[,Henry], "Speech on the Election Petitions and Corrupt Practices at Elections (re-committed) Bill (18 July, 1868)," *Hansard's Parliamentary Debates*, Third series, vol. CXCIII, cols. 1443-1444.
(90) Mill, J. S., "Election Petitions and Corrupt Practices at Elections [9] (18 July, 1868)," *CW*, XXVIII, p. 313.
(91) *Hansard's Parliamentary Debates*, Third series, vol. CXCIII, col. 1454.
(92) Mill, J. S., "Election Petitions and Corrupt Practices at Elections [10] (22 July, 1868)," *CW*, XXVIII, pp. 316-317.
(93) Ibid., p. 317.
(94) Candlish[,John], "Speech on the Parliamentary Reform—Representation of the People Bill—(1 July, 1867)," *Hansard's Parliamentary Debates*, Third series, vol. CLXXXVIII, cols. 795-798.
(95) *Hansard's Parliamentary Debates*, Third series, vol. CLXXXVIII, col. 811.
(96) Mill, J. S., "Election Petitions and Corrupt Practices at Elections [10]," p. 318.
(97) *Hansard's Parliamentary Debates*, Third series, vol. CXCIII, col. 1643.
(98) Mill, J. S., "Election Petitions and Corrupt Practices at Elections [10]," p. 319.
(99) Schreiber[,Charles], "Speech on the Election Petitions and Corrupt Practices at Elections Bill (22 July, 1868)," *Hansard's Parliamentary Debates*, Third series, vol. CXCIII, cols. 1649-1650.
(100) *Hansard's Parliamentary Debates*, Third series, vol. CLXXXVIII, col. 1650.
(101) Mill, J. S., "Election Petitions and Corrupt Practices at Elections [11] (23 July, 1868)," *CW*, XXVIII, p. 326.

(102) "A Bill [As Amended in Committee and on Re-Commitment] for Amending the Laws relating to Election Petitions, and providing more effectually for the Prevention of corrupt Practices at Parliamentary Elections (18 July 1868)," *The House of Commons Parliamentary Papers*, 1867-1868, vol. II, 328, Clause 53.

(103) Fawcett, H., "Speech on the Election Petitions and Corrupt Practices at Elections Bill (24 July, 1868)," *Hansard's Parliamentary Debates*, Third series, vol. CXCIII, cols. 1715-1716.

(104) Mill, J. S., "Election Petitions and Corrupt Practices at Elections [12] (24 July, 1868)," *CW*, XXVIII, p. 327.

(105) Ibid., p. 328.

(106) *Hansard's Parliamentary Debates*, Third series, vol. CXCIII, col. 1732.

(107) Mill, J. S., "The Westminster Election of 1868 [2] (24 July, 1868)," *CW*, XXVIII, p. 329, editor's note.

(108) Ibid., p. 330.

(109) Ibid., pp. 330-331.

(110) Ibid., p. 331.

(111) Do., "The Letter to William Dougal Christie (July 27. 1868)," *CW*, XVI, p. 1425.

(112) "An Act for amending the Laws relating to Election Petitions, and providing more effectually for the Prevention of corrupt Practices at Parliamentary Elections [31st *July* 1868]," *A Collection of the Public General Statutes passed in the Thirty-first and Thirty-second Years of the Reign of Her Majesty Queen Victoria : Being the Third Session of the Nineteenth Parliament of the United Kingdom of Great Britain and Ireland* (London : Printed by George Edward Eyre and William Spottiswoode, Printers to the Queen's most Excellent Majesty, 1868), 31 & 32 Victoria, cap. CXXV, pp. 670-682.

(113) Mill, J. S., "The Letter to John Elliot Cairnes (October 29. 1868)," *CW*, XVI, pp. 1465-1466.

(114) Do., "The Westminster Election of 1868 [4] (4 November, 1868)," *CW*, XXVIII, pp. 342-343.

(115) Ibid., p. 343.

(116) Ibid., p. 344.

(117) O'Leary, Cornelius, *The Elimination of Corrupt Practices in British Elections, 1868-1911*, Oxford University Press, 1962, p. 50.

(118) Mill, J. S., "The Letter to John Chapman (November 19. 1868)," *CW*, XVI, p. 1489, n. 4.

(119) Do., "La Lettre à Alphonse Esquiros[décembre, 1868]," *CW*, XVI, p. 1496.

(120) Do., "The Letter to John Hayward (December 13. 1868)," *CW*, XVI, p. 1522.

(121) Do., "The Letter to Henry Villard(October 23. 1869)," *CW*, XXXII, pp. 213-214.

(122) Do., "The Letter to Sir Charles Wentworth Dilke (February 14. 1872)," *CW*, XVII, pp. 1871-1872.

(123) Do., *Autobiography*, pp. 282-284. 朱牟田訳二五八―二六〇ページ。

(124) ブルース＝L・キンザは、ミルが言外にグラドストンの指導力の欠如を批判していたと分析し、ミルが腐敗防止を提案したのは自由党を急進化させるという意図にもとづいていたと指摘する。Bruce L. Kinzer, Ann P. Robson and John M. Robson, *A Moralist In and Out of Parliamemt : John Stuart Mill at Westminster, 1865-1868*, University of Toronto Press, 1992, pp. 110-112.

(125) "An Act for the better prevention of Corrupt and Illegal Practices at Parliamentary Elections [25th *August* 1883]," *The Public General Acts passed in the Forty-Sixth and Forty-Seventh Years of the Reign of Her Majesty Queen Victoria ; Being the Fourth Session of the Twenty-Second Parliament of the United Kingdom of Great Britain and Ireland : with an Index, and Tables Showing the Effect of the Year's Legislation* (London : Printed by Eyre and Spottiswoode, Printers to the Queen's most Excellent Majesty, 1883), 46 & 47 Victoria, Chapter 51, pp. 206-239.

第五章　「ジュネーヴ市民」ルソー
――『人間不平等起源論』から『社会契約論』へ――

落合　隆

はじめに

今日まで、ジャン-ジャック・ルソー（Jean-Jacques Rousseau, 1712-78）については様々な解釈が百出し、収拾のつかない状況を見せてきた。ルソーが採る立場は、個人主義か集団主義か、自由主義か平等主義か、古典古代回帰か近代啓蒙か等々。彼はいつでも矛盾に満ちた思想家として私たちの前に立ちはだかってきた。

しかしながら、これはルソーの問題なのだろうか。私たち読者が、ルソーを見るとき、無意識に自分たちの認識枠組みを彼に押しつけてはいないだろうか。私たちの時代を光源としてルソーを見るのではなく、ルソーを導いた光、すなわちルソーが生きた時代のエピステーメーに即して、彼を理解することが必要なのではないだろうか。そして、就中、近年次第に明らかになってきたように、ルソーが主体的に密接に関わっていたジュネーヴの政治との関連において、ルソーを知ることが重要ではないだろうか(1)。しかし、ここで注意しておかねばいけないのは、ルソーは常に自己が立つ立場を直截に主張するのではなく、自己の立場を一般化していること、すなわち単に私的な一方的な主張としてではなく、公に承認を得られるものとして議論していることである。例えば、『社会契約論 Du contract social』の副題が「国法の諸原理 Principes du droit politique」であることからも、このことは明らかである。たしかに、一般化という通路をルソー自らがつけてくれたことによって、私たちの時代にもルソー理論の射程は及ぶと言えよう。しかし、一般化された結果のみに注目するとルソーの問題意識はとらえ損ねられ、彼の理論は矛盾撞着の巣のように見えてくる。完成されたものとしてルソーの理論をとらえるのではなく、むしろ、ルソーが自らの立場を公に承認されえる次元へ引き上げようと苦闘している過程そのものに注目することによって、ルソーの解釈はより正確になるばかりではなく、現代にも通底する問題それ自体を私たちはルソーとともに発見することができるのではあるまいか。

本章では、ルソーによるジュネーヴの政治的論議への具体的関与を検証し、そのなかで一七五三年から一七六一年にかけて書かれた『人間不平等起源論 Discours sur l'origine et les fondemens de l'inégalité parmi les hommes』『政治経済論 Discours sur l'économie politique』『演劇に関するダランベール氏への手紙 Lettre à Mr. d'Alembert sur les spectacles』『社会契約論』という一連の著作がもつ意義を検討したい。このとき、私たちは一八世紀半ばのジュネーヴ政治に対するルソーの立場からする戦略的位置づけを、それぞれの著作に見出すことになるであろう。たとえば、彼は『山からの手紙 Lettres écrites de la montagne』において、『社会契約論』は「ジュネーヴ政体の物語」を描いたものとして説明し、次のように、ジュネーヴの市民たちに書き送っている。

「私は、あなた方の政体を立派であると思ったからこそ、私はそれを政治制度のモデルとして取り上げ、そしてあなた方を全ヨーロッパの手本として示したのです。あなた方の政府の破壊を求めるどころか、私はそれを維持する方法を明らかにしたのです。この政体は非常に優れてはいるけれど、欠陥がないわけではありません。人々はそれが変質を被るのを防ぐことができたし、今日陥っている危険からそれを守ることもできたのです。私はこの危険を予測し、それをわかってもらおうとしました。そして予防策を示唆しもしたのです。[2]」

勿論、ルソーの立場からするジュネーヴ政体の解釈とその保持策ではある。ルソーの保持しようと考えたジュネーヴの政体は、彼の立場から理想化されたものであった。現実には海底に沈んで時の中で形姿を変えたグラウコスの像のように時代とともに大きく変化を遂げていた。伝統に遡って理想化されたジュネーヴを描くこと自身が、何よりも、現にあるジュネーヴ政体の批判となったのである。そうであるからこそ、『社会契約論』は、ヨーロッパでは他の国々が発売禁止処分にとどめたなかにあって、ほかならぬジュネーヴにおいてはその意義が当局により正確に理解され、焚書処分まで受けたのである。

1　都市国家ジュネーヴの成立

さて、ジュネーヴの歴史をまず概観しておきたい。[3]

ジュネーヴは、フランスとの国境近くにあって、アルプス山脈とジュラ山脈に囲まれ、レマン湖に面し、湖から発するローヌ川が市を貫いて流れる。古来より、ヨーロッパの南北を結ぶ交通の要衝であった。ローマ帝国がゲルマン民族の侵入に備えるために建設した軍事都市から、ジュネーヴは発展した。やがて、カトリック信仰が伝わり、ウィーンの大司教座に属する司教座がおかれた。支配者はローマ帝国、ブルゴーニュ公国、フランク王国、東フランク王国、神聖ローマ帝国と替わっていった。中世になると神聖ローマ皇帝から司教はジュネーヴの君主としての地位を与えられた。そして、イタリア側とフランス側を結ぶ中継点として、ジュネーヴでは年四回の定期市が開かれて盛んになっていった。一五世紀半ば、フランス国王ルイ一一世がこの都市の繁栄を妬んで、リヨンに特許を与えて市場を開設すると、メディチ銀行も業務をそちらへ移すなど、ジュネーヴのかつての国際交易都市としての賑わいは去ったが、なお地方市場として生き残った。

市に最初の誓約共同体 commune が結成されたのは、周辺都市よりも遅れて一二八五年のことであった。そして、司教は一三〇八年にその法的地位を認め、一三六四年に市民総会に重要事項の決議権があることを承認し、ようやく一三八七年に至って市に自由特許状 les franchises を付与した。それは、市周辺の農村への支配権を獲得し、司教領裁判長官 vidomne の地位を取得したサヴォワ公に対抗するために、司教は市民と妥協する必要があったからである。しかし、一五世紀半ば、サヴォワ公家からローマ教皇フェリックス五世が出るに及んで、ジュネーヴの司教は代々サヴォワ公家により独占されるようになった。ジュネーヴは実質的にサヴォワ領に編入されたのである。出席はほとんどしなかったがサヴォワの身分制議会にも、ジュネーヴは議席を有した。

一六世紀に入り、サヴォワ公家に連なる司教と市民との対立は深まっていった。市民の間には交易関係にあるスイス同盟都市との提携を望む声が高まっていった。神聖ローマ帝国のもとで、スイス地方の農村邦や都市は自由と自治を獲得していったが、すでに、一二九一年以来新興のハプスブルグ家に対抗するために、邦や都市は同盟関係を発展させていた。これが現在のスイス連邦の基となる。さて、ジュネーヴの市民は、一五二六年、ベルン、フリブールの両市と兄弟市民関係 combourgeoisie を結んだ。当時は宗教改革の時代であり、ベルンは一五二八年、ツヴィングリ派に改宗した。そして、ベルンはファレル Guillaume Farel をジュネーヴに派遣し、ジュネーヴ市民への働きかけを行った。ジュネーヴ市民はサヴォワからの独立という政治的目的も視野に入れて、ファレルを受け入れた。一五三四年から翌年にかけて公開宗教討論会が開かれて、ジュネーヴ市民はついに宗教改革に踏み切った。市は司教の空位を宣言して、ミサを停止した。カトリック教会や修道院の財産は市に没収された。カトリックのフリブールは兄弟市民関係を解消した。サヴォワ軍はジュネーヴを包囲した。ベルンの応援を得て、一五三六年ようやくこの包囲を解くことに成功し、ジュネーヴはここに事実上の独立を果たした。

一五三六年から六四年にかけて、断続はあったが、ファレルが招致したカルヴァン Jean Calvin の指導する有名な改革が行われ、ジュネーヴは「プロテスタントのローマ」となったのである。改革を始めた教会の一員であることがジュネーヴ市民であることの条件であった。また、ジュネーヴの教会には一般信徒一二名と牧師五名から成る長老会が設立されて、厳しく市民の生活や道徳を監督した。しかし、教会は市の財政によって運営され、牧師の任免権は市当局にあった。カルヴァンはなんらの世俗権力も持っていなかった。あくまで牧師のひとりとして語りかけ、提案し、説得し、市に精神的影響を与えたのである。聖職者と市当局者の間にはよき協調が支配した。そして、カルヴァンの指導する独自の改革が断固として遂行されるなかで、ジュネーヴはベルンの干渉を次第に受けなくなっていった。

さて、カルヴァンが活躍した当時のジュネーヴの社会構成を見てみよう。一六世紀半ばには、人口は全体で一万三、〇〇〇人ほどであった。まず、「旧市民 les Citoyens」と呼ばれる人たち。彼らは、市民権（参政権）を持つ者の子孫であり、後述する小評議会議員に選出される資格を有する。次いで、「新市民 les Bourgeois」と呼ばれる人たち。新しく市民権を買い取った者で、小評議会議員以外のすべての公職に就くことができた。次いで、「出生民 les Natifs」と呼ばれる人たち。市で生まれた者で、市民権はなく、定住権のみ認められた。最後に、「居住民 les Habitants」と呼ばれる人たち。新しく市に移住してきた者で、定住権のみ認められた。一六世紀から次の世紀にかけてジュネーヴは、フランスなどから宗教上の亡命者などを受け入れて、人口は急増した。ルソー姓を名乗る、ジャン＝ジャックの五代前の先祖も、一六世紀半ばフランスから移住してきた葡萄酒商で、プロテスタントであった。これら亡命者たちは、様々な熟練職人であり、印刷業や絹織物などの企業家であった。彼らの努力によって、都市の産業は勢いづいていった。有名な時計製造も始まった。最初は既存のギルドの抵抗もあったが、やがて、ジュネーヴ当局は彼らの経済的貢献を認めて積極的に市民権を付与するようになった。

当時の政治体制は、実質上の政府として、四人の市長 syndics を含む二五人の委員で構成される小評議会 le Petit Conseil があった。小評議会は、週三回会して、全ての外交問題を処理し、刑事・民事の裁判を行い、判決を執行し、貨幣鋳造所を管理し、官吏を統括してあらゆる公共活動を取り締まった。また、次に述べる二百人会議員を選ぶのも小評議会であった。さて、二百人会 le Conseil des Deux-Cents は、少なくとも月一回は招集されて、小評議会が提案する法案について賛否を表明し、特赦を与える権限を持っていた。そして毎年二月には小評議会委員を選出した。小評議会委員・二百人会議員ともに、不行跡がない限り、また本人に引退の意志表示がない限り、再選され続ける傾向が強かった。さらに、市民権を有する全成人男子から成る総評議会 le Conseil Général があり、ふつう年二回招集された。二百人会を通過した法案を最終決定し、四人の市長を選出した。中世以来の誓約共同体を引き継ぐ総評議会は、既に一六世紀のヨーロッパにおいてはジュネーヴのほかには余り見られないものになっていた。しかし、総評議会の権限はやはりほかの都市がかつて経験したように縮減される傾向にあり、一五七〇年、総評議会は、新しい課税の承認については小評議会と二百人会に権限を委譲している。また、総評議会にかけられる議題や市長選挙にしても、予め十分にお膳立てされており、出席者の意見は無視されなかったが、反対されるケースはほとんどなかった。おしなべて、一六世紀を通して、たびたび起こった対外的危機を前に小評議会・二百人会・総評議会は互いによく協力し合ったのである。そして、ジュネーヴは、一六〇二年サヴォワ公シャルル・エマヌエル一世の奇襲作戦を斥けて、翌年サンジェルマン条約によって正式に独立を認められた。

2　一七世紀〜一八世紀前半のジュネーヴにおける政治闘争

ところで、一七世紀にはいると、いわゆる都市貴族 les patriciens（以下「貴族」）の台頭が著しくなった。彼らの先祖は市民権を買い取った移住者だった場合が多いが、財をなし、政治への発言権を増し、小評議会委員を世襲的に独占するに至ったグループであった。彼らは互いに通婚して、親密で閉鎖的な団体を形作っていった。小評議会による二百人会や総会へのコントロールが強まっていくとともに、小評議会を拠点とする有力な数家族による寡頭政治が出現した。総評議会の権限はさらに縮小し、立法機関と言うより新市長の承認を行うだけの機関となり、開催も不定期になっていった。また、この背後には、ルイ一四世戦争の結果、手工業製品の輸出が阻まれて製造業が不況に陥り、代わって金融業が栄え出しパリに支店を開いてフランス宮廷にも貸付を行うまでになり、ジュネーヴが国際金融の一大中心地になっていったことがある。中小の手工業者は総評議会に、金融業者を中心とする大商人たちは小評議会に主として拠っていた。総評議会に出席する一般市民たちは、市民階級 les bourgeoisie（以下「市民」）と呼ばれて、「貴族」と区別された。

また、一七世紀にはいると、華やかなフランス文化がどっと流入してきた。謹厳であったカルヴァンの町の人々にもフランスの文物への憧憬が生まれ、贅沢な生活に魅せられるようになっていった。奢侈禁止令がたびたび発せられたが、上層階級にはその身分にふさわしい威厳を保つために適用除外を認められていた。つまり、このことは、「貴族」たちが自らを実質的にもその名に似つかわしい者にするために、「市民」から距離をとって閉鎖的身分団体を形作ろうという動きと連動していたのである。

ジュネーヴでは奢侈を巡る議論は、カルヴァンの伝統を守るべき牧師たちをも二分させて、非常に活発であった。一方では、富の追求は不平等をもたらして共和主義の精神を危くさせ、カルヴァンが強調した神への奉仕の精神を忘れさせるものであると強く警鐘を鳴らす者たち。他方では、下層階級を堕落させる贅沢への欲求は悪徳であり阻止されるべきであるが、富それ自体は非難すべきものではなく、上層階級が有する富はキリスト教の慈善の精神を支えるものであるという者たち。また、贅沢への欲求が製造業を活発にさせ、雇用を増やしてくれると、現実的な意見を述べる者たちもあった。ほとんどが市内の有力な家族の出である大教会を司牧する牧師たちは、行き過ぎた贅沢を非難するときでも、既存の政治的秩序を保つ上での社会的不平等は容認する傾向にあり、上層階級の身分相応の富の顕示については手加減を加えた。彼らが説教壇から行使する影響力はやはり大きかった。しかし、下町や郊外の小教会のなかには、カルヴァンの精神を守り奢侈に容赦ない非難を浴びせる牧師も少なくなかった。

一七世紀から始まるジュネーヴにおける富の増大や文芸・科学の興隆は、結局カルヴィニズムそれ自体の変質を伴わないわけにはいかなかった。一八世紀にはいると、理神論的傾向を帯びたフランスの啓蒙思想との対決がこれに付け加わった。ジュネーヴの牧師たちの大部分は次第に、カルヴァンの教義そのものよりも、カルヴァン理論の倫理的側面・教育的側面に焦点をあてるようになり、その合理性・社会的有用性を強調するようになった。そして、予定説や原罪説に見られるペシミスティクな人間観から、人間が持つ能力や果たすべき義務を評価して、この世における神の意志実現のための協働者として人間をとらえるオプティミスティクな人間観へと、カルヴィニズムのなかで重点移

動が行われていったのである。(4)

ルソーが生きた一八世紀は、ジュネーヴが政治社会的に両極化し、その伝統的価値が危殆に瀕していた時代であった。当時のジュネーヴの人口は約二万人で、市民権を持っている者はそのうち一、五〇〇人ほどであった。そして、一八世紀のジュネーヴは「革命の実験室 un laboratoire de la révolution」と呼ばれた如くに、「貴族」と「市民」との闘争が激化した。これに市民権を持たない出生民や居住民の動きが加わり、事態はさらに複雑な様相を見せた。課税問題が闘争のきっかけを与えた。ジュネーヴ防衛のための要塞補強や守備につく傭兵増強を理由として、小評議会に拠る「貴族」は課税の機会を常に求めていた。これに対して、「市民」は、外敵からの防衛という名の下に実は「貴族」が「市民」の反乱に備えるという主たる意図が隠されていると見なし、課税決定権を含めて総評議会の主権性の回復を求めたのである。

一七〇七年、「市民」は、ファティオ Pierre Fatio らに指導されて最初の蜂起を起こした。ベルン、チューリヒ、フランスの干渉を受けて蜂起自体は失敗に終わり、ファティオは処刑されたが、このあと「市民」は「貴族」から一定の譲歩を勝ち取った。すなわち、総会の五年ごとの定期的招集をはじめ、法令の公刊、小評議会における有力家族出身者数の制限を認めさせたのであった。しかし、五年後の一七一二年、小評議会は総評議会の五年ごとの開催を撤回する法令を発した。当然ながら、これは「市民」の憤慨を招いた。さらに一七一五年には、小評議会は、一五七〇年の法令を根拠として、小麦・肉・ワインなどへの課税の倍増、印紙税の新設などを実施した。これらの動きに対抗して、「市民」の側からは一七一八年、『匿名の手紙 Lettres anonymes』が印刷された。筆者は、牧師のアントワーヌ・レジェ Antoine Léger と言われている。一七三四年には、その子でやはり牧師のミシェル・レジェ Michel Léger らによって、「意見表明 les Représentations」がなされた。すなわち、一三六四年にすでに総評議会に主権があることが承認されているとして、一五七〇年の法令も総評議会において取り消し可能と主張された。これに対する「貴族」の側からの回答は、ビュルラマキ Jean-Jacques Burlamaqui らの小評議会委員によって行われた。すなわち、一五七〇年の法令はジュネーヴの憲法の一部をなし、いわば政府と人民との間の統治契約であり、人民の側から一方的に変更できるものではないというものであった。そして、一七三四年から三八年にかけて「市民」の武装と抵抗が続く。「貴族」は、出生民や居住民に自分たちの側に付くように呼びかけた。

一七三七年八月二一日には、ついに民兵が雇い兵である要塞守備兵を襲撃して、守備隊長はじめ一一人が死亡するという事件が起きた。小評議会は、フランスとベルンとチューリヒに仲介を要請し、翌三八年には、三国提案の調停案が、課税受け入れと一緒に総評議会で承認された。この調停案は、総評議会がジュネーヴ共和国の最高機関であることを宣言し、法案や課税案を承認・却下する権利、交戦・講和の権利、外国軍の入城許可を承認する権利、市長などの行政官を選出する権利などを総評議会に認める内容であった。しかし、そこには慎重な留保がつく。第一に、総評議会は他の小評議会や二百人会の承認を経ずして何事も変更し得ない。第二に、総評議会は、小評議会と二百人会を通過した事案しか審議できない。つまり、「市民」は総評議会に自ら討議すべき案件を上程できない。辛うじて保障された「市民」の小評議会に対する「意見表明権 le droit de représentation」に関しては、それが採用されるかどうかは全く小評議会等の判断に関わり、実効性は乏しかった。第三に、総評議会は、法規に従った正式な招集手続きを通さずに勝手に集まることはできない。第四に、民兵は市長と小評議会の命令なしに武器をとって集合することはできない。最後に、小評議会や二百人会の互選の制度は維持され、総評議会が選出できるとされる市長らについて言えば、予めその名簿は用意されており総会には承認だけが求められたことを付け加えておこう。この調停後、ジュネーヴには、しばし表面上ではあったが平和が訪れた。

しかし、一七五〇年以降、一七三八年の課税立法が期限切れとなり、再びジュネーヴには緊張が高まった。総評議会では、提案される課税案は悉く、次々に否決されていった。「貴族」は、日用品への広く薄い課税を主張したのに対抗して、「市民」はワインやたばこなどの贅沢品への課税を主張した。また、小麦の価格調節のため小麦委員会 la Chambre des Blés が設けられていたが、「市民」はこの委員会から市への献金を求めた。というのは、小麦が安値（供給過剰）の時に買い、高値（供給逼迫）の時に売って価格の安定を図るのが委員会の仕事であるが、この操作の中でかなりの利益を委員会は計上していて、これに目をつけた「貴族」は委員会に資金を貸しつけていたからである。そして、前述したように、そもそも「市民」は、課税の理由である市の要塞強化は「貴族」が「市民」に対して圧力をかけるものであると見て「貴族」の提案には不信感を抱いていた。この「貴族」と「市民」の対立の中で、市の借金だけが増えていった。要塞工事を終わらせるというより借金を利子とともに返済するのに、市は新たな資金源を必要とするようになった。ルソーが本格的に筆の力で、ジュネーヴの政治に関わっていくのもこの時期からである。

3　若きルソーとジュネーヴ

ジャン-ジャック・ルソーは、一七一二年ジュネーヴに誕生した。前述したように、ジュネーヴの社会や政治が激動した時代環境のなかで、彼は生まれ育ったのである。彼の父イザーク・ルソー Isaac Rousseau は移り気な性格の時計職人であったが、その一族は、「貴族」の寡頭制に抗議していた「政治的反対派」に属していた。ジャン-ジャックが生まれたときには健在であった祖父ダヴィッド・ルソー David Rousseau は、一七〇七年の闘争において「市民」の代表者として活躍して名が知られていた。イザークの従兄弟にあたるジャン-フランソア・ルソー Jean-

François Rousseauは、一七三四年、「意見表明」を小評議会に対して行った五人のうちのひとりである。また、イザークが、一七一七年に、ジュネーヴの貴族たちが多く住む山の手地区から、政治的反対派の中核であった時計職人たちが多く住む下町のサン・ジェルヴェ地区に転居したのは、すでに妻が産褥熱で亡くなっていたことや、経済的あるいは仕事上のことが理由ばかりではないと推測される。「貴族」と「市民」の対立が深まる中での、イザークなりのささやかな政治的意志表明であったとも見える。彼は息子とともに、一七一八年の闘争においてサン・ジェルヴェ地区の「市民」のリーダーとなるトゥルー François Terroux が住む家に間借りしている。

幼いジャン-ジャックは系統だった教育は受けることなく、父からプルターク英雄伝などを読み聞かされて想像力豊かな子どもに育っていった。ジュネーヴの街を歩きながら、自らはあたかもアテネの市民になった気分であった。当時のジュネーヴの時計職人たちは教養に富む知的階級であって、聖書の傍らにプルタークが置かれていたとしても珍しくはなかった。彼らは活発に政治談義を行い、自分たちの共和国を古代アテネやローマの共和国になぞらえ、古代の市民精神からいつもインスピレーションを得ていた。

一七二二年、誇り高いイザークは市の有力者と些細な事件がもとで決闘騒ぎとなり、逮捕を嫌ってジュネーヴを出奔してしまった。このあと、一七二四年までジャン-ジャックは、従兄とともにジュネーヴ郊外に住む母方の伯父である牧師ランベルシエ Jean-Jacques Lambercier の館に預けられた。ランベルシエは、フランス文化のジュネーヴへの影響を憂え、富の増大や商業の隆盛がもたらす見せかけの礼儀正しさが、誠実さというジュネーヴ伝統の徳を脅かしていることに説教壇から警戒を呼びかけていた。この牧師のもとで、ジャン-ジャックは宗教教育を受けたのであった。ルソーが後年発展させることになる重要なテーマはすでに、彼の幼少年期にほぼすべて種蒔かれていることに気づく。

一七二五年、ジャン＝ジャックは市内の彫金師のもとに徒弟奉公に出された。まだ二〇代の親方は乱暴であり、夢見がちな少年は気ままな幸福な時期が終わったことを知った。彼は、親方の暴力を前に、嘘や窃盗という悪徳を覚えた。しかし一方では、過酷な現実から逃れるためにも、彼の夢はますます深くなっていくのであった。一七二八年三月、たまたま彼は郊外に散策に出ていたが、市城の閉門時間に帰りが間に合わなかった。ここで、彼はジュネーヴからの逃亡を決意するのである。ルソーの放浪と冒険が始まった。

彼は、サヴォワ領まで歩き、生きていくためにカトリック改宗施設に身を寄せた。次いで、彼は、サルディニア王から年金を得て改宗者の世話をしていたヴァランス夫人 Madame de Warens のもとに頼って行った。たびたびの旅行を挟んで、ルソーは一〇年余り夫人の召使い兼秘書として、比較的自由な時間を得て、夫人の書斎にある本を引き出して自己教育に取りかかった。音楽への興味を育てたのもこの頃であった。彼は、ここでカトリック的・貴族的な礼儀作法を知る。また、一七四〇年から四一年にかけてのリヨンでの短期間の家庭教師生活の後、ルソーは、フランスの産業文明と進んだ文化を賞賛する『ボルド氏への書簡詩 Épître à M. Bordes』や『パリゾ氏への書簡詩 Épître à M. Parisot』を書いている。若いルソーは、幾分居心地の悪さを覚えながらも、フランスの洗練された文芸サロンにおいての成功を夢見るようになっていた。彼は反ジュネーヴ市民となった。この間のエピソードとしては、母の残した遺産の相続のため、ルソーは、二五歳の法定年齢に達した一七三七年ジュネーヴを訪れたが、この折り偶然にも「市民」と「貴族」との間の武力衝突を目撃して強烈な印象を受け、逗留していた叔父の家では政治的パンフレット類を読み漁ったようである。

一七四二年、三〇歳になったルソーは、音楽で身を立てようとパリに出る。彼がリヨンで得た友人の紹介によって、ディドロ Denis Diderot らのフィロゾーフとの交流が始まった。ルソーは、活発に語る彼らとの交友の中で、自らの立場を次第に自覚するようになっていった。彼は、ジュネーヴが自分の精神に捺した刻印を考えないわけにはいかなかった。また、一七四三年から四四年にかけて、ヴェネツィアにフランス大使付き秘書となって滞在したことは、彼にそれぞれの国の政治制度が人間の性質や道徳にいかに影響を与えているかということを気づかせた。ルソー自身がそのよい例であった。

一七四九年、ディジョンのアカデミーが提出した課題「学問と芸術の復興は習俗の純化に寄与したか」に自分の問題を言い当てられた気がして、ルソーは第一論文である『学問芸術論 Discours sur les sciences et les arts』を書き上げる。彼は、学問や文学や芸術は、人間が繋がれている鉄鎖を被う花飾りであると見た。ルソーは、これまで受け入れてきたフランス文化の価値体系を一転して拒否し、自覚的にジュネーヴの伝統的価値体系に回帰していった。慈父の元に帰っていく放蕩息子のように。彼は、ライフスタイルも自分が選んだ原理に合わせて改めようとした。写譜者として手仕事で生活していく覚悟を決め、自作オペラの成功によってルイ一五世から申し出があった年金支給も辞退した。しかしながら、ルソーは自分に対する批判に回答し、過去の自分の思想を清算するためには、さらに自らの思想を彫琢していく必要を痛感もしていた。このなかで、次第に彼は、道徳を政治との関連において深く考えるようになっていった。彼は、一七世紀から一八世紀の思想家の著作をあらためて精読した。また、ジュネーヴをケーススタディとして、政治・経済・道徳との関係を研究した。彼は、当時パリに亡命していた「市民」側の活動家であったルニエ Toussaint-Pierre Lenieps らと親交を結び、彼らからジュネーヴの詳しい情報を得ることができた。ルソーの理論精密化の努力は、後のジュネーヴの小評議会との理論闘争において十分に報われることになろう。

4　『人間不平等起源論』における社会批判

ここで、ジュネーヴの小評議会に拠って立つ「貴族」の議論を見てみよう。彼らの理論的水準は高かった。たとえば、当時、ジュネーヴ大学の法学教授であり、小評議会のスポークスマンとして活躍したビュルラマキは、同じジュネーヴ出身でベルリン大学教授などを歴任したバルベイラック Jean Barbeyrac に多く学んでいた。バルベイラックはグロティウス Hugo Grotius やプーフェンドルフ Samuel Pufendorf らの大陸自然法学派の流れに立っていた。彼らはなべてプロテスタントの法学者である。

さて、彼らは、自然法 loi naturelle を神学から切り離し、人間の自然に直接基礎づける。人間の自然に、自然法の原理として、自己愛のほかに社会性 sociabilité を見いだす。社会性はグロティウスではまだ自己愛と対立させられていたが、やがて両者は架橋されることになる。この媒介を果たしたのが、「穏やかな交流 doux commerce」理論である。(5) これは、パスカル Blaise Pascal らのジャンセニストに始まりモラリストに受け継がれた人間観察に発して、マンデヴィル Bernard de Mandeville やモンテスキュー Albert de Montesquieu やヒューム David Hume によって展開された理論である。ルソーと同時代の百科全書派にも定着し、一つの常識になっていた。

「穏やかな交流」理論とは次のようなことを内容とする。第一に、商業 commerce の拡大によって、各人が自己利益を追求して行う経済的交換が、社会の富の増大や個人の快適な生活の実現をもたらしている。第二に、交際 commerce の拡大によって、人はむき出しの自己利益の追求を差し控えるようになり、他人からの賞賛を求め恥辱を受けまいとする行動がもたらされる。換言すれば、礼儀 manières が生まれる。ところで、プロテスタント系の大陸自然法学者たちが、この自己愛を無罪化する理論を受け入れることができた背景には、罪に対する視線変更があったからであると推測される。ルターやカルヴァンの生きた一六世紀においては、自然は恩寵に対立し、自然の堕落が罪であった。しかし、一七、一八世紀になると、次第に、自然に反する堕落が罪と意識されるようになってきた。なぜなら、最高善である神が人間に与えた自然（恩寵としての自然）のなかに罪が宿っているとは考えにくいからである。(6) 先述した、近代カルヴィニズムがオプティミスティックな人間観へと変質してきたこととも符合する。

確かに、「穏やかな交流」理論によって、自己愛は必ずしも社会性と対立するものではなくなったが、常に両立できるとは限らない。なぜなら、すべての人がいつも理性的に振る舞うという保証がないからである。そこで、自己保存と他者の保存を二つながら実現するために、政治権力によって実効性を担保された「市民法 loi civile」の必要性を、理性が指示する。市民法は自然法を明文化し、補強するものである。自然状態から社会状態への移行が要請される。すべての人の上に立つ権力が自然状態にない以上、社会契約のみがこれを果たすことができる。

大陸自然法学者たちは、プーフェンドルフに代表的なように、社会契約を二重契約としてとらえる。自然状態にある人間は、まず相互に「結合契約 contrat de l'association」を結んで「市民社会 société civile」を設立する。次いで、結合した人民は、自らが選んだ政府との間に「統治契約 contrat du gouvernement」を結んで「国家 État」が成立する。一つの体をつくってから、そこに魂を入れるのである。社会状態に移ることによって、各人は事実上の占有権と自分にかかわることを自分で判断し行動できる「自然的自由 liberté naturelle」を放棄するが、全員によって尊重される所有権と市民法によって保障される「市民的自由 liberté civile」を得る。市民的自由とは、他人が自分と等しく持つ権利を脅かさない限り、何者の干渉も受けずに自己の財産や行動を自己の判断において処理できることである。つまり、これは妨害を被ることなく私生活を送る自由であり、政治的服従と矛盾しない。人民は統治を政府に委ねたのであり、もし人民に「政治的自由 liberté politique」まで許せば、放縦と無秩序がもたらされて、市民的自由さえ保持することは困難になろう。

大陸自然法学者の立場からジュネーヴの政体を見るとどうなるであろうか。総評議会は、多様な身分の集合体であり、群衆あるいは多数者であって、けっして積極的に一つの意志を持つことができず、せいぜい利害の一致を持つことができるだけである。そこで、総評議会は消極的ながら自分たちに統治能力が欠けていることを認めて、小評議会と統治契約を結んで、自らを支配する権利を譲渡したのである。具体的には、一五七〇年の法令が統治契約に当たる。このように、大陸自然法論者にとって社会契約は二重契約であることによって、すべての政治的権威の源泉として人民の合意を認めながら、人民を結果的には政治から疎外する機能を果たしたのである。

ルソーは、一七五三年から五四年にかけて『人間不平等起源論』を執筆して、「市民」の立場から上の「貴族」の議論を批判する。彼は、この第二論文において、自然状態まで遡り、現実の社会がつくられてきた過程を検証する。これは、これまで多くの哲学者たちが社会の基礎を研究するときとってきた方法と基本的に同じではあるが、ルソーから見れば、彼らは「社会の中で得られた考えを自然状態へ持ち込み、野生の人を語っているにもかかわらず社会人を描いていたのである。」(7) 彼が自然状態に遡るのは、現実社会を正当化するためではなく、批判するための視座を確保するという明確な目的があり、したがって社会に汚染されていない自然状態をイメージする必要があったからである。ルソーは、従来の社会契約論者が採ってきた、社会をこれ以上分けられない個人に解体して、個人から社会を構成していく「分析／総合的方法」に代えて、「発生論的方法」を採用する。(8) すなわち、人間はどのようにして社会をつくったのか、そして社会は人間をどう変えてしまったのかを明らかにする方法である。歴史的観点を導入することには違いないが、現に起こった通りの事実を記述することではない。ルソーは、あくまで「仮説的で条件的な推理

raisonnemens hypothétiques et conditionnels」[9]であると言う。これは、「真の起源 la véritable origine を証明するよりも、事物の本性 la nature des choses を解明するのにふさわしい」[10]。自然状態を知ることとは、「事物の現在の構成の中に、神の意志がつくったものを人間の技術がつくったと称するものから区別する」[11]ことなのである。具体的には、現在の自分や人類のうちに、社会や文明の影響を引き去ったときになお残るものを探り当て、純粋な自然状態にある人間を確定し、そこから社会や文明がどのようにして生まれて、社会や文明が人間にどのような影響を与えて現在あるようになったかを確定する作業である。それは、地球物理学者が、土地を掘り起こして岩盤に至り、そこからどのように地層が積み重なって現在の地表になったかを調査することにも似ている。

このような空間の時間への読み換えという思考実験を通して、人間の自然に、自己保存のための「自己愛 amour de soi」と、他の苦しんでいる生き物を見てそれに同化している自分が苦しまないように働く「憐憫の情 pitié」という二つの原理を認める。これらが、自然状態における自然法を構成する。自然状態の人間に関して、「完成可能性 perfectibilité」は、まだ歯止め装置は解除されておらず、理性は十分に働いていない。ただ、他の動物たちの生きる巧智を観察し、それを自由に選び、模倣して、環境への適応を図るところに、自然の法則に従うだけではない人間の「霊性 spiritualité」が認められる。さて、憐憫の情は、他の生き物の苦しみが去れば、その働きを止める。男女も、親子も、どちらか一方が相手を必要としなくなったとたんに、関係は終わる。何一つとして恒常的な人間関係を形成する原因となるものはない。自然的社会性や、「人類の一般社会 la société générale du genre humain」などは存在しない。[12]自然状態に孤立している人間は、無知で無道徳な amoral 存在ではあるが、自足しており幸福である。

人類の増加と拡大は、新しい環境への適応を強い、人間の間に頻繁な協業と分業を生み出す。簡単な住居が造られ、家族が成立し、家族同士の交流も行われるようになる。しかし、何よりも、人間関係の形成と定着は、農業と冶金が始まって、土地や農耕具の所有という事態の発生によって促される。所有は、自分で宣言しただけでは足りず、他者からの承認を必要とするからである。このようななかで、人間は、自分が何であるか即ち「存在 l'être」よりも、自分がいかに見えるか即ち「外見 le paraître」に関心を寄せるようになる。自己愛は、本来の自己よりも、他者との関係における自己を愛する「自尊心 amour-propre」へと変質していく。自己を他者より優先し、他者から尊敬を求めるようになる。富は、生活のためばかりではなく、他者から尊敬を受けるためにもなくてはならないものとなる。所有における不平等が生じる。富者は富をさらに増やすために、貧者を援助する代わりに隷属させて、彼らの労働生産物を横領するようになる。富者と貧者、どちらも他方無しではやっていけなくなる。かつての独立は失われ、欺瞞や暴力が至るところで見られるようになる。生命や所有は個人の力で守らなくてはならず、不安定である。完成可能性が発動され、理性は発達する。人間は、自らのことを自らで決めることができる道徳的な moral 存在になるが、他者の意見や評判の中で生きるようになってもはや自足することはできず、幸福は他者との比較のなかに見いだすしかないのである。

ルソーによれば、人間を人間たらしめるはずの自由の行使は、正しく導かれないと、恩寵として与えられた自然と自然法を窒息させてしまい、人類に悪をもたらすのである。このルソーの自由についてのアンビヴァレントなとらえ方は、それまでにないものであった。彼は、近代カルヴィニズムに浸透していた自然に反する堕落を罪とする見方を、歴史化したと言える。(13) ルソーは、人為を自然と対置し、人間の神に対する離反と責任を確認する。これは、別の方向から見れば、ルソーなりの弁神論であった。人間の存在それ自体は、神が造ったのであるから悪ではないが、人間がその自由により創り出す関係すなわち外見が、神が造った存在を損なうとき悪となる。

さて、大陸自然法学者が考える社会契約を、ルソーは、どのような役割を果たすものと見たであろうか。現実の不平等と隷従と闘争をそのままにして、「穏やかな交流」というヴェールをかけるものであると、彼には映ったのである。『人間不平等起源論』第二部で描き出す社会契約こそ、大陸自然法学者の説く社会契約のカリカチュアにほかならない。富者たちは自分たちの所有を全体の力を挙げて守ってもらうために、貧者たちに全員が等しく従う最高権力の設立を呼びかけて、結合契約が結ばれる。現実の不平等な人間関係に、さらに所有権の承認という市民法上の平等な関係がかぶせられて、関係の二重化が起きる。この二つの関係は相反している。戦争状態は抑圧されたが、けっして廃棄されたわけではない。所有権の設立により固定化された個人間の支配／服従関係のなかに、戦争への火種が隠されている。さらに、為政者の職が設けられ、人民がもてる力を選ばれた為政者に委ねる（統治契約）とともに、為政者の意志が人民の公共意志と見なされる。人民からは自らのことを自らで決する自由が失われて、専制への道が開かれていく。社会的不平等はますます激しくなり、為政者による人民への圧迫は耐え難くなっていく。為政者と人民との関係は、もはや主人と奴隷たちとの関係に等しくなる。人民はただ命を惜しんで服従しているのに過ぎず、権利なき最強者の法が支配する自然状態に帰する。二重の関係はついに破綻を来たし、社会契約そのものを解消させるであろう。

5　『政治経済論』と『ダランベール氏への手紙』

ルソーは、一七五四年六月、献辞を付して、ジュネーヴ共和国に『人間不平等起源論』を献げた。このなかで、ルソーはジュネーヴの政体を賞賛するが、それによって、「市民」の立場からありうべきジュネーヴの政体を描き出し、暗に現実のジュネーヴを批判するものであった。ルソーがそこまで効果を計算していたかはわからないが、少なくとも小評議会はそう受け取った。実際、小評議会はルソーの献本に対し、礼儀正しくはあったが、素っ気なく冷ややかに対応した。ルソーが、たとえば、総評議会に集う人民には「Magnifiques, très Honorés et Souverains Seigneurs 高邁にして、きわめて尊敬すべき、至高の方々」（下線は引用者）と呼びかけながら、小評議会の為政者に対しては「Magnifiques, très Honorés et Seigneurs 高邁にして、きわめて尊敬すべき方々」と呼びかけるにとどめているのを見ても、主権は人民に存することを強調していることは明らかである。全体として、ジュネーヴを、人民がさまざまな意見を慎重に聴いて法律をつくり、為政者がその法律を粛々と執行していく共和国として、ルソーは献辞で賞賛している。

一七五四年七月、ジュネーヴに一時帰国していたルソーは、カルヴィニズムへの復帰が認められて、正式にジュネーヴ市民権を得た。そして、このときいろいろと尽力してくれた時計職人であり「市民」の政治的リーダーであったドゥリュック J.-F. Deluc、あるいは「市民」の側に立つ牧師のヴェルネ Jacob Vernet やムルトー Paul-Claude Moultou やロウスタン Jacques-Antoine Roustan らから、引き続きジュネーヴの政情についての詳しい情報をルソーは知ることになる。

さて、翌一七五五年、ルソーはディドロから依頼されていた『百科全書 Encyclopédie』の項目「政治経済 Économie politique」を寄稿した。そして、これが単行本になった『政治経済論』も、精読するならば、ジュネーヴで行われていた政治論議に密接に関わって書かれたことに気づく。

当時、ジュネーヴの「貴族」にとっては、「主権 souveraineté」と「統治 gouvernement」の区別は明確ではなかった。彼らによれば、一七三八年の調停に従って、総評議会は共和国の最高機関と位置づけられているとしても、審議機関ではなく、各身分の集合体であり、主権を分け持つ小評議会の提案に同意を与える機関であるととらえていた。統治契約の理論も上記のように援用されていた。これに対し、ルソーは、主権者が持つ立法権と政府が持つ法律の執行権を、主権と統治の区別に対応させる。この上で、人民は単なる多数者ではなく、一つの「精神的存在 être moral」であり、一つの意志である「一般意志 volonté générale」をもつことを強調する。「政治体は、一つの意志を持つ精神的存在である。」[14] ルソーは、この精神的存在の概念を、バルベイラックによって仏語訳されたプーフェンドルフの主著『自然法と万民法 De Jure Naturae et Gentium, 1672』からもってきている。[15] プーフェンドルフは、実体化された精神的存在を、「精神的人格 persone morale」と呼ぶ。ただし、プーフェンドルフは、ホッブズにならって、社会契約によって形成された精神的人格である国家は、一人の人もしくは一つの合議体の意志をもって国民の意志を代表すると考えたが、ルソーは、国家とは人民自身であり、その人民のなかに共通の幸福を目指す共通の意志として一般意志があると考えた。

ルソーにとって一般意志とは、一世紀前にパスカルが使ったようにすべての人類を救済しようという神の意志ではなく、同時代のディドロが『百科全書』の「自然法 Droit naturel, 1755」の項目で述べるように、人類に普遍的な悟性の純粋な行為でもない。[16] モンテスキューがその有名な『法の精神 De l'Esprit des Lois, 1748』第一一篇第六章「イギリスの国家構造について」で、国家やそのなかにある執政官の団体などが一致した行動をするときその原因となっていると推測される意志に一般意志の名を与えているが、ルソーの一般意志はこれに近い。ただし、ルソーは、『政治経済論』において次のように言う。「一般意志は、常に全体および各部分の保存と安楽を目指すものであり、法律の源泉をなしているが、それは、国家の全成員にとって彼らと国家に対する正と不正との規準である。」[17] つまり、一般意志は、団体である人民の意志ではあるが、一般という語のなかに、人民がもつべき意志という理念的意味が加わる。しかし、これを強調すれば、為政者が一般意志の内容を推測して人民に諮らずに行動する余地を生むことになる。「集会の決定は必ずしも一般意志の表現ではないし、集会という手段は大国民においては実行不可能であり、政府が善い意図をもっている場合にはほとんど必要でないから、それだけいっそう国民全体を集合させる必要は少ないであろう[18]」と、ルソー自らが述べている。一般意志はどのようにして表明されるかという方法論を、未だ『政治経済論』は欠いている。

また、『政治経済論』は、一七五〇年代のジュネーヴの税金論争を背景に、「市民」の立場に立った財政についての議論を繰り広げている。ジュネーヴの「貴族」は、所有権は擁護するが、人民の課税同意権は認めようとはしない。ルソーはこの矛盾を衝く。ルソーも「所有権は市民のすべての権利のうちで最も神聖な権利であり、……（中略）……所有は市民社会の真の基礎であり、市民の約束の真の保証人であるからである[19]」と、述べる。課税が個人の所有を侵害するものとならないためには、「この資金（公共支出のための資金）は、あらゆる使用に先立って、人民または諸身分の集会によって、割り当てられ、承認されなければならず、それについでこの集会がその用途を決定しなければならない。[20]」貧者にとって負担が軽く、富者に負担を負わせるような課税、たとえば贅沢品にかける課税が、財産の不平等を縮小し、個人間の支配／隷属の発生を防止するが故に、最も好ましいのである。

そして、『政治経済論』では教育がとりあげられる。当時、ジュネーヴにはカルヴァンが創立した大学があり、人口に対する学者や科学者の割合はヨーロッパのどこの都市よりも多かった。そして、文盲はジュネーヴではほとんどいなかった。しかし、問題も抱えていた。出身階層の違いが、教育には著しく反映していたのである。「貴族」たちは、自らは家庭教師がついての初等教育の後、寄宿学校に通い、内外の大学に進んだのであるが、「市民」の教育に関しては、読み書きとカルヴィニズムのカテキズムを教える教育と、せいぜい職業教育で十分という意見であった。そして、統治の術について学ぶ機会をもたなかった、感情的で非理性的な粗野な「市民」たちには、政治に参加する資格はないと「貴族」たちは考えていた。これに対し、「市民」たちは、教会が運営する学校が行っている教育が、子どもたちに権威への服従の態度を教え込み、非政治化しようという意図を隠しており、「貴族」たちの寡頭制を子どもたちに受け入れさせようとするものであると非難していた。

ルソーは、このような議論を踏まえた上で、現実につくよりも、あるべき政治をつくる立場に立ち、人間を共和国の成員たるにふさわしい存在にする公教育の必要性を説いた。政治を司る者に対して、彼は次のように呼びかける。「あるがままの人間を用いる術を心得ることがよいことであるとしても、人間をあるべき存在にすることの方がはるかによいことである。」(21) ルソーが、ここでもまたモンテスキューの共和政体とくに民主制の分析に多くを学んでいることは明らかである。モンテスキューは、『法の精神』において、民主制の原理を「徳 vertu」ととらえ、徳は、法と祖国への愛であると定義される。「この愛は自己自身の利益より、公共の利益を不断に優先することを求め、あらゆる個別の徳を生む」(22)。祖国への愛を育むためには、教育のもつ力のすべてを必要とするのであると、モンテスキューは述べ、次のように付け加える。祖国への愛は、人間の野心を自己の優越ではなく祖国への奉仕に向けることであり、平等や質素への愛に通じるが、そのためには、まず法により中庸が人民の間に確立されていることが大切であると。ルソーはモンテスキューに共鳴して、「徳を行き渡らせよ」と言い、「徳とは、特殊意志の一般意志へのこの一致にほかならない」(23) と述べる。「我々は人民が有徳であることを欲するのか。それならば、彼らに祖国を愛させることから始めよう」(24) と、彼は呼びかける。「もしかなり早くから彼らを訓練して、自分自身を国家体との関係においてのみ考えるようにし、いわば彼ら自身の存在を国家の一部分としてのみ認めるようにするならば、彼らはついには、このより大きな全体と自分をほとんど同一視し、自己を祖国の成員と感じ、孤立した人間なら自分自身に対してしかもたない高貴な感情をもって祖国を愛し、この大きな対象に向かって絶えず心を高め、このようにして我々のあらゆる悪徳を生じさせるこの危険な傾向を最高の美徳につくりかえることに成功するであろう。[25]」つまり、自己愛を、その対象である自己を祖国の一員と見なすことによって、祖国愛に昇華させようというのである。そして、市民相互の嫉妬や憎悪を防ぎ、特殊利益が公共の利益にとってかわらないようにするためには、平等の維持に努めなければならない。したがって、「政府の最も重要な仕事の一つは、財産の極端な不平等を防ぐことにある。[26]」

以上を要するに、『政治経済論』においてルソーは、当時のジュネーヴの論争を背景に、「市民」の立場に立って発言していることがわかる。勿論、一般化された形で述べられていて、ジュネーヴは例として引き合いに出されるだけであるが。そして、ルソーはモンテスキューを読み込んで、モンテスキューの理論、ことに『法の精神』の共和政体の記述を、事実の次元から理念の次元にひき上げることによって、「市民」の立場を擁護しようとする。後に、ルソーは『エミール Émile ou de l'éducation』において、次のように語る。「この偉大にして無用な学問（国家法の学――引用者註）を創造することのできる唯一の近代人は、かの有名なモンテスキューであった。しかし、彼は国法の諸原理 principes du droit politique を論ずる考えは少しももっていなかった。彼は既成の政府の実定法を論ずることで満足したのであり、この二つの研究ほど相違するものはこの世界に何一つないのである。しかし、存在するがままの政府について健全な判断をもつことを欲する者は、この二つの研究の双方を結合しなければならない。存在するものをよく判断するためには、存在すべきものを知らなければならない。[27]」

さて、次いでルソーは、一七五八年二月から三月にかけて『演劇に関するダランベール氏への手紙』を執筆する。これは、ダランベール Jean le Rond d' Alembert が、『百科全書』に寄稿した「ジュネーヴ」の項を批判したものであった。ダランベールはこのなかで、ジュネーヴを、合理主義精神がカルヴィニズムの教義も含めてあらゆる方面に浸透した開明された理想の小都市共和国として描く。そして、劇場が建設され、一六一七年以来奢侈取締法によって禁止されていた演劇上演が正式に許可されれば、ジュネーヴの姿はまさに完璧なものになるであろうと、彼は述べる。これは、ダランベールがジュネーヴの「貴族」と協議の上執筆したものであり、そこには「貴族」の意図がある程度反映されていた。「貴族」たちは、フランス文化に強く憧れ、一八世紀になると禁令にもかかわらず私邸を用いて非公開の観劇を行うようになってきた。そして、一七五五年にヴォルテール Voltaire がジュネーヴ領デリースに居を構えるようになると、彼は自分の館で何度も芝居を上演し、そこに小評議会議員たちも招かれて行った。「貴族」たちは、自らの趣味もあったろうが、それ以上に演劇が「市民」に対してもつ政府批判を逸らす非政治化効果（「パンとサーカス」効果）を認めて、市内に劇場建設を計画するまでになっていた。政治意識が高く財政支出に目を光らせている「市民」や、カルヴァンの伝統を守ろうとする牧師たちは、このような「貴族」たちの動きに警戒心を隠さなかった。

ルソーはダランベールに対して、人類の哲学者としてではなく、ジュネーヴの市民として反論を試みる。まず、彼は、演劇が社会のなかで果たす役割を検討する。演劇は現在の人民の性向を強化し、持てる情念に新たなエネルギーを与えるが、けっして徳はつくらない。「芝居に感情や習俗を変える力があるとみなすことはできません。芝居は感情や習俗に従い、それらを美化することしかできません。(28)」堕落したパリにあっては、礼儀正しさや洗練さという見せかけを助長することによって、人々の悪徳を覆い隠し罪を犯させないために演劇という娯楽は役立つかも知れない。しかし、善き習俗が残るジュネーヴにあっては演劇は人民を勤労から遠ざけ、無駄な出費を増大させ、公的な事柄への関心を薄れさせる効果しかもたない。「人民が堕落しているときは演劇は彼らにとって有益であるが、人民それ自身が善良であるときには演劇は有害である(29)」。

次に、演劇の構造について検討を加える。演劇とは「人々は自分たちは演劇を見るために集まっていると思っているが、そこでは各人が孤立しているのです。劇場に行って、人々は自分の友達を忘れ、自分の隣人や近親の人たちを忘れて、作り話に熱中し、死者の不幸に涙を流し、あるいは生きている人々を笑いものにするのです。[30]」観客は、舞台の俳優に全神経を集中し、あたかも俳優の役に自分が一体化していく。そのとき隣の観客には完全な無関心となる。ということは、演劇に代わる、あるべき娯楽の構造はこの反対物、すなわち、自らは演じつつ見ることができ、仲間同士の連帯を享受できるものでなければならない。ルソーは、具体的には、ロンドンではクラブ、ジュネーヴでは「セルクル cercle」と呼ばれる男性同士の社交の場を、まず、推奨する。そこでは酒や煙草やカードやちょっとしたゲームもあるが、気楽にさまざまな共通の問題を素朴な言葉で語り合う。また、ルソーは、「祝祭 fête」を推奨する。「もっと本格的な祭りにするには、観客たちを芝居にしてください。観客自身を俳優にしてください。すべての人々がよりよく結ばれるように、各人が他人のなかに自分を見出だし自分を愛するようにしてください。[31]」つまり、セルクルや祝祭は心地よい楽しみのうちに、祖国への愛と徳を人民の間に喚起するのである。そして、この共同の娯楽の分析は、ルソーが考えるあるべき政治がどのようなものであるかということについてヒントを与える。人民が公共の事柄を一人の人または一つの合議体に任せてしまい、その意志や行動をあたかも自分たちの意志や行動のようにみなす政治は、人民を観客化させ孤立化させるものであろう。人民が参加でき、公共の事柄を自らのこととして考え審議していく政治が望ましいこととなろう。

一七六一年六月五日、ジュネーヴの「市民」たちが多く住むサン・ジェルヴェ地区では、ルソーの『ダランベール氏への手紙』での提案に従って、通常の民兵の訓練が終わったあと、その夜にかけて、有志が企画した公共の祭典が行われた。共同の飲食が行われ、祖国やルソーに乾杯が捧げられ、噴水の周りではダンスの輪が広がった。祖国ジュネーヴとの幸福な一体感に包まれて、参加した誰もが忘れられない感動に満ちた一夜となったのであった。また後年、フランス革命において執り行われた様々な公共の祭典も、ルソーの描く祝祭のイメージに多くを負っている。

6 『社会契約論』における社会構想

さて、ジュネーヴでは、一七五六年から翌五七年にかけて、総評議会の承認を得ずに、小評議会が宝籤を販売したり教会席を賃貸ししたりして国庫の収入増大を図ったことに、総評議会が反発して、総評議会と小評議会の権限問題が再燃した。この議論はやがて、ジュネーヴの政体をどう見るかという議論に発展していった。「市民」の政治的リーダーの幾人かは、ルソーと連絡をとり、彼がジュネーヴの本来の政体について見解を示すことを懇請し、また、ジュネーヴの政体が完全に「貴族」によって骨抜きにされないうちに、これを立て直す方策について助言を求めた。

ルソーは一七五八年から、このような差し迫った願いに促されて、それまで一〇年来書きためていて未完成であった『政治制度論 Institutions politiques』を「市民」の立場に立って再構成にとりかかった。『社会契約論』と名付けられたこの著書は、『エミール』執筆の傍ら書き進められ、一七六〇年末に草稿（「ジュネーヴ草稿」）が完成し、翌年に原稿が清書された。ただし、彼は副題にあるように『国法の諸原理』を述べる形を取り、ジュネーヴは『政治経済論』同様、例として引かれるだけである。しかしながら、『社会契約論』の副題は、当時のジュネーヴ人に対して、ビュルラマキが著して流布していた同名の書を想起させ、それを正そうとするルソーの意図を明らかに感じ取らせたことであろう。ルソーは、「貴族」のイデオローグであるビュルラマキが、効用を正義と言いくるめ、利益を権利と言い換えていることを許すことはできなかったのである。先に引用したモンテスキューを批評した『エミール』の文章のなかで、ルソーは、存在すべきものによって、存在するものを判断しなければならないと言う。さらに彼は『社会契約論』の書き出しで、この両者を明確に区別した上で、存在するものからどのようにして存在すべきものをつくり出すかという道を探らなければならないと、著書の一貫した姿勢を明らかにする。

「私は、人間をあるがままの姿でとらえ、法をありうる姿でとらえた場合、社会秩序のなかに、正当で確実な統治上の何らかの規則があるのかどうかを研究したいと思う。私は、正義と効用がけっして分離しないように、この研究のなかで権利が許すことと利益が命ずることとを常に結びつけるように努めよう。[32]」

ルソーは、『社会契約論』で、あるべき人間関係つまり社会が実現しなければならない目標として、共同の自己保存である共存とともに、自由を掲げる。ルソーにとって、自由とは、何よりも人間の意志の自発性である。『人間不平等起源論』のなかで既に、「意欲するという力、いやむしろ選ぶという力とこの力の自覚のなかには、力学の法則によっては何も説明のつかない純粋に霊的な行為だけを見出す[33]」と述べている。ルソーは近代カルヴィニズムから影響を受けて、自由とは人間の神に対する応答性を保障するものであり、人間を道徳的存在にするものであるとした。『エミール』では、次のように述べる。「人間が自由になすことは、摂理によって秩序づけられた体系の中に入らないし、その責任を摂理に帰し得ない。……（中略）……摂理が人間を自由にしたのは、人間が自ら選択して、悪ではなく善をなすためなのだ。……（中略）……悪をなすのを神が妨げはしないことに不平を言うのは、人間を本性の優れたものにしたことに、また、行為を高貴なものにする道徳性を人間の行為に与えたことに、徳への権利を人間に与えたことに不平を言うことだ。[34]」また、『社会契約論』でも同様に、「自らの自由の放棄は、人間たる資格、人間の諸権利、さらには人間の諸義務さえ放棄することである[35]」と述べる。しかし、ルソーはまた、近代カルヴィニズムを超えて、『エミール』で「存在することとは感じることなのだ」[36]と言う。人間であることとは、人間として十分生きていることを感じることなのである。つまり、自分に関わることを自分で決める自由は、この人間の生を人間の生たらしめる必要条件である。自分の生を、自分に代わって他人に生きてもらうことはできない。ルソー自身、いかなる拘束も嫌う人間であった。『孤独な散歩者の夢想 Les rêveries du promeneur solitaire』で、彼は自分を次のように分析する。「それが必然のものであれ、人間のものであれ、いったん束縛を感じると、たちまち私は反抗的になり、というかむしろ梃子でも動かなくなる。そうなると私は存在しないに等しい。……（中略）……私は人間の自由が、自分のしたいことをすることにあるなどとは、一度も思ったことがない。それはしたくないことをけっしてしないことである。[37]」

ルソーは、このような自由の実現をどの場面でも目指す。以下に検討する社会契約や一般意志においても、自由の原則はどこまでも貫徹される。『社会契約論』は、自由という観点のもとに、ルソーが、自らの政治思想の体系化をはかったものであると言える。

さて、ルソーは『人間不平等起源論』を通して、人間の本来の存在がもはや現実にはないこと、より正確に言うならば、人間のなかに奥深く隠されしまっていて、それをそのままに蘇らせることはできないことを確認した。私たちが堕落した自然状態である戦争状態とそれをひきおこす個人間の支配／服従関係を廃止するために採れる方法は、人間の自由を理性の導きのもとに行使し、人間関係を変えることだけである。ただし、けっして現実の関係と存在を括弧にくくって、それを一時的に隠蔽する関係をつくり出すことではなく、むしろ、関係の組み替えを通して、支配／服従関係を清算し戦争状態を根絶し、現実の人間存在そのものを変えるものでなければならない。ルソーは「ジュネーヴ草稿」で次のように述べる。「悪（関係あるいは外見——引用者註）そのもののなかから、それを癒すべき薬を引き出すよう努力しよう。……（中略）……最初の人為が自然に加えた悪を、完成された人為が償うことを示そう。[38]」

顕在的または潜在的な戦争状態を脱して、自己の生命や所有を守るためにかつて敵対していた人々の力をあてにできるような「結社 association」あるいは、あるべき関係をつくり出すのは、ルソーにとっては「社会契約 contract social, pacte social」をおいてほかにない。なぜなら、自由である人間を拘束できるのは当事者自らが与える「合意 convention」だけであるからである。「いかなる人間もその同胞に対して生まれながらの権威を持つ者ではなく、また力はいかなる権利も生み出さない以上、人間の間のあらゆる正当な権威の基礎としては、ただ合意だけが残る。[39]」なお、社会契約は、現実の歴史を遡って原始契約が在ったかどうかという観点でとらえてはならない。社会契約は、事実問題ではなく権利問題なのである。社会的権威や法律の「正当性」を導けるものは、人民が明示してあるいは暗黙に与える、一致した承認以外にありえない。

ところで、ルソーの立場からすれば、この社会契約締結後も各人は自由でありつづけなければならない。すなわち、社会契約の実現すべき内容は次のようになる。「各構成員の身体と財産を共同の力のすべてを挙げて防衛し保護する結社形態を発見すること。そして、この結社形態は、それを通して各人がすべての人と結びつきながら、しかも自分自身にしか服従せず、以前と同じように自由でいられる形態であること。[40]」

本章四節に見たように、大陸自然法学者は社会契約を結合契約と統治契約からなる二重契約ととらえ、社会成立後各人に許された自由を、市民法によって保障された自己の所有を他人の干渉を受けずに処分する市民的自由に限定し、公共の事柄の決定に参加する政治的自由は拒否される。ルソーは、これに対抗して、多数者から政治的自由をもつ主権者人民をつくることを内容とするただ一つの社会契約（結合契約）を提案する。つまり、これは、「社会の真の基礎」として「人民が人民になる行為」であり、「少なくとも一回の全員一致」である。また、「国家にはただ一つの契約しかない。それは結合契約 contract de l'association であって、この契約しかないということから、他のいかなる契約も排除される」[41]と指摘する。

ルソーは、その社会契約を構想するさい、プーフェンドルフが『自然法と万民法』のなかで説明している、契約に関する「同意 consensus」の理論を参考にしていると思われる。[42]これは、契約は、通常考えられているように両当事者の申込み・承諾というそれぞれの意思表示を経て成立するのではなく、まず契約内容が調整確定され、次いで二名以上の契約当事者が確定された合意事項に「同意」を与えて成立するという考えである。そして、所有権の移転は契約成立と同時に行われる。「同意」概念を明らかにしたプーフェンドルフ自身は社会契約に関しては二重契約説をとるが、ルソーはプーフェンドルフの「同意」概念を応用すれば、人民主権を契約内容とする社会契約（結合契約）が論理的に可能であることを知ったのであろう。

ルソーによれば、社会契約の条項は、次のようになる。「各人は、自己を一員とする共同体に、自己を自己のもつ全ての権利とともに完全に譲渡すること aliénation totale」。示されたこの条項に、契約当事者である各人がそれぞれ合意して、社会契約は成立する。決して、各人が、契約によって成立するはずの共同体と契約するわけではない。[43]契約成立と同時に、契約内容が発効する。つまり、合意した各人を構成員とする団体すなわち「共和国 Républic」または「政治体 corps politique」が設立され、各人より全面的な譲渡がそこへ向かって行われる。そして、各人はこの契約条項によって、「主権者 Souverain」の一員である「市民 Citoyen」として法律を制定し、また、「被治者 Sujet」として法律に服従することになる。

全員が全面的に自己のもつ力を共和国に譲渡することによって、諸条件は平等となり、誰にも他者を支配する力は残らない。「各市民を祖国に委ねることによって彼をすべての個人的依存から守護する」[44]のである。大陸自然法学者の説く社会契約は、個人間の不平等や個人間の支配／服従関係を温存し、戦争状態の原因を残してしまっていた。これらの弊害を社会から切り離すためには、どうしても全面譲渡が必要だったのである。ルソーはおそらくこの全面譲渡論を、ホッブズ Thomas Hobbes から学んだと思われる。ホッブズは、『リヴァイアサン Leviathan, 1651』において、自然状態すなわち戦争状態を社会から完全に排除するためには、強力な公共理性を樹立して、私的で個人的な理性の働きを不活性化することが必要であると述べている。

そして、市民は共和国の一員として自らを認識することによって、自己愛は、その対象を祖国との関係における自己として、祖国への貢献において際立とうとする自尊心に変わる。これは共和国における徳の精神にほかならない。ルソーは、大陸自然法学者とは異なり、市民の中に公共の確立を図る。

さて、ルソーによれば、各人は社会契約によって、自己をその権利とともに共和国に譲り渡すが、「人は失う全てのものと等価なものを手に入れ、持っているものを保存するための力を手に入れる」[45]のであって、各人の利益に反しない。つまり、社会契約の結果、自然状態に持っていた全てのものに対する権利と何事をもなせる自然的自由を失うが、国家によって設立され保障される所有権と市民的自由を得る。それればかりか、政治に参加する政治的自由と、自ら決めたことに自ら従うことによって、人間を真に自らの主人とする「道徳的自由 liberté morale」を得る。「義務の呼び声が肉体の衝動に、権利が欲望にとって代わり、そのときまでは自分のことしか考えなかった人間が、以前とは別の原理によって動き、自分の好みに耳を傾ける前に理性に問い合わせなければならなくなっていることに気づく。……（中略）……彼の能力は訓練されて発達し、彼の考えは広がり、彼の感情は気高くなり、彼の魂全体が高められる。」[46]つまり、社会契約は、人間を動物の中から知性ある存在に引き上げ、人間のもてる自然を廃するのではなく、人為によって完成しようとするのである。

社会契約によって、「一つの精神的で集合的な団体 un corps moral et collectif」が成立し、これは「共同の自我 moi common」をもつ。そして、この共同の自我の意志が、一般意志である。政治的あるいは道徳的自由を実現しようとする立場に立つことによって、ルソーは『政治経済論』から進んで、一般意志は人民自身によって、法律として表明されなければならないと言う。主権は、一般意志の行使であるが、意志が譲り渡せず分割できないように、不可譲かつ不可分である。同じ理由で、主権は、代表され得ない。「イギリス人民は自由だと思っているが大間違いである。彼らが自由なのは、議員を選挙する間だけのことで、議員が選ばれてしまうと、彼らは奴隷となり、何者でもなくなる。」[47] このルソーの指摘は、イギリスだけでなく、ジュネーヴの「貴族」たちがつくろうとしている政体についても当てはまるのである。ルソーは、小評議会が人民の主権を代表しえないし、主権を分け持つこともできないと考える。

一般意志が一般的であるには、それが「すべての人から発し、すべての人に適用されなければならない」[48] と、ルソーは述べる。したがって、一般意志は、権利の平等をつくり、「相互性 mutualité」をつくる。自分の利益を追求すれば、他人の利益をはかることになる。また、他人のために働くことは、自分のために働くことにもなる。各人がもつ自己を優先させようと言う自尊心は、一般意志の形成と適用という通路を通して、平等への愛に変わる。「権利の平等およびこれから生ずる正義の観念は、各人が自分自身を優先させるということから、したがって人間の本性から出てくる。」[49] 正義と効用、権利と利益がここに調和する。

さて、一般意志は、個別の特殊な対象に関わることはできないから、法律を個々の対象に適用していく執行権は、主権者には属さない。執行権は、主権者と被治者の間に置かれた中間団体である政府に属する。主権者と政府との関係は、前者による後者の「委任 commission」もしくは「雇用 emploi」である。いつでも主権者は政府の形態を変更でき、政府の構成員を入れ替えることができる。ところで、政府も団体であるかぎり国家のなかで特殊意志をもち、自らの手に委ねられた公共の力を用いて人民の主権を簒奪しようという傾向を有す。そこで、ルソーは政府による簒奪行為を防ぐため、定期的な人民集会の制度を提案する。二つの議案が必ず人民集会では審議される。第一に、現在の政府の形態を維持するかどうか。第二に、現行の政府への委任を続けるかどうか。当時のジュネーヴにルソーの言葉を適用すれば、小評議会は政府となり、主権者人民が集まった総評議会において制定された法律を執行する機関と見なされよう。そして、総評議会は小評議会の主権簒奪の傾向に警戒を怠ってはならないのである。

ルソーとても、人民の一般意志は常に全体の幸福を目指し不可謬であるとしても、幸福とは何か、あるいは幸福を実現する手段は何かについての判断は必ずしも明らかではないことを認める。したがって、「立法者 législateur」が、「一般意志に、それが求めている正しい道を示し、特殊意志の誘惑から守り、時と所に注意を向けさせ、目前の感知しやすい利益の魅力と、遠くにあって隠れている災いの危険とを、秤にかけて示してやることが必要である。」(50)ただし、立法者は優れた知性の持ち主であり、人民の教師であるが、断じて支配者ではなく、主権をもたない。

最後に、ルソーは「市民宗教 la Religion civile」を要請する。ルソーの意図を知るためには、ジュネーヴにおける宗教と政治との関係、およびこれに関わる議論が、参照されなければならない。カルヴァンの時代は、善きキリスト教徒たりえなければ善き市民たりえないとして、教会と国家は協力して市民のキリスト教的徳性の強化という一つの目的に貢献すべきであるとされ、政治と宗教は未分離であった。それから一八世紀までに、表面上は政教分離が進行していった。しかし、内実は小評議会に権力が集中する過程で、教会に対する国家のヘゲモニーが次第に確立されていったのであった。たとえば、教会は市民の内心の事柄にかかわり、国家は市民の外的な事柄に関わるという合意はあったが、両者の境界は曖昧であった。小評議会は、少しでも社会秩序に影響すると考えられる宗教の側面に関しては管轄権を主張した。そして、小評議会は説教壇から牧師たちが自らの政治的発言を行うことを禁止したが、他方では恭順や謙虚という徳を説教するよう陰に陽に圧力を牧師たちにかけた。「貴族」たちは、教会を通して「市民」たちに権威への服従の心性を培い、彼らを非政治化しようとしたのである。むしろ、「貴族」たちこそ、教会を自らの政治目的のために利用していたと言える。

ルソーは、「貴族」たちが支持するキリスト教を、『社会契約論』において「人間の宗教 la Religion de l'homme」として描く。これは、「全く霊的な宗教であり、ひたすら天上の事柄だけに心を傾けている。キリスト教徒の祖国は、この世のものではない」[(51)]と言う。さらに、「この宗教は、市民たちの心を国家に結びつけるどころか、彼らの心を地上の全てのものから引き離すのと同じように国家からも引き離してしまう。社会的精神にこれ以上反するものを私は知らない。」[(52)]「キリスト教は服従と依存だけしか説かない。その精神は圧制にとってあまりに好都合だったので、圧制は常にこれを利用しないではおかない。真のキリスト教徒は奴隷になるようにつくられている。」[(53)]ルソーの分析は、マキアヴェリ Niccolò Machiavelli の『リウィウス論 Discorsi sopra la prima deca di Tito Livio, 1517』における、古代の宗教と当代のキリスト教との比較を参考にしていると思われる。マキアヴェリは、徳という観点から宗教を考量したのである。[(54)]

ルソーは、あくまでも、宗教の果たす政治的役割を問題にしているのであって、宗教それ自体を問題にしているのではない。そして、この立場から、彼は、主権者が定める「純粋に市民的な信仰告白」であり、善き市民と忠実な被治者をつくる社会性の感情として「市民宗教」が、社会契約と法律を窮極において担保するためには必要であると考える。利害の一致や刑罰への恐怖は、法や正義を施行するとき最終的なものではない。神が与える、正しい者への天上での幸福、悪しき者への懲罰を信じる人間が、法や正義をどんなときでも誠実に愛することができる。したがって、市民宗教の内容は、積極的な教義としては、神の存在、来世、正しい者への幸福、悪人への懲罰、社会契約および法律の神聖性を信ずることである。消極的な教義としては、不寛容は認められないことである。

この市民宗教の教義に、ロック John Locke の『寛容についての書簡 Epistola de Tolerantia, 1689』の反響を見ても、強ち誤りではないであろう。ロックは、このなかで、為政者の権限は所有の確保という社会的利益への配慮に限定され、魂の救済は命令や強制に馴染まず権限外であり、個人の信教の自由は保障されるべきであることを弁証する。しかし、同じ理由から社会的利益を害する次のような者たちには為政者は寛容でありえないことを、ロックは認める。[55]第一に、市民社会の維持に必要な道徳的規則に反対する教義を唱える者。第二に、その教会に入ることによって、外国の君主の保護下に入ることになる宗教を信じる者。ロックは名指しは避けているが、ローマ教皇を地上における神の代理人とするカトリック教徒を指していることは明らかである。第三に、無神論者。彼は、神に対して宣誓し得ず、神の照覧のもとに成立した契約や法律を守る必要を感ぜず、非社会的な存在である。ルソーは、これに不寛容な者を加えたのである。なぜなら彼は自分と異なる信条をもつ者と共存できないであろうから。ロックは、政治が宗教に介入することによってもたらされた害悪を認めて、政治が宗教に対して為してはならないことを検討した。ルソーは、マキアヴェリから学んで宗教が政治に事実上果たす影響力を認めたうえで、政治が権利上宗教にどこまで関与できるかを確定した。ロックとルソーにはアプローチの違いはあるものの、宗教を政治から独立させようという目的については一致していると考えられる。つまりルソーは、ジュネーヴの「貴族」のキリスト教に対抗して、市民宗教を明確に提示することによって、宗教と政治の境界を画定し、宗教を専制政治の道具から解放しようとしたのではないだろうか。[56]

おわりに

一七六二年四月『社会契約論』、五月『エミール』が相次いで刊行された。六月、パリでは、『エミール』の「サヴォワ助任司祭の信仰告白」が問題化し、『エミール』は焚書となり、ルソーには逮捕状が発せられた。ルソーの長い逃亡生活がこれから始まる。同月、ジュネーヴでも、小評議会は、ルソーの『社会契約論』と『エミール』が「国家の宗教と政府の転覆を目論む危険な書物」であると断罪した。ただ、パリと違いジュネーヴでは『社会契約論』の方が問題であった。検事総長トロンシャン Jean-Robert Tronchin は、この著者は「統治する者と統治される者とのあいだのいかなる相互契約もみとめていない。著者によって、前者は人民がいつでも好き勝手に変更したり破棄したりできる道具としてしか見なされていない」と告発した。二つの著作には発禁および焚書の処分が命令された。そして、著者がジュネーヴ領に足を踏み入れれば逮捕することを決定した。ジュネーヴに向かう途中でルソーはその報に接する。

しかし、ルソーの宗教論に関しジュネーヴの「市民」たちの間にも当惑が拡がり、ルソーが期待していたジュネーヴ当局への抗議活動はなかなか起こらなかった。一七六三年三月ついにルソーは、「市民」に自分の抗議の意志を明確に伝えるために、ジュネーヴの市民権を放棄するという思い切った行動に出た。ルソーは、ただ彼一人の名誉がかけられているのではなく、「市民」の自由と権利が問題になっているのだと呼びかけた。六月、「市民」有志は意見書を提出した。そこでは、ルソーの著書の発禁処分理由の一つが宗教上の問題であったにもかかわらず、教会の会議を通さず小評議会で訴訟手続きがとられたことへの違法性が非難されていた。小評議会は適法性を主張して却下したので、「市民」は総評議会の開催を要求した。小評議会は、総評議会にかける議案の提出権を自らが持っていること、「市民」の提出意見を採用するかどうかの判定はあくまで自分たちに任されていることを主張して、総評議会開催の要求を拒否した。ここに至って、ジュネーヴでは小評議会の「拒否権 le droit négatif」を支持する「拒否派 les négatifs」と、「市民」の「意見表明権」を支持する「表明派 les représentants」に分かれて闘争が始まった。このなかで、前者の立場から検事総長トロンシャンが『野からの手紙 Lettres écrits de la campagne』を発表したので、ルソーは後者の立場を擁護して、『山からの手紙』を書いてこれに応えた。

一七六八年、「市民」はついに闘争の結果、総評議会が二百人会議員の半数を任命できる権利を獲得した。これを見て、出生民も政治的権利を要求した。都市貴族による寡頭政治が行われていたベルンや絶対王政のフランスは波及を恐れて、ジュネーヴ闘争への介入を繰り返した。しかし、一七八一年、「市民」と出生民は協力して、参政権の拡大と民主政治の確立に成功した。これも束の間、翌年、ベルンとフランスによる軍事介入が行われて、旧秩序が回復され、一七三八年以降に総評議会が獲得した権利はすべて取り上げられてしまった。「市民」の政治活動再開は、国境を越えてやってくるフランス革命の上げ潮を待たねばならなかった。

このように、ルソーはジュネーヴの「貴族」対「市民」の論争に深く関わって独自の政治思想を構築し、最後には自らジュネーヴにおける政治闘争の導火線となった。そして、彼は「市民」の側に立って、ヨーロッパの小都市共和国ジュネーヴの個別具体的な問題と格闘することによって、逆説的ではあるが、ジュネーヴを超えて一般性を獲得しえたのである。なぜ、それが可能であったのであろうか。

第一に、ジュネーヴは、孤立した地方都市ではなく、他の国々と政治的・経済的・文化的に結びついており、全ヨーロッパの縮図でもあった。一八世紀、中世の自治都市の伝統を残すジュネーヴでは、当時の最新テクノロジーを身につけた時計工を中核とする「市民」と、ヨーロッパ諸国を相手に貸付を行っている金融業者を中心とする「貴族」の間に、激しい階級闘争が起こっていた。古いものと新しいものが混ざり合いながら、ジュネーヴは大きく揺れ動いていた。「ジュネーヴの内乱」(ヴォルテールの言葉)を全ヨーロッパが注目していた。ジュネーヴのどの問題も国内だけにとどまらなかった。ジュネーヴにおいて「市民」が勝利し総評議会が完全な立法権を握ることは、各国の支配者たちには、自国の同様な運動を勇気づける虞を感じさせ、座視することはできなかった。「革命の実験室」ジュネーヴでの経験は、亡命者を通してフランス革命の闘士たちに伝えられていった。

第二に、「貴族」と「市民」の論争の水準は高く、両者は自らの意見を原理に遡って基礎づけようとした。とくに、ルソーが相手に選んだ「貴族」のイデオローグたちは、ビュルラマキをはじめ当代一流の法学者であり、モンテスキューの読者であり、フランスのフィロゾーフの友人たちであった。ルソーの「貴族」への最大の批判点は、彼らが、事実から権利を論証する方法を採っていることにあった。在るものから在るべきものは推測できないのである。ましてや、人間の自然が歪められてしまい、本来のままではなくなった時代にあっては。そこで、なおさら、ルソーは在るべきものをはっきりうち立て、そこから在るものを批判し、在るものを在るべきものに変えていく方策を示す必要があったのである。『社会契約論』以後も、彼はここで示された「国法の諸原理」をほかの国々にも実現することを目指して、立法者の立場に立って『コルシカ憲法草案 Projet de constitution pour la Corse』や『ポーランド統治論 Considérations sur le gouvernement de Pologne』を著した。

以上の所論で、ルソーの政治理論は、彼自ら「ジュネーヴ市民」を全力で生きるなかで形成されていったことが明らかになったであろう。このことのもつ意義は大きい。『社会契約論』冒頭で、ルソーは次のように言う。「自由な国家の市民として、また主権者の一員として生まれたがゆえに、公共の問題に関わる私の発言がどんなに微力であろうと、いやしくも投票権を持つということだけで、私はその問題を研究する義務を負わされている。」[57]

しかし、同時にルソーが、いつもはフランスに住む「ジュネーヴ市民」であったことも無視できない。適当な距離が、彼をしてジュネーヴ共和国という歴史的構築物の全体像をヨーロッパのなかで相対化しながら見ることを可能にさせてくれた。もし彼がジュネーヴに住んでいたら、政治について書いたりせず、直接、政治行動をしていたことであろう。

（1）ルソーと、彼の時代のジュネーヴとの関係について、最近、綿密な研究書が出版された。Rosenblatt, Herena, *Rousseau and Geneva*,（Cambridge, 1997）である。著者は、当時の政治的パンフレット類に至るまで渉猟して、ルソーがジュネーヴの政治論争にいかに関わっていったかを跡づけている。著者はジュネーヴこそ、「ルソーの意味を理解するための枠組み」であり、「ルソーが解決を図る問題の出所」であると指摘する。本章も、当時の政治的争点などの事実関係については、主としてこの著書に拠った。

（2）*Lettres écrites de la montagne*, sixième lettre, J.-J. Rousseau, Œuvres complètes, tom. III, Bibliothèque de la Pléiade, p. 809.（以下、O.C. tom. III, p. 809 の如く略す）

川合清隆訳『山からの手紙（第六の手紙）』ルソー全集、白水社、第八巻、三四六ページ（以下、全集八巻三四六ページと略す）。訳文については、引用者の責任において原文にあたり適宜修正を加えた。

（3）ジュネーヴの歴史については、Rosenblatt, H., op. cit. のほか、次の文献を参考にした。

Monter, E. W., *Calvin's Geneva*（New York, 1967）、中村健二郎・砂原教男訳、『カルヴァン時代のジュネーヴ』、ヨルダン社、一九七八年。

Capitani, F. de, "Vie et mort de l'Ancien Regime (1648–1815)", *Nouvelle Histoire de la Suisse et des Suisses*, tom. II（Lausanne ,1983）.

森田　安一編、『新版世界各国史14　スイス・ベネルクス史』、山川出版社、一九九八年。
森田　安一、『物語スイスの歴史』、中公新書、二〇〇〇年。

（4）Rosenblatt, H., op. cit., pp. 11-17.

（5）Ibid., pp. 52-60.

（6）Cf., Gouhier, H., *Les méditations métaphysiques de Jean-Jacques Rousseau*（Paris, 1970）, pp. 44-47. 著者は、ルソーに「恩寵対自然」から「恩寵としての自然対歴史」の転換を発見するが、このことは、すでにプロテスタントのなかでは一七、一八世紀において徐々に進行していたのである。

（7）*Discours sur l'origine et les fondemens de l'inégalité parmi les hommes*, O.C. tom. III, p. 132, 原好男訳『人間不平等起源論』、全集四巻一九九ページ。

（8）Derathé, R., *J.-J. Rousseau et la science politique de son temps*（Paris, 1974）, p. 132.

（9）（10）*Discours sur l'origine et les fondemens de l'inégalité parmi les hommes*, p. 133, 邦訳二〇〇ページ。

（11）Ibid., p. 127, 同一九五ページ。

（12）*Du contract social*（première version）, liv. I, chap. II, O.C. tom. III. pp. 281-289, 作田啓一訳『社会契約論（ジュネーヴ草稿）』、全集五巻二七二―二八〇ページ。

（13）Rosenblatt, H., op. cit., p. 176.

（14）*Discours sur l'économie politique*, O.C. tom. III, p. 245, 阪上孝訳『政治経済論』、全集五巻六七ページ。

（15）白石正樹、「一般意志」、『ルソー社会契約論入門』第三章付論2、有斐閣新書、一九七八年、一一六ページ。

（16）一般意志概念の歴史的変遷については、Riley, P., *The General Will before Rousseau*,（Princeton, 1986）に詳しい。著者は、一般意志の神学的概念（神の人類救済の意志）から世俗的概念（人民の政治体救済の意志）への変容を明らかにする。

（17）*Discours sur l'économy politique*, p. 245, 邦訳六七ページ。

(18) Ibid., pp. 250-251, 同七三―七四ページ。
(19) Ibid., pp. 262-263, 同八七ページ。
(20) Ibid., p. 265, 同八九ページ。
(21) Ibid., p. 251, 同七四ページ。
(22) モンテスキュー、井上堯裕訳、『法の精神』、中央公論社「世界の名著28」、四〇一ページ。
(23) *Discours sur l'économy politique*, p. 252, 邦訳七五ページ。
(24) Ibid., p. 255, 同七九ページ。
(25) Ibid., p. 259, 同八三ページ。
(26) Ibid., p. 258, 同八二ページ。
(27) *Émile ou de l'éducation*, O. C. tom. IV, pp. 836-837, 樋口謹一訳『エミール』、全集七巻三一一ページ。
(28) *Lettre à Mr. d'Alembert sur les spectacles*, Edition critique par M. Fuchs, (Lille et Genève, 1948), p. 24, 西川長夫訳、『演劇に関するダランベール氏への手紙』、全集八巻三〇ページ。
(29) Ibid., p. 87, 同八三ページ。
(30) Ibid., p. 21, 同二七ページ。
(31) Ibid., pp. 168-169, 同一五一ページ。
(32) *Du contract social*, liv. I, O. C. tom. III, p. 351, 作田啓一訳、『社会契約論』、全集五巻一〇九ページ。
(33) *Discours sur l'origine et les fondements de l'inégalité parmi les hommes*, p. 142, 邦訳二一〇ページ。
(34) *Émile*, p. 587, 邦訳四二ページ。
(35) *Du contract social*, liv. I, chap. IV, p. 356, 邦訳一一六ページ。
(36) *Émile*, p. 571, 邦訳五六ページ。
(37) *Les rêveries du promeneur solitaire*, sixième promenade, O. C. tom. I, p. 1059. 佐々木康之訳、『孤独な散歩者の夢

想』、全集二巻三八四―三八五ページ。
(38) *Du contract social* (première version), liv. I, chap. II, p. 288, 邦訳二七九―二八〇ページ。
(39) *Du contract social*, liv. I, chap. IV, p. 355, 邦訳一一四ページ。
(40) Ibid., liv. I, chap. VI, p. 361, 同一二一ページ。
(41) Ibid., liv. III, chap. XVI, p. 433, 同二〇七ページ。
(42) 筏津安恕、『失われた契約理論』、第三部「ルソーの社会契約論とプーフェンドルフの同意理論」、昭和堂、一九九八年。
(43) ここで問題になるのは、『社会契約論』の次の文章だと思われる。「結合行為は、公共 public と個々人 particuliers との間で相互の拘束 engagement を含むこと、また、各人はいわば自分自身と契約しているので、二重の関係で、すなわち主権者の成員としては個々人に対して、国家の成員としては主権者に対して、拘束されていることである。」(*Du contract social*, liv. I, chap. VII, p. 362, 邦訳一二三ページ) engagement を「約束」と翻訳している訳書が多いが、大陸法では、契約のカテゴリーとしての「約束」ではなく、「拘束」あるいは「義務」や「責務」として理解する伝統がある。この立場に立てば、引用文の前段は、契約当事者を指摘しているのではなく、契約内容の説明と取ることができる。また、後段は、相互的拘束を説明するために、比喩的に契約の用語を使ったまでであり、それは「いわば pour ainsi dire」という言葉でわかる。以上、筏津安恕、前掲著、二〇四―二〇六ページを参照。
(44) *Du contract social*, liv. I, chap. VII, p. 364, 邦訳一二五ページ。
(45) Ibid., liv. I, chap. VI, p. 361, 同一二二ページ。
(46) Ibid., liv. I, chap. VIII, p. 364, 同一二六ページ。
(47) Ibid., liv. III, chap. XV, p. 430, 同二〇三ページ。
(48) Ibid., liv. II, chap. IV, p. 373, 同一三八ページ。
(49) Ibid., liv. II, chap. IV, p. 373, 同一三七―一三八ページ。

（50）Ibid., liv. II, chap. VI, p. 380, 同一四五ページ。
（51）Ibid., liv. IV, chap. VIII, p. 466, 同二四七ページ。
（52）Ibid., liv. IV, chap. VIII, p. 465, 同二四六ページ。
（53）Ibid., liv. IV, chap. VIII, p. 467, 同二四八ページ。
（54）マキアヴェリは、次のように述べる。「現代の宗教は、服従、謙遜を最も貴いことと考えて、人間が対処しなければならない日常のことを蔑む。これに対して、古代の宗教は強靭な精神、頑強な肉体、さらにこのほか人間をこの上もなく力強い存在に鍛え上げうる全ての事柄を最高の善と見なしていた。」（永井三明訳、『政略論』、中央公論社「世界の名著16」、三六二―三六三ページ）
（55）ロック、生松敬三訳、『寛容についての書簡』、中央公論社「世界の名著27」、三八九―三九一ページ。
（56）ローゼンブラットも次のように述べている。「ルソーの市民宗教についての章は、絶対的・寡頭的体制による宗教の政治的利用への攻撃と見なされるべきである。この企図において、ルソーは『福音書の純粋で単純な信仰』と共和主義的徳の双方を擁護しようと欲したのである。」（op. cit., p. 267）
（57）*Du contract social*, liv. I, p. 351, 邦訳一〇九ページ。

第六章　ルソー型国家とジャコバン型国家との不連続
――ルソーの一般意志論とロベスピエールの論理――

鳴子博子

はじめに

フランス革命は議会と議会外の民衆の動きの双方がつくり出すダイナミズムのなかに進展した。フランス革命は周知のように、その当初から、全国身分会議から転成させた国民議会をもち、革命期に議会制の存続が脅かされることはなかった。他方、少なくとも九三、九四年頃まで、決定的な局面で革命を進展、深化させたのは議会外の民衆の直接行動、蜂起であった。革命期には、代表者の意志ではなく人民の意志が政治を支配しなければならないとする直接民主制的な志向が一方に存在した。この直接民主制的志向と代議制とのせめぎ合いは、とりわけ八九年夏の国民議会での闘いや九三年を頂点とするヴァルレらセクションの活動家＝アンラジェと国民公会との闘いのなかに見出される。前者は、［シエースに代表される代表委任（一般的委任）論］対［命令的委任論］の争いであり、後者は［国民公会］対［命令的委任論や人民の裁可権の主張を携えたヴァルレらアンラジェ］の闘いである。これらの闘いのなかで、直接民主制的志向をもつ陣営は、少なからずルソーから影響を受けた、ルソー主義者と捉えられることが多い。

ルソー主義！　しかし一口にルソーからの影響といっても、革命のシンボル・ルソーから革命的心情を汲み取ることから、ルソーの著作を理論的典拠とすることまで、さまざまなレヴェルがあるし、理論的典拠とすることのなかにも質的な差異が横たわっている。本章では、ロベスピエールの主に言説が検討の対象とされ、ルソーの論理と比較、対照される。(1) ルソーの一般意志論とロベスピエールの論理とは、本当に連続しているのだろうか。冷戦期にタルモンがルソーを左翼全体主義の源流に位置づけたことは知られている。あるいはまた、フランス革命の見直しというコンテクストのなかで、フランソワ・フュレはオギュスタン・コシャンに注目しつつ、改めてルソーをジャコバンの源流に置いた。(2) が、われわれは世に流布する「ルソー＝ジャコバン＝全体主義」という定式に強い疑念を抱く。このような言説が一方に力をもってきた根源には、一体何があるのだろうか。本章はその根源に立ち戻って、ルソーとジャコバンとの間のイコールをはずし、全体主義の呪縛からルソー思想を解放しようとするものである。根源に立ち戻ることは、逆説的に聞こえるかもしれないが、古典的な読解にかえて、現代政治に活用しうる新しい共同理論を「発見」する新しい読解を提示するためにこそ、なされるのである。

1　ロベスピエールの論理

ロベスピエール（Maximilien-Marie-Isidore de Robespierre, 1758–94）の、一七九四年二月五日の「共和国の内政において国民公会を導くべき政治道徳の諸原理について」と題された演説は、モンターニュ派内部のセクトであるエベール派とダントン派という左右両派を、それぞれ偽の超革命派、穏和派と名づけ、公然と二つの国内の敵として批判、論難し、さらに自らの主導する、いわゆるジャコバン独裁を正当化する「徳と恐怖」の原理を持ち出したことで知られている。徳と恐怖の原理は次のように語られる。

「平時における人民政府の原動力が徳であるとすれば、革命時における人民政府の原動力は、徳と恐怖の双方である。徳なくしては恐怖は有害であり、恐怖なくしては徳は無力である」(3)。

この演説が行われたのが、九四年二月というまさにジャコバン独裁のまっただなかであり、かつ直接的に、独裁への敵対派を糾弾する意図が前面に出ているがために、ロベスピエールの擁護しているものが、ジャコバン独裁の原理だけであるように思われるかもしれない。しかし、同時にこの演説にはロベスピエールの代議制に対するものの見方、代議制擁護の原理も見出せる。ジャコバン独裁は革命が内外の敵――反革命勢力の活動と対外戦争――に直面して、もった諸困難のゆえに、代議制のなかから生まれた政治体制であったのだが、後述するように、ロベスピエールは代議制と独裁との間の矛盾を深く認識していなかったように思える。それではロベスピエールは代議制についてどう語っているのか。かれは立法府を「人民によって任命された第一の機関」と呼ぶ(4)。「議会の一般意志の支配」という確固たる表現のなかに、代表機関が一般意志を発見するとする原則が肯定されていることをわれわれは確認する(5)。とすればそれは、堂々たる代議制擁護ではないか。もし、直接民主制の主張者をルソーイストと呼ぶなら、あるいは代議制を認めるとしても必要悪としてであり、少なくとも代議制よりも直接制の方をよりよいものとみなす直接民主制への志向を有する者を、より広い意味でルソーイストと呼ぶなら、このロベスピエールをどのようにしてルソーイストと呼びうるであろうか。代議制擁護の一点においてだけなら、ロベスピエールは、ルソーの弟子というより、むしろシエースの仲間といった方がよいのではないだろうか。

ロベスピエールが正当性を有するものと認め、守ろうとするもの、それは「民主的または共和的な政府」である。かれのいう「民主的または共和的な政府」とは何か。まず、ロベスピエールは、民主制ではない国家として次のような国家を挙げる。それは「人民がたえず集会し、すべての公務を自分自身で規制する国家」ないし「人民の一〇万もの分派が、孤立した、性急な、矛盾した施策によって社会全体の運命を決するような国家」である。[6] まず、「人民がたえず集会し、すべての公務を自分自身で規制する国家」とは、セクション集会の常設制の主張に込められた、サン・キュロットのセクション活動の自律性の確保された国家、より具体的には常に議会を監視し、地区の行政機能をも自らの下に置いた国家のことである。もっといえばセクション活動の自律性、さらには反議会的立場からセクションの国民公会への優越まで主張し、行動さえしたジャン・ヴァルレ等アンラジェの目指した国家のことである。こうした国家（構想）をロベスピエールは真っ向から民主的ならざる国家であるとして否定するのである。九四年二月は、九三年に最盛期を迎えたアンラジェの活動が、九三年六月の蜂起時のヴァルレ構想の破綻、ダントン主導の九月（九日）の地区総会の常設制禁止（総会を週二回に制限）の決定を経て、決定的に力をそがれ、アンラジェへの弾圧も顕著になった後の段階に当たっていた。事実、獄中にあったジャック・ルーはすでにこの時、一度は自殺未遂に終わったものの、自殺（二月一〇日）の直前にあり、ジャン・ヴァルレは二月は拘禁の身ではなかったものの、九三年九月から一一月にかけて四度目の投獄を経験済みで、活動力を落としており、ルクレールも九三年九月に一度目の拘禁を受け、『人民の友』の発行は終わりを告げていた。さて、ロベスピエールの否定する国家構想を通して代議制擁護論の性格が鮮明に浮かび上がってくる。ヴァルレですら、代議制を前提とするという意味では代議制論者に加えうる。が、そのヴァルレは、代議制をやむをえぬものとして受け入れ、その上で人民主権の内実を確保するためにセクション集会の位置を議会に対して高める努力をしたのであった。[7] それに対してロベスピエールは、代議制をやむをえぬものであると考えるどころか、その反対に、人民の代表者の意志こそ、一般意志をつくるものであって、代表者集団としての議会を尊重せず、議会と対抗しようとする動きは、革命に背くものであると考えたのである。

ところでロベスピエールは民主的ならざる国家を「人民の一〇万もの分派が、孤立した、性急な、矛盾した施策によって社会全体の運命を決するような国家」ともいっていたのであった。九四年二月のこの時、自らに敵対する分派、その「孤立した、性急な、矛盾した施策」が国家を混乱に陥れようとする分派と、かれの目に写ったものは何だったろうか。九三年の六月蜂起時に民衆の力を借りて、すでにジロンド派を追放し、かつまた民衆蜂起の力は活用しても、民衆の自律化を妨げるためにアンラジェは弾圧し、さらにモンターニュ派内部の権力闘争で、左右両派（エベール派、ダントン派）を追い詰めつつあった。したがってこの時、ロベスピエールの前の、主要な敵とはモンターニュ派内部のエベール、ダントン両派であった。「人民の一〇万もの分派」とは、かれの誇張した表現であろうが、両派の策動を中心とする、パリと地方との錯綜するあらゆる反対勢力が、ロベスピエールの革命政府（ジャコバン独裁）にとって、反革命の好ましからざる勢力と写ったのであろう。かれは上記のような民主的ならざる国家状態は人民を専制主義に連れ戻すと警告する。そしてロベスピエールは、こうした民主的ならざる国家と区別される民主制国家を次のように規定する。

「民主制は、主権者たる人民が、自らの作品である法によって導かれて、自身がよくなしうるすべてのことを自らが行い、自身がなしえないすべてのことを代表を通じて行う国家である」(8)と。

かれのいう民主制国家は行政のみならず立法も代表を通して行う代議制国家であることがここから明らかである。

「主権者たる人民が、自らの作品である法によって導かれて」とあるが、ここでいう「自らの作品である法」とは文字通り、人民自らがつくり上げた法なのではなく、内実は人民の代表者がつくり上げた法である。それにもかかわらず、それが人民自らの作品である法と表現されているのである。そこには、法は、文字通り、人民自身がつくり上げるより、その代表者が人民に成り代わってつくり上げる方が優れた法たりうるというエリーティズムが伏在していると考えられる。

ところで、改めてこのようなロベスピエールの民主制、そしてそれと同義とされる共和制概念は、かれが師と仰いだルソーの民主制、共和制両概念と、全く異なるものであることを確認しておかなければならない。両者の差異を決定づけている点は、共和制の意味内容にある。ロベスピエールにとって共和制とは民主制と同義であることから、代議制国家を指すことになるが、ルソーのいう共和制とは代議制を全否定した、人民集会によって立法する直接民主制国家を指す。一般意志＝法が、直接、人民の参集する人民集会で形成される国家だけが、共和制と呼ばれうる。しかもこの直接民主制国家（共和制）であることを前提として、そのなかの政府形態のバリエーションが民主制、貴族制、君主制なのであった。民主制、貴族制、君主制は、共和制を上位概念とする下位概念である。その政府形態の区分は、単に政府構成員の数の多寡にあるにすぎなかった。というわけでルソーの共和制は高度の理念性、正当性を有する概念であり、例えば共和制下の貴族制とは、行政を担当する者こそ少数であるが、立法集会としての全市民の人民集会が保証され、この立法集会に政府は毎回審査される、従属機関であるにすぎない。ロベスピエールはこのようにルソーとは全く異なる民主制、共和制概念をもった。ルソーの概念が原理性が高くユニークなものであったのに対し、革命家ロベスピエールの概念は現実的で通用力のある概念であったことは認められよう。しかし、こうした両者の差異を白日の下にさらしてみると、ロベスピエールがルソーの弟子を自認していただけに、ロベスピエールのこのような言説が、両者の概念が混同され、ルソーの共和制概念や民主制、貴族制、君主制概念が誤解される一因をつくったことは否定できないように思われる。

さて次に、ジャコバン独裁固有の原理の検討に移ろう。ロベスピエールの思考のなかでは、代議制の原理とジャコバン独裁の原理との矛盾は深く認識されておらず、平時ならざる革命時においては、徳のみではなく、徳とともに恐怖をも原理とすることは「祖国の最も緊急の必要に適用される民主制の一般原理の帰結」（傍点は鳴子）と認識されていた。(9) そしてまた「恐怖は専制政府の原動力である」という声を自ら引き、それに反駁する形で、「革命政府は、圧制に対する自由の専制主義である」と恐怖の原理を正当化してみせるのである。(10)「徳と恐怖」はジャコバン独裁体制を貫く表裏一体の原理であるが、それぞれの原理を象徴、体現するものこそ、九四年六月八日の最高存在の祭典とそのわずか二日後の六月一〇日に可決されたプレリアル法とであった。

一方の徳について。ロベスピエールのいう徳とは「祖国愛を喚起し、習俗を純化し、魂を高め、人間の心の情念を公共の利益の方へ導く」ものである。(11) ロベスピエールは祖国の祭壇に身命を賭すことを誓う市民の育成を、一方では公教育の任務と考え、他方では老人から幼子まで年齢や性を問わず祖国愛を沸き起こす源泉として、人民の宗教である最高存在の崇拝を位置づけ、その祭典を広範な民衆の支持の下に挙行したのである。

もう一方の恐怖について。公安委員会のクートン立案のプレリアル二二日法は、六月一〇日に国民公会で可決された。この法によって、ロベスピエール（派）が自らの反対者、敵対者であると判断する人々は、革命裁判所で訊問もなく証人もなしに、「単なる心証で」裁かれ、ただちに処刑される事態に至った。プレリアル法は、ジャコバン独裁体制の行き着く先であったが、歴史のねじを少しだけ前に巻き戻して、ジャコバン独裁体制の誕生前の時点を振り返ってみよう。その時、民衆の、「強い政府待望論」があったことは一面の事実である。ジロンド派が力をもった立法議会の時代、そして国民公会初期においても、当局は反革命派に対して断固たる姿勢を採ることができず、反革命派の勢力を一掃することができなかった。それゆえ民衆の側に、ジャコバン独裁体制の誕生を許すいくばくかの要因があったことは否定しえないのである。強力な指導力をもった強力な政府――公安委員会はこうした要請に応える形で出現したのであり、ロベスピエール（派）だけにその責を帰するのは、一面の事実を見落とすことになりかねない。しかもこの公安委員会は一二人すべてのメンバーが一カ月ごとに改選される仕組みをもっていたことも事実である(12)。とはいえロベスピエールの「恐怖」の原理がわれわれにとっておぞましく感じられることにちがいはない。そのおぞましさは、革命派と反革命派との線引きがロベスピエール（派）の独断、独善によってなされることから生じる。恐怖は内発的な感情ではなく、外部の原因によって呼び起こされる、凍りつくようなおぞましい感情である。人間の判断には絶対的なものはない。決定権者の数を限りなく狭めてゆくことは、たとえそれがいかに優れた個人であろうとも、少なくとも政治上の判断である限り、独善の弊を免れない。ところでロベスピエールの唱えたのは「徳と恐怖」だが、ルソーは徳と恐怖をセットにして語ったことなどない。ホッブズならぬルソーにとって恐怖のごとき外発的な感情が、かれの原理になるはずはないのである。それではなぜルソー＝ジャコバンという定式が世に流布してしまったのか。ロベスピエールが自らをルソーの弟子と公言したからなのか。それもないわけではなかろうが、より理論的レヴェルでの、ルソー受容にも問題があったと考えるべきである。各個人が「自由であるように強制される」（Ｉ―7）という余りにも有名な言葉が、不幸なことに「徳と恐怖」と類似した、あるいはほとんど同一の原理と捉えられてきた歴史があるのである。われわれは「徳と恐怖」と「自由と強制」との非相似性を強調しなければならない。問題なのは「徳」と「自由」ではなく、もちろん「恐怖」と「強制」との差異である。先に述べたように「恐怖」は外からやってくる。外在的で、恣意的な他者の独断によって死の危険にさらされる者の感情である。それに対してルソーの「強制」は内発性、自発性の領域に属する概念である。それは自ら一般意志の形成に参加する時には、当事者であるだけでなく裁判官たれとする内面への倫理的要請であり、それはまた自身がその形成に参加した一般意志＝法が定まったなら、その法には従えという倫理的＝政治的要請なのである。法形成時に裁判官たれといわれることは、国政の方向性（人間の正義の規準）を決する責任を分有せよと求められることである。それはそんなに窮屈なことだろうか。そしてまた自身も参加して決定した法に拘束されることはそんなに息苦しいことであろうか。ソクラテスは街中に死刑囚や追放者が跋扈するアナーキーで混乱した、眼前にあるアテナイの状態を批判的に語った(13)。法に従わなくてよいのなら、国家にどのような秩序がありうるであろうか。歴史の皮肉というべきか、悲劇というべきか、反革命派を処刑するためのプレリアル法は――疑心暗鬼がモンターニュ派内部に、反ロベスピエール派の結集を促し――かれらに逆用されて、ロベスピエール自身の命をも奪う結果となった。人間を独断によって革命派と反革命派に分けて、前者には徳を求め、後者には恐怖を与える独裁制の論理と、全員が自由と自発性の領域にあって、自ら正義を生み、守ることを求められる徹底した共和制の論理との裂け目はどれほど深いものであることだろう。ロベスピエールが、誰によって、いつ、どのようにして処刑されるに至ったかは、さまざまな偶然の重なった上でのことだったかもしれない。しかし、自らのつくった法で自らが命を落とすというかれの悲劇は、排除の論理を推し進めた者の運命であったという意味では、必然的なものであったのだろうか。

2　ルソーとロベスピエールの論理

ルソーの一般意志論とロベスピエールの論理の対比、対照をする上で、わが国においてロベスピエール研究に多大な貢献をされている社会経済学者の遅塚忠躬氏の解釈をまず検討することにしたい。[14] 遅塚氏はルソーの理論とロベスピエールのそれとの論理的な差異を一方で指摘されるとともに、他方でルソーとロベスピエールとの連続性をも指摘される。われわれは遅塚氏が両者の論理の差異、不連続性を指摘されている部分を①とし、両論の連続性を指摘されている部分を②とし、これら二点に分けて氏の解釈を検討する。①②の検討を通じて遅塚氏の理解とわれわれの理解とが異なっていることを明らかにする。われわれが遅塚氏の解釈に対して異議を申し述べるのは、ひとえに氏のルソー解釈に対する、われわれの反論のゆえである。そしてこのような作業を通じてわれわれは、しばしば同一線上に理解されるロベスピエールの「徳と恐怖」の原理とルソーの「自由と強制」の原理との巨大な差異を明らかにし、世に流布する一方の言説、非常に根深い解釈の一つの系譜である「ルソー＝ジャコバン＝全体主義」のなかの、イコールをはずし、ルソー＝全体主義という誤解に満ちた呪縛からルソーを解放したいと思う。まず遅塚氏の解釈をわれわれなりに再構成してみよう。

①遅塚氏は、ルソーの一般意志を通説的な理解の線に沿って解する。ヘーゲルに個々の個別意志のなかの「単なる共通的なもの」と批判された、あの伝統的な解釈の系譜上に、である。すなわち、表出された個別意志を集めた全体意志のなかで、意志の共通部分である共通利害こそが一般意志であるというものである。一般意志とは「もろもろの個別的利害のなかの共通部分を抜き出したもの」ということになる（ルソーの一般意志＝共通利害（intérêt commun））[15]。ところでロベスピエールの前には（ルソーが否定したはずの）議会があり、ロベスピエールは建前としては議会が一般意志を発見する「議会の一般意志の支配」を主張した。ところが共通の利害を発見すべき議会は、それを発見しえない困難に直面していた。遅塚氏はその理由を、①革命の担い手間の深刻な利害対立と、②代表制の欠陥、機能不全（九二年まで、民衆は全く代表されず、九二年以降も民衆の利害を考慮しようとする党派はあっても、その党派（モン

ターニュ派）はかれらの代表たりえず）の二点にまとめている。ロベスピエールは建前と現実の乖離に苦悩する。その苦悩のなかでかれは、議会の通常の審議を通して共通利害を発見するのではなく、自派の見解だけを正当化し、敵対派のそれを排除してゆく論理を徐々に見出してゆく。人民の代表によって人民の意志を見出すのではなく（代議制）、そこからさらに、自派のみが人民に成り代わって、人民の意志を表出することを是とする、独善論、独断論への道を歩み始めたのである。自派が表出するのが「一般的利害（intérêt général）」であるのに対し、敵対派が主張するのは「個別的利害」であるという論理によって。ところで「一般的利害」の概念が見出されるのは、ジャコバン独裁期よりかなり以前の、ル・シャプリエと対抗関係にあった九一年であったが[16]、ジャコバン独裁期のまっただなかの、まさに前出の九四年二月五日の演説では「公共の利害（intérêt public）」という概念を用いて「公共の利害」の他の個別的利害への優越を説くに至る。「公共の利害」は「一般的利害」よりさらに排他性を強めた概念であった。このように①の遅塚氏の解釈では、ルソーとロベスピエールの論理が分化してゆく、あるいは乖離してゆくプロセスが捉えられているといってよいと思う。

しかし、次の②では、遅塚氏はルソーの論理のなかにロベスピエールの論理を生む素地が見出せるとし、むしろルソー↓ロベスピエールの流れを検出している。それは氏がルソーには多数決原理への懐疑が見出される、もっといえば、少数意見のなかに一般意志が示されることがありうると理解する点にかかわっている。これは遅塚氏にのみ見出される理解なのではなく、古くからのルソー解釈の主要な争点の一つにかかわるものである。例えばそれは、グレトゥィゼンが問題提起した種類の問題であり[17]、わが国では政治思想史の福田歓一氏がルソーの一般意志論をわかりにくくしている元凶とされている部分でもある[18]。遅塚氏はこの古くて新しい問題に関して、次のテクストを論拠に、ルソーには多数決原理への深い懐疑があり、ルソーは多数意見のなかではなく少数意見のなかに一般意志が見出される可能性を認めたと主張する。そのテクストとは以下のものである。

「意志を一般意志たらしめるものは、投票の数であるよりも、むしろ、投票を結びつける共通の利害である」（II―4）。

「一般意志は、常に正しく、常に公共の利益を目指す。しかし、人民の決議が常に同じように正しいということにはならない。［なぜなら］、人は、常に自分の幸福を望むのであるが、自分の幸福が何であるのかを常に見分けることができるとは限らない［からである］。人民は、けっして腐敗させられることはないが、しばしば欺かれることがある。そして欺かれているときにだけ、人民は、悪いものを望んでいるように見えるのである」（II―3）。

ここで予告すれば、われわれはルソーに多数決原理への懐疑が存在するという理解も、したがって少数意見のなかに一般意志が見出されうるとの理解も採らないのである。われわれは後に、福田氏の理解と併せて、これに反論することにしよう。

本論に戻ると、遅塚氏はルソーが少数意見のなかに一般意志が見出される可能性を認めたとの理解から、ルソーの論理のなかに、敵対派の意志を排除して、自派の意志のなかに「一般的利害」さらには「公共の利害」を見出すロベスピエールの論理を準備する素地、共通の地盤を「発見」するのである。以上のように、遅塚氏は①で、いったんは両論の差異を指摘し、ルソー→ロベスピエールという単純な連続性を否定したものの、②でルソー→ロベスピエールという連続性を改めて「発見」し直したことになる。このような遅塚氏の理解を受け入れる限り、件の「ルソー＝ジャコバン＝全体主義」を結局は否定し切ることができないように思われる。それではここから、（上述の①②になるべく対応をつけながら）われわれ自身のルソー理解を明らかにし、同時に遅塚氏や福田氏の理解に反駁してゆくことにしよう。まずわれわれは福田氏や遅塚氏をはじめとする通説的見解を有する論者と異なって、ルソーの一般意志を決して個別意志のなかの共通部分である共通利害であるとは考えない。福田氏がいわれるように「この一般意志という観念は大変わかりにくい」のは確かに事実であるが、われわれはルソーの一般意志を謎や神秘のままにしておくわけにはいかない。[19]仮に、ルソーの一般意志が共通利害であるとしたら、そうした利害は革命期だけでなく平時においても（例外的な事例を除いて）ほとんどの場合、見出すことが不可能である。というのは人々の間に共通する利害は、革命の担い手の間で、そして革命期の議会の党派の内外に、調整困難な利害対立があるから見出せないのではない。平時においてさえ、ほとんどの問題で利害の対立、分裂は存在するのではないか。例えば現代のわれわれの直面する問題を例として考えてみることにしよう。安全保障、原発、環境、臓器移植、人工妊娠中絶……いずれの問題であってもよいのだが、ここでは死刑廃止問題を例としよう。仮に政府提出議案が、死刑制度を存続するというものだとすると、当然、死刑存続賛成派と死刑存続反対派＝死刑廃止派が存在し、両派のなかでもさまざまなニュアンスの意見があることだろう。こうした死刑存続賛成派と反対派の間には、意志の共通性が見出せるだろうか。意志の共通性が発見できないのは、革命期のような危機の時代であるからではなく、いついかなる時でも、そうなのではなかろうか。もし、ルソーの一般意志が共通利害であるという見解を捨てないなら、ルソーは現実に役立たない空疎な理論をわれわれに残したことになってしまう。もしそれに空疎ではない意味を見出そうとすれば、結局、人民集会での個別意志の表出から一般意志をつくり出すという導出論から逃れて、立法者をカリスマ性をもった機械仕掛けの神のような存在にまつり上げて、ヘーゲルが一般意志を理解したような理想の法、至高の法たる「普遍意志」の発見者とするしか道がないことになりかねない。しかし、われわれは、このような袋小路に迷い込まずに、一般意志が共通意志ならぬ共同意志であることを、これから論じてゆくことにする。これはすでにわれわれが拙稿「ルソーの一般意志論の解明――ヘーゲルの普遍意志とマルクスの固有の力との関連において――」で見出した解釈である。[20] われわれの解釈とは、ルソーの鍵となる次の二つの規定を分析することを通して見出されたものである。二つの規定とは以下の通りであった。

①「……これらの個別意志（個別意志の総和＝全体意志――鳴子）から、相殺しあう過不足を除くと、相違の総和として、一般意志が残ることになる」（II―3）。

②「ある法が人民の集会に提出される時、人民に問われていることは、正確には、かれらが提案を可決するか、否決するかということではなくて、それが人民の意志、すなわち、一般意志に一致しているか否かということである。各人は投票によって、それについての自らの意見を述べる。だから投票の数を計算すれば、一般意志が表明されるわけである」（IV―2）。

この二つの規定を念頭に置きながら、先に挙げた例（死刑制度廃止問題）を使って再び考えてみることにしよう。仮に死刑廃止について、漠然とあなたはどう思うかと問われたとしたら、千差万別の答えが出され、その個々の意見を一つの方向にまとめることは至難の業であろう。だがこの問題について、「死刑制度を存続する」という叩き台（政府提出議案）が示され、それについてどう思うかと問われたなら、賛否、さらに賛否のなかでも、叩き台との意志の一致や隔たりの度合いが各自に意識されるだろう。このようにして政府提出議案（叩き台）に対する各自の個別意志の隔たりを示す意志分布を、われわれは想定することができる。②の規定に従えば、各人に問われていることは、各人がまだ形成されていない（見出されていない）一般意志はこうではないかと思う意志と議案とが一致しているか否かの判断である。死刑存続という政府議案に対する賛成者のなかでも、その最も強硬な者は、例えば、社会秩序を守るためには、厳罰主義を採ることが最も有効であり、現行の刑罰基準をより厳しい方向へ変更して死刑者の数をもっと増やすべきであるという意見をもつかもしれない。あるいは逆に政府議案への反対者のなかでも、最も強硬な意見の持ち主は、例えば人が人を死に追いやる権利はないという信念から、たとえ何十人、人をあやめた凶悪犯であろうとも死刑に処せられてはならない、死刑制度はこの地上から廃絶されなければならないと考えるかもしれない。このような場合、典型的には、

左端の死刑存続の強硬な反対者――（死刑廃止に共感と理解はもちながらも、現状では死刑存続もやむなしと考えるような）政府議案への消極的賛成者――政府の死刑存続案の一致者――政府議案よりやや強硬な死刑存続の推進者――右端の最も強硬な死刑存続の推進者

という意志分布が存在すると考えられる。これらの個々の意志が個別意志であり、こうした意志分布の全体が全体意志である。そして、このような状況にある時、投票（自らの意見をそれによって述べるもの）が行われる。そこで実際におもてに現れるのは、賛否の票であり、そのうち特に重要なのは反対票である。なぜなら、賛成票中に含まれる政府議案から隔たった強硬な推進者の意志（の大きさ）は反対票によって、推し測るしかないからである。賛成票から反対票を引いて、その差を算出することは、それゆえ、①の規定にいう、「相殺しあう過不足を除」いて一般意志を

抽出することを意味する。われわれはすでに拙稿「ルソーの一般意志論の解明」で一般意志の導出式を次のように定式化した（図1）。

賛成票－反対票＝一般意志

そしてこの差の数値の大きさは、一般意志の共同性の大きさの指標となる。政府提出議案が人々の意志からずれて出された時（意志分布の中央から大きくずれていた時）、――例えば同じ死刑存続案でも、厳罰主義に傾いた強硬な存続案だったとしたら――反対票が賛成票を上回って、議案が否決され一般意志がつくられないか、たとえ賛成票がかろうじて反対票を上回って可決され、一般意志が見出せても、その共同性は小さいことになる。以上から、われわれのいう共同意志の「共同」は、すべての人の意志の共通性を指すどころか、反対票に示された意志の差異に基づいて抽出された意志の合意点を意味するものである。

それでは今度は先の②の問題、つまりルソーに多数決原理への懐疑があるかどうか、少数意見のなかに一般意志を見出しうるか否かという問題に移ろう。すでにわれわれの立場の予告は少ししておいたが、ルソーは多数決原理を前提としており、また、いかなる少数者も全人民に成り代わって一般意志を見出しえないというのが、われわれの見解である。ルソーの一般意志は、すでに論じた共同性抽出のプロセスからもわかるように、単なる多数決原理に還元されえないものではあるが、ルソーは決して多数決原理を否定することなく、それを前提としていた。かれは躊躇することなく、次のように断言する。

「この原始契約（社会契約――鳴子）の場合を除けば、大多数の人の意見は、常に他のすべての人々を拘束する。これは（原始）契約そのものの帰結である。」（Ⅳ―2）。

図1　政府議案に対して想定される意志分布

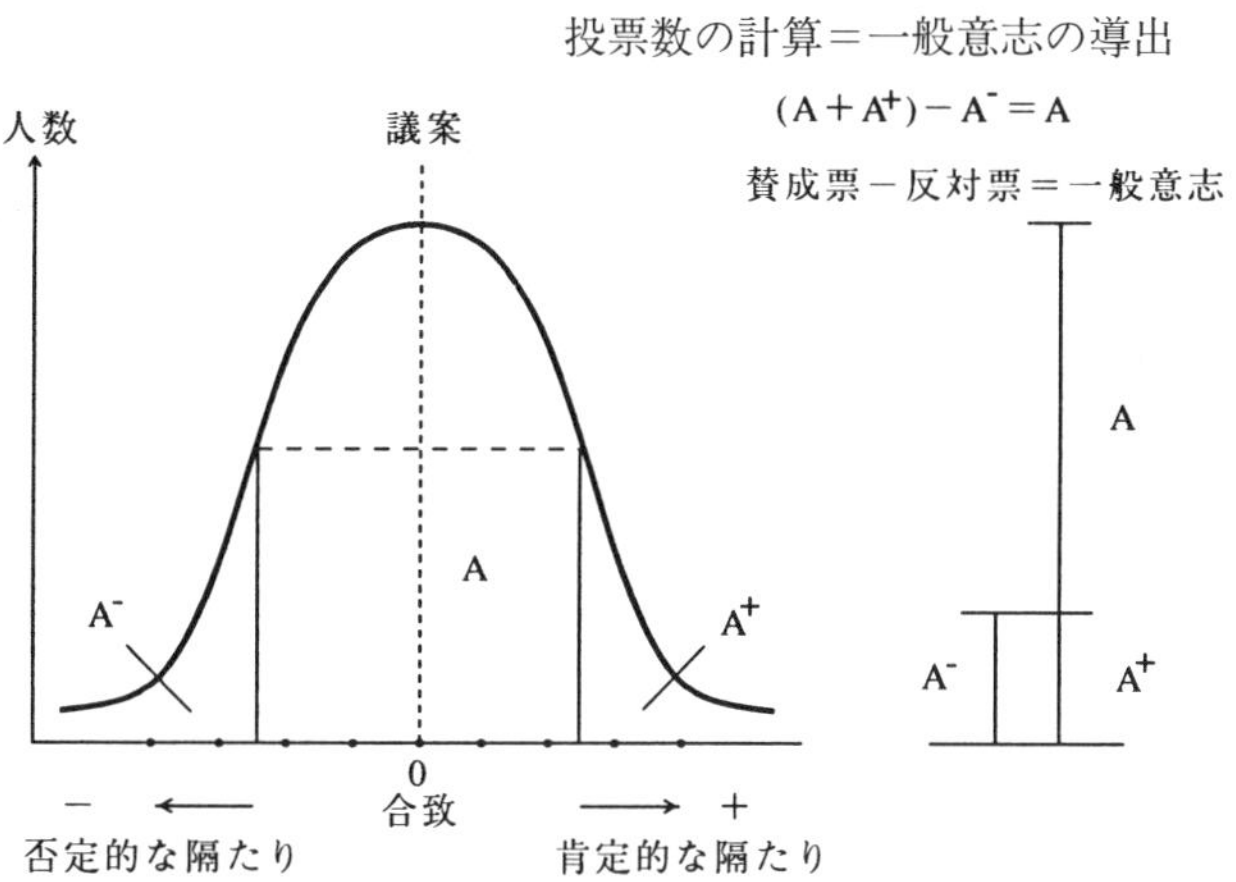

賛成票のなかには，反対票（否定的な隔たった意志）と同数，
肯定的な隔たった意志が伏在すると推定される。

図2　人類のらせん

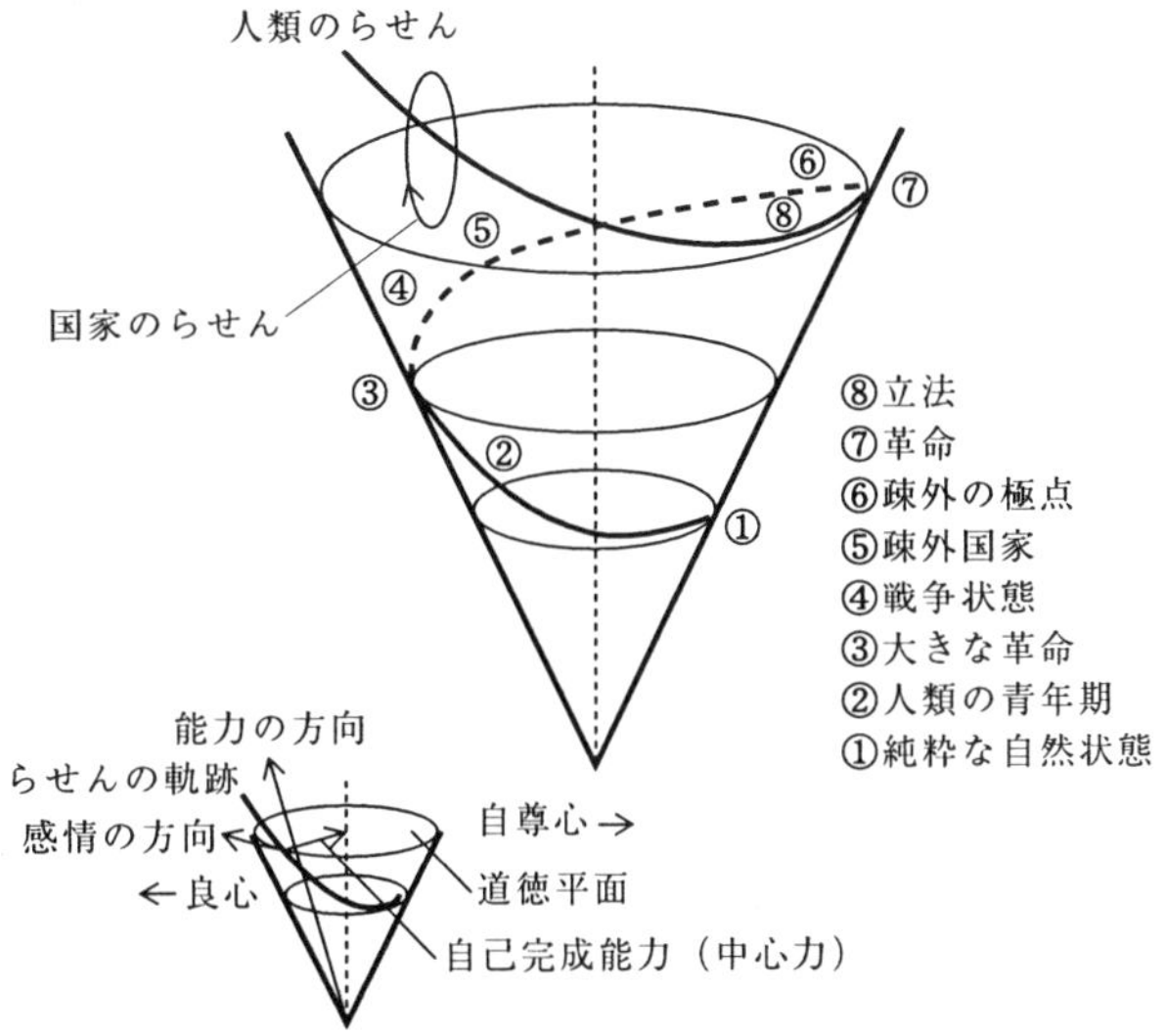

「……一般意志のあらゆる特長が、依然として、過半数のなかに存していることを、前提としている。それが過半数のなかに存しなくなれば、いずれの側についても、もはや自由はないのである」（IV―2）。

ルソーがこのように明言しているにもかかわらず、それではなぜ多数決原理への懐疑が存在すると主張されるのであろうか。それは、一般意志の形成の前提条件の有無の問題を考察すること、あるいは別にいえば、ルソーの契約国家の歴史過程（さらにはより大きな人類史全体の歴史体系）を考察することによって解かれる疑問である。それでは改めて一般意志の形成の前提条件とは何だったか。それは「人民が十分に情報をもって審議する」ことと「市民がお互いに意志を少しも伝え合わない」ことの二点（II－3）であった。もしこの二つの条件が整っていて、全員参加の人民集会で一般意志がつくられる場合には、ルソーはこの意志＝法の正しさを疑わない。それでは「一般意志は、常に正しく、常に公けの利益を目指す」が「人民の決議が、常に同一の正しさをもつ、ということにはならない」（II－3）とはどういうことだろうか。われわれはルソーの信じて疑わない一般意志の正しさとは、その意志が神ならぬ人間のつくったものであるがゆえに、絶対性をもたず、相対的な正しさを意味していると解する。しかしもし、この二つの前提条件が失われていたら、たとえ形式的に全員参加の「人民集会」で「一般意志」なるものがつくられたとしても、それはもはや一般意志ならざる他の意志（巨大団体意志）でしかない。したがってこの局面では、意志の正しさは問題外のことになり、表面的な多数決の原理の有無を論ずることにもほとんど意味がない。ところでわれわれはここで何を語ろうとしているのだろうか。それはルソーの展望した契約国家の歴史過程、さらには人類史の歴史過程である。それはすでに拙稿「J・J・ルソーの正義論——人類と国家の円環史的展開の視点から——」で追究された[21]。いったん建国された国家も、必ず老い、そして死ぬ。ルソーはよく知られているように、国家の歴史過程を誕生—幼年期—青年期—老年期—死滅という有機体的な説明、生命体のアナロジーで語る。しかしルソーの歴史観はこうした生命体のアナロジーのスケールをはるかに超え、ヘーゲルやマルクスの歴史観に匹敵するどころか、ある意味では、それらをも超えたような壮大な体系をもっているのである。それはユートピアなき永久民主主義革命論ともいうべきものである（図2）。なぜ、あらゆる国家は衰退し、死滅する運命にあるのだろうか。ルソーは人類には最初、自由と自己完成能力が与えられたと述べ、これら二つをいわば人類の初期条件とした。ルソーはこれら二つ（自由と自己完成能力）を歴史の動因とする独自の歴史観をもつのだが、このうち自由を動因とした歴史観を展開したのが、後のヘーゲルであり、自己完成能力の引き出す諸能力のうちの一つである生産力を中心とした歴史観を展開したのが、ヘーゲルの観念的歴史観を批判したマルクスの唯物史観であった。さてルソーは、人類史を、想像力の活動を待って活性化する、さまざまな潜在能力を引き出す特異な能力である自己完成能力が、自由に活動する結果、生み出される軌跡とみた。が、この自由と自己完成能力の体系は、自己完成能力が感情の領域（道徳領域）とリンクして運動するがゆえに、無制限の自由に陥らず、極端な悪から自らを解放する、いわば自動メカニズムを伴った独自の体系でもあった。それは「善」の弁証法とでもいうべきものである。「最初の人為（現実国家――鳴子）が自然に加えた悪を、完成された人為（契約国家――鳴子）が償う」のである。[22] 人類史を貫くこの運動は、契約国家の歴史もその例外としない。その運動は、想像力の絶えざる働きとそれに伴う生産力を含む諸能力の開花、発展を促し、必然的に人々の間に新たに自尊心（利己心）を生み、増殖させる。ルソーは生産力という言葉を使わずに、その代わりに「事物の力（la force des choses）」という語を使うが、「事物の力は、常に平等を破壊する傾向がある」（II―11）と断言する。不平等の拡大と偏在しつつある富を守ろうとして、部分社会とその団体意志とが形成されてゆき、団体意志は、個々人の自由で独立した個別意志にしだいに取って代わってゆく。この過程は自己完成能力が人間に備わっている以上、不可避的な流れである。とすると、一般意志形成の前提条件がしだいに失われてゆくことは契約国家に不可避的であり、遂にはその国家が死に至るのも、必然的ということになる。そうだとすれば、『不平等論』の読者が特にそう語るように、ルソーの歴史観はペシミスティックなものであると考えてよいのだろうか。否。国家が不可避的な自尊心の増殖プロセスをたどった後に、人々は再び、良心という感情の再生のメカニズムを開始し、極端な悪（疎外）から自らを解放する革命に向かうであろう。ルソーの明晰な頭脳は現実世界の矛盾を深く認識し、その余りにもセンシティヴな感受性は大きな苦悩を味わった。しかしそれにもかかわらず、否、それだからこそ、ルソーは決して人間に絶望し切ってしまわず、人間は悪を避けえないけれども、必ずそれを克服するとする、かれ独自の人間性善説を貫いたのであった。

ところで福田氏は次のように発問されていた。

「一般意志の一般性をどこまで機構の問題として解決できるか、どこまでがそれ以上の神秘な何物かであるか」(23)と。

それに対して氏は、ルソーは機構の問題としてそれを解決し切れなかったとして、以下のように結論づけておられる。

「今日、手垢に汚れた理論の体系の硬直性に対して、ルソーの未完結でどこか一貫性を欠いた体系が、逆に瑞々しいある魅力を甦らせていることは深い意味をもっている」(24)と。

ルソーの深い歴史観、壮大な歴史体系が捉えられない時、ルソーの体系は福田氏のいわれるごとく首尾一貫しないほころびの体系と見えてしまうのかもしれない。

さて、遅塚氏が多数決原理をルソーが懐疑している論拠として挙げていたテクストを思い起こそう。

「一般意志は、常に正しく、常に公共の利益を目指す。しかし、人民の決議が常に同じように正しいということにはならない。[なぜなら]、人は、常に自分の幸福を望むのであるが、自分の幸福が何であるのかを常に見分けることができるとは限らない[からである]。人民は、けっして腐敗させられることはないが、しばしば欺かれることがある。そして欺かれているときにだけ、人民は、悪いものを望んでいるように見えるのである」(II―3)。

ルソーの一般意志の形成の前提条件の有無、あるいは契約国家の歴史過程のどの段階に当たっているかで、事柄を分けなければならない。一般意志の形成条件が満たされている国家の前半期は、一般意志は常に相対的な正しさを帯びて生み出される。ルソーは部分社会が国家内に存在しないことを最善としながらも、部分社会の発生を阻むことを不可能視して、次善の策として、その数を多くする条件で、部分社会の存在をある程度まで許容した(II―3)。それゆえ、自らの幸福を誤認して、欺かれる者のあること、したがって個別意志の自由と独立とが脅かされ、団体意志が一部混入してしまうことも、織り込み済みであった。そしてまた人々が腐敗させられることがないとは、人々は欺かれても、腐敗し切ってしまうことはないこと、矛盾、疎外が行き着くところまで行けば、人々は遂に覚醒し、革命を起こして新たな国家建設へ向かうことを暗に示している。以上から、一般意志の形成条件が満たされている時、ルソーはあくまでも多数決の原理に忠実だったし、形成条件が失われた時、おもてに現れた偽りの「一般意志」に対して、少数者の意見に真の一般意志が存するなどとルソーは考えなかった。国家の疎外期において、一般意志は沈黙してしまい、決して現れないのである（Ⅳ―1）。

遅塚氏が多数決原理への懐疑の論拠として挙げたもう一つのテクストは「意志を一般意志たらしめるものは、投票の数であるよりも、むしろ、投票を結びつける共通の利害である」（Ⅱ―4）であった。遅塚氏は、投票の数が軽視されている言葉として、これをピックアップされたように思う。が、われわれは、それを多数決の原理は決して否定されず、前提されているものの、多数決の原理に還元されない、個別意志を表明する際に人々に求められていることは何か、という政治哲学的な問いに答えている段落の一部と考える。というのはこの段落は、個別意志の表明者の裁判官性と当事者性との同時存在を示しているからである。人々は単なる賛否の投票者でなく、人々が一般意志であると自ら思えるものを規準として議案を判断する裁判官たれといわれる。それはなぜか。それはつくられる法が「人間の正義」の規準だからである。人間の正義とは何か。それは「各人に属するものを各人に返す」ことであった。本来各人に属するものであったのに、奪われているものを返すことであった。奪われているもののなかには物質的なものばかりでなく、精神的なものも、当然、含まれるのである。財産、人格、生命、あらゆる力。[25]それゆえ裁判官という言葉は、たまたまの比喩で使われたのではなく、ルソーの正義論の核心がここに現れているとしなければならない。誰が一体、人間の正義を見出すのか。神のような特別の存在者か、卓越した能力をもった人間か。そのいずれでもない。他の誰でもない人民一人ひとりしか正義の発見者はいない。ルソーはロベスピエールのエリーティズムと対立する。共和国の正義の発見の責任を一人ひとりが分有するのである。宇宙を統べる神の正義に比べ、人間の正義は時代によっても国家によっても変わりうる、相対的な正義でしかないが、よりよい正義の発見のために、人々は自らの責任を全うしなければならない。ここからいかなる少数者も（ロベスピエールも）全人民に成り代わって人間の正義を見出すことはできないという結論が導き出せ、われわれの理解によれば、ルソーのなかにロベスピエールの論理の萌芽を見ることができないことが明らかとなるのである。

結びにかえて

われわれの議論は直接的には、確かにフランス革命期を対象としたのだが、それはあらゆる人を排除しない共同意志形成論、直接民主主義の論理の追究に他ならないのである。だが、ルソーの合意形成論の限界を指摘する声が発せられるであろう。例えば、ルソーの構想した共同体においては、排除されざる「あらゆる人」のなかに、女性は入っていないのだと。然り。なるほどルソーが直接、構想した共同体に視野を限ると、理論の矛盾や限界を問題とせざるをえないだろう。しかし、ルソーの理論体系を現代に応用、活用させようとするなら、小国の同質的な男性市民による厳格な共和制モデルという、通説的、古典的な読解にかえて、現代に生かしうる新しい読解を提起しなければならない。一つの政治共同体の抱えた矛盾、限界は、革命を経た新たな共同体によって克服される。とはいえ新しい共同体も新たな矛盾、限界を抱えるのだが。このような遠大なルソーの歴史体系にまで視野を広げると、矛盾や限界は克服されうる。結局、かれの歴史体系はユートピアなき永久民主主義革命論と呼ばれるにふさわしいものである。問題は性に限らない。われわれは地球大に移動し、性や民族や宗教を異にする多種多様な人々が集う新しい共同体の理論、柔軟な共同理論モデルをそこに「発見」できると思う。ソ連、東欧の体制崩壊後、混迷を深める現代政治は、多元論、多元・共存論に押され続けている[26]。長らく歪められ、誤解されてきたルソーの共同理論に新しい光を当てることによって、現代政治にダイレクトに響く、魅力的な共同理論を提示する、これは準備作業でもあるのである。

＊ルソーのテクストは、プレイアード版（*Œuvres complètes de J.-J. Rousseau*, Paris, Gallimard, 1959-　）を使用した。なお、『社会契約論』からの引用は、注を付さず本文中に編章のみを、例えば（II—2）などと表記した。

（1）本章は拙稿「ルソーの人民集会論とフランス革命——シエース対ペティヨンそして国民公会対ヴァルレ——」（『法学新報』第一〇七巻第三、四号、二〇〇〇年）の続編として読まれることを希望する。

（2）J・L・タルモン『フランス革命と左翼全体主義の源流』市川泰治郎訳、拓殖大学海外事情研究所、一九六四年。フランソワ・フュレ『フランス革命を考える』大津真作訳、岩波書店、一九八九年、なかでも第二部IIIを参照されたい。

（3）*Archives parlementaires*, 1ère série, t. 84, p. 333.

（4）*Ibid.*, p. 332.

（5）*Ibid.*, p. 337.

（6）*Ibid.*, p. 331.

（7）拙稿「ルソーの人民集会論とフランス革命——シエース対ペティヨンそして国民公会対ヴァルレ——」。

（8）*Archives parlementaires*, 1ère série, t. 84, p. 331.

（9）*Ibid.*, p. 333.

（10）*Ibid.*

（11）*Ibid.*, p. 332.

（12）ただし現実には若干のメンバーの交替を除いて、同一人の再選が繰り返された。

（13）プラトン『国家』（下）、藤沢令夫訳、岩波文庫、二〇〇三—二〇七ページ。

（14）遅塚忠躬「ルソー、ロベスピエール、テロルとフランス革命」（札幌日仏協会編『フランス革命の光と闇』勁草書房、一九九七年、所収）。

（15）同書、一三七ページ。

（16）同書、一三三—一三五ページ。

(17) ベルンハルト・グレトゥイゼン『ジャン＝ジャック・ルソー』小池健男訳、法政大学出版局、一九七八年、第三章。
(18) 福田歓一『政治学史』東京大学出版会、一九八五年、四三〇ページ。福田氏のルソー理解については同書の他、『近代政治原理成立史序説』岩波書店、一九七一年（特に第一部第四章ならびに第二部第三章）を参照されたい。
(19) 福田『政治学史』四三〇―四三一ページ。
(20) 拙稿「ルソーの一般意志論の解明――ヘーゲルの普遍意志とマルクスの固有の力との関連において――」（中央大学社会科学研究所年報第二号、一九九八年）。
(21) 拙稿「J・J・ルソーの正義論――人類と国家の円環史的展開の視点から――」石塚正英編『クレオル文化』（「社会思想史の窓」第一一八号）社会評論社、一九九七年。あるいは『社会思想史研究』（社会思想史学会年報）第二一号、北樹出版、一九九七年。
(22) *Du Contrat social*, Ⅲ p. 288.（『ルソー全集』第五巻、白水社、二八〇ページ）。
(23) 福田『政治学史』四三〇―四三一ページ。
(24) 同書、四三七ページ。
(25) *Emile ou de l'éducation*, Ⅳ p. 840.（『エミール』岩波文庫（下）二三二ページ）。
(26) 樋口陽一『自由と国家――いま「憲法」のもつ意味――』岩波新書、一九八九年、同『憲法と国家――同時代を問う――』岩波新書、一九九九年。樋口氏はルソー＝ジャコバン型国家とトクヴィル＝アメリカ型国家という類型論を展開する。前者が統合型（レピュブリカン）、後者が多元・共存型（デモクラット）に対応していることは、いうまでもなかろう。

第七章　プルードンの連合主義理論形成過程

横山清彦

はじめに（問題の所在）

歴史上初の人民自治政府の出現として名高いパリ・コミューンに多大の思想的影響を及ぼし、また近代アナキズムの始祖としても夙に知られる、一九世紀中葉のフランスの政治思想家P・J・プルードン（P. J. Proudhon）は、昂揚するナショナリズムの潮流とネーション・ステイトの形成という世界史的趨勢と要請に逆らって、ウィーン体制をパラドクサルに擁護する側にまわり、「一民族一国家」を標榜する「ナショナリテの原則」（le principe des nationalités）と「自然国境の原則」（le principe des frontières naturelles）に反対して、国民国家形成という民族的熱狂に賛同せず、晩年に到達した「連合主義理論」に基づき一八六二年『連合とイタリアにおける統一』、一八六三年『連合の原理』・『一八一五年の諸条約なかりせば』、一八六四年『イタリア統一に関する新たな考察』等の一連の著作を立て続けに発表して、内外の反発と顰蹙を買った特異な思想家でもあった。[1]

プルードンの生きた一九世紀に先立つ一八世紀は、政治思想史上に於いて中世的スコラティシズムの桎梏から解き放されて、自然法思想と啓蒙主義合理論哲学に基づく契約国家論がT・ホッブズやJ・ロック及びJ―J・ルソーによって展開された「理性の時代」であった。引き続く、市民社会批判の「イデオロギーの時代」としての一九世紀の只中にあってプルードンは、論敵K・マルクスが「階級国家論」を展開してプロレタリアート独裁国家に到達したのと異なり、「政治革命」と中央集権的「国民国家」に反対して権力の限定化と相対化による「連合主義国家論」(2)を展開した。

本章は、かかるプルードンの歴史認識とネーション・ステイト批判の意図するところが如何なるものであったのか、またその「連合主義理論」は如何にして形成されたのかを、体制擁護と変革の思想の視点から内在論的に考察するものである。プルードンの歴史認識とネーション・ステイト批判の意図するところを解明することは、同時に、現代の「国民国家をめぐる諸問題」(3)の解明に新たなる分析視角を提示するものと考えられるからである。

1　プルードンと二月革命

「狂気の年」一八四八年のヨーロッパの諸革命は、ウィーン体制を根底から揺るがせた。しかしながら、既にそれ以前にイタリアの統一（リソルジメント）をめぐって一八三〇年代に大きな動きが存在していた。秘密結社「カルボネリア」（炭焼き党）の退潮に伴う、バブーフ派のF・ブォナロッティとG・マッツィーニの対立である。一八三一年にマッツィーニがブォナロッティの影響下から脱して「青年イタリア」を結成すると、ブォナロッティがこれに対抗して「真のイタリア人」を結成したため、両派のイタリア革命の主導権をめぐる抗争が開始されたからである。(4)この対立の根底に存在していたのは、革命をめぐるコスモポリティズムとナショナリズムの相剋であった。マッツィーニは、イタリア革命の自律性を主張する。何故なら、普遍的人権に立脚するフランス革命は古き時代の到達点であり、新しき時代の原理は「国民」の組織化でなければならないからである。マッツィーニ主義は次第にイタリアで勢力を拡大し、一八三七年ブォナロッティの死後、マッツィーニ主義への主導権の移行が決定的となる。(5) この運動潮流の大きなうねりをもろに浴びたのが、ウィーン体制と、この時期、国民国家への転換の時代を準備していた七月王政～第二帝政期のフランスであり、思想家のプルードンであった。

この時期のプルードンは、J・プラムナッツによって「プルードンは、ポーランド及びイタリアのナショナリズムに対するフランス人の共鳴を共有していない。(6)」と評されたように、勃興するナショナリズムへの疑念から、急遽ウィーン体制を擁護する側へまわり、一貫してイタリアやドイツの国家統一に反対し続けた。何故なら、巨大な国民国家を最も熱心に創造しようとする人々は、小集団の自治や個人の自由に殆ど注意を払わないように、プルードンには思われたからである。プルードンの、かかるウィーン体制観転回を跡付けることは、同時に、彼の歴史認識とネーションン・ステイト批判の視角を検証することになると考えられる。プルードンのウィーン体制観は、初期と後期では正反対のものとなっている。プルードンの中にある、かかる自己矛盾を考察するときには、E・H・カーも指摘する如く、プルードンをプルードンの時代の急速に変化してゆく背景に対置することが、とりわけ重要である。(7)

I・ウォーラスティンの「世界システム論」の時代区分の第三期、一八一五―一九一七年(再編成期)(8)のうち、特にウィーン体制の展開から崩壊の時期は、ネーション・ステイト形成の時期にあたっている。この期の特質は、工業資本主義勃興の時代にあると言ってよい。従来の、農業を中心とする資本主義から、産業革命を経由して工業資本主義の段階に突入する時期区分にあたっている。中心国にイギリスが位置し、周辺国にラテン・アメリカ、アジア、アフリカが組み込まれ、準周辺国にアメリカ、ドイツ、ロシア等が存在している時期である。但し、フランスが奈辺に位置づけられているかが、些か不明確であり(9)、これがこの時期のフランスの政治的特質であるとも考えられる。さらに、ウィーン体制の崩壊をめぐっても、国内に体制擁護派と反対派の論争を内包するという、構造的特質と特異性をも有していた。

「七月王政」の時代に、プルードンは渡り印刷工としてフランス国内を転々とし、一八四〇年、三一歳の時、独学の成果を『所有とは何か』として世に問い、一躍その名を知られることとなる。あくる一八四一年に『所有に関するブランキ氏への手紙』、一八四二年に『所有者への警告』を出版して官憲の追及と指弾を受けるが、からくも不起訴及び免訴処分となっている。この後、一八四三年に『人類における秩序の創造』、一八四六年に論敵マルクスの批判を受けることとなる『経済的諸矛盾の体系』を出版して、社会思想家としての揺るぎない地位を確立した後、一八四八年三九歳の時に「二月革命」を迎えている。

プルードンは、一八四八年二月二四日の革命勃発の日『手帖』に次のように記している。

「人々の頭の中には何の理念もない。人々は不安になっている。しかも混乱はいよいよ解きがたい。混乱というのは、権力を得ようと争う負けず劣らずまったく無知な弁護士や著述家達の喧噪のことである。そこでは私は何もする事がない。……ラマルティーヌ、キネ、ミシュレ、コンシデランのような人物、山岳党等、神秘主義、ロベスピエール主義、排外主義の全てが権力についた。革命は理念なしにおこなわれた。(10)」

また、四月三日付「ドゥー県選挙人への手紙」では次のように書いている。

「人々は、自由の樹を植え、記念碑の銘を書き換え、愛国行進を行っています、彼等は一七八九年と一七九三年の讃歌を歌っています。しかし、一八四八年のためにはまだ何一つ存在しないのです。我々は想い出の上に生きています。（中略）

私は、臨時政府が無益で、無根拠で、目的意識も正義も持ち合わさず、その大部分の法令によって労働者階級とブルジョワ階級との間の分裂を助長し、またあの忌むべき政策によって祖国の平穏だけでなく、革命の前途をも危うくしたことを糾弾します。（中略）

私は、臨時政府が緊急事態による独裁が付与した権限を逸脱したことを糾弾します。臨時政府は諸法を廃止したり変更したりして、自らの準則であるべき内閣の権限の限界を踏み越え、ナポレオンの独裁でもなければ、人民の［意志の］表現でもなかった、あの一七九三年の民主政にまで後退したのです。

私は、臨時政府を転覆しようとは思いませんし、そのメンバーを名指しで非難するものでもありません。私は、臨時政府が方向と政策を変えることを要求しているのです。

親愛なるドゥーの県人諸君、二月革命がその全帰結を我がものにすることを私が望んでいることを付け加えることは必要ないでしょう。その全帰結とは、共和政であり、全員に対する自由・平等・福祉の増大であり、くだらぬおしゃべりと、とりわけ政府の恣意の縮小であります。」(11)

プルードンは、「二月革命」に対して以上のように距離を置いてはいるが、人民に対する連帯の念は、終始変わることはなかった。「何が起ころうとも私は、民衆を正当化するであろう。とりわけ蜂起と敗北の状況にある時には」とプルードンは書いている(12)。

「七月王政」を打倒した「二月革命」の主役は、疑いもなくパリの民衆の街頭反乱であった。ブルジョワ共和派のガルニエ・パジェス、アラゴ、ラマルティーヌ、小ブルジョワ共和派のルドリュ・ロラン、社会主義共和派のルイ・ブラン及び労働者代表として機械熟練職人出身のアルベールを含む「共和国臨時政府」が成立し、かかる労働者の示威圧力下に「労働権」(droit au travail) と「労働の組織化」(organisation du travail) の二方針を認めて、労働者のために労働時間の制限や労働問題を調整する「リュクサンブール委員会」と、失業者を救済して生活を保障するための「国立作業場」(ateliers nationaux) の設置を決定した。[13] また、臨時政府は、社会主義者達の要求を入れて普通選挙制、言論・出版・結社の自由を認めた。しかしながら、有産市民階級である自由主義者やフランス大革命によって小土地所有者となった農民層は、かかる急進的な社会主義政策を危惧して保守化する。その結果、一八四八年四月に実施された憲法制定議会総選挙では、社会主義派は惨敗しブルジョワ共和派の圧勝に帰する。[14] なお、プルードンもこの選挙で落選している。保守的議会の確立に成功したブルジョワ共和派によって「リュクサンブール委員会」の廃止と「国立作業場」の閉鎖が決定される。これに失望して、反発した労働者階級は、プルードンの反対にも拘わらずパリで蜂起し「六月暴動」を起こす。これに先立つ六月四日に行われた補欠選挙で、プルードンは、当選している。他の当選者の中にはプルードンの政敵となるティエールやルイ・ナポレオン、そして生涯の友人である作家のビクトル・ユゴーがふくまれていた。

「六月暴動」は数日間に及ぶ市街戦の後、陸相カヴェニャックによって鎮圧される。数万人の男女と子供達が武器をとり、六万人の軍隊に抵抗した。市民の側の犠牲は、現場で即時銃殺された者が一五〇〇人、死傷者二四〇〇人、逮捕者二万人にのぼった。パリ及び地方の国立作業場は全面的に解体されてゆく。

国家による上からの革命に反対して、労働者の自発的連帯性に基づく、下からの「社会革命」を主張するプルードンは、前述したように「二月革命」を「理念なき革命」と評価して、「六月暴動」にも反対したが、実際には、プルードンはバリケードの内側に入り、状況をつぶさに把握して、議会内でも「六月暴動」を再三にわたって弁護して孤立する。プルードンは議会に、「所得税に関する提案」を出して、地代や家賃収入の三分の一を地主や家主から徴収し、その半分を租税として国家が取り、残りの半分を借地人や借家人に返還することを主張したのであった。しかし、「六月暴動」後の反動的風潮の中で、不労収得権としての財産権を制限するプルードンのかかる提案は、審議の対象になるどころか非難されるべきだという扱いをうけるのである。前首相のティエールは、その旨を本会議で報告し、プルードンを非難する決議案が、賛成六九一票対反対二票という圧倒的多数で可決された。プルードンはまさに孤立無援であったのである。(15)

しかも、こうした動きの中でプルードンの終生の政敵ルイ・ナポレオン・ボナパルトへの政治的期待が急速に高まってゆくのである。

まず、一八四八年一二月に行われた大統領選挙で、ブルジョワ共和派のカヴェニャック将軍が保守派の推すルイ・ナポレオン・ボナパルトに惨敗したのである。ルイ・ナポレオン・ボナパルトの得票は五四〇万票、カヴェニャック将軍が一四〇万票、急進派のルドリュ・ロランは四〇万票、社会主義者ラスパイユは四万票に満たなかったのである。ルイ・ナポレオンの圧倒的勝利が農民の支持によることは疑い得ない。

ルイ・ナポレオンの登場が同時代人の注目をひいた理由は、その人物的意外性と、不可思議性に有ったと言いうる。偉大なる皇帝ナポレオンの甥であるという出自であったとはいえ、スイスでは志願兵、ローマではカルボネリアの陰謀家、フランス国内で三度にわたる軍事蜂起の失敗、その後、脱獄してロンドンで警官という彼の経歴は、誰にとっても得体の知れない山師にすぎなかった。しかしながら、ルイ・ナポレオンは権威主義とポピュリズムの時代的要請の結合からなる「ナポレオン的観念」によって驚異的な成功を収めるに到るのである。(16)

翌一八四九年五月に実施された立法議会選挙後のフランスは、ブルジョワ共和派の大幅な後退による「共和派なき共和国」状態であった。政治的不安定状態の収拾方向としては、正統王朝派とオルレアン派が合流し、カトリック勢力と保守化した上層ブルジョワジーをも含む議会多数派としての秩序党（parti de l'ordre）による名望家体制への復帰か、あるいは共和派左派と急進派を合わせた議会少数派としての山岳党（Montagne）による「社会的共和国」への道かの選択肢が存在していた。いずれにしても、ブルジョワ共和制の継続が秩序維持にとって困難になりつつあったのである。このような社会情勢の中で政治的「第三勢力」としてボナパルト派が登場してくる。ルイ・ナポレオンは巧妙な術策による議会操作の後、一八五一年一二月二日のクーデタを断行してナポレオン三世として「第二帝政」を確立する。

2 プルードンの歴史認識とウィーン体制観

右翼の秩序党と左翼の山岳党という二つの政治的勢力に対抗して登場したルイ・ナポレオンのボナパルト派には、民衆の名望家に対する反感をボナパルト支持へと調達する感情的運動としての「人民的ボナパルティズム」と、この感情的運動を秩序維持や個人的野心のために最大限利用しようとする「名望家のボナパルティズム」との二側面が含まれていた(17)。従って、固有の階級的基盤の欠如を政治的・イデオロギー的操作によって、絶えずカバーせざるをえないという内在的な矛盾が常に存在しており、そのため、成立以来第二帝政は、外政面での国民的栄光を一貫して追求せざるをえず、ナポレオン三世は、盛んにイタリア問題等に干渉と介入を続けたのである。

一八六三年一一月五日、ナポレオン三世は、諸外国のナショナリズムの昂揚に触れて「一八一五年の諸条約は存在しなくなった」と演説してしまったのである。実際には、一八一五年の諸条約すなわちウィーン体制を、到る所で覆す傾向が見られるから、この際ヨーロッパを病人にしている全ての係争問題を討議するための会議をパリで開催しようという発言と提案であった[18]。しかし、ナポレオン演説のエキセントリックな部分が誤解を招き、大きな反響をヨーロッパ全体に与えたのであった。これをきっかけに、フランスにおいてはウィーン体制の再検討が行われ、体制擁護派と反対派の論争が開始される。体制擁護派としては、A・ティエールが典型であり、「一八一五年の諸条約は、我々の保護であるから、それらを尊重せしめよう。フランスは、宿命的に自分の敵国となるであろう巨大国家を、フランスの出入口に、喜んで創り出すであろうか」と提起している。これに対して、反対派のE・オリヴィエは、「しかしながら、まさしくそのような考え方をすることによってこそ、我々が恐れている運命が現実のものとなってくるのである。イタリアとドイツが、フランスこそが両国にとっての主たる障害であると考えれば考える程、両国はフランスに対して、自らの統一を押し進めるであろう」と反論している[19]。

一般大衆は、心情的に反対派が多かった。共和主義的新聞『ナショナル』は、「フランスは、イタリア統一を、そしてさらに、ドイツ統一をも促進すべきである。そして最後に、フランスはポーランドを再建すべきである。そうすることによって、フランスは正義を再建すると同時に、ロシアの勢力を弱めることになるのであり、農奴制と絶対主義の亡霊を消滅しうるのである」と書いている[20]。

皇帝ナポレオン三世の立場は、ウィーン体制に対して否定的なものであった。その理由としては、まず、偉大な伯父ナポレオン一世を歴史の舞台から退け、その業績を否定したという身内としての心情であり、次いで、欧州の時代錯誤的な封建的状態を払拭するためには、政治的かつ経済的に大規模な範囲が、近代的人間にとっては必要であるという、ナポレオン三世の非常に近代的な感覚であり、最後に、公正という関心から、人々が永久に外国人によって支配されるのは許容しえないという点にあったと考えられる[21]。

ところで、プルードンの立場であるが、G・デュヴォーがいみじくも叙述しているように、常に鬼面人を驚かして独創的に立ち現れることに強い喜びを感じるプルードンは、フランスの利害という観点のみでの議論には与せず、ヨーロッパ全体の福祉を考慮して[22]ウィーン体制を擁護する側にまわり、ナポレオン三世の言葉をそのまま引用して、『一八一五年の諸条約もしなかりせば』という時局論を発表するに到る。この著作の中に、プルードンの特異なウィーン体制観とネーション・ステイト批判がよく現れている。プルードンは、まず、次のように問題を提起する。

「もし、一八一五年の諸条約が最早存在しないとするならば、最早ヨーロッパの公法は存在しない。……そうであるとするならば、諸国家の存在は何に基づくことになるのであろうか。それらの保証は何処にあるのか、公法なくしては、ヨーロッパは戦争状態に陥る。諸国家が互いに侵害しあうのを妨げるなにものも無くなるであろう。大国家間の衝突において、小国家は如何なることになるのであろうか。一八一五年の諸条約がもし廃止されるならば、最早合法的な国境はなくなり、プロシアやオーストリアやフランスやイタリアやドイツやスイスは、どこで終わるのか。ライン河は誰に帰属するのか。ヴィスラ河は誰に帰属するのか。ダニューブ河やコンスタンチノープルやジブラルタルやアドリア海は、誰に帰属するのか[23]」

一八一五年の諸条約がもし廃止されれば、ヨーロッパは際限のない混乱に陥ることになると、プルードンは考える。何故なら、プルードンにあってはウィーン体制は、ヨーロッパの均衡を実現したものであって、このヨーロッパの均衡という現実から出発して、ヨーロッパを連合の基礎となる小集団に分割して、国家の消滅に向かおうというのがプルードンの政治的立場であった。ウィーン体制が崩壊すれば、政治的混乱が起き、大国のエゴイズムに小国が苦しむことになる。かかる視点に立脚して、プルードンは、敢えてナショナリズムの昂揚という時代的潮流に逆らい、「ナショナリテの原則」と「自然国境の原則」に反対して、あくまでもヨーロッパの均衡と憲法の保障による、連合主義の実現を主張するに到るのである。

ところで、プルードンの歴史認識とウィーン体制観は、如何なるものであったのであろうか。プルードンは、まず時代区分としては、一六四八年のウエストファリア条約と一八一五年のウィーン会議の諸条約をとりわけ重視している。従って、ヨーロッパの時代区分の第一期は、ウエストファリア条約の一六四八年以前ということになる。第二期は、一六四八—一八一五年、ウィーン体制の発足までということになり、従って、第三期は一八一五年以後ということになる。第一期の時代の特徴は、「力の原則」である。全ての国家間の条約は、最も強力な者に有利になるように勝利が解決したのである。この習慣から戦争法と呼ばれる一種の法が出てくる。そこでは、「力の原則」が支配している。ここから、二つのことが導き出される。ひとつは、力が法の根拠となるということであり、いまひとつは、力の原則が支配するところでは、勝者が敗者を併合するということである。勝者が敗者の民族性を廃して併合し、かかる連続的併合によって巨大国家が形成されることとなる。(24) 次の第二期の時代の特徴としては、「三十年戦争」を終結させたウエストファリア条約の中に体現されていると、プルードンは考える。すなわち、「戦争法＝力の原則」に基づく巨大国家としての、世界的な統一国家の否定である。

プルードンは次のように言う。

「今後、キリスト教諸国を荒廃させるかもしれない戦争が、如何なるものであるにせよ、これらの戦争はそれら全ての諸国を併合して単一化せしめ、かくて単一国家の経験を、もう一度やり直す程にまでは徹底させられるべきではない。……諸国家の多元性が、今後は受け入れられ、可能な限りそれら諸国家の平等または均衡の原則によって維持されるべきである。(25)」

さて、それでは第三期の時代の特徴は、如何なるものであろうか。プルードンは、次のように述べている。「力の原則」を止揚するものとしての諸国家の多元性、すなわち「均衡の原則」の登場である。

「ウエストファリア条約は、古い国際法に革新的な原則すなわち諸国家の多元性とそれらの均衡という原則を導入した。他方、ウィーンの諸条約は、今度は、ウエストファリア条約によって創造されたヨーロッパの公法に、諸国家を一種の相互的保障によって結びつけることを各国政府に義務づける補助的な原則を導入した。すなわち、この新しい原則は諸政治憲法の原則である。(26)」

従って、このウィーン体制の時代には、「均衡の原則」と「憲法の原則」が打ち立てられたことになり、この二つをプルードンは、とりわけウィーン条約の功績として評価するのである。そして、これら二原則を打ち立てたウィーン諸条約に対して、様々な違反が五〇年来行われているが、この二原則は未だかつて破られたことはないと、プルードンは主張する。かかるプルードンの歴史認識、わけても通説に反するそのウィーン体制観に大きな特色が認められるが、かかる特異性はウィーン体制を平和の時代と捉えて、「幾多の欠点にも拘わらず、ウィーン条約は歴史の関連において見るならば、進歩と安定と拡大の一世紀への入口として見なすことができる(27)」と言う、歴史家のＧ・ブラウン等に通じるものである。

また、前述したカーも一八一五—一九一四年の一世紀を評して、近代国際諸関係のうち最も秩序立った羨望すべき時期と一般に考えられているとした上で、「この時期が旨くいったのは夥しい妥協のためであり、それらが或る点でこの時期を前の時代の本来の後継者とし、また別の点では反対物としたのである。一面から見れば、この時期には《ナショナリズム》と《インタナショナリズム》の諸勢力が微妙な均衡を保つことができた。[28]」と指摘している。

以上のような視点に立脚して、プルードンは、勃興するナショナリズムの潮流に逆らって「ナショナリテの原則」と「自然国境の原則」をまやかしであるとして、ネーション・ステイトの形成を批判する。プルードンは、次のように考える。

「人は民族性（Nationlités）という言葉によって何を言わんとするのか、民族と同数のナショナリテがあるのだろうか。民族に宗教と言語の特徴を加えなければならないのか。ある民族性が政治的に同化してしまっている異質の諸民族性の諸分派を、そのある民族性を構成するものとして、人は看做すべきであろうか。これでは我々は悪循環に陥ってしまう。同化とは何から成り立っているのか。何が民族を構成するのか。宗教と言語の影響は如何なるものであるのか。[29]」

プルードンにあっては、「ナショナリテの原則」は、外見上単純で適応の点で容易ではあるが、「一民族一国家」とは実際には確定しがたく、例外や矛盾を免れがたく嫉妬と不平等の原因であるにすぎず、一方「自然国境の原則」は、衒学的な苦心の理由づけにも拘わらず、でたらめに地質学・政治学・自然史・国際法を混合した、さらに曖昧で専横的なものであるにすぎなかったのである。[30]

プルードンは、一八三〇年にベルギーの分離独立が行われた時、それは一八一五年の諸条約の精神に基づいて行われ、全ての国の同意を得て配慮されたのだと強調する。[31] さらに、プルードンは、ベルギーがその独立を主張した際に、ベルギーが「ナショナリテの原則」を考慮に入れなかったのと同様に、「自然国境の原則」をも考慮に入れなかったことに注目すべきだと指摘してこの両原則の無効の歴史的反証だとしている。[32] 何故なら、スイスのナショナリテが存在しないのと同様に、ベルギーのナショナリテもまた存在しないからである。ベルギーのナショナリテは、異なる民族の二つまたは三つの諸部分の間の、すなわちオランダ人またはバタヴィア人・ゴール人・ゲルマン人の間の政治的結合にすぎないからであり、さらに「自然国境の原則」に関して言えば、外交によって国境が取り決められたのであって、地勢による国境の正当化は不可能なのである。[33]

プルードンは、この誤てる両原則に基づく主張の下に進行中の、イタリア統一に危惧の念を表明する。そこに展開されているのは、まさしく彼のネーション・ステイト批判に他ならない。プルードンは、次のように述べている。

「中央集権化の根本的効果は、一国の様々の地方において、それらの地方特有の全ての特色を消滅させることである。そして、人はこの方法によって大衆の中に政治的生命を昂揚させようと考える一方で、大衆の構成諸部分の中で、またその諸要素の中においてすら、それを破壊するのである。統一国家イタリアは、最高の権力、すなわち、政府の利益になるように全ての地方的かつ自治都市的諸自由が奪われている国家なのである。」[34]

「個別的なナショナリテを絶滅して、人がそこでは息もつけず互いに知り合えない抽象的なナショナリテへと統合してしまうこと、これがすなわち統一である。（中略）もしナショナリズムの原則が真実であるとするならば、それは最も大きな諸ナショナリテについてと同様に、最も小さな諸ナショナリテに対しても真実であるべきであり、従ってそれは最も巨大な諸集合体に対すると同様に、最も小さい諸集団の独立と自治とを意味しなければならないのである。[35]」

「その本質を奪われてしまった二五〇〇万のイタリア人を支配するためには、この巨大な機構を管理してゆくためには、とてつもない官僚制と無数の官吏を必要とする。内外に対してこの機構を防衛し、それをその臣民達及びその敵達に尊敬させるためには常備軍を必要とする。それで今後は、官僚・軍隊・諸属国、これらが国家に取って代わるであろう。

（中略）そしてその経費は、中央集権化に正比例してかつ諸地方の自由に反比例して増大するのである。[36]」

プルードンにあっては、統一国家とは結局、政府に売り渡された国家、すなわち「売られたる都市」（urbem venalem）に他ならないのであり、そこでは全てが大衆から収奪されるのであるとして、ウィーン体制を擁護する側へと転じ、イタリア統一等のネーション・ステイトの形成に反対する。[37]

3　連合主義理論の形成

プルードンは、自らの政治理論を初期においては「アナルシスム・ポジティフ」（l'anarchisme positif）[38]、後期においては「連合主義」（le fédéralisme）として概念化している。従って、プルードンの理念としての国家観がアナルシスム・ポジティフであるとするならば、具体的なる国家論として構想化されていたのが連合主義理論であると言えよう。プルードンが、アナルシスム・ポジティフを連合主義へと収斂させつつあった、一八六〇年代当時の欧州各国は、産業社会を背景として、一路中央集権化への道をグローバルに歩みつつあった。プルードンは何故に、地域分権的な「連合主義」を主張することによって、中央集権化というかかる歴史の潮流に敢えて逆らおうとしたのであろうか。

C・ブーグレは、プルードンが政治の領域に関心を持ち始めた一八六〇年代の歴史的な傾向を、中央集権化への動きの時代として把握し「大規模集団の時代」(l'âge des grandes agglomérations) と呼んでいる。[39] 大産業の進歩と発展、大産業が世界中で行う原材料の獲得、それを可能ならしめるために必要とする協調、これらが、その時以後政治的統一の必要性をより一層鋭敏に感じさせてきたのである。それ故に、人々は、「小規模国家は最早役に立たない」と好んで繰り返し語ったのであった。何故なら、国家という名に値する軍事力に小規模国家は欠けるのみならず、資源の集中的開発を可能とする経済的諸手段をも欠いているからである。従って、このような傾向が巨大国家群の形成へと歴史的には繋がってゆくことになるのである。[40] ブーグレは、集中化へ向けてのこのような欧州諸国家の意図はプルードンにとっては恐怖と顰蹙の対象にしかすぎず、帝国主義的かつ中央集権的、そして権威主義的国家は最も嫌悪すべき存在であったのだと考察している。[41] 何故なら、プルードンにとっては、集団が大きくもなく小さくもない「中規模」(médiocre) のものであって初めて、自由が保障されるのに対して、大規模な中央集権国家では完全に自由は圧迫されると考えられたからである。さらに、プルードンは、これらの中規模の諸集団においては諸権力が明確に分割されていなければならないと考える。[42] その上で、これら中規模の諸集団は、明確に制限された諸権限からなるところの一つの権力を形成すべく連合しなければならない。但し、この権力は「支配」(le gouvernement) と言うよりはむしろ「機関」(l'agence) であらねばならず、集団相互の独立を妨げることなしに集団相互の共通の利害関係を管理調整しうるものでなければならないのである。このようにしてのみ、「政治的諸矛盾」が解決されるのであり、権威と自由との均衡がもたらされるのである。従って、社会的契約は最早空虚な言葉ではなくなるとプルードンは考えるのである。[43] プルードンは、次のように述べている。

「政治的契約が、民主政治の理念が示唆する双務的かつ実定的な条件を満たすためには、そして賢明なる限界のうちに局限され、全員にとって有利で快適なものであるためには、市民は協同社会に加入しながらも、第一に、自分が国家に捧げるのと同じだけ国家から受け取ること。第二に、契約が結ばれる目的であるが、国家に保証を要求する以外は、市民はあらゆる自分の自由・主権・発議権を保持することである。このように規定されかつ理解された政治的契約が、私が連合と名付けるところのものである。

協定、契約、条約、約束、結合等を意味するラテン語に由来する連合（Fédération）とは、一ないし多数の家族の長、一ないし複数のコミューン（市町村）、一ないし複数のコミューンのグループ又は国家が、一つないし多数の特殊な目的のために、相互に平等に、それぞれが相手方に義務を負う協約である。[44]」

「連合的契約の本質と性格をなすもの、私があなた方の注意を喚起するもの、それはこの制度の中では、契約当事者達、家族の長、コミューン（市町村）、小郡、地方ないし国家は、一方が他方と、双務的に実定的に義務を負うのみならず、それらは協定を結びながらも、協定によって放棄する以上の権利と自由と権威と所有とを、個々に留保していることである。[45]」

さらに、次のようにも補足している。

「ロベスピエールのものでありジャコバン派のものでもあるルソーの理論においては、社会契約は、神権・父権・ないし社会的必要性による代わりに、国家の形成、統治と個人との諸関係の動機を理由づけるために考えられた、法学者の虚構である。カルヴァン派から借用したこの理論は、一七六四年には一つの進歩であった。というのも、それまでの自然法則の、ないし宗教の付属物と見なされていたものを、理性の法則とすることを目的としたからである。連合の制度の中では、社会契約は虚構以上のものである。それは実際に提起され、討論され、票決され、採用され、そして契約当事者の意志のままに規定によって修正される、積極的な実行ある協約である。連合的契約とルソー及び一七九三年の契約の間には現実と仮定との隔たりが存在しているのである。」(46)

要するに、プルードンにあっては、連合の制度は帝政的民主政治・立憲的君主政治・中央集権的共和国が特徴としている階級制、あるいは行政と統治の中央集権制の反対のものであった。その基本的かつ特徴的な法則は、「連合」においては、中央の権力の権限は特定化されており、限定されており、数は減らされ、間接的となっている。反対に、中央集権的な諸統治においては、領土の広さと人口の数とに正比例して、最高権力の権限は増大し、拡大し、直接化され、君主の管轄権の中に、地方が、コミューン（市町村）が、同業組合が、個人がなすべき事が引き寄せられる。そこから、コミューンや地方のみならず、個人や国民のあらゆる自由を消滅させる圧制が生まれると、プルードンは考える。(47)

また、プルードンはサン・シモン主義者等の欧州連邦すなわち「ヨーロッパ合衆国」の構想化を批判してもいる。

「ヨーロッパ国家連合について、別の言葉でいえばヨーロッパ合衆国について、フランスの民主主義者の間では幾たびも語られてきた。この名称の下で人々が、常設会議機関を持つ、現存の大小のあらゆる国家の同盟以外のものをかつて考えていたとは思われない。それぞれの国家が自分に最もふさわしい統治の形態を維持するであろうことは十分察せられる。さて、各国家がその人口と領土とに比例した票数を持つとすれば、小さな国家は、この国家連合と称するものの中で、まもなく大きな国家に従うこととなろう。更にこの新しい神聖同盟が集団的発展の原理によって動かされることがあるとすれば、内部的な動乱の後に、それは唯一の強国に、ないしヨーロッパ巨大君主国家に変貌することであろう。従ってそのような連合は罠でしかないであろうし、また如何なる意義をも持たないであろう。」(48)

この意味で、プルードンは「地域主義」(le régionalisme) 思想の先駆であり、現代の欧州連合（ＥＵ）とその中核理念たる「補完性の原則」(le principe de subsidiarité) の思想的一源泉であると考えられる。(49)地域主義的かつ分権主義的な「連合主義」の政治組織には、その経済組織が対応せねばならない。何故なら、プルードンにあっては、生産の世界において平等の存在しないところには真の市民的自由は存在しえないからである。(50)プルードンは、次のように言う。

「二つないし多数の独立国家が、政治的観点から、自分達の領土の保全を相互に保障しあうために、あるいは自分達の保護のために連合しうるように、同じく経済的観点からも商業と産業の相互の保護、関税同盟といわれるもののために連合しうるし、交通の手段、道路や運河や鉄道の建設と維持のために、また信用と保険の組織化等のために連合しうる。これらの特定の連合の目的は、契約当事国の市民達を、内部のまた外部の資本家と金融資本の搾取から守ることにある。それらの連合は、私が農・工連合（la fédération agricole-industrielle）と名付けるものであり、それら全体でもって、今日支配的である金融封建制に対抗するものとなるのである。（中略）金融・産業封建制は、公共事業の独占によって、教育の特権によって、労働の細分化によって、資本の利益によって、税金の不平等によって、大衆の政治的失墜、経済的隷属ないし賃金制度を、一言でいうなら、身分と財産の不平等を確立することを目的としている。農・工連合は、反対に、組織化によって最も少ない代価で、国家やあらゆる公共事業以外の手で、信用と保険の相互扶助によって、税金の公平化によって、労働と教育の保障によって、各労働者が単なる勤勉な日雇人夫から芸術家に、賃金労働者から主人になることを可能ならしめる労働の結合によって、益々平等に近づこうとしているのである。

このような革命は、明らかにブルジョワ君主制の、中央集権的民主制の仕事ではありえないそれは連合の業務である。[51]」

プルードンは、自らの理想とする経済組織を実現する主体として「農・工連合」を構想し、さらにこの連合体は相互に保障されあった産業の連帯性を必要とすることを考慮に入れて、生産を組織せねばならないと考える。何故なら、政治的連合の補足と裏付けとして役立つ産業的連合の思想は、経済の諸原理からこの上ない輝かしい確認を受けるからであり、それは人々の意志が国家の法に取って代わるであろう相互性の、労働の分割の、経済的連帯性の諸原理の最高次の段階での適用であるからである。[52]

このようにして、政治的秩序においても、経済的秩序においても国家の抑圧的行為を避けることによって、連合主義は「平等並びに自由の盾」として現出するとプルードンは考えていた。[53]
ブーグレは、政治的秩序においても、経済的秩序においてもプルードンが「誠実なる中庸」(l'honnête de médiocrité) の提唱者として留まっていると指摘している。[54] プルードンは、「産業的封建制」(la féodalité industrielle) に信を置かなかったし、それに対して如何なる使命をも割り当てなかった。むしろ、産業的封建制が目論む統一化への道を逸脱として捉える。[55] プルードンの連合主義は、産業界の無限の拡大よりはむしろ収縮と一般的な節度ある「経済的中庸」(la modération économique) を想定しているのである。ブーグレは、経済的秩序においても、政治的秩序においても集中化が支配的であるように見えた時、正しかったのはサン・シモン主義であって、プルードンのかかる連合主義は時代錯誤的なものであっただろうかと問題を提起している。[56] 以上のような、ブーグレの考察は、プルードンの連合主義理論の概略を理解する上で極めて有効ではあるが、何故プルードンがかかる歴史的潮流に敢えて逆らって、地域的かつ分権的な連合主義を主張するに到ったのかという点への説明が今ひとつ不足している。単に権威的な中央集権国家へのプルードンの嫌悪が、指摘されているにすぎずその点が些か不十分である。従って、当然のことながら何故にプルードンが、初期のアナルシスム・ポジティフを晩年に到り連合主義へと収斂させたのかという視点は欠落している。
この点で、マルセル・リヴィエール新全集版の『連合の原理』の註解者である、J－L・プエッシュとTh・リュイサン両者の手になる註解者序論「プルードンの著作における連合主義」(Le fédéralisme dans l'oeuvre de Proudhon) が、有効な手掛かりを我々に与えてくれている。彼等はプルードンの初期の著作から晩年の著作を詳細に検討した上で、プルードンの思想が連合主義へと収斂してゆく過程を究明し、かつプルードンの思想形成に影響を与えたと思われる歴史的事件との関連をも併せて考察している。

両者によると、一八五一年の著作である『一九世紀における革命の一般理念』において既に民族国家の否定が強調されており、プルードンが一種の「普遍的相互主義」(le mutualisme universel) を理想として主張している。従って、ここにアナルシスム・ポジティフから連合主義へ移行する準備がなされていたと考えられる。[57] プルードンは、次のように述べている。

「国民に対する抑圧と、諸国民相互の憎悪とは、連帯的かつ相関的な二つの事実であって、一方が他方を絶えず作り出すのである。この二つはその共通の原因である政府を破壊することによって、同時にその両方を消滅させ得るのである。[58]」

プルードンは、諸国民を対立的にさせ戦争を惹起するものが国家であるとして、真の革命とは単に一国内で政治制度を消滅させることではなくして、全世界的に政治制度を消滅させて経済的組織に取って代わらせることであると考えていた。

「いたるところで資本家と地主の搾取を阻止し、賃金制度を廃止し、平等で正当な交換を保障し、価値を設定し、廉価を確保し、保護主義原則を改め、世界の市場をあらゆる国の生産者に開放し、従って障壁を取り去り、時代遅れの国際法を商習慣に変え、警察・裁判・行政をいたるところで産業者の手に戻すこと、政治的かつ軍事的な体制を経済的組織に代えること、つまり契約という唯一の法の下での諸国民の自由かつ普遍的な相互浸透、これが革命である。

農業・金融・産業の利害が全て同一で連帯的なものとなり、国内でも国外でも政府の保護が不必要となる時、そのような状態にあっても、諸国民が依然として別々の政治組織を持ち続けるというようなことが有り得るだろうか。生産者と消費者が相互に手を結び合っているのに、諸国民が分離したままの状態を続け、外交を存続させて諸要求を調整し、特権を規定し、紛争を処理し、保証を交換し、条約に調印し、等々のことをその対象もなく、し続けることが一体全体可能であろうか。[59]」

プルードンにあっては、政治的制度としての国家及び政府が存在する理由は経済的無政府状態にあると考えられたので、真の革命がこの経済的無政府状態を終わらせ、産業的諸力を組織化する以上、政治的中央集権は最早その口実を持たないこととなるのである。[60] ところで、かかる経済組織を基盤とした普遍的相互主義を実現する上での障害は、国家によってそそのかされた誤てるナショナリズムである。何故なら、人類の間に秩序を確立すると称して、結局は諸国民を敵対する集団に分割したものは政府だからである。

「政府として構成された大規模な諸組織は、その利害が必然的に相対立する。それらは融和することを嫌うし、正義を認識することは一層できない。それらは戦争を通じて、あるいは戦争より一層不道徳かつ有害な外交を通じて闘争し、互いに攻撃しあうのである。

こうして国家によってそそのかされた民族意識は、世界の統一的な経済活動に対する頑固な障害となるのである。[61]」

このようにナショナリズムの誤謬は、諸悪の源泉である政治的権力の行使の容認に求められる。従って、誤てるナショナリズムから脱却する手段は、政治革命ではなくして経済革命以外にありえないのである。(62) そして、社会経済革命が成就した暁には、かかるナショナリズムは消滅するであろうとプルードンは考えていた。かくしてプルードンは、彼が諸悪の源泉と看做す中央主権的民族国家及びその政策である対外的膨張主義とナショナリズムとの相互依存関係を正確に喝破して、当時の歴史的潮流としての中央主権的民族国家すなわち国民国家の台頭と、ナショナリズム昂揚運動に反対を表明する。(63)

以上の考察から、一八五一年の『一九世紀における革命の一般理念』において既に、連合主義の理論的基盤である政治の主体である国家の否定と、政治体に取って代わる経済的組織を基盤とする普遍的相互主義の主張、並びに誤てるナショナリズムの昂揚という政治的現実に対するプルードンの危惧を、我々は見出しうるのである。そして、これらの主張が明確に「連合主義」なる用語の下に展開されるに到るのが、一八五八年の著作『革命と教会における正義』においてであり、その時代的背景となったものが、ウィーン体制崩壊に伴う欧州の政治的混乱であり、直接的にはイタリア統一問題であったのである。この著作執筆以前に既に理論的には連合主義へ到達する伏線が存在しており、一八六〇年前後の政治的諸事件を現実に目の当たりに見たプルードンが、時代の歴史的潮流に敢えて逆らって連合主義を主張するに到ったとプエッシュとリュイサンは把握している。(64)

プエッシュとリュイサンによる、以上のプルードンの連合主義理論形成過程への分析と考察から、我々は、プルードンの連合主義の主張は、ブーグレが指摘したような個人の自由が圧迫される権威的な嫌悪のみではなくして、各国が誤てるナショナリズムに基づいて対外膨張政策をとり中央集権的な大規模巨大国民国家へと進んで行こうとする歴史的過程における混乱に対するプルードンの現実的な危惧と憂慮の下に展開された極めて「現実理念的」（idéo -

réaliste）なものであったことが理解できるのである。(65)

また、近年ではＰ・アンサールも同様に、一八五二―五八年を転換の時期として重視している。一八五八年以降になると、プルードンは国際的政治諸関係の重要性を強く認識するに到り、それに国家政府の解体を単に対置するのではなくして、連合制度内での政府の制限を対置するに到っている。(66) 従って、経済的相互性が連合主義なる用語の下に政治の内に移し込まれ、国民集団の連合という概念が、中央集権的一元主義に対して多元主義的な社会ヴィジョンを対置することとなる。(67) プルードンの連合主義は、いかなる中央集権にも反対して個々の集団の自律性を尊重する。しかしながら、自由を犠牲にしての統一の確保ではなくして、統一と同時に統一における自由をも確保するのである。(68) 従って、国民集団は最早同質的で被支配的な統一体ではなくして、一つの連合体より正確に言うならば「国家連合」（la confédération d'États）となる。それ故に、プルードンは、当時の世論の全体から支持されていたところの「民族自決主義」に対して最も強烈な批判を展開せざるを得なかったとアンサールは把握している。(69)

この点に関して、アナルシスム・ポジティフから連合主義への転換を一八四七―一八五二年にかけての時期に求めるＢ・ヴォワイエンヌは、この時期に「生産と交換の領域」を明瞭に超える「ナショナリテの問題と政治革命の問題」という二つの命題に現実に直面した結果、「プルードンの根本的な経済主義は、厳密に言えば揺るがされることはなかったが、この新たなる与件の圧力の下、変更せざるを得なかったのである。(70)」としている。

むすび

以上、プルードンの「連合主義理論形成過程」を、彼の特異なウィーン体制観を指標として「体制擁護と変革の思想」の視点から考察してきたが、プルードンの生きた一九世紀前半は、仏大革命の影響とナポレオンの侵略に対する抵抗を通して、ヨーロッパ全体にわたって民族的自覚が高まり、民族的独立と統一の運動が展開されたいわゆる「国民国家主義」の時代であった。それに対して一八一五年のウィーン体制以後は、オーストリアのメッテルニヒの指導下にあらゆる国民主義的かつ自由主義的運動を弾圧する体制が整えられ、激しい抑圧が加えられていた時代でもあった。このような時期を経て、フランスの二月革命を始めとする一八四八年の全ヨーロッパにわたる諸革命はドイツ・イタリア・ポーランド・ハンガリー・ルーマニアに到る民族的な政治運動を含み、メッテルニヒを失脚させ、その国際的な反動体制の終焉を意味したものであった。しかしながら、一八四八年の革命そのものが既にして、資本主義を批判する労働者階級や社会主義勢力の発展を意味しており、資本主義は全体として反動的な性格を強め、「国民国家」政府は新たなる支配体制に移行せねばならなかったのである。そこでは、ナショナリズムが明らかに変質していたのである。当初は、封建的支配を打破して市民社会を成立させるために、また個人や階級の解放のために、外国支配下にある祖国解放のために、革命的な要因の一つとして作用していたナショナリズムは、それ以後資本主義的支配の強化、帝国主義への発展の要因として、反動的な性格を強化してゆくのである。

プルードンは、かかる激動の時代の只中にあって、このナショナリズムの反動的な性格を、見抜いた数少ない思想家の一人であった。「体制擁護と変革の思想」というアンヴィバレントな視点を内包する、彼の一見すると特異なウィーン体制観を理解する手掛かりは、この点に留意して求められねばならないのである。

プルードンは、以上の如き観点に立脚して、勃興するナショナリズムの潮流に敢えて逆らってネーション・ステイトの形成を批判して、極めて時代に先駆けた地域主義的で分権主義的な「連合主義理論」を主張したのである。

（1）P.-J. Proudhon, *Si ies Traités de 1815 ont cessé d'exister?*, 1863, in Oeuvres complètes de P.-J. Proudhon, Paris, éd. Marcel Riviere, 1923-1959, Slatokine réimpression, 1982, Tome XIII, p. 390. 以下、"*Si ies Traités*" 及び O, C., t, と略記する。なお、ナショナリテ（Nationalités）なる用語は、適切な訳語をつけ難い、通常は「国民性」ないし「民族性」が考えられるが、敢えて本文中においては訳をつけずに用いている。

（2）プルードンの「連合主義国家論」については、拙稿「プルードンの連合主義国家論――中庸の政治哲学と相互主義――」『法学新報』第九〇巻第三・四号、中央大学法学会、一九八三年、所収を参照されたい。

（3）「国民国家をめぐる諸問題」とは、次の五つに分類される。① W・ロストウ等の近代化論の破綻に伴う「国民国家の諸問題」の噴出。福田歓一「国民国家の諸問題」『思想』岩波書店、一九七六年五月号所収、同「現代における国家と民族」『世界』岩波書店、一九八六年一月号所収。内山秀夫「民族の基層」『世界』岩波書店、一九八二年一月号所収。② I・ウォーラスティンの「世界システム論」のパラダイムと視角。特にネーション・ステイトを自明の分析単位とすることへの異議申立。③ フランスを中心とする、政治社会学としてのレジョナリズム。梶田孝道等の「エスニックな地域運動」の分析視角による、国民国家の相対化。梶田孝道「エスニシティと地域運動」『思想』岩波書店、一九八五年一一月号所収。④ 文化的潜在性としての社会運動の可能性の問題。C・オッフェ「現代資本主義の変容と社会運動」『思想』岩波書店、一九八五年一一月号所収。I・イリイチ『シャドー・ワーク』玉野井・栗原訳、岩波書店、一九八二年、A・トゥレーヌ「ポスト社会主義」高柳・古城編『世界システムと政治文化』有信堂、一九八六年所収。特に、生活一般の支配様式への異議申立。代議制への異議申立。科学一般及び技術的合理性への異議申立。⑤ 一九九二年のEC統合。技術的性格の強い経済統合でなく、政治統合にどこまで進み、J・ボダン以来の主権国家と異なった政治生活の新しい単位の実現の可否。いずれにしても、以上の全てが、ネーション・ステイトをめぐる諸問題に収斂してゆく。

（4）柴田三千雄『近代世界と民衆運動』一九八三年、三一一ページ。

（5）同上書、三一二ページ。参照、北原敦「リソルジメントと統一国家の成立」岩波講座『世界歴史20』近代7、岩波書店、一九七一年、一九八―二二〇ページ。
（6）J・プラムナッツ『近代政治思想の再検討Ⅳ』藤原・小笠原他訳、早稲田大学出版部、一九七八年、一三一ページ。
（7）E・H・カー『革命の研究』音田正巳訳、社会思想研究会出版部、一九五二年、五一ページ。
（8）I・ウォーラスティン『近代世界システムⅠ』川北稔訳、岩波書店、一九八一年、一五―一六ページ。
（9）柴田前掲書、一四五―一四六ページ。山之内靖「転換期の歴史――柴田三千雄『近代世界と民衆運動』によせて――」『思想』、岩波書店、一九八三年一二月号、所収、三ページ。
（10）Proudhon, *Carnets de P. -J. Proudhon*, Paris, éd. Marcel Rivière, vol. 2, p. 369. vol. 3, p. 10.
（11）Proudhon, *Correspondance de P. -J. Proudhon*, Paris, éd. Marcel Rivière, Genève, Slatokine réimpression, 1971, Tome II, pp. 302-303. 以下、“*Corr.*”と略記する。
（12）Proudhon, *Carnets de P. -J. Proudhon*, vol. 2, p. 367.
（13）中木康夫『フランス政治史 上』未来社、一九七五年、一〇二―一〇四ページ。柴田前掲書、三二八―三二九ページ。
（14）中木前掲書、一〇七―一〇八ページ。柴田前掲書、三二六―三二七ページ。
（15）河野健二『フランス現代史』世界現代史一九、山川出版社、一九七七年、七四ページ。G. Gurvitch, *Proudhon sa vie, son oeuvre*, Paris, P. U. F., 1965, p. 5.
（16）中木前掲書、一一九―一二二ページ。
（17）柴田前掲書三七一ページ。
（18）G. Duveau, “Introduction” in “*Si les traités*” p. 327.
（19）Ibid., p. 336.
（20）Ibid., pp. 336-338.
（21）Ibid., pp. 336-337.
（22）Ibid., p. 338.

(23) Proudhon, "*Si les traites*" pp. 351-352.
(24) Ibid., pp. 360-361.
(25) Ibid., p. 362.
(26) Ibid., p. 363
(27) G. Bruun, *Nineteenth-Century European Civilization 1815-1914*, Oxford University Press, 1954, p. 9. この点に関して、後藤修三「プルードンのウィーン体制観 上・下」『三田学会雑誌』一九六七年、第一号、第四号所収、が詳細に考察している。参考にさせていただいた。
(28) E・H・カー『ナショナリズムの発展』大窪愿二訳、みすず書房、一九五二年、一一ページ。
(29) Proudhon, "*Si les traités*" p. 355.
(30) Ibid., p. 390. pp. 418-421.
(31) Ibid., p. 391.
(32) Ibid., p. 391.
(33) Ibid., p. 391.
(34) Proudhon, *La fédération et l'unité en Italie*, in O, C., t, XV, p. 98.
(35) Ibid., p. 99.
(36) Ibid., pp. 99-100.
(37) Ibid., p. 100.
(38) プルードンのアナルシスム・ポジティフについては、拙稿「プルードンのアナルシスム・ポジティフ――思想的アスペクトからの一考察――」『法学新報』第九一巻第一一・一二号、中央大学法学会、一九八五年、所収を参照されたい。
(39) C. Bouglé, "Proudhon fédéraliste" in *Proudhon et notre temps*, C. Bouglé et al, Paris, 1920, p. 239.
(40) Ibid., p. 240.

（41） Ibid., p. 240.
（42） Ibid., p. 241. cf., Proudhon, *Du principe fédératif*, 1863, in O, C., t, XV, p. 330. 以下、“*Principe*” と略記する。
（43） Ibid., p. 241. cf., Proudhon, “*Principe*” pp. 324-325. なお、ブーグレは綜合（synthèse）と書いているが、プルードンの原文では均衡（équilibre）となっている。プルードン『連合の原理』江口幹訳『アナキズム叢書プルードンⅢ』三一書房、一九七一年、三七七ページ。なお、訳文は必ずしもそれによらない。
（44） Proudhon, “*Principe*” p. 318. 訳書三七一ページ。
（45） Ibid., p. 319. 訳書三七一ページ。
（46） Ibid., p. 318. note (a) 訳書三七三ページ。プルードンの原註。
（47） Ibid., p. 321. 訳書三七二ページ。
（48） Ibid., p. 336. note (a) 訳書三九一ページ。プルードンの原註。
（49） プルードンの地域主義については、坂本慶一「プルードンの地域主義思想」『現代思想』青土社、一九七七年七月号所収、を参照されたい。プルードンと欧州連合及び補完性の原則については、中原喜一郎「欧州連合と補完性の原則に関する一考察」『法学新報』中央大学法学会、第一〇二巻第三・四号所収、を参照されたい。
（50） Bouglé, op. cit., p. 242.
（51） Proudhon., pp. 357-358. 訳書四〇七―四〇八ページ。
（52） Ibid., p. 359.
（53） Bouglé., op. cit., p. 243.
（54） Ibid., p. 243.
（55） Ibid., p. 243. cf., Gurvitch, op. cit., p. 51.
（56） Ibid., p. 244.
（57） J. L. Puech et Th. Ruyssen., Le fédéralisme dans l'oeuvre de Proudhon, Introduction in O, C., t. XV, p. 29.

(58) Proudhon, *Idée générale de la Révolution au XIXe siècle*,1851, in O,C, t. II, p. 333.プルードン『一九世紀における革命の一般理念』陸井四郎訳『アナキズム叢書プルードンI』三一書房、一九七一年、三〇一ページ。なお、訳文は必ずしもそれによらない。
(59) Ibid., pp. 332-333. 訳書三〇〇ページ。
(60) Ibid., p. 333. 訳書三〇一ページ。
(61) Ibid., p. 333. 訳書三〇〇—三〇一ページ。
(62) Puech et Ruyssen, op. cit., p. 30.
(63) Ibid., p. 31.
(64) Ibid., pp. 32-33.
(65) また、M・アムードリューズもアナルシスム・ポジティフと連合主義の理論構造的連関と収斂過程について同様の考察をしている。プルードンの言うアナルシーとは、各々に対して各々が欲するように行動する権利を付与することではなくして、社会を諸個人間の関係とりわけ経済的関係の上にのみ築くことにあった。しかしながら、プルードンは一八六二—六三年にかけて、かかる統治の形態を実現する実際的不可能性を認識すると同時に、人間が現に加わっていると感じている集団の重要性を認識するに到ったと、アムードリューズは捉える。cf., M. Amoudruz, *Proudhon et l'europe*, Paris, 1945, pp. 101-102.
(66) P. Ansart, *Sociologie de Proudhon*, Paris, P. U. F., 1967, p. 131. ピエール・アンサール『プルードンの社会学』斉藤悦則訳、法政大学出版局、一九八一年、一四三—一四四ページ。
(67) Ibid., p. 132. 訳書一四四ページ。
(68) Ibid., p. 133. 訳書一四四—一四五ページ。
(69) Ibid., pp. 134—135. 訳書一四六—一四七ページ。
(70) B. Voyenne, *Le fédéralisme de P. -J. Proudhon*, Nice, Presse d'Europe, 1973, p. 91.

第八章　Φ・И・チュッチェフとクリミア戦争
――東方正教帝国復興構想の軌跡――

大矢　温

はじめに

フョードル・イヴァーノヴィッチ・チュッチェフはプーシキン、レールモントフらとともに、一九世紀ロシアを代表する叙情詩人として知られている。特に「智にてロシアは解しえず」ではじまる彼の詩は、ロシアの特殊性を強調する文脈で、日本においてもしばしば引用されてきた。しかしながら、彼の詩作がすべて叙情詩だったわけではない。彼は古風な語彙を交えたロマン主義的な叙情詩のほかにも、政治詩と呼ばれる詩を書いているし、さらにヨーロッパでの彼の生活もまた、ロマン派の文化人との交流やサロンでの猟色のみで占められていたわけでもない。[1] ロシア外務省においてチュッチェフは、ヨーロッパ事情に通暁した外交官として、ヨーロッパの現状を分析し、一連の政治論文においてロシア外交のあるべき姿を提示している。なかでも「ロシアにおける検閲」は検閲制度の改革をせまられていたロシア政府内で高く評価され、その結果、彼は一八五七年以後、ペテルブルク外国検閲委員会議長として終生、思想統制の分野で活躍している。[2]

さて、本章においては、ロシア帝国のあるべき姿として彼が提示する正教帝国構想を素材にしてチュッチェフの政治思想を分析する。その際、彼が描く正教帝国が、常に何らかの失われた秩序の回復、として表現されていることに注目しながら、彼の一見、反動的で空想的な正教帝国構想が、クリミア戦争以後に汎スラヴ主義運動へと結びついて行く過程を考察したい。

1　コンスタンチノーポリ占領——版図の回復

一八〇三年にオルロフ県の古い地主貴族の家庭に生まれたチュッチェフは、少年時代をモスクワのアルミャンスキイ横丁の屋敷で過ごした(3)。チュッチェフ一家が居を定めた当時のアルミャンスキイ横丁周辺は、ロシア帝国内のいろいろな、多くは正教徒の、諸民族が同居する、民族色豊かな地域だった。特に横丁のはずれに立つ、今日のアルメニア大使館(4)は、チュッチェフの時代には東洋語学校であり、その創設者、アルメニア人のフリストフォール・ラザレフとチュッチェフ一家は家族ぐるみの付き合いがあった。実際チュッチェフがペテルブルクで生活するようになると、彼はラザレフを頼り、彼のペテルブルクの屋敷に下宿している。とはいえ、このようなコスモポリタンな環境の中での少年時代の日々は長くは続かなかった。一八一二年にナポレオンに率いられたフランス軍がモスクワに侵攻したのだった。疎開先のヤロスラヴリからモスクワに戻った幼いチュッチェフが目の当たりにしたのは、フランス軍に破壊され焦土と化したモスクワだった。モスクワという小コスモスの崩壊である。おそらく彼のその後の思想形成の上で、このような荒廃したモスクワの印象、および上記のコスモポリタンな環境が、重要な役割を演じたであろうことは想像に難くない(5)。

さて、幼いときから語学に秀でた才能を示したチュッチェフは、一八一九年九月にわずか一五歳でモスクワ大学文学部に私費学生として入学すると、[6] 一八二一年八月には試験に合格して正規の学生として卒業してしまう。自由聴講生として通学した期間を含めても、わずか三年間で卒業したことになる。[7] しかも卒業に当たって彼は、「マギストル候補」の学位まで授けられている。[8] 大学を卒業したチュッチェフは一八二二年二月にペテルブルクで外務院（後の外務省）に就職し、四月にはロシア公使の嘱託参事としてミュンヘンでの勤務を開始する。駆け足の学生生活が終わり、以後二二年間に及ぶ外国生活が始まったのだ。

若い外交官としてチュッチェフが赴任した当時のミュンヘンは、神聖同盟というキリスト教世界の地域秩序をもって外交政策の基本路線としていたロシア政府にとって、ヨーロッパの保守勢力を糾合する要として重要な政治的拠点であった。とはいえ、若いチュッチェフにとっての興味の中心は、職場よりはミュンヘンの社交界にあったようだ。流暢なフランス語を操るチュッチェフは社交界の常連であり、そこでシラーやハイネらのドイツ・ローマン派の文人たちと交友し、シェリングと知り合った。また、彼は一八二六年にはロシア語を解さないドイツ人女性、エレオノラ・ペテルソンと結婚している。

しかしだからといって、当時のチュッチェフの関心が、もっぱら私生活にのみ向けられていたわけではない。たとえば、チュッチェフは、ミュンヘンでバイエルン国王の詩を入手すると、それを翻訳した上で本国に報告している。それは一八二八年から始まったトルコとの戦争に勝利したロシア皇帝ニコライ一世をたたえたものだった。[9]

おお、ニコライよ、諸民族の勝利者よ
汝はその名にふさわしい。汝、勝利者よ！

（中略）
汝、自らの敵に判決を宣言せり
すでに久しく彼らの邪悪な権力を血が洗い、
彼らの頭上には死の天使が徘徊す
イスタンブールは廃れ――
コンスタンチノーポリは復活する……

「ニコライ一世に」と題され一八二九年に書かれたこの詩は、異教徒の都としてのイスタンブールの破壊と、正教の都としてのコンスタンチノーポリの復活をほのめかしている。このように当時のバイエルン政府上層部の対ロシア感情は、ニコライ一世に対してトルコを駆逐し、コンスタンチノーポリを奪回せよ、と、好戦的だったのだ。ここで特徴的なのは、ロシアによるトルコ進出を、トルコに対する対外進出ではなく、あくまでもビザンチン帝国の正当な後継者たるロシアによる、失われた版図の「復活」として構想している点である。この点に関しては、ミュンヘン社交界の常連だったチュッチェフも同じ立場であった。事実、次に見られるようにチュッチェフは、一八四八年の詩「ロシアの地理」[10]、および五三年から五四年に書いた「聖霊の予言」[11]において、このテーマを繰り返している。

ロシアの地理
モスクワ、ペトルの都、そしてコンスタンチンの都――
これぞロシア国遺贈の都……

だが彼の土地はいずこ？　その国境はいずこ——
北方の、東方の、南方の、そして日没する方の？
その運命は来るべき時代が暴くべし

七つの内海、七つの大河……
ナイルからネヴァまで、エルベから中国まで、
ヴォルガからユーフラテスに至り、ガンジスからドナウまで……
これぞロシア国……それも永遠不可侵の……
聖霊が予見しダニイルが予言したごとく

この詩では、モスクワ、ローマ、コンスタンチノーポリが「ロシア国遺贈の都」とされ、これら三都を含む広大な地域は「永遠不可侵の」「ロシア国」の本来の版図であると謳われている。(12) また、旧約聖書のダニイル書の故事を引き合いに出していることから、ここでチュッチェフが「モスクワ第三のローマ論」を念頭に置いていることは明らかである。(14) さらにこのモチーフは、次の「聖霊の予言」においていっそう端的に示されている。

聖霊の予言
合戦の、そして勝利の日は来たり
ロシアを遺贈の国境へと到せさしむ

そして古きモスクワは
その三都の最新の都とならん

しかしながら、モスクワがキリスト教世界の中心、「第三のローマ」となるためには、異教徒からのコンスタンチノーポリ奪回とならんで、東西両教会の統合が前提となるはずである。実際チュッチェフ自身、近い将来に実現すべき「摂理に従った偉大な事実」として、「1、大正教帝国、『東』の正当な帝国、（中略）、の最終的な形成、2、東西二つの教会の統合。」をあげている。ここで彼が大正教帝国と呼ぶのは、オーストリアの併合とコンスタンチノーポリの奪還によって実現される未来のロシアのことである。ロシア帝国の版図に関する課題と宗教的権威に関する課題をたてた上でチュッチェフは、東西二つの教会に関して、ローマは正教の皇帝をいただき、コンスタンチノーポリに服従する、という関係を期待している。[15]その際、コンスタンチノーポリに君臨する正教皇帝は、当然のことながらロシア皇帝でなければならないだろう。実際、一八五〇年の詩「予言」[16]においてチュッチェフは、

ソフィア寺院の古代ドームは
復興されたビザンチンにおいて
新たにキリストの祭壇をおおう。
その前にひれ伏せ、おお、ロシアの皇帝よ、
そして立ち上がれ、全スラヴの皇帝として！

と、ロシア皇帝に対してコンスタンチノーポリの奪回、およびそこでの「全スラヴの皇帝」としての即位を訴えている。露土戦争における勝利の高揚した気分も手伝って、チュッチェフの目には、コンスタンチノーポリの武力奪回は実現可能なことのように思えたのかもしれない。ところが、二つ目の課題、つまり東西両教会の統合に関しては、彼はトルコに対するがごとき直截な武力解決は主張していない。この点については、まず四〇年代のヨーロッパをチュッチェフがどのようにとらえていたか、という点に注目しながら、一つ目の課題の前半、つまりオーストリアの併合の問題と併せて、分析してみよう。

2　東西ヨーロッパ——不倶戴天の両勢力

一八四四年にチュッチェフは「ロシアとドイツ」という論文をドイツの新聞に発表している。[17] 彼にとっては最初の政論である。当時彼は、二番目の妻、エルネスチナ・ジェルンベルクとの結婚にまつわる私的な理由で一八四一年に外務省を免職になっており、失業中の身の上であった。ところが何の奇遇か、この論文の直後に彼は外務省に復職している。このことから、「ロシアとドイツ」を、ドイツの世論を誘導しようとするロシア政府の意向を反映したものと考える研究者もいる。[18] あるいは当時チュッチェフは、第三部長官のベンケンドルフに復職の仲介を依頼していたので、第三部と何らかの関係があった可能性も否定できない。[19] したがって、政論の目的に関しては政府の意向を否定することはできない。しかし、ここで開陳されるロシアの特殊性に関する立論は、チュッチェフの独創である。

この政論の目的は、神聖同盟の理念を正当化し、フランスをロシアとドイツの共同の敵として描くことによって、ドイツの世論をロシアに好意的なものに導くことにあった。一八三〇年のポーランド鎮圧以後、政府の公式的な態度はともかく、ドイツにおいてロシアに対する世論は一変して険悪なものとなっていた。特に自由主義的なジャーナリズムは口を極めて反ロシア感情を煽っていた。そんなドイツ読者に向かって彼は、統一を求めるドイツにとって、その協力者としてロシアを、その破壊者としてフランスを描くことによって、フランスをロシアとドイツの共通の敵だと指弾したのだ。そのうえでチュッチェフは、神聖同盟の精神に従って、ヨーロッパの外からではなく、ヨーロッパの中で東方から「西欧諸民族の歴史的権利」[20]というヨーロッパ共通の価値を擁護する勢力としてロシアの存在意義を強調するのだった。チュッチェフにとってロシアとは、「キリスト教の西」の「正当な姉妹」たる「別のヨーロッパ」[21]、「東のヨーロッパ」の「魂にして原動力」[22]であった。西ヨーロッパだけがヨーロッパなのではない、キリスト教世界としてのヨーロッパの中に、ちょうど東西二つの教会があるように、東西二つのヨーロッパが存在するのだ、と、このように彼は立論するのだ。さらにチュッチェフはコロンブスによる新大陸発見の故事になぞらえて、西ヨーロッパだけがヨーロッパだと思っているドイツの読者に向かって、東のヨーロッパを発見すべし、と呼びかけてロシアへの注目を訴えるのだった。[23]このようにチュッチェフにとって、ロシアはヨーロッパと別の世界にあるのではなく、あくまでもヨーロッパの中にあり、「西」に対抗する「東」の勢力として構想されているのだった。[24]

それでは、キリスト教世界として描かれるヨーロッパの中で、「西」と「東」はいかなる点で異なっているのだろうか。換言すれば、ロシアはいかなる点で「西」とは違うのであろうか。ロシアの特殊性とは何か。

一八四八年の論文「ロシアと革命」で、この点が明らかにされている。[25]彼はロシアを、西ヨーロッパよりも純粋な、根っからのキリスト教徒の国として思い描く。「ロシアは何よりもまず、キリスト教帝国である。ロシア人民は、自分の正教信仰によってのみならず、信仰よりもいっそう何か心に秘めたもののおかげでキリスト教徒なのだ。」つまり、ロシア人民は「その道徳的基礎をなす献身と自己犠牲への能力」を持つが故に西ヨーロッパの諸民族とは異な

り、このようなロシア民族にふさわしい信仰形態が正教信仰である、と、このように彼は力説するのだ。(26)

他方、現在、西ヨーロッパを支配している精神とは、「革命」の精神である。フランス革命以後、ヨーロッパに蔓延した「革命」の精神とは、「人間『私』」の精神である、と、このようにチュッチェフは分析する。(27) ここでチュッチェフが「人間『私』」の精神と呼ぶものは、啓蒙主義や個人主義といった西欧的思惟様式の基礎となる自我の精神のことである。ロシアにおいて、人々は正教の精神に基づいた統一性によって有機的に結びついているのに対して、西ヨーロッパにおいては、社会はそのような凝集力を持たない。むしろ、「革命」の精神は、社会を崩壊へと導くのだ。「革命」に荒らされたヨーロッパでは「至るところにアナーキーがありどこにも秩序がない」(28) ではないか。それ故、「革命」とは、「何よりもまずキリスト教の敵」であり、「革命の精神には反キリスト教的な傾向がある」のだ。(29)

それでは西ヨーロッパにおいて教会はいかなる地位を占めているのだろうか。イタリアの独立運動とローマ教皇ピウス九世を評論した論文、「教皇とローマ問題」においてこの点をチュッチェフは、ローマこそが「西側世界の根本」(30) であり、キリスト教を支える「柱」だと断じている。(31)「ローマこそが西を今の姿に形作った」(32) のである。ところがこの「西側世界の根本」たるローマ教会は、世俗に介入し、神に代わって自ら（『私』）を、「ローマの『私』」として神格化し絶対化しているのだ。キリストが「我が教会はこの世のものならず」といったにもかかわらず、である。(33) このようなローマ教会の世俗化と権威主義を批判して登場したプロテスタントもまた、信者各人の「人間『私』」を神格化し、キリスト教の心たる教会を否定し、(34) さらにはあらゆる権威を否定するところまで行き着いた。(35) 近年の革命も同じである。「革命」とは、「人間『私』」の神格化に他ならないのだ。(36) なんとなれば、人民主権思想とは「人間『私』」の複数形に他ならないではないか。(37) ローマ教会、プロテスタント、そして「革命」の三者はともに等しく『私』の精神に貫かれており、それが西ヨーロッパの精神を形作っているのである。

さて、このようにチュッチェフはヨーロッパを「献身と自己犠牲」を特徴とする「東」と、他方、『私』の原理に貫かれた「西」との、二つの世界に分けて考えた。これはキリスト教君主の連合としての神聖同盟の元に東西二つの教会があることを連想させる。ところが現実の四〇年代のヨーロッパにおいては、革命勢力は日増しに力を増しており、神聖同盟体制はすでに崩壊しつつあった。現に四八年にフランスで勃発した二月革命は、たちまちヨーロッパ全土に飛び火し、ウィーンやベルリンでは学生や市民よる暴動が起き、それは三月革命へと発展していた。また、イタリアでも自由と統一を求める運動が活発化していた。このように革命運動で動揺するヨーロッパの現状を目の当たりにしながら、チュッチェフは、東西間の宿命的な戦いの始まりを実感したのだろう。彼は、論文「ロシアと革命」の冒頭において、「革命とロシアというただ二つの現実的な勢力」の間の、不倶戴天の闘争が間近に迫っていることを強調している。「一方の存在は、他の一方の死に等しい」のだ。この闘争は、二つの全く相反する原理の間の戦いである。したがって、「両者の間には、いかなる会談、いかなる協定も不可能だ」[38]。「謙遜と自己犠牲」という正教精神に満たされたロシアと、他方、『私』という反キリスト教的精神に満たされた「革命」との雌雄を決する決戦がすでに始まろうとしているのだ。ヨーロッパは「今後何世紀にもわたる人類の政治的及び宗教的未来」[39]をかけた世界史的な戦いに足を踏み入れつつあるのだ[40]。

では、この戦いの勝者は「革命」であろうか、それとも「ロシア」であろうか。この点、チュッチェフは楽天的だ。すでに述べたように、ロシアにおいて人々は正教精神によって有機的に結びつけられている。これに対して、『私』の精神に駆られた利己的な人々からなる「西」の社会は何らの凝集力も持たない。『私』の精神は本質的に破壊的なのだ。したがって、「革命」は西ヨーロッパの旧体制を破壊したあと、今度は自らの本質的原理に従って、自己崩壊するにちがいない。たとえば、オーストリアでは、三月革命の結果、皇帝フェルデナンド一世は検閲の廃止と憲法の制定を約束し、メッテルニッヒは退陣した。ここでは一見、「革命」が勝利しているように見える。ところが実際、オーストリア領内では革命によって政府が弱体化した結果、かえって帝国内の民族対立が激化しているではないか。「抑圧されたスラヴ民族の根強い抵抗」によって帝国は崩壊の危機にあるのだ。(41)「革命」の手中におちたオーストリア帝国内ではチェコ人がロシアに対して「ボヘミアの民族的共感」を示す一方、マジャール・ハンガリー人は「悪意ある敵意」をむき出しにしている。(42)ところがマジャール人自身、スラヴ系諸民族の「鎖の環」に取り囲まれている、という状況なのだ。(43)

ところで、このように「革命」によってオーストリア帝国が分裂しつつあるなら、むしろそれはオーストリア領内のスラヴ系住民にとっては、分離独立の好機であるし、なによりもまず、ロシアにとっては彼らを取り込む絶好の機会ではないか。実際、当のチェコ人もロシアの進出を望んでいるのだ、と、このようにチュッチェフは「民族的共感」を強調し、(44)他方「東方の正教皇帝」たるニコライ一世に対しては、「たじろぐことなく」この「宿命的な戦い」に討って出るべしと訴える。(45)このようにチュッチェフは、異民族の支配に呻吟するスラヴ系住民への援助を「聖なる使命」として、後の汎スラヴ主義につながる思想を展開するのだ。しかしながら、その「宿命的な戦い」がいつ、いかにして始まるのかについて、チュッチェフはこれらの論文の中では言及していない。

一方、ヨーロッパにおける「ロシア」と「革命」の最終戦争の結果に関しては、「ロシアと革命」の最後でチュッチェフは、次のような黙示録的なイメージを示すことによって、ロシアの勝利とその使命を確信している。

「全般的な発火の中で西は消え、すべては破壊され、すべては死に絶える……これらすべての廃墟の上に自分の手で自分を殺す文明がある……そしてこの巨大な破滅の上に、聖なる箱船によって浮上する、よりいっそう巨大なこの帝国を見るとき、誰があえてその使命を疑うだろうか」[46]。

3　クリミア戦争――ヨーロッパ「最終戦争」

すでに見てきたように、チュッチェフはコンスタンチノーポリを奪回し、東西両教会を統一すべき「最終戦争」を予言し、異民族の抑圧からスラヴ系諸民族を解放すべきこの「聖戦」の貫徹をロシア皇帝に対して訴えた。しかしながら、いつ、いかにしてこの戦争が勃発するのか、かれは語ることができなかった。ところが、一八五三年に聖地管轄権問題を口実に、東方問題の解決を目指してクリミア戦争の戦端が開かれると、チュッチェフはこれを全世界を刷新する「最終戦争」とみなして注目する。

当時転地療養でドイツにいた妻のエルネスチナに宛てた一八五三年一〇月付けの手紙でもチュッチェフはこの出来事を単なる「戦争や政治ではない」と解説している。これは全世界の刷新であり、その中で失われた信仰が回復されるのだ[47]。論文「ドイツとロシア」、「ロシアと革命」で予言された東西両ヨーロッパの間の戦いがついに勃発したのである。一八五四年二月にロシア政府がイギリス・フランス両国に宣戦布告し、勝ち目のない戦いに足を踏み入れた後でさえ、緒戦の勝利も手伝ってか、チュッチェフは、妻に宛てた一連の手紙でこの戦争の意義を高揚した気分でつづっている。英仏の参戦でいよいよクリミア戦争はヨーロッパ東西の雌雄を決すべき「最終戦争」の様相を呈してきたのだ。五四年二月二四日付けの手紙でチュッチェフは、妻に向かってこの戦争が、「イギリスの兵隊や、冒険主義者の姿を借りた嫌悪すべきフランスや、いわんやドイツ人によって引き起こされたのではなく、より一般的で不可避的なもの」つまり、「東と西」との間の「永遠の反感」が原因であると説明している[48]。続く三月一五日付の手紙では、より端的に「これから起きるべきことは、その恐るべき偶然性と計り知れない結果によって長年世界を脅かしてきた、最終戦争です」[49]と戦争の性格を規定している。チュッチェフが予言し、その到来を待ちに待った「最終戦争」がついに勃発したのだ。当然のことながら、彼は異常な興味をもって、その推移に注目する。妻に対しても、「私が死人で半年ばかり前から埋葬されていたとしても、なにが起きているのか、なにが起きるのかを見極めるためにきっと復活するでしょう」[50]とまで言い切っている。まさに事態の成り行きを見極めるまでは、死んでも死にきれない心境だったに違いない。

当初、戦闘はチュッチェフが予期したとおり、ロシア軍優勢のうちに推移した。チュッチェフも妻宛の手紙のなかで従来の主張を繰り返す。四月一日付の手紙では、ふたたび東方問題解決に当たってのクリミア戦争の意義を確認し、「われわれの目の前にある東方問題は、いままで世界にその生命力を示してきた、正教、スラブの民族性、ロシア、この三者にとって死活問題にほかならないのであります」とその重要性を再確認している。いうまでもなく、三者の主要な敵は、「革命」である。そして、戦いの勝者は「ロシア」、あるいは「大ギリシア―ロシア東方帝国」となる[51]。すでにここでは、チュッチェフにとってギリシア人もスラヴ系民族と見なされているが、ロシアを中心とする「東方ヨーロッパ」という彼の基本構想は、四月二一日付の手紙においても変更なく語られる[52]。

一方、クリミア戦争の戦況は、五四年も後半になるとイギリス・フランス連合軍の参戦によって各地でロシア軍が苦戦を強いられるようになった。五四年の六月から七月にかけて七万の連合軍が黒海西岸のヴァルナに上陸したし、すでに帆船を主力とするロシア海軍の黒海艦隊はセバストーポリに封鎖されていた。モスクワの高官たちも、これといった戦況の打開策もなく、重苦しい雰囲気に包まれていた。チュッチェフも以前の好戦的な調子から一転して「状況は日毎に恐ろしいものになっていく……ここ数日、全般的な不安が目立って増大している」と、モスクワから妻に宛てて不安を打ち明ける。「どんどん急になっていく坂道を下っていく馬車の中にいるような気がする。しかも突然気が付くのだ、御者台には御者がいないのだ！」そしてしまいには、「はやくペテルブルクに帰りたい」と弱音を漏らすのだった(53)。しかし実際にペテルブルクに帰ってはみたものの、ペトロゴフの宮殿内の雰囲気もモスクワと変わるところはなかった。海岸に立ったチュッチェフは、西方を眺めながら、間近に史上最強の「全西洋」の海軍が「ロシアの将来への道を閉ざすために」殺到する姿を想像して暗澹たる気分になるのだった(54)。

すでに述べたように、チュッチェフにとってクリミア戦争は世界の運命をかけた「最終戦争」として構想された。しかしながら、現実の戦争の勝敗を分けたのは正教の理念ではなく、英仏両国の近代兵器、および戦争を支える国力だった。ロシアの敗色が濃厚となるにつれて、チュッチェフの手紙からは以前のいさましい聖戦論は姿を消し、それに代わって、敗因の分析とロシアの現状に対する批判が見られるようになる。たとえば五四年七月二七日付の手紙では、クリミア戦争を「クレチン病患者とごろつきの戦争だ」と罵倒している(55)。好戦的気分に鼓舞された空想的な聖戦論に代わって、チュッチェフの関心がロシアの現実に向くようになったのだ。

五四年一〇月には、セバストーポリ攻防戦が始まる。もはやロシアの敗北は決定的である。その上、五五年二月にはニコライ一世が急死してしまう。奪回したコンスタンチノーポリで「全スラヴの皇帝」として即位するべき人が、だ。今後事態がよい方向に転回するとは考えられない。敗戦はロシアに対して、ナポレオン戦争やポエニ戦争に匹敵する致命的な打撃を与えるであろう(56)。このようにチュッチェフは絶望的な気分で妻に書き送る。とはいえ、聖戦の目的に誤りはない。ロシアの将兵も勇敢さと自己犠牲の点で決して英仏に引けを取っていない。では、何がこのような結末を招いたのか。ここでチュッチェフは、「このような出口のない状況」へとロシアを導いた元凶を、ロシア皇帝ニコライその人に見る。このような破滅的状況は、まさにニコライの「信じがたいほどの了見の狭さ(57)」に起因するのだ。

一八五五年の詩「ニコライ・パーヴロヴィッチへ」は、もっぱらニコライ一世を罵倒するためのものだった。[58]

汝は仕えず、神にもロシアにも
ただ自らの些事にのみ従事せり
汝の仕事はおしなべて、良きことも、そして悪しきことも――
汝においては偽りだった、そして空虚な幻想だった
汝はツァーリにあらず、偽善者だった。

4　敗戦から汎スラヴ主義へ

クリミア戦争は、一八五六年三月のパリ講和条約調印をもって終結した。ここで締結された三四条よりなる講和条約はロシアにとって耐え難い譲歩を強いる内容を持っていた。ロシアはこの条約によって、二九年のアドリアノープル条約でトルコから得た権益を放棄させられ、トルコへの内政干渉も禁じられてしまう。なにより、黒海中立化条項は、黒海艦隊および黒海沿岸の要塞の放棄を強いるものだった。コンスタンチノーポリを奪回するどころか、ロシアは南部の長大な国境線を武装解除させられてしまったのだ。[59]

すでに述べたように、チュッチェフはロシアをこのような敗北に導いた張本人としてニコライ一世を非難している。しかし、ひとりニコライ一世のみに責任があるのではない。ニコライ治世を特徴づける厳しい思想弾圧はすでに

「我が国政府の指導原則」[60]となっており、この「思想の弾圧」によって政府の周りには「巨大な知的空白」[61]が形成されているのだ。すでに久しく政府自身、合理的な判断ができなくなっているのだ。クリミア戦争の敗北は、ニコライの個人的な資質と同時に、ロシアの現行の体制そのものに原因があるのではないか。この点に関してチュッチェフは、妻に宛てた五五年九月一一日付の手紙で「この非合理はかくも大きく、そのような無分別を前提としているので、その中に一人の人の誤りや知性の混濁を発見することは不可能です。したがって、このような常軌を逸した事態の責任を彼一人の責任に帰することは不可能です」[62]と書いている。

ただし、クリミア戦争の敗北をニコライ治世下の不合理に結びつけ、そこからの脱却の必要性を感じたのはチュッチェフのみではない。周知のごとく、クリミア戦争を契機に新帝アレクサンドル二世のイニシアチブのもとに、大規模な国内改革が始まった。いわゆる「大改革」と呼ばれる一連の国政改革である[63]。アレクサンドル二世の治世が始まり、検閲が緩和されると、国内の言論界は活気を帯び、国政改革に関する論議が百出し、改革の必要性が論じられるようになった。ところがその一方で、対外的にはロシア政府は全く手詰まり状態だった。ロシアはパリ講和条約によってモルダヴィア、ヴァラキア両公国を放棄した上、トルコ領内のキリスト教徒に対する「庇護権」までも否定されてしまっていた。何より黒海中立化条項によって黒海及びその沿岸部を武装解除させられたために、武力による東方問題の解決は絶望的な状況だった。パリ講和条約を改定しようにも、外交交渉の後ろ盾となる軍事力が壊滅的な状態では打つ手がなかった。対外的には臥薪嘗胆の状態である。このような状況の中で、ロシア軍が一八六三年のポーランド蜂起を鎮圧し、これに対してフランスやイギリスが干渉しようとすると、ロシア国内世論の鬱屈した不満は一気に排他的愛国主義へと流れたのだった[64]。

このようにクリミア戦争敗戦後のロシア外交は、ヨーロッパの国際政治の舞台では孤立し、手詰まり状態だった。

しかしチュッチェフは、異教徒の支配のもとで呻吟するスラヴ系諸民族からの期待に満ちたまなざしを感じていた。一八六六年にクレタ島の住民がトルコの支配に反旗を翻して蜂起すると、チュッチェフはすぐさまクレタ島のキリスト教住民を支持する詩を書き、「めざめよ、今か、しからずんば永久にないのか」[65]と、ロシア政府に対してこの問題に積極的に介入するよう訴えている。この時クレタ島のキリスト教徒を救援するための慈善舞踏会が民間で開催されたが、そんなものはチュッチェフにとっては「余興」にすぎなかった。[66]ロシア政府もまた、チュッチェフの訴えとは裏腹にこの問題には消極的な態度に終始した。

ところで、袋小路のような状況のチュッチェフに一条の光がさした。一八六七年三月にモスクワで民族学博覧会が計画された折に、博覧会組織委員会のスラヴ部門担当者だったモスクワ大学教授**Н・А・**ポーロフのもとにペテルブルク大学の教授**В・И・**ラマンスキイが、スラヴ会議のアイデアを提案したのだ。彼は、モスクワにスラヴ諸民族の代表者を招待し、スラヴ民族に関する講義を行ったり、スラヴ諸民族の衣装や生活用品の展示する事を提案した。[67]彼の提案したスラヴ会議の計画は最初は純粋に文化的、学術的なものだったが、計画が具体化するに従って次第に公的、政治的な色彩を帯びるようになった。たとえば諸民族の民具の収集にはウィーン駐在大使館付き聖職者や駐トルコ大使が協力した。また、社会の関心がこの会議に注がれるようになると、『モスクワ報知』『ペテルブルク報知』『モスクワ』『声』などの紙上ではスラヴ民族主義運動の活動家が紹介され、世論の関心はスラヴ系諸民族の独立運動に向けられた。[68]実際にスラヴ会議に招待されたのは、ほとんどがオーストリアからの独立を願う、チェコ人をはじめとするオーストリア・スラヴの代表者であり、その他はトルコ領内のスラヴ人だった。[69]これらの代表者は、私人の資格で参加したにもかかわらず、ロシアでは朝野を挙げて歓迎され、国賓並に待遇された。三月一〇日にペテルブルクの元老院でレセプションが開かれると、そこではアレクサンドル二世自ら歓迎の挨拶に立った。スラヴ諸民族の代表団を見てアレクサンドル二世は満足げで、歓迎のデモをいかに組織すべきか裁可を仰ぐトレポフ将軍に対しては「大きければ大きい程良い」と答えたという(70)。翌三月一日にはペテルブルク貴族会議で歓迎レセプションが開かれた。この席ではチュッチェフの詩「スラヴ人へ」が朗読された。この八聯からなる長大な詩は、「身内」としてスラヴ人たちが「家族宴会」に出席したことに対する歓迎の言葉から始まっている(71)。

あなた方兄弟に心からの挨拶を送ろう
すべてのスラヴの地の果てから
例外なくあなた方皆に私たちの挨拶を送ろう
皆のために家族宴会の準備は整った！
ロシアは無為に皆を呼んだのではない
平和と愛の祝日に、
親愛なる客人がたよ、
あなた達はここでは客人ではなく　——　身内だ！

この詩においてチュッチェフは、第一聯に続いて第二聯、第三聯でスラヴとしての連帯をうたいあげた後、第四聯ではスラヴ民族の迫害の歴史に言及し、コソヴォおよびプラハの解放を祈念し、その上で第六聯ではポーランド人に対する敵愾心をあおる。そして最後に第七聯、第八聯で、「そしてツァーリ・解放者の言葉は／ロシアの国境を越える……」と、この問題に対するロシアの積極的介入をほのめかすのだった。

代表団がペテルブルクに続いてモスクワで歓迎を受けた際も、その席上でチュッチェフの詩が朗読された。この詩もまた、「スラヴ人へ」と題されているが、エピグラムに「スラヴ人は壁に追いつめなければならない」というオーストリア外相の言葉を掲げるなど、上記のものより攻撃的で、オーストリアに対する敵愾心をあおる内容になっている。[72] この詩でもチュッチェフは、「母なる祖国はあなた方を引き渡さない／祖国は身内を退けない」と、民族運動に対するロシアの援助をほのめかしている。

しかし、だからといってロシア政府の側に民族運動を支援する用意があったというわけではないし、チュッチェフ自身もまた、スラヴ民族がロシアに「外面的な力」ではなく、「有機的な共通性」を見なければ「何も行われない」と語りスラヴ諸民族の精神的な結びつきを強調するのだった。[73]

むすび

すでに見てきたように、チュッチェフが少年時代に生活実感として体験した、正教系諸民族に囲まれたアルミャンスキイ横丁の生活、およびナポレオン軍によって破壊された荒廃したモスクワの印象は、神聖同盟体制が崩壊するヨーロッパの現実の中で、「革命」と「ロシア」、さらにはスラヴ系諸民族を糾合した「東方正教帝国」の構想に発展した。しかしこの構想は、それ自体ではいかなる政治的影響力をも持たない、一詩人のファンタジーの域を出なかった。かれの「東方正教帝国」の構想は、クリミア戦争敗戦後に汎スラヴ主義と合流してはじめて世論的な基礎を得、他方、汎スラヴ主義は七〇年代のバルカン危機によって広範な運動へと展開した。とはいえ、七〇年代の汎スラヴ主義運動については本論の対象外である。稿を改めて論じたい。

（1）この点については、チャギンの「チュッチェフ、彼の人生と作品における女性たち」参照。ここではチュッチェフの二重性が「洗練されたヨーロッパ人にして上流社会の獅子（猟色漢の意）、打算的な外交官にして詩人」として指摘されている。Г.Чагин, *Фёдор Тютчев, Женщины в его жизни и творчестве*, Челябниск, Урал LTD, 1999г., аннотация.

（2）検閲改革とチュッチェフに関しては、拙稿「ゲルツェンの自由出版活動と『Bureau de la presse』計画」『法学新報』第一〇〇巻、平成六年、「Ф・И・チュッチェフと検閲改革」『スラヴ研究』第四一号、平成六年、および「ゲルツェンの自由印刷所活動と政府の検閲政策」『ロシア史研究』第五六号、平成七年を参照。

（3）См. Г. В. Макаревич и др. ред., ***Памятники архитектуры Москвы, Белый город***, Москва, Искусство, 1989г., с.295-296.

（4）Лазаревский инстетут, Армянский пер., 2/6.

（5）この点に関しては、拙稿「Ф・И・チュッチェフとヨーロッパ諸革命」、『革命思想の系譜学』中央大学出版部、一九九六年、所収、参照。

（6）Музей-усадьба «Мраново» им. Ф.И.Тютчева, ***Летопись жизни и творчества Ф.И.Тютчева***, Москва, ООО «Литограф», кн.I, с.29.

（7）Там же, с.48.

（8）「マギストル候補」の学位を持つものは、大学で講義することができ、マギストル論文を提出することができる。また、国家勤務に就く際には一二等官として処遇される。ちなみに通常の大学卒業生は一四等官に採用される。См. там же, с.49.

（9）Цит. по. кн. К.Пигарев, “Ф.И.Тютчев и проблемы внешней политики царской России”, *Литературное наследство*, Москва, 1935, т.19/21, с.180-181.

（10）Ф.И.Тютчев, “Русская география”, ***Сочнения в двух томах***, Москва, изд. «Правда», 1980, т.1, с.104.

（11）Тютчев, "Спиритическое предсказание", там же, с.137.

（12）「ペトルの都」、「コンスタンチンの都」は、それぞれ原語では「град Петров」、「Константинов горад」。語尾の「ОВ」は、名詞の複数性格ではなく、「ОВ」型物主形容詞語尾。ここでは「聖霊の予言」と併せてローマとビザンチンとして解釈した。ただし、ローマに関しては、ビザンチン帝国に含まれていないため、次に見られるように、宗教的にコンスタンチノーポリの総本山に服従する、というだけで、ただちにロシア帝国の領土に含まれることを意味しない。

（13）旧約聖書「ダニイル書」第二章四四節に永遠不滅の王国に関する記述がある。

（14）フィロフェイの「モスクワ第三のローマ論」に関しては、栗生沢猛「モスクワ第三のローマ理念考」、金子幸彦編『ロシアの思想と文学』、恒文社、一九七七年所収、参照。

（15）ГАФКЭ ф.195, №213, т.II, л.172, перевод с французского, цит. по кн. Пигарев, *указ. соч.*, с.196.

（16）Тютчев, "Пророчество", *указ. соч.*, с.115.

（17）Тютчев, "Россия и Германия", Репринтное воспроизведение издания 1911г., П.В.Быкова ред., *Ф.И.Тютчев, политические статьи*, СПб, YMCA Press, Paris, 1976.

（18）B・A・ディヤコフ、早坂真理・加藤史朗訳、『スラヴ世界』、彩流社、一九九六年、一〇八ページ。

（19）これとは別に、チュッチェフは後年外国検閲委員会議長の職に就くと、革命思想に対抗する世論を育成するために国外に無検閲の出版所を設立しようとする。「Bureau de la presse」と呼ばれるこの機関の計画に関しては、前掲拙稿「ゲルツェンの自由出版活動と『Bureau de la presse』計画」参照。

（20）Тютчев, "Россия и Германия", с.27.

（21）Там же, с.17.

（22）Там же, с.16.

（23）Там же.

（24）トヴァルドフスカヤはチュッチェフとスラヴ主義者との最大の相違をこの点に見ている。

“Тютчев в общественной борьбе пореформенной России”, *Литературное наследство*, Москва, т.97, кн.1, 1988г., с.165. また、スラヴ主義者との相違について言及するなら、チュッチェフが共同体の問題や異教時代のルーシに全く関心を払っていない点も指摘する必要があろう。

(25) Тютчев, “Россия и революция”, П.В.Быкова ред., *указ. соч.*, с.33.

(26) Там же, с.33.

(27) Там же, с.33-34.

(28) Там же, с.40.

(29) Там же, с.33.

(30) Тютчев, “Папство и римский вопросы”, П.В.Быкова ред., *указ. соч.*, с.51.

(31) Там же, с.52-53.

(32) Там же, с.55.

(33) Там же, с.56-57.

(34) Там же, с.57.

(35) Там же, с.59.

(36) Там же, с.57.

(37) Там же, с.60.

(38) Тютчев, “Россия и револючия”, *указ. соч.*, с.32.

(39) Там же.

(40) このように理念として描かれる「革命」と「ロシア」との対立は、チュッチェフの中ではヨーロッパの国際政治におけるフランスとロシアとの対立を反映していた。前掲拙稿「Ф・И・チュッチェフとヨーロッパ諸革命」、参照。

(41) Тютчев, “Россия и револючия”, *указ. соч.*, с.43-44.

(42)　Там же, с.45.
(43)　Там же, с.47.
(44)　Там же, с.44-46.
(45)　Там же, с.50.
(46)　Там же.
(47)　И.С.Аксаков, *Биография Фёдора Ивановича ТЮТЧЕВА*, репринтное воспроизведение издания 1886г., Москва, АО «Книга и бизнес», 1997г., с.240.
(48)　"Письмо Ф.И.Тютчева к его второй жене, от 24 февраля 1854г.," *Старина и новизна,* Петерград, 1915г., т.19, с.198-199, перевод с французского.
(49)　Там же, с.200.
(50)　Там же.
(51)　Письмо, от 1 апреля 1854г., с.201-202.
(52)　Письмо, от 21 апреля 1854г. с.204.
(53)　Письмо, от 13 июня 1854г., с.207.
(54)　Письмо, от 19 июня 1854г., с.209.
(55)　Письмо, от 27 июля 1854г., с.215.
(56)　Письмо, от 11 сентября 1855г., с.234.
(57)　Письмо, от 19 сентября 1855г., с.234.
(58)　Тютчев "Н.П.," *Сочнения в двух томах,* т.1., с.144.
(59)　クリミア戦争と戦後処理に関しては、拙稿「クリミア戦争とゴルチャコフ外交」、『法学新報』、二〇〇〇年、第一〇七巻三・四号参照。

(60) Письмо, от 21 мая 1855г., с.223.

(61) Тютчев, “О цензуре в России”, П.В.Быкова ред., *указ. соч.*, с.79.

(62) Письмо, от 19 сентября 1855г., с.236.

(63) 強圧的な検閲制度に批判的だったチュッチェフは、その論文「ロシアにおける検閲について」が外務大臣ゴルチャコフに認められたためにペテルブルク外国検閲委員会議長に抜擢され、検閲制度の改革に尽力する。検閲改革におけるチュッチェフの思想と行動に関しては、前掲拙稿「チュッチェフと検閲改革」参照。

(64) 改革期に人気を博したゲルツェンは六三年以降、急速に国内世論の支持を失っている。この点に関しては、前掲拙稿「ゲルツェンの自由印刷所活動と政府の検閲政策」参照。

(65) Тютчев, “****”, *Сочнения в двух тамах*, т.1, с.185.

(66) Примечения, там же, с.345.

(67) См. С.А.Никитин, *Славянские комитеты в России*, изд. МГУ, 1960, с.167.

(68) См.М.Ю.Досталь, “Славянский съезд 1867г. в С-Петербурге и Москве”, в кн., ее же ред., Славянские съезды XIX-XX вв., Москва, 1994г., с.96-97.

(69) ニキーチンは計八〇名の招待者のうち、オーストリア・スラヴが六二名、その内でチェコ人が二七名だったと見積もっている。Никитин, *указ. соч.*, с.27.

(70) П.А.Валуев, *Дневник*, изд. АНСССР, Москва, 1961, т.2, с.205.

(71) Тютчев, “Славянам”, *Сочнения в двух томах*, т.1. с.188-189.

(72) Тютчев, “Славянам”, там же, с.190-191.

(73) Письмо Тютчева к Ю.Ф.Самарину от 15 мая 1867г., *Литературное наследство*, т.19-21, с.236.

第九章　ソ連邦における体制擁護と革新の系譜

村井　淳

序　文

一九一七年のロシア革命によって、帝政ロシアは崩壊し新しい社会主義政権が誕生した。そのロシア革命の前後について、今まで「何が変わったのか」ということ、つまり「革新」についてはいろいろと説明されてきたが、「何が変わらなかったか」ということについては、あまり顧みられなかった。

確かに、革命後レーニンらは、新しい社会主義社会あるいは階級意識に目覚めた人間の創設を目指したが、そう簡単に社会や人間が変わってしまうものでもない。また、不変なものが、たんに封建時代や資本主義の残滓として片付けられてよいものではない。

どのような社会においても、多かれ少なかれ利害関係は存在する。それは、革命時における旧勢力と新勢力という関係だけでなく、例えば、ソ連邦などの社会主義社会においても利害関係は存在し、それは現在の体制を擁護しようとする勢力とそれを打破し革新によって自分たちの利益を得ようとする勢力の対立関係という構図をとることもある。それらの勢力は、自分あるいは自分たちのグループの利益を計るのか国家の利益を計るのか、あるいは両方なのか、それは様々である。

さて、ソ連邦に再度目を向けると、確かに社会主義の国家となってプラスになったことはある。例えば、計画経済による一九三〇年代における重工業の急速な発展である。それは、独ソ戦を戦いぬく工業的基礎となった。また、戦後、アメリカに先駆けて人工衛星を打ち上げた技術力にも目を見張るものがある。しかし、それらの多くは、人民の物理的あるいは経済的犠牲のもとに達成されたものであった。

人民の犠牲のもとに支配者層が利益を得るという構図は、帝政時代とあまり変わりがないように思われる。だからと言って、ソ連邦初期と末期とでは政治・社会的構図は必ずしも全く同じではない。

本章では、ロシア革命からソ連邦崩壊に至までの、ソヴェト社会あるいはソヴェト国家において体制擁護と革新の流れ（系譜）を概観することで、どのようにソ連邦崩壊につながったかの一端を考察したい。

1　ロシア革命とレーニン

一九一七年のロシア革命によって、世界で最初の社会主義政権が誕生した。政権を担当したボリシェヴィキは、国民の大部分を占める労働者や貧農を資本家や地主の搾取から解放し、いずれはこの世の楽園である共産主義社会を実現すべく、社会主義社会の建設に邁進した。しかし、革命後の一九二二年に成立したソ連邦においては、真の社会主義社会は実現できたのであろうか。国民は、搾取から解放されたのであろうか。答えは、「否」である。その努力さえ、ほとんどなされなかったといってよいだろう。もちろん、真の社会主義社会あるいはそれに続く共産主義社会の理想を真摯に考えた人はいただろうが、その理想はユートピアにすぎなかった。それどころか、ソ連邦そのものが崩壊してしまったのである。その原因は、もちろん社会主義の理論にもあるだろうが、歴史的にはロシア革命にあると言えよう。そこで、ロシア革命の革命性あるいは革新性について考えてみよう。

リチャード・パイプスは、ロシア二月革命は、革命であって、一〇月革命は、単なるクーデターであると言う。少し長くなるが、彼の著書から引用してみよう。

「一九一七年のロシア革命を語る際には二つの、つまり、一つは二月の、もう一つは十月の革命を指すのが通例であるものかかわらず、その名に値するのは、前者のみである。一九一七年二月には、ロシアは正真正銘の革命を経験した。ツァーリ体制を打倒した騒乱は、謂れの無いものでも予期されないものでもなかったが、自然発生的に勃発し、また、権力を引き受けた臨時政府が、直ちに全国的な承認を得たという点においてである。一九一七年の十月については、どちらにも当てはまらない。臨時政府の打倒へと導いた出来事は、自然発生的なものではなく、緊密に組織された謀議のうえで、念入りに策略をめぐらし実行されたのである。これらの陰謀家たちが住民の大多数を制圧するのに、三年の内戦を要した。十月は、典型的なクーデターであり、少数の徒党による支配権力の奪取であり、その時代の民主的信条に敬意を表して、大衆が参加したとみせかけたが、しかし、大衆は殆ど何ら関わることなく遂行されたのであった。(1)」

二月革命は、起こるべくして起こった革命である。その原因は、大きな点では帝政における矛盾が増大してきたこと、小さな点ではニコライ二世の君主としての能力不足や怪僧ラスプーチンの影響などが挙げられる。しかし、二月革命への扉を開いたのは、体制（君主制）を擁護しようとする勢力であった、とパイプスは指摘する。

「一九一七年のロシア革命は、単なる出来事などではなく、多かれ少なかれ同時的に起こったが、異なったある意味では正反対の主体をもった要素を内包している破滅的で暴力的な行動の帰結であった。それは、王家がラスプーチンと親密なこと、そして戦争指導を誤ることで嫌悪を抱いてきたロシア社会の最も保守的分子の反乱として始まった。保守派から、反乱は自由主義者へと広まった。彼らは、君主制が残存していれば、革命は避けられないという恐怖から君主制に挑戦した。(2)」

君主制を維持するために、ニコライ二世は、プスコフ滞在中に列車のなかで退位を宣言せざるをえなかった。だが、そのあと帝位を引き受けるものはいなかった。これで、帝政の運命は決まった。自由主義者は、革命を回避しつつ非君主体制を目指すべく、臨時政府を結成した。この時点で、立憲君主制の可能性もなくなった。臨時政府が権力を奪取したといっても、一方でソヴェト権力が存在し、二月革命後のロシアは不安定な二重権力状態にあった。これに終止符を打つべく、ボリシェヴィキは、いわゆる一〇月革命によって、すべての権力を奪取した。とはいっても、当初は左派エスエルなどとの連立政権であったが。

確かに、ボリシェヴィキによって権力は奪取され、その後連立を組んでいた勢力を排除し、ほどなくボリシェヴィキの単独政権となった。これは、よく知られているところであるが、問題は、革命後何が変わったか、あるいは何が変わらなかったかということである。革命後の社会主義社会は、特に欧米では「社会主義の偉大な実験」と知識人の間で持てはやされ、その理論や一部のソヴェト当局がお膳立てした現実だけを見て、欧米の知識人たちは、その社会主義社会の建設に喝采をおくった。だが、その後『動物農場』(3)(一九四四)を書いたジョージ・オーウェルのように、その社会主義社会に警鐘を鳴らすものも出てきた。

二月革命によって帝政は崩壊し、臨時政府がそれに取って代ったが、臨時政府が何もしないうちに、あるいは出来ないうちに、ボリシェヴィキは「クーデター」によって権力を奪取した。確かに、ボリシェヴィキのなかには帝政時代の下層階級出身だった者もいるし、また、下層階級出身の者が出世できる機会も多くなった。しかし、父が視学官で官等表による世襲貴族の家系であったレーニンを筆頭に、例えば赤軍将校などにも、貴族あるいは雑階級出身のものも多数いた。それよりも、問題なのは、依然として国民の大部分は不自由な被搾取民衆であったということである。とくに農民は、戦時共産主義の時代に彼らの農作物や家畜などをソヴェト政権に奪い取られ、結果として飢餓に陥った。ソ連邦を通して、多かれ少なかれ人民大衆は政治的にも経済的にも不自由であり、ときとして弾圧された。パイプスは、このようなことは、帝政時代と何ら変わることはないと言う。

「それ［革命］以降、ロシアは、一九〇五年以前には皇帝の勅令によって統治されてきたように、布告によって統治された。革命前のように、法は、国家の長が、当時はツァーリであり、今はレーニンであるが、それに署名を添えたとき、効力を有することになった。[4]」

レーニンは、もちろんスターリンも、「赤いツァーリ」と呼んでよいだろう。スターリンの残虐性は有名であるが、レーニンの残虐性、よく言えば目的のためには手段を選ばない性格も、ドミトリー・ボルコゴーノフの『レーニンの秘密』（白須英子訳／ＮＨＫ出版）などでも明らかになってきている。レーニンは、社会主義のために権力を握ったのか、権力を握るために社会主義のイデオロギーを利用したのか分からないが、ともかくも彼は、権力を民衆弾圧のために使ったことは確かである。それは、まず誕生したばかりの社会主義国家を維持・発展させるためであった。戦時共産主義のもとで大飢饉が発生したときも、外国の援助は受け入れる一方で穀物を輸出して外貨を稼ぎ、それでドイツから武器などを輸入するという飢餓輸出はやめなかった。国家の発展のため人民に無理を強いる開発独裁を、レーニンは実行したのである。国家の発展のため人民に無理を強いることを、次に学んだのはナチス＝ドイツであった。こういう国家は、のちに全体主義という言葉で表現されることになる。

よく、なぜ、ロシア革命は、マルクス主義の理論に反して資本主義後進国であるロシアで起こり、資本主義先進国では起こらないのかという問が発せられる。それに対して、ロシアの特殊事情などが説明される。しかし、ロシア一〇月革命がマルクス主義理論の言う社会主義革命に該当するか否かはさておいて、ロシア革命が勃発した大きな原因の一つは、強固な封建制がロシアで二〇世紀まで続いたことにある。強固な封建制が続いたところに革命が起こるというのはマルクス主義理論からすれば不可解であるが、革命後のボリシェヴィキ政権下で支配と非支配の構図がほとんど変わらなかったことを考えれば、首肯すべきだろう。つまり、議会制民主主義が発達した国家よりも専制君主制国家の方が権力を奪取しやすいし、そのあとも支配しやすいのである。つまり、ロシアがそうだったように、弱った専制君主制においてはその止め金である君主がこければ国家は崩壊しやすいし、また専制体制をそのまま統治に利用すれば、社会主義政権の独裁が容易なのである。したがって封建制が強固な国や植民地支配が強固な国において社会主義革命は比較的容易であり、議会制民主主義が発達した国では困難で、それらの国では社会主義は「修正」せざるをえない。

ロシア革命後のソ連邦では、その社会主義理論や目標は新しいが、帝政時代の搾取と被搾取の関係——もちろん権力や特権の座を追われた者も、新たにその座についた者もいた——が「プロレタリアート独裁」の下に基本的に維持された。そういった面でボリシェヴィキ政権あるいはその後のソ連邦は、体制擁護の性格が濃厚となり、革新性が失われていったのである。

2　ソヴェト体制の確立とその擁護——スターリン期

一九二二年末にソヴェト社会主義共和国連邦が成立した。スターリンの自治共和国案[5]は、レーニンによって退けられ、民族平等の観点から連邦（ソユーズ）[6]制度が採用されたのである。このあと一九二四年の初めに病床にあったレーニンは、息を引き取った。スターリンは、トロツキーなど反対派を粛清し、独裁権力への道を歩みだす。

前にレーニンは、スターリンに劣らず残虐であったと述べたが、レーニンには理想主義的なところもあった。しかし、スターリンは、レーニンより現実主義的であった。自己の権力とソ連邦を擁護・発展させるためには手段を選ばなかった。I・ドイッチャーも指摘するように、スターリンは、「レーニンが思想を生み出す過程よりもレーニンの思想が生み出した手段を現実に活用する面により多くの関心を抱いた」[7]のである。

かくてレーニンは、スターリンによって「神」にされ、「レーニン主義」が宣伝されるようになった。レーニンは、死してソ連邦の第一人者となり、スターリンは、生きてそれに次ぐ地位に納まった。実質的には、第一人者である。なぜ、彼は、自分を名実ともに第一人者としなかったのだろう。それは、たぶんレーニンの名声と自分の誤謬を恐れてのことであろう。要は、彼が実質的な最高権力者になればよかったのである。そのためには、自分の自治共和国案も引っ込めて、レーニンの主張する連邦制を受け入れたのである。

スターリンは、憲法やレーニン主義という上辺を飾る一方、自己の権力固めを推し進めた。一九一八年に制定されたロシア社会主義ソヴェト共和国憲法を基礎として一九二四年に採択されたソ連邦最初の憲法（通称レーニン憲法）では、連邦構成共和国は、「自己の権力を保留し」（第三条）、「連邦から自由に離脱する権利を留保する」（第四条）と明記された。(8) また、基本的人権や宗教活動の自由なども規定されたが、それらは絵に描いた餅であった。

一九二二年のソ連邦成立からその崩壊までに、連邦憲法は二回改正された。つまり、全部で三つの憲法が存在した。先に述べたレーニン憲法、そしてスターリン憲法（一九三六）、ブレジネフ憲法（一九七七）である。ソ連では、当局の発表は都合の悪いことは嘘で塗り固められているが、行間を読めば真実が見えることがあるなどとよく言われる。憲法もその内容は嘘や建前に満ちていただけではなかった。行間を読まなくても、ある程度の真実が読み取れる。ただ単に建前だけの憲法であれば、改正の必要もあまり無いわけである。

スターリン憲法が制定された一九三六年は、ジノヴィエフらの粛清により一連の大粛清もほぼ完了し、また第二次五カ年計画の最終年でもあり、スターリンの独裁権力が確立した時期でもある。彼は、権力の確立を背景に、憲法を改正した。基本的な内容はレーニン憲法を踏襲しているが、新たに体制を擁護する方策も新しい憲法に盛り込まれた。つまり、第六九条に次のような規定がなされた。

「連邦―共和国的各省は、その委任された国家行政部門を、原則として、連邦構成共和国と同名の省を通じて指導し、かつソ連邦最高会議幹部会によって承認された表による一定限度の企業のみを、直接に管理する。(9)」

ソ連邦には、連邦政府のみに存在する連邦的省、構成共和国のみに存在する共和国的省、両方に同名の省が存在する連邦―共和国的省の三種類がある。問題は、この連邦―共和国的省である。一般に、連邦政府からの命令系統は、

図1　ソ連邦の国家行政系統

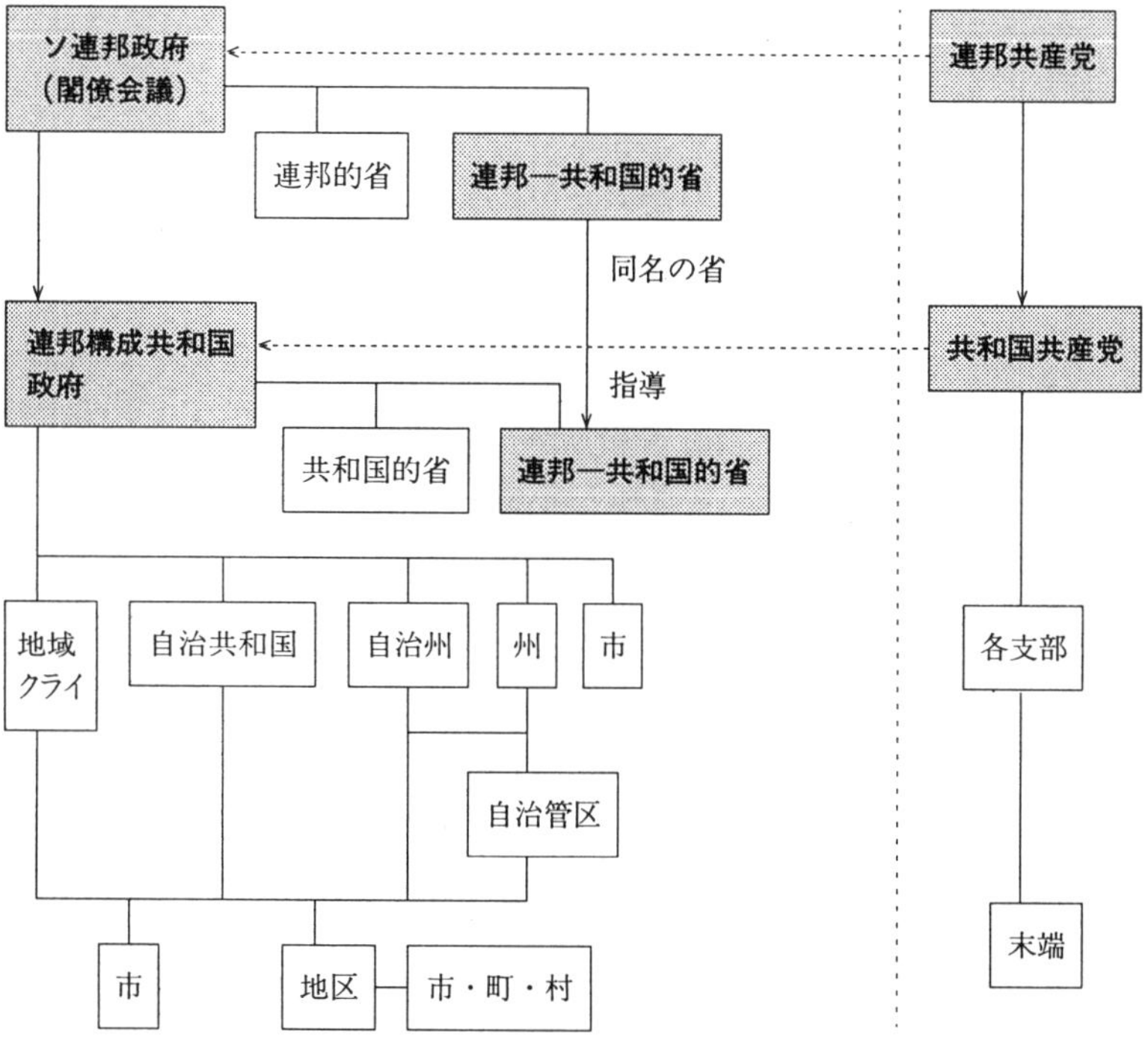

※末端組織は，連邦構成共和国によって多少異なる。
※ロシア共和国共産党は存在しない。

連邦政府―共和国政府のラインである。しかし、もう二つ命令系統がある。一つは、同名の連邦省―共和国省のラインである。同名の連邦省は、もちろん連邦政府の統制下において、共和国政府を通さずに直接共和国省に命令を下すのである。最後の命令系統は、連邦共産党―共和国共産党のラインである。

つまり、「指導」という形で、連邦の機関から共和国の機関に直接命令が来るのである。これに共産党組織の「指導」が絡んでくるのだから、ソ連邦による行政命令系統は非常に複雑になり、とくに外国には分かりにくくなっている。しかし、複雑ではあっても、少なくともソ連邦の官僚は、どの命令系統が実権を持つか理解している。理解しなければ、彼らにとって命取りであるから。

さらに、国家統制の手段として共産党が存在する。共産党の存在について、このスターリン憲法には殆ど出てこない。その存在は認知はされているが、共産党の支配については憲法上の規定はない。しかし、実際には共産党が政治を支配していることは、ソ連邦市民ならば周知の事実である。共産党の支配は、憲法に明記されている政府の支配が表のものであるとすれば、謂わば裏のものである。

このようにスターリンは、建前と現実とを使い分け、国民にカリスマ性を植えつけようとするとともに、体制に批判的なものを容赦なく粛清した。かくしてスターリンは、独裁者となった。しかし、彼の行なった大粛清は、単に独裁を打ち建てるためだけでなく、ソ連邦の工業化のための「無賃」労働者を確保するために行なわれた。大粛清の犠牲者が何百万人になるか正確な数字は今だに不明であるが、その多くがすぐに処刑されたのではなく、強制収容所(ラーゲリ)に送られ強制労働に従事させられた。太平洋戦争後における日本兵捕虜らのシベリア抑留も同じ理由である。

さらに、スターリンは、領土的野心をも展開し始めた。まずは、帝政時代の領土回復を目指した。つまり、バルト三国、ポーランド、フィンランドの再征服である。これらの国々は、ロシア革命による帝政ロシア崩壊にともなって独立したのであった。そこでスターリンは、悪魔と取引した。一九三九年、独ソ不可侵条約が、ナチス＝ドイツと締結された。その付属秘密議定書――今までソ連邦がその存在を否定してきた――のロシア語正文は現在は公開されており、それによると、独ソは、バルト海諸国(フィンランド、エストニア、ラトビア、リトアニア)については、リトアニアの北部国境とポーランドについては、ナレフ・ヴァイクセル・サンの各河川を勢力の境とした。(10) 一九三九年九月一日、ドイツ軍がポーランドに侵攻するとともに(第二次世界大戦の勃発)、ソ連軍もこの議定書に基づきポーランド東部に侵入した。さらに、ソ連は、フィンランドを攻撃し(ソ・フィン戦争)、翌年バルト三国を併合した。しかし、ソ連軍はソ・フィン戦争で苦戦し、四一年の独ソ戦開始とともにドイツに援助されたフィンランドを併合することに失敗した。結局、フィンランドに関しては、若干国境線をフィンランド側にずらしたにとどまった。

帝政ロシア以来、ロシアあるいはソ連邦は、領土を自国の国境線を拡大することで、その内部に「植民地」を取り込んできた。それは、ソ連邦の大国主義によるものであり、また安全保障をより確実にするためであった。独ソ戦によって、ソ連邦は存亡の危機に立たされた。スターリンは、多大なる人的経済的犠牲の上に、さらにこれまで弾圧してきたロシア正教と妥協し、戦争に勝利した。ともかくも、スターリンの下で体制は擁護された。しかし、戦後、スターリンの猜疑心はさらに強まり、教条主義の下で科学はダメージを受けた。例えば、資本主義の産業とされたコンピュータ産業は立ち後れ、ルイセンコのために遺伝学さらには農業が被害を受けた。スターリン時代に、独ソ戦があったにせよ、体制擁護のために多大なる犠牲を払い、それによってソ連社会が受けたダメージは計り知れないものがあり、後々まで影響を及ぼした。

3　フルシチョフの革新性と限界

一九五三年、スターリンは死んだ。これで、ソ連邦市民は独裁政治の恐怖から解放された。しかし、粛清に無縁なかなり多くの市民は、彼のカリスマ性のゆえに、その死に心から涙したのだった。スターリンは、晩年にはさらに猜疑心を深め、ありもしない医師団陰謀事件なるものを信じていた。また、彼は、死ぬまで自己の権力の維持を計った。つまり、彼の対抗馬になりそうな人物は権力の中枢から遠ざけられたのだ。そのことは、次の時代の若手テクノクラートの台頭を容易にさせた。フルシチョフは、そのようなスターリンの偶然のお膳立ても手伝って、彼の死後、権力の表舞台に登場したのである。しかし、登場したてのフルシチョフとって、ベリヤなどまだまだ消えてもらわなくてはならない人物がいた。

さらにフルシチョフにとって、まだ越えねばならない壁があった。スターリン批判である。一九五六年のソ連共産党第二〇回大会において、フルシチョフは秘密報告（現在では秘密ではない）を行なった。この報告で、スターリンの個人崇拝の弊害、大粛清、独ソ戦期のスターリンの戦争指導能力の欠如、レーニンのスターリン批判（遺書）などが公表された。(11)

では、なぜフルシチョフは、スターリン批判を行なったのであろう。「ユーゴスラヴィアと和解するには、スターリン批判が必要だった」(12)という説などもある。しかし、それよりも、この秘密報告が意図的に西側に伝わるようになっていた点などを考えると、西側との関係改善——デタントおよび平和共存路線——そして、独裁者に振り回されるのではなく、官僚制に基づいた秩序だった行政の確立のために、この秘密報告を行なったのだろう。それは、取りもなおさず、フルシチョフ個人への国民の支持を取り付け、権力基盤を確立することにもつながるのである。

フルシチョフは、スターリン批判により、自己の進む道を掃き清めた。外交面では、とくに一九六二年のキューバ危機後、平和共存路線がとられ核軍縮にも手がつけられた。しかし、スターリン批判のマイナス側面として中国から「修正主義」との批判が起こり、中ソ対立へと発展した。このことは、国際政治の面で、アメリカに、チャイナ・カードを与えることとなった。

国内面では、消費財の生産を重視し、肉、牛乳、バターなどの生産でアメリカを追い越すことを目標としたが、失敗に終わった。しかし、「バターよりも大砲」の路線からの転換は、画期的なことであった。基本的人権があまり保障されていないソ連社会においても、国民の生活水準は、その前と比べれば向上した。とは言っても、ルイセンコなどのインチキ学者を依然として追放せず、また農業理論を無視した農業政策は、成功しなかった。この結果、ソ連邦は、穀物などを西側に頼らざるをえなくなった。農業生産が、はかばかしくないのは政策の失敗ばかりではない。「ほとんどなんの対価もうけずに自分のつくった農作物を国家に引きわたさねばならない制度は、コルホーズ員のなかに労働を忌避する姿勢や生活にたいする投げやりな態度を生みだしていたのである」[13]とも指摘されている。

一般に、ソ連市民は、国内の移動にも国内旅券が必要である。農民には、その旅券が交付されにくいのである。移動の自由を大幅に制限され、また、ささやかな楽しみである自留地――そこで生産された野菜などは自由市場などで自由に売買できた――のさらなる制限は、農民からさらに労働意欲を奪うことになった。

フルシチョフ時代に成功したもの、それは唯一スプートニク人工衛星（一九五八）とガガーリンが搭乗したヴォストーク一号（一九六一）の打ち上げ成功である。この成功は、フルシチョフの地位強化に役立った。もちろんアメリカ国民にとってはショックであった。

フルシチョフのスターリン批判は、東欧諸国やソ連国内に「自由化」の雰囲気を醸し出した。例えば、ポーランドでは、労働者のデモや暴動が起きたりした。また、国内では、パステルナークが「ドクトル・ジバゴ」を発表したり、ソルジェニーツィンが「イヴァン・デニーソヴィッチの一日」を書いたりしたが、発禁となった。したがって、フルシチョフは、スターリンの独裁政治を一掃したが、真の改革――基本的人権の保障や経済などの改革――を目指したのではなく、単にソ連社会の安定を計っただけである。つまり、国民には、それなりの生活水準を保障するとともに、ノーメンクラトゥーラの支配を安定化しようとしたのである。もちろん、フルシチョフ個人とその取り巻きの権力維持・強化も含まれていた。スターリンのように恐怖政治により国民を支配するのではなく、秩序だってノーメンクラトゥーラがソ連を支配するシステムを構築しようとしたのである。

一九六四年、フルシチョフは、農業政策の失敗などを問われ、失脚した。しかし、彼も含めてノーメンクラトゥーラは、失脚してもある程度の特権を享受できた。スターリン時代であれば、失脚は死かシベリア送りを意味した。フルシチョフは、年金生活者となり余生を送った。彼の墓は、モスクワのノボジェーヴィッチ修道院墓地の西の奥の方にある。彼の顔の白黒のオブジェがあるので、来訪者はすぐに彼の墓を見つけられる。フルシチョフの年金生活について、ロイ、ジョレス・メドヴェージェフ兄弟は、次のように書いている。

「フルシチョフの引退生活についてはほとんど知られていない。追放後彼は、彼がマレンコフやブルガーニンに対して示したよりは慎重な扱いをうけた。寛大な恩給が与えられ、モスクワのアパートと郊外の別荘が許された。車と運転手は自由になり、彼の田舎家を警護する少人数の職員もあった。もっともこれは明らかに彼を監視するためでもあるが。時には彼は外人特派員と会うことすら許されたが、しかし彼らのインタビューはソ連の報道機関にはのらなかった。(14)」

フルシチョフは、晩年回想録を残した。その回想録は、当局の目を盗んで西側に持ち出され出版された。それによると、フルシチョフが正しく国際政治などを認識していた面もあるし、そうでない面もある。例えば、アメリカは、日本の官僚や大臣ポストに影響力をもっているとか、日本が北方領土を要求する歴史的根拠はないなど。あるいは、東欧諸国をソ連が支配していることについても、その国のためになっているのだ、という認識をフルシチョフは持っていた。それに対して、敗戦国の日本や西ドイツが急速に経済発展を遂げている事実は、認識していた。また、パステルナークの「ドクトル・ジバゴ」を発禁にしたことを後悔していた。(15)

フルシチョフ時代は、ある意味で、スターリン時代からブレジネフ時代への橋渡しの時期とも言える。つまり、独裁政治を一掃し、テクノクラート中心の官僚政治——その官僚政治も問題なのであるが——を可能にし、一般市民にもある程度消費財などを供給し、生活の向上と安定を計った。それは、取りもなおさず支配者層であるノーメンクラトゥーラ支配の安定にもつながった。しかし、農業政策を官僚主導で行なったところに失敗があった。農業政策の失敗は、フルシチョフの失脚につながっただけでなく、その後、現在に至まで、ソ連そしてロシアのアキレス腱となった。

4　ブレジネフ政権の保守性と停滞社会

一九六四年、フルシチョフが失脚し、共産党第一書記（のち書記長）にはブレジネフが、首相にはコスイギンが就任した。また、ポドゴールヌイが最高会議幹部会議長に就任し、まずは集団指導体制がとられた。

一九七七年、ブレジネフは政権が安定すると、スターリン以来の憲法を改正する。いわゆるブレジネフ憲法の登場である。その基本的な枠組みは旧憲法を踏襲しているが、大きく変わった点は、次の二つである。まず、憲法前文に「ソ連邦においては、すでに発達した社会主義社会が建設されている」(16)とし、ソ連邦による社会主義社会建設の成果を強調する。そして、もう一つは、第六条に「ソビエト社会の指導的かつ嚮導的な力、ソビエト社会の政治制度、国家機関と社会団体の中核は、ソビエト連邦共産党である。ソ連邦共産党は、人民のために存在し、人民に奉仕する」(17)と明記され、それまで裏の存在であった共産党の存在を公然と表に出したのであった。これは、とりもなおさずノーメンクラトゥーラ支配の宣言であった。革命後確立された、「プロレタリアートへの独裁」は、この時代には「人民は、ソ連邦共産党のために存在し、ソ連邦共産党に奉仕する」存在となった。ソ連邦の憲法の内容は、人民やプロレタリアートと共産党や国家という字句を入れ替えるとソ連邦の実態がよく理解できることがある。

さて、ブレジネフ時代の特徴は、山川出版社の『世界歴史体系　ロシア史3』に次のように述べられている。

「……、総じてブレジネフは保守的で個人的決定をすることなく、制度の利害と合意とをより重視した。スターリン時代には、各領域でミニ・スターリンがあったのと同様、ブレジネフの時代には、各領域に保守的で高齢な官僚であるミニ・ブレジネフがいて、中央官庁でも地方の党機関でも長期にわたって自己の権力を維持しつづけた。こうしてその後『停滞の時代』とよばれるような、守旧的で官僚的なブレジネフ時代が十八年にもわたって持続することとなった。[18]」

失敗はあったものの、フルシチョフ時代に、多少は向上した一般市民の生活水準と国際関係における雪解けムードに乗ってブレジネフ政権は、ノーメンクラトゥーラの支配を安定化させた。それは、人事異動の停滞を招き、官僚制の腐敗と非能率を蔓延させた。それは、ヴォズレンスキーがその著『ノーメンクラトゥーラ』で指摘するところである。

外交についての基本路線は、ソ連邦とソ連圏（主に東欧諸国）の安全保障の維持であった。つまり、西側に対してはソ連邦とその勢力圏を守ること、そしてソ連邦自身の安全保障のために勢力圏を維持することである。この方針の具体的な表明は、一九六八年のチェコ事件などであった。ソ連邦は、「制限主権論」（ブレジネフ・ドクトリン）を持ち出し、プラハの春を弾圧した正当性の根拠とした。

ブレジネフ時代のソ連邦社会は、停滞していたが、良く言えば豊かとは言い難いが一見経済的には安定して物質的には人間らしい生活が出来る社会であった。もちろん、言論の自由などの民主主義はなかったが、市民は暗黙のルールを守り境界線を越えなければ、ささやかな生活を楽しむことが出来た。社会主義政策の下で、公共料金や教育にかかる費用などは無償か安価であった。しかし、それらはすべてほとんど逆鞘であり、経済成長率がほとんどない状態で、国防予算も含め膨大な国家財政の赤字あるいは対外赤字が膨らんでいった。

ブレジネフ時代末期には、もう経済改革はまったなしの状態だった。しかし、ソ連邦支配者層は、それを見ないようにしてきた。その付けは、次の時代に回されることになった。

5　ゴルバチョフ、最後の闘争

一九八二年ブレジネフが死に、その後アンドロポフそしてチェルネンコといった老人や病人が書記長となったが、いずれも短命政権に終わった。そして、チェルネンコ時代に実質的に政治局を取り仕切っていたゴルバチョフが、一九八五年に書記長の座についた。これは、ソ連邦の最後の始まりであった。

ゴルバチョフは、ソ連邦の経済状態を理解し、経済改革の必要性を正しく認識していた。ブレジネフ時代にノーメンクラトゥーラの支配が固定化したが、それは一般市民にある程度の生活水準を保障する見返りに、その支配にそれなりの同意を得てきたのである。それ故に、スターリン時代のように、上から強権的に改革を指示することは難しいし、現状を良く理解しない改革は、フルシチョフ時代のような失敗を招きかねない。そこで、ゴルバチョフは、まず民衆の支持を得ることを目指した。彼は、「回想録」に「……私にとっての真の基底部、それは民衆であって、ノーメンクラトゥーラでは決してない」[19]と書いている。民衆の支持を得るには、街頭に出て市民と対話するだけではだめである。当局の情報を可能なかぎり公開することが、大切である。このことは、グラスノスチの政策となった。

ゴルバチョフの目指したペレストロイカは、当初は経済改革として始まった。一九八六年のチェルノブイリ原発事故によって、一層危機感が募った。彼は、ペレストロイカの当初、ソ連邦崩壊も共産党支配との決別も考えていなかった。しかし、ペレストロイカが、政治改革となるにしたがって、彼は時代の要請を認識し始めた。ゴルバチョフが、過去の指導者と違う点は、ノーメンクラトゥーラの利益よりも、ソ連邦維持よりも、共産主義よりも、時代の流れを優先したことである。その点で、彼は「新しい思考」が出来る指導者だった。ゴルバチョフは、「回想録」の中で、改革の理念について次のように述べている。

「最後に、一つの理念について申し上げたい。それは、私の政治活動の中で中心的な位置を占めてきた**改革の理念**である。旧政権の主たる不幸は、旧政権が改革を実行する能力に欠けていたことにほかならない。旧政権は、第二十回党大会以後、スターリン主義モデルの中で最も否定的な特徴だった『大量粛清』と決別した。しかし、それでもなお、スターリン主義モデルの〝精神的長老たち〟にはまったく手を触れなかったのだ。つまり、党の独占的権力を握っている集団であり、その実態は、少人数の党政治局員からなるグループだった。この〝精神的長老たち〟の存在こそ政権の世界観をいちじるしく狭いものにし、自らを専制体制とした。そのため、経済、政治、その他の分野の改革を実施する可能性は最小限のものに抑えられてしまった。[20]」

ペレストロイカが、政治改革となるとソ連邦政府の求心性は弛緩しだし、連邦構成共和国の遠心力が働きだした。

綻びは、まず東欧から始まった。一九九〇年に東ドイツが西ドイツに吸収され、東欧諸国におけるソ連邦の影響力が急速に減退していった。それを受けて、ソ連邦内でも、まずバルト三国が主権宣言をして、独立に向けて舵を切った。

一九九一年の八月クーデター失敗は、保守派の崩壊を促すとともに、ゴルバチョフの指導力の低下も露呈した。そして、八月クーデターを阻止した立役者であるロシア共和国大統領エリツィンへのロシア民衆の支持が広がった。

こうして、一九九一年末、ソ連邦最初で最後の大統領ゴルバチョフが辞任し、ソ連邦は崩壊した。そして、バルト三国と内戦下にあったグルジアをのぞく一一の旧連邦構成共和国で、緩やかな国家連合体（CIS：独立国家共同体）が結成された。

歴史に、「もしも」は禁句であろうが、あえてもしゴルバチョフが書記長にならなかったら、ソ連の崩壊はあったであろうか。たぶん、時期が遅くなるだけであったろう。ソ連邦の崩壊は必然的であったと見るのが、妥当であろう。ロシア二月革命もソ連邦崩壊も必然的であったが、ロシア一〇月革命は、決して必然的とは言えないだろう。不必然な結果として誕生したソ連邦という実験が失敗に帰し、ある意味でロシアは二月革命をやり直さねばならなくなった。

ペレストロイカの当初の目的であった経済改革は、今も成果があげられないが、政治改革はある程度進んだ。だが、ロシア社会では、旧ノーメンクラトゥーラの一部が経済の実権を牛耳り政治も左右し、マフィアなどの犯罪が横行するようになった。まだまだ、課題は山積している。

結　語

ソ連邦の歴史を概観してみると、支配と被支配、搾取と被搾取の歴史だったといっていいだろう。帝政ロシアと比べてソ連邦が始末が悪いのは、社会主義あるいは共産主義という実現不可能なユートピアを掲げたことである。ある意味で、すべての過ちは、その出発点にある。つまり、ソ連邦崩壊とそれに続く経済的政治的な社会の混乱の出発点は、ロシア革命、とくに一〇月革命にある。『ノーメンクラツーラ』の著作で知られるヴォズレンスキーは、その著の中でこう述べている。

「本当のところをいうと、一九一七年のレーニンの革命は『偉大なる社会主義十月革命』でなく、十月反革命なのである。この十月反革命こそ、ロシアの反封建革命の歴史の転機であったことは明らかなのだ。まさにこのあと、ロシアの老化した封建構造に対する闘争のなかでかちとられたものは、みなぶちこわされてしまった。ロシアに生まれたばかりの民主主義を独裁制とすりかえてしまった。一九一七年の十月革命を、反革命とみなければ、何とみればよいのか。」(21)

このヴォズレンスキーの主張は、パイプスの指摘するところでもあるが、では、なぜボリシェヴィキが権力を奪取したことが、後のソ連邦崩壊の一端となったのであろうか。それは、ボリシェヴィキのエリート主義にある。一九〇三年に開かれた社会民主労働党の第二回大会において、綱領や規約などをめぐってボリシェヴィキとメンシェヴィキが対立した。ボリシェヴィキは、党員資格を厳格にし少数精鋭の革命家による「革命」を目指した。それに対して、メンシェヴィキは、革命に参加の意思のあるものは原則として受け入れる方針を示した。この対立から、両派が分離したのである。ボリシェヴィキの、少数精鋭方針は「クーデター」を起こし、民衆を支配するには効率がよい方法であった。それは、少数こそが効率よく組織しやすいからである。

民衆の合意を得ない少数支配は、独裁政治あるいは寡頭政治を生み出し、民主主義は育たない。確かに、帝政ロシアの専制政治は陰鬱であり忌み嫌われるべきものであったが、だからといってボリシェヴィキの支配が民衆に受け入れられるものではなかった。新しいソヴェト社会においては、プロレタリア独裁ではなく、ボリシェヴィキのプロレタリアへの独裁であった。

ロシア一〇月革命は、単なるボリシェヴィキのクーデターであり、二月革命で帝政が崩壊しロシアが議会制民主主義の方向に進むのを阻止し、帝政時代の支配・被支配関係をその後も維持し続けた。だからといって、ソ連時代約七〇年を通して何も変化が無かったわけではない。民主主義的な思考様式は、市民の間に根づき、ゴルバチョフのような指導者も出てきた。しかし、いくら民衆に人気のある指導者が出てきても、エリツィン大統領のように晩年は自己とその取り巻きの利益だけを考えるようになってしまう。プーチン大統領もしかり。したがって、選挙は複数候補者によりほぼ公正に行なわれるようになってきたが、まだまだ現在のロシア連邦においては、大統領や政府高官の腐敗監視に問題がある。

ソ連邦崩壊の後、ロシアではマフィアやニューリッチと呼ばれる人たちが台頭してきたが、基本的に政府を牛耳っているのは旧ノーメンクラトゥーラの一部である。政府・経済・軍のパワー・エリートが形成されたのである。というよりは、旧ノーメンクラトゥーラの一部が政府・経済・軍を掌握しトライアングルを組んだのである。現在は、ソ連邦のパワー・エリートが、国家の主人なのである。彼らは、自分たちのその体制を擁護しようとしているが、選挙など国民による民主的な政権交替手段や監視手段が進めば、民衆の生活を犠牲にして自己の利益だけを擁護できるはずはない。

（1）リチャード・パイプス（西山克典訳）『ロシア革命史』成文社、二〇〇〇年、一一三ページ。
（2）Pipes, Richard, *Russia under the Bolshevik Regime*, A Divison of Random House, NC, 1995, p. 490.
（3）人間に搾取されていた動物が反乱を起こし、平等で平和な動物社会の建設を目指すが、ナポレオンというリーダーの豚が独裁者となって他の動物を支配しようとする。この小説は、動物になぞらえてソ連邦社会を批判するものであったので、当時は出版社から出版を断られることが多かった。
（4）パイプス、前掲書、一六五ページ。
（5）ロシア連邦共和国以外の共和国をロシア連邦共和国内の自治共和国として取り込む案。
（6）союзは、федерация（連邦）と区別して「同盟」と訳すのが良い。
（7）I・ドイッチャー（上原和夫訳）『スターリン』、みすず書房、一九六三年、一九〇ページ。
（8）**Липатов, А. А., Савенков, Н. Т., «История советской конституции(в документах)1917-1956», Государственное издательство юридической литературы, 1957**, стр.462.
（9）宮沢俊義編『世界憲法集　第二版』岩波文庫、一九七六年、二九六ページ。
（10）ヴェルナー・マーザー（守屋純訳）『独ソ開戦――盟約から破約へ――』学習研究社、二〇〇〇年、七八―八一ページ。
（11）フルシチョフ秘密報告は、ポーランド共産党に配られたテクストがアメリカに渡って、世界に公表されたと見られている。日本語訳では、志水速雄氏の訳で『フルシチョフ秘密報告「スターリン批判」』として講談社学術文庫のシリーズで出版された。
(12) 田中陽兒・倉持俊一・和田春樹編『世界歴史体系　ロシア史3』山川出版社、一九九七年、三三七ページ。
(13) 前掲書、三一七ページ。
(14) ロイ・メドベージェフ、ジョレス・メドベージェフ（下斗米伸夫訳）『フルシチョフ権力の時代』御茶の水書房、一九八〇年、一九二ページ。
(15) ジュロルド・シェクター、ヴャチェスラフ・ルチコフ編（福島正光訳）『フルシチョフ封印された証言』草思社、一九九一年、参照。
(16) 宮沢俊義編『世界憲法集　第四版』岩波文庫、一九八三年、二八三ページ。
(17) 前掲書、二八六ページ。
(18) 田中陽兒・倉持俊一・和田春樹編、前掲書、三六九―三七〇ページ。
(19) ミハイル・ゴルバチョフ（工藤精一郎、鈴木康雄訳）『ゴルバチョフ回想録』上巻、新潮社、一九九六年、五四〇ページ。
(20) ミハイル・ゴルバチョフ（工藤精一郎、鈴木康雄訳）『ゴルバチョフ回想録』下巻、新潮社、一九九六年、七三三ページ。
(21) M・S・ヴォズレンスキー（佐久間穆訳）『新訂・増補　ノーメンクラトゥーラ――ソヴィエトの支配階級』中央公論社、一九八八年、六七二ページ。

第一〇章　ロシアにおける「第三の道」としてのユーラシア主義

大木昭男

はじめに

ソ連邦が崩壊した一九九一年以後、ロシアの新聞・雑誌に「第三の道」と題する一連の論文・記事が見受けられた。雑誌「ナッシ・ソヴレメンニク」（一九九一年、第九号）のボロダイ論文、新聞「リテラツールナヤ・ガゼータ」（一九九三年三月、第一二号）のホミャコーフ論文、新聞「ジェーニ」（一九九三年八月、第三二号）のボンダレンコ論文、同紙（一九九三年一二月、第四九号）のオグルツォーフに関する記事などがそれであり、さらに、「第三の道」という名称そのものを採用した新聞さえ現れた（ロシア共産主義労働者党機関紙、一九九三年八月創刊号）。これらの論者たちの主張はニュアンスこそ異なるが、ＩＭＦ主導の欧米寄りの政治・経済路線に反発しており、ロシア独自の路線を取るべきことを主張している点では一致している。

この「ロシア独自の路線」の考え方が、九〇年代初頭に「第三の道」の主張となって噴出したのであり、特にそれはナショナル派に顕著な傾向である。つまりナショナル派は、共産主義も資本主義も共に西欧起源の思想として斥け、第三の道＝「ロシア独自の路線」の探求に向かったわけである。(1)

これと時を同じくして、今世紀二〇—三〇年代にロシアの亡命知識人たちが亡命先で展開した「ユーラシア主義」思想の紹介がロシア国内でなされ始めたことは、注目すべきことであろう。ソヴェート時代はロシア思想の反動的潮流とみなされて、国内での紹介などは許されるものではなかった。それが、ナショナル派の機関誌とも言うべき「ナッシ・ソヴレメンニク」（一九九二年、第二、三号）に、ワヂム・コージノフが『ユーラシア主義者たちの歴史哲学』と題する論文を発表して、サヴィーツキイ、スフチンスキイ、トルベツコーイ、ヴェルナーツキイ、等々のユーラシア主義者たちの論文を次々に紹介した。一九九三年の「哲学の諸問題」誌第六号にも、『ユーラシア主義』と題する論文が掲載されたし、最近になると、モスクワの「アグラフ」出版所から「新しい歴史」叢書として、サヴィーツキイの論文集（一九九七年）とトルベツコーイの論文集（一九九九年）が刊行された。

ソ連崩壊以後の今日、「第三の道」として浮上してきた有力な思想が、「ユーラシア主義」であるとわたしは思う。以下にそれが如何なる思想なのかを歴史的に観て、その意義を考えてみたい。

1 「第三の道」の歴史的系譜——ユーラシア主義の出現まで

中世から今日に至るまでのロシアの歴史を振り返ってみると、「第三の」という順序数詞のついた言葉がよく見受けられる。それはあたかも弁証法のジンテーゼの如く登場してくる。

その系譜をたどってみると、先ず最初に、一四五三年のヴィザンチン帝国滅亡後、一六世紀初頭になって、プスコフの修道士フィロフェイの唱えた「モスクワ—第三のローマ」論がある。これは、西側には受け入れられなかったが、正教国家のモスクワ公国（一四八〇年にモンゴル・ダッタンのくびきから解放）をヴィザンチン帝国の後継者になぞらえる理念で、以後、「聖なるロシア」という表現がドグマ化してしまう。フィロフェイはワシーリイ三世への書簡に次のように記している。

「……敬神の陛下よ、すべてのキリスト教国はただ一つの陛下の国に集まり、二つのローマは没落しましたが、第三のローマは立っており、第四のローマはあり得ません。陛下のキリスト教国は他のものによって代わられることがないでありましょう。(2)」

さらに一九世紀になると、ドストエーフスキイが『作家の日記』（一八七七年一月の章）において世界的な「三つの理念」について述べている。第一の理念として、彼は「カトリック的理念」を挙げ、フランス国民を最高度に完全なカトリック教国民とし、カトリック的理念の継続としてフランス社会主義を指摘し、その特徴を「強制的な人間の結合(3)」にみている。第二の理念として、「古いプロテスタント教」を挙げ、その典型的国民をドイツ人とみなしている。この宗教はドストエーフスキイに言わせると、「単なる否定の信仰」であって、カトリック教に続いて消滅の運命にあるという。そして「第三の世界的理念」として「スラヴの理念」を挙げ、これこそは「新生の思想であって、おそらくは全人類、ならびにヨーロッパの運命を解決すべき、まさに来たらんとする第三の可能性であるかもしれない」と言っている（25―9）。

これとほぼ同時期に、ウラジーミル・ソロヴィヨーフが『三つの力』と題して講演を行っている。彼は、「歴史の初めから、三つの根本的な力が人類の発展を支配してきた」ことを指摘し、第一の力については、「人類をすべての分野において、その生活のすべての段階において、ひとつの至高の原理に従わせようとし、その排他的な統一の中で、個別的な形態のすべての多様性を混合し、結合しようとしており、個人の独立性を、個人的生活の自由を押しつぶそうと努めている。一人の主人と生気のない大勢の奴隷たち——ここに、この力の最終的な実現がある」[4]と述べ、第二の力については、「生気のない統一の砦を粉砕し、生活の個別的な形態に自由を、個人とその活動に自由を与えようと努める。（中略）全般的エゴイズムとアナーキー、いかなる内面的つながりもない個別的単位の多数性——ここに、この力の極端な表現がある」[5]と述べ、第三の力については、「前二者の力に肯定的内容を与え、それをその排他性から解放し、至高の原理と個別的な形態と要素の自由な多数性との統一を調和させ、かくして全人類的有機体の全一性をつくりだし、それに内面的な静穏な生活を与える」[6]と説いている。

そしてソロヴィヨーフは、これら三つの力に照応する三つの歴史的世界、三つの文化を当てはめている。即ち、第一の力には、イスラム教の東方世界が、第二の力には、西欧文明が、第三の力にはスラヴ世界が、それぞれ対応するものとしている。[7]

ドストエーフスキイがカトリック教を個人の自由を抑圧する全体主義的な理念とみなし、そのアンチテーゼとしてプロテスタント教を、否定するだけのアナーキーな理念とみなしたのに対して、ソロヴィヨーフは、カトリック教の代わりにイスラム教を、プロテスタント教の代わりに西欧文明を置いて見ている。しかし二人ともジンテーゼの如くに、第三の理念もしくは力として、スラヴ的理念もしくはスラヴ世界を共通して説いている点は注目すべき事である。彼等はそこに、統一も自由もある調和的世界を見ていた。スラヴ民族主義とも思われるこの考え方から、ロシア・メシアニズムが生まれてくる。そして後述する「ユーラシア主義」の思想的源流もここにあったと言ってよい。

二〇世紀においては、一九一九年、レーニンの指導の下に国際共産主義運動の世界的組織「第三インターナショナル」が結成され、モスクワにその本部が置かれた。革命の原動力となったボリシェヴィズムは、「一国社会主義」論に見られるように、一面で民族主義的傾向を帯びており、「ソヴェート・メシアニズム」とも言うべき性格をもっていた。ここに、ボリシェヴィズムと「ユーラシア主義」の接点があった。ちなみに、エリ・リュクスは、両者の類似点を、第一に、革命後のロシアが資本主義的西欧に対立する中心的勢力であるという地政学的理解(8)に、第二に、ロシア革命の歴史的必然性についての理解(9)に見ている。

ボリシェヴィキが第三の「インターナショナル」を結成したのち間もなく、一九二一年八月、ブルガリアのソフィアで、最初のユーラシア主義の論文集が世に出された。それは、『東方への脱出。予感と偉業。ユーラシア主義者たちの主張』と題されていた。それにはエヌ・トルベツコーイが巻頭論文のほか、『真のナショナリズムと偽のナショナリズムについて』と『ロシア文化の上層と下層―ロシア文化の倫理的基盤』と題する二論文を書き、ペ・サヴィーツキイ、ペ・スフチンスキイ、ゲ・フロローフスキイがそれぞれ論文を発表している。ユーラシア主義者たちの主張する「ユーラシア大陸」とは、単に地理学的概念であるのみならず、或る文化的歴史的内容をもった概念であり、ヨーロッパとアジアとは別個の「第三の独自な大陸(10)」なのである。そしてその基本的空間を占めているのがロシアであるとの位置づけがなされている。この場合の「ロシア」とは、中央アジアをも含めた旧ロシア帝国の版図を意味している。

ユーラシア主義者の第二論文集は、一九二二年、ベルリンで『途上で。ユーラシア主義者たちの主張』と題して発表され、以後、一九二三年と一九二五年にベルリンで、一九二七年にはパリで不定期刊行物として「ユーラシア紀要」が出され、一九二九年にはプラハで「ユーラシア論集」が出された。定期的には、プラハで一九二五年から出始めた「ユーラシア・フロニカ」が発行されていた。ユーラシア主義の綱領的文書としては、一九二六年にパリで発表された『ユーラシア主義。系統的叙述の試み』と一九二七年にモスクワで編纂され、パリで発表された『ユーラシア主義。一九二七年の定式化』とがある。

ここでは、ユーラシア主義の二人の碩学エヌ・トルベツコーイ（一八九〇―一九三八）とペ・サヴィーツキイ（一八九五―一九六八）の論文の概要を以下に紹介して、ユーラシア主義の何たるかを考えてみたい。

2　ユーラシア主義の二人の碩学と、その論文概要

二〇世紀の二〇年代初めにおいては、ユーラシア主義は、エス・ホルージイの表現によれば、「統一的な学説」というよりは、「エヌ・トルベツコーイの宗教的歴史哲学的思想とサヴィーツキイの地理学的思想の組み合わせ」[11]であったという。また、「新しい歴史」叢書の編者で、現代ロシアの歴史哲学者アレクサンドル・ドゥーギンは、トルベツコーイ論文集（一九九九年、モスクワ）の序文で、「サヴィーツキイが、〝ユーラシアのエンゲルス〟を明らかに思わせるのに対して、トルベツコーイ公爵は、〝ユーラシアのマルクス〟と呼ばれうる」[12]と述べている。したがって、ユーラシア主義の思想は、この二人によって代表されているとみてよかろう。

トルベツコーイ（言語学者、文献学者、歴史家、政治学者）は、一八九〇年、モスクワの名門の公爵家に生まれ、彼の父はモスクワ大学総長をも務めた有名な哲学者であった。一九一二年、モスクワ大学比較言語学科卒業。ドイツ留学後一九一五年からモスクワ大学講師。一九一九年から亡命。ブルガリアのソフィア大学で教授として研究教育活動を開始。一九二三年からはウイーン大学のスラヴ文献学の教授。オーストリイの併合後ゲシタポから迫害を蒙り、彼の原稿の大部分が没収され廃棄された。そのことが彼の死を早め、一九三八年、四八歳で他界した。彼は、論文集『東方への脱出《エクソダス》』の巻頭論文の中で、「ロシア人たち（**русские люди**）と〝ロシア世界〟（**Российский мир**）の諸民

族の人々は、ヨーロッパ人でもアジア人でもない。祖国および我々を取り囲んでいる文化・生活環境と結合しつつ、我々は、自分をユーラシア人（**евразиец**）と認めることを恥じとしない」[13]と述べ、第三の文化としてのユーラシア文化を担うユーラシア人としての自己の立場を表明している。

サヴィーツキイ（地理学者、経済学者、評論家）は、一八九五年、チェルニゴフ県の自治体議長の家に生まれた。一九一七年、ペテルブルグ工業大学を卒業。一〇月革命後の国内戦時代には白軍に参加。ブルガリアに亡命し、トルベツコーイと知り合う。一九二一年、チェコスロヴァキアに移住し、プラハの大学でスラヴ学の講座を担当し、ロシア人学校の校長をも務めていた。一九四五年、モスクワに国外追放となり、反ソ活動のかどで八年間のモルドワ州のラーゲリに収容される。一九五四年、刑が緩和され、モスクワ郊外へ移送。一九五六年、モスクワに居住許可となる。直ちにチェコスロヴァキアへの帰還請願を出し、許可されたが、プラハに帰還後、教師の職を外されてしまう。一九六〇年にパリで変名を用いてロシアの愛国主義的傾向の詩集を出すが、今度はチェコスロヴァキアの官憲によって投獄されてしまう。国際世論の介入、とりわけイギリスの哲学者バートランド・ラッセルの救援活動を受けて釈放される。一九六八年、プラハで死す。享年七三歳。

(1)　トルベツコーイの論文『真のナショナリズムと偽のナショナリズム』（一九二一）

自国民の文化に対する態度は、かなり多様でありうる。ラテン・ゲルマン人たちのところでは、この態度は、自己中心主義的とよぶことのできる特別な心理によって決定されている。「あからさまに表明された自己中心主義的心理をもっている人間は、無意識的に自分を宇宙の中心、創造の極致、万物のなかで最良で、もっとも完全なるものとみなしている。他の二つの存在のうち、彼により近く、より似ているほうがより良くて、彼から遠くへだたっているほうは、より悪い」（トルベツコーイの前著『ヨーロッパと人類』六ページより）。ラテン・ゲルマン人たちにとっては、文化への二つの態度がありうる。即ち、ラテン・ゲルマン人たちの所属している国民の文化が、世界で最高にしてもっとも完成したものとなっていることの承認か、あるいは、この部分的変種のみならず、すべてのラテン・ゲルマン諸民族によって共同作業の中で創造された、それと親近な同系諸文化の全総和も完成の極致となっていることの承認かである。前者は、ヨーロッパにおいて偏狭なショーヴィニズムの名称をもつ（ドイツやフランスなどの）。後者は、「汎ラテン・ゲルマン的ショーヴィニズム」として表示できる。

ラテン・ゲルマン人たちは、自分たちだけが人間であり、自分を「人類」と、自分の文化を「全人類的文明」と、そして遂には自分のショーヴィニズムを「コスモポリタニズム」と称していたことを、常にそれほどナイーヴに確信していた。

「ヨーロッパ文化」を受け入れた非ラテン・ゲルマン人たちに関して言えば、通常、文化と共に彼等は、「全人類的文明」とか「コスモポリタニズム」という正しくない用語の欺瞞に屈して、ラテン・ゲルマン人たちからこの文化の評価を受け入れている。そのために、そのような諸国民にあっては、文化の評価は、自己中心主義でなく、一種独特な「エクセントリズム」で、もっと正確に言えば、「ヨーロッパ中心主義」でなされている。このヨーロッパ主義は、すべてのヨーロッパ化された非ラテン・ゲルマン人たちを破滅的な結果に導くに違いない。ヨーロッパ化された非ラテン・ゲルマン諸民族のインテリゲンチアがこの結果を免れることのできるのは、ヨーロッパ文明は全人類的文化ではなく、ラテン・ゲルマン人という特定の人種の文化でしかないということをはっきり認識して、自己の意識と自己の文化評価の方法における根本的大変革を行ってのみである。

すべての非ラテン・ゲルマン民族の義務は、第一に、自分のどんな自己中心主義でも克服することであり、第二に、「全人類的文明」の欺瞞から、是が非でも「本当のヨーロッパ人」になろうとする志向から自分を守ることにある。この義務は、「自分自身を知れ」（познай самого себя）と「自分自身になれ」（будь самим собой）という二つの警句によって定式化できる。自分の自己中心主義との闘争は、自己認識（самопознание）がありさえすれば可能である。真の自己認識は、人間に（あるいは民族に）、世界におけるその本当の位置を教え、自分が宇宙の中心ではなく、地球の中心ではないことを彼に示すであろう。自分自身の性質の理解から、人間または民族は、自己認識の深化の道によって、すべての人々と諸民族の等価性の認識に至る。

自分の性質、自分の本質をはっきり十分に理解してのみ、人間は自分自身との矛盾に一瞬たりとも陥らず、自分をも他人をも欺かずに、独自なものとしてとどまることができる。しかも、この個性の性質の明瞭にして完全な知識に基づいた個性の調和と全一性の確立にのみ、地上において最高の達成されている幸福があるのだ。それと共に、ここに道徳性の本質もあるのだ。なんとなれば、真の自己認識の下で、良心の声が非常に明瞭に認識されるからであり、自分自身との矛盾に決して入らず、自分の前で常に誠実であるように生きている人間は、必ず道徳的であろうからだ。ここに、その人間にとって最高の達成されている精神的美もある。なんとなれば、真の自己認識を欠いているところでは、不可避的な自己欺瞞と内面的矛盾が、人間を常に精神的に醜悪なものにしているからだ。

自己認識に基づいた独自性を達成してのみ、人間（または国民）は、地上での自己の使命を現実に実現していることを、本来的に創造されたものに現実になっていることを確信できるのである。つまり、自己認識は、地上での人間の唯一にして最高の目的なのである。上述のすべては、個人的自己認識にのみならず、集団的自己認識にも関わっている。国民（民族）を心理的全一体として、一定の集団的個性としてくわしく見さえすれば、自己認識の或る形態を、国民にとって可能な、義務的なものと認めねばならない。自己認識は、個性の概念と論理的に結びついている。

即ち、個性のあるところには、自己認識がありうるし、あらねばならない。国民（民族）の集団的個性にとっても同じような総合的原則となっているのが、自己認識である。「自分自身を知れ」と「自分自身たれ」――これは、同一命題の二つのアスペクトである。外面的な形で真の自己認識が表現されているのは、個性の調和した独自な生活と活動においてである。民族にとっては、それは独自な民族文化である。

民族の精神的性質、その固有の性格が、その独自の民族文化の中にもっとも完全で明瞭な自己表現を見出しているなら、そして、この文化が調和に満ちているなら、即ち、その個々の部分が互いに矛盾していないならば、民族は自分自身を知ったのである。

調和に満ちた独自の民族文化は、当該民族全体のすべての成員が、自分の同種族との恒常的交流の内にあると同時に、自分自身たることを可能ならしめている。個人的自己認識と民族的自己認識との間には、もっとも緊密な内面的結びつきと恒常的な相互作用がある。「自分自身を認識した」そして「自分自身となった」人々が当該民族の中で多く存在すればするほど、民族的自己認識と独自の民族文化創造の作業がそれだけより一層、彼の中で成功裡に進行していく。個人的自己認識と民族的自己認識との間にそのような相互作用のあるときにのみ、民族文化の正しい進化が可能なのだ。

人間の最高の地上の理想となっているものが、完全な自己認識であることを認めるならば、そのような自己認識を促進することのできる文化だけが真の文化なのであることを認めねばならない。個人的自己認識を促進するためには、文化は、万人にとって、または、当該文化に参与している大多数の個性にとって、共通なものとなっている心理の諸要素を、即ち、民族的心理の諸要素の総体を、自らの内に具象化していなければならない。換言すれば、それのみが、あらゆる文化に置かれている倫理的、美学的、そして実用的要求にさえ応えているものである。人間が自分自身を知り、「自分自身になった」とき、そのとき初めて人間は真に賢明で、善良で、すばらしい、幸福なものとして認められ得るなら、全く同じ事が民族にも適用できる。民族への適用において「自分自身になること」は、独自の民族文化をもつことを意味している。真の幸福は、快適さの中にでなく、あれこれの私的欲求の充足にでなく、互いの精神生活のすべての要素の均衡と調和にあるのだから。いかなる文化も、それ自体としては、そのような幸福を人間に与えることはできない。なんとなれば、幸福とは、人間の外にではなく、人間そのものの中にあるのであり、それの達成への唯一の道が自己認識だからである。文化にできることは、人間が幸福になることを助け、自己認識の仕事を軽くしてあげることだけである。

全民族にとって等しい「全人類的」文化などというものは、不可能である。民族的性格と心理的典型の雑多な多様性の下では、「全人類的」文化なるものは、精神的欲求を完全に無視した物質的欲求の充足に帰するか、それとも、或る一つの人種的個体の民族的性格から発している生活形態をすべての諸民族に押しつけることになるだろう。それは、本物の文化に提起された諸要求に応えられないであろう。かくして、「全人類的」文化への志向は拒絶されねばならない。逆に、独自の民族文化を創造しようとする各民族の志向は、完全な道徳的正当化を見出している。どんなコスモポリタニズムまたはインターナショナリズムでも、断固たる非難を浴びている。しかしながら、必ずしもすべてのナショナリズムが、論理的道徳的に正当化されているわけではない。ナショナリズムの相異なる形態があり、その一つは偽であり、もう一つは真である。そして真のナショナリズムだけが、民族の無条件的な肯定的行動原則となっている。

上述のことから、独自の民族的文化から発しているような、または、そのような文化に方向づけられているような、ナショナリズムだけが、真の、道徳的に論理的に正当化されたものとして承認されうるということが明らかとなる。この文化についての考え方が、真のナショナリストの全行動の原動力となるに違いない。彼はそれを擁護し、それのためにたたかっている。独自の民族文化を促進することのできるすべてを、彼は支持するに違いないし、それを妨げうるすべてを、彼は除去するに違いない。

しかしながら、このような尺度をもってナショナリズムの現存の諸形態にアプローチするなら、多くの場合、ナショナリズムは真のものでなく、偽のものであることを容易に確信できよう。

民族的独自性、即ち民族が自分自身となることをめざさず、現存する「諸大国」との類似のみめざしているようなナショナリズムの形態は、決して真のナショナリズムとは認められないことは明白だ。その根底にあるのは、自己認識ではなく、真の自己認識の反対物となっているつまらぬ虚栄心である。この種のナショナリズムの代表者たちが好んで使う「民族自決」という用語は、特に彼等が「少数民族」の一つに属しているとき、誤解に導くだけである。実際、社会のこの風潮には、何も「民族的なもの」はないし、いかなる「自決」もない。従って、「独立」が、コスモポリタニズム、インターナショナリズムの諸要素を常に自らのうちに含んでいる社会主義と頻繁に結合していることは全く驚くにあたらない。

偽のナショナリズムのもう一つの形態は、戦闘的ショーヴィニズムに現れている。ここでは事態は、できるだけ多数の他種族に自民族の言語と文化を普及させ、これら他種族のあらゆる民族的独自性を根絶しようとする志向に帰する。虚栄心および、諸民族と諸文化の等価性の否定に基づいた、つまり、本当の自己認識のあるところでは考えられない自己中心主義的自己礼賛に基づいた、このショーヴィニズムは、それゆえに、これまた真のナショナリズムの反対物となっている。

文化的保守主義をも、偽のナショナリズムの特殊形態と見なすべきである。それは、民族的独自性を、過去においてすでに創造された何らかの諸価値または生活諸形態とを同一視し、それらが自らの内に民族的心理を、十分に具象化することを明らかに止めてしまった時でさえ、それらの変化を許さない。この場合、侵略的ショーヴィニズムの下でと全く同様に、文化と、その体現者たちの所与の各時期における心理との、生きた結びつきが無視されており、民族への文化の関係とは無縁の絶対的意義が文化に付与されている。即ち、「民族のための文化ではなく、文化のための民族」なのだ。

上述した三形態の偽のナショナリズムは、民族文化にとって破滅的な結果に導く。第一の形態は、民族的個性喪失へ、文化の民族性喪失へ導き、第二の形態は、当該文化の体現者たちの人種の純粋さの喪失へ導き、第三の形態は、停滞へ、死の前兆へ、導く。もちろん、これらの形態は、様々な混合されたタイプに互いに結合することができる。それらの共通の特徴としては、上に定義された意味での民族的自己認識に基盤を置いていないということである。

偽のナショナリズムの様々な形態の観察は、真のナショナリズムがいかなるものでなければならないかということを対照的に際だたせている。民族的自己認識から発して、真のナショナリズムは、独自の民族文化の必要性の承認に完全に基づいており、この文化を最高にして唯一の自己の課題として提起する。そして、まさにこの主要な課題の観点から、内外政治の分野におけるすべての現象を、当該民族の生活のすべての歴史的瞬間を評価するのである。自己認識はそれに一定の自己充足の性格を付与し、所与の独自の民族文化を他の諸民族に強制的に押しつけたり、あるいは、精神の点で異質な多民族に追従的に模倣したりすることを抑制する。真のナショナリストは、他の諸民族への態度において、どんな虚栄心も野心ももってはいない。彼は、自己の世界観を自己充足的自己認識の上に築きあげているので、どんな他民族の独自性に対しても、常に原則的に平和愛好的で寛容であるだろう。

これらすべての一般的考察に照らして、今まで存在していたロシア・ナショナリズムの諸相を見るなら、ピョートトル以後のロシアには、真のナショナリズムはまだなかったということを認めざるをえないだろう。大多数の教養あるロシア人たちは、「自分自身」となることを全く望まずに、「本物のヨーロッパ人」になりたがっていて、ロシアはそのすべての願望にもかかわらず、やはりどうしても本物のヨーロッパ国家になることができなかったし、我々の多くは、自分の「遅れた」祖国を軽蔑していた。従って、ロシア・インテリゲンチアの大多数は、つい最近まで、あらゆるナショナリズムを避けていたのだった。自分をナショナリストと称していた他の者たちは、実際にはナショナリズムの下で、大国主義への、外面的経済的力への、ロシアの輝かしい国際的位置への志向のみを理解していた。しかも、これらの目的のために、西欧的手本へのロシア文化の最大の接近を不可欠とみなしていた。「汎ゲルマン主義」に対抗して打ち出された「汎スラヴ主義」も、古いスラヴ主義も、真のナショナリズムの純粋な形態とはどうしてもみなすことはできない。そこには、上述した偽のナショナリズムの三つの形態すべてが容易に見出せる。

自己認識に全面的に基づいた、しかも独自性の精神でのロシア文化の建て直しを自己認識のために求めている、真のナショナリズムは、今日に至るまでロシアにおいては、ただ例外的な個々人の領分でしかなかった（例えば、「初期」スラヴ派の若干の人たちのそれ）。社会的潮流としては、真のナショナリズムは、いまだ存在しなかった。未来においてそれを創造することが迫られている。そのためには、ロシア・インテリゲンチアの意識における完全な大変革が必要なのだ。

(2) サヴィーツキイの論文『ユーラシア主義』（一九二五）

I

ユーラシア主義者たちは、思想と生活における新しい原理の代表であり、生活を決定している根本的な諸問題への新しい態度に基づいて活動している者たちのグループである。ユーラシア主義者たちは、ロシアと、彼らがロシア的または「ユーラシア的」と呼んでいるあの世界全体の、新しい地理学的歴史学的な概念を与えている。

「ユーラシア主義者」という呼称は、「地理学的」起源のものである。以前の地理学が「ヨーロッパ」と「アジア」という二つの大陸を区別していた旧世界の基本的な陸地構造において、彼らが第三の「ユーラシア」という真ん中の大陸を区別し始めたことにあり、この表示から自己の呼称を受けたのだ。ロシアは、「ユーラシア」の土地の基本的な広領域を占めている。その土地が二つの大陸の間で分けられているのでなく、むしろ第三の独自な大陸を成しているという結論は、単に地理学的な意義をもっているだけではない。我々は「ヨーロッパ」と「アジア」という概念に、或る文化的・歴史的内容を書き加えており、「ヨーロッパ」的文化と「アジア」的文化の範疇を具体的なものとして考えているので、「ユーラシア」という表示は、圧縮された文化的歴史的特徴づけの意義を獲得している。この表示は、もっとも多様な文化の諸要素が、ロシアの文化的存在の中へ互いに対比できる部分部分において入り込んでいることを示している。

南と東と西の影響が、交互に入れ替わりながら一貫してロシア文化の世界において支配的な地位を占めていた。南からはヴィザンチン文化の影響があり、特に強い影響を受けたのは、およそ一〇世紀から一三世紀までの時期であった。東からは、モンゴル・タタールの国家機構や、ステップの生活習慣などの影響があり、それは一三世紀から一五世紀まで特に強かった。西からはヨーロッパ文化の影響があり、それは徐々に増大していき、一八世紀から始まって極限に達したのであった。

旧世界の文化の「ヨーロッパ的」なものと、「アジア的」なものへの区分のカテゴリイにおいて、ロシア文化はどちらにも属していない。それは前者と後者の要素を結合し、それらを或る統一に導く文化である。過去の文化の内で真に「ユーラシア的」なものとなったのは、我々によく知られている最も偉大な、最も多面的な文化の内の二つの文化であった。即ち、自らの中にギリシア人的「西洋」と古代的「東洋」の要素を結合したヘレニズム文化と、それを継承したヴィザンチン文化である。特に注目すべきことは、ロシア文化とヴィザンチン文化とを結びつけている歴史的つながりである。第三の偉大な「ユーラシア」文化は、二つの先行文化の歴史的継承性から出てきた。

ロシア文化を「ユーラシア」文化として定義して、ユーラシア主義者たちは、ロシアの文化的独自性の認識者として登場している。ユーラシア主義の先駆者としては、（哲学者、評論家としての）ゴーゴリとドストエーフスキイを含めて、ホミャコーフ、レオンチエフなどのスラヴ主義的傾向のすべての思想家たちを認めるべきである。

スラヴ主義は、ロシアとヴィザンチンの結びつきの意義を強調してはいたが、ロシアの文化的歴史的伝統の性格を或る程度完全に、程良く表現し、ヴィザンチンの文化的継承と共に「同質性」を描くような定式を与えなかったし、与えることができなかった。「ユーラシア主義」の定式は、ロシアの過去と現在と未来の文化的独自性を、「スラヴ主義」の概念によっては説明し、定義することができないことを考慮に入れている。その定式は、ロシア文化における「ヨーロッパ的」要素と「アジア的」要素の結合を、そのような独自性の源泉として指摘しているのである。この定式は、ロシア文化におけるこれらの要素の存在を確認しているので、それは、歴史的役割において広い創造的な「アジア的」諸文化世界とのロシア文化の結びつきを確立している。しかもこの結びつきをロシア文化の強い側面の一つとして押し出しており、全く同じ意味で、全く同様に、「ユーラシア」文化を所有していたヴィザンチンとロシアを対比しているのである。

ドイツで表明された諸見解（シュペングラー）から独立して、そしてこれらの見解とほとんど同時に、ユーラシア主義者たちによって押し出されたのは、最新の「ヨーロッパ的」（通常の用語では、西欧的な）文化の「絶対性」否定の命題である。ユーラシア主義者たちが対置したものは、「ヨーロッパ的」意識の思想的倫理的な達成と志向の相対性の承認であった。

ユーラシア的概念は、文化的歴史的「ヨーロッパ中心主義」の断固たる拒絶を意味している。それは、なんらかの情緒的諸体験からでなく、一定の科学的哲学的諸前提から生じている拒絶である。後者の一つは、最新の「ヨーロッパ的」概念において支配している普遍主義者的な文化感覚の否定である。まさにこの普遍主義者的感覚こそが、ヨーロッパ人をして十把一絡げに、或る国民は「文化的」だが、他の国民は「非文化的」と判定させているものなのだ。世界の文化的進化において、我々はもろもろの「文化的環境」、またはもろもろの「文化」と出会っているのであり、それらの或るものはより大きなものを、他のものはより小さいものを達成したことを認めるべきである。しかし各々の文化的環境が達成したものを正確に定義することが可能なのは、ただ分野ごとに分別された文化の検討の助けをかりてのみである。文化の或る分野において低いところにある文化的環境が、他の分野において高いところにあることが判明しうるし、しばしば判明しているのだ。

一六―一七世紀のモスクワ・ルーシは、多くの分野で西ヨーロッパから「立ち遅れていた」。このことは、芸術的建設の「自己開始的」時代のそれによる創造を妨げるものではなかったし、芸術建設の点で、その当時のモスクワ・ルーシが大多数の西欧諸国より「高いところ」にあったことを認めさせる「塔」と「模様」の、独創的で注目に値する典型の制作を妨げるものではなかった。ちょうど同じことが、個々の時代に関して、全く同じ「文化的環境」存在の中にあるのだ。一六―一七世紀のモスクワ・ルーシは、上述のように、寺院建設の「自己開始的」時代を生んだ。しかし聖像画におけるその達成は、一四―一五世紀のノヴゴロドとスーズダリの達成と比較して明らかな衰退を示していた。我々は最も分かりやすいものとして、造形芸術の分野から例を引いた。しかしもしも我々が外面的自然の認識分野において、例えば、「理論的知識」と「生きた視覚」の部門を同様に区別し始めるならば、「理論的知識」に関して成功を示した現代ヨーロッパの「文化的環境」は、他の多くの文化と比較して「生きた視覚」に関して衰退を意味していることが判明するだろう。「野蛮人」、または暗愚な百姓は、最も学識のある「自然科学者」より鋭敏に、より正確に、いくつもの自然現象を知覚しているのだ。文化の諸事実の全総体は、文化を部門ごとに分別して検討するときにのみ、我々はその進化と性格のいくらかでも完全な認識に近づきうるということの一つの絶対的な例となっているのだ。そのような検討は、「文化的環境」、その存在の「時代」、文化の「部門」という三つの基本的な概念と関わりをもっている。どんな検討でも、一定の「文化的環境」と一定の「時代」に結びついている。

文化の分別された検討は、十把一絡げに「文化的」国民と「非文化的」国民などいないことを示している。しかも「ヨーロッパ人」たちが「野蛮人」と呼んでいる最も多様な諸国民が、自己の実際的能力、風習、知識において、若干の部門で、若干の観点からして「高いところ」にある「文化」を所有しているのだということを。

II

ユーラシア主義者たちは、普遍的「進歩」の存在を否定している思想家たちに加わっている。このことは、上述の「文化」の概念によって決定されている。あれこれの文化環境とそれらの列は、一つの点で、一つの観点からは完成しつつも、しばしば、他の点で他の観点からは衰退しているのである。この状態は、とりわけ、「ヨーロッパ的」文化環境に適用される。その文化環境は、自己の科学的技術的「完成」を、ユーラシア主義者の観点からすれば、思想的な、なによりも多く宗教的な窮乏化によって購ったのである。その達成の二面性は、経済に対する関係に明瞭に現れている。旧世界の歴史の長い幾世紀もの間に、一面からは思想的倫理的宗教的原理と、他面からは経済的原理との間に、ある種の統一的な相関関係が存在していた。もっと正確に言えば、前者への後者の原理のある種の思想的な従属が存在していた。経済的諸問題への全アプローチが宗教的倫理的契機によって貫かれていることこそは、若干の経済学説史家たち（例えば一九世紀中葉の歴史家カッツ）、中国の若干の文献的断片、イランの法、モーセの法、プラトン、クセノフォン、アリストテレス、中世の神学者たちが経済的諸問題への態度において、一つのグループに結合することを可能ならしめているものなのだ。彼らの記念碑的業績のすべてが、宗教的倫理的原理に従属しているという意味で「従属的経済」哲学なのである。彼らの著作においては、我々の経済的欲求の充足と、倫理性および宗教の一般的諸原理との結びつきが、何か不可欠な、義務的なものとして強調されている。ヨーロッパ的な「新しい世紀」の経済哲学は、これらの見解に対置されている。

新しい政治経済学は、いくつもの自己の命題において形而上学として知性と時代に影響した。古代の立法者、哲学者、神学者の経済思想が一定の形而上学的考え方と結びついていると同様に、最新の経済思想もそれと結びついている。しかし前者の形而上学が「従属的経済」哲学であったのに対して、後者の形而上学は、「戦闘的経済主義」の哲学となっている。この後者は、新しいヨーロッパが新しい数世紀に、ある意味で、特に最近百年間に体験した量的に大きな経済的高揚に対して支払った思想的代償である。中世の終わり頃と新しい数世紀の間に倫理的遺訓の古代の英知、説諭と暴露の言葉によって人間の利己主義的本能を抑えた昔ながらの「従属的経済」哲学が、うぬぼれて自己主張している「戦闘的経済主義」の理論と実践の新時代の新思想に押されて崩壊していく様子に、何か教訓的なものがある。人間存在の本能的自然発生的原理としての「戦闘的経済主義」は、もちろん、至る所どこにでも存在していたし、存在している。新ヨーロッパにおいては、この原則が思想的原理にまで高められていることは重大である。

史的唯物論は、「戦闘的経済主義」の最も完成した先鋭な表現である。「従属経済」哲学が、常にあれこれの有神論的世界観の付属物となっていたし、今もなっているのに対して、史的唯物論は、思想的に無神論と結びついている。

今や、史的唯物論に隠されていた無神論的本質は、民話の中の狼のように、ある時期まで目をそらすためにくるまっていた経験的科学の羊の毛皮を投げ捨てた。即ち、無神論的世界観が、ロシアにおいて自己の歴史的勝利を収めつつある。無神論者の手中にある国家権力は、無神論的説教の道具となってしまった。ロシアで生じたことに対する「歴史的責任」についての問題審議に深入りせず、この責任を誰にも取らせることを望まずに、ユーラシア主義者たちは、同時に、ロシアによってその精神的存在の感受性と興奮性ゆえに受け入れられ、理路整然と具体化された本質が、自己の源流、精神的出自においてはロシア的本質ではないということを理解している。共産主義の乱痴気騒ぎがロシアを襲ったのは、二〇〇年以上の「ヨーロッパ化」の完遂としてであった。ロシアにおいて国家的に支配している共産主義の精神的本質は、ヨーロッパ的「新世紀」の特別な形で反映された思想的本質なのだ。ここで考慮に入れねばならないのは、ロシア的無神論の出自がヨーロッパ的「啓蒙」思想からのものであり、西欧からロシアへの社会主義思想の持ち込みであり、ロシア的共産主義の「方法論」と、フランス・サンジカリストの思想との結びつきであり、共産主義的ロシアにおけるマルクスの役割と「崇拝」である。

共産主義革命の経験から、ユーラシア主義者の意識にとって古いと同時に新しい若干の真理が出てきている。即ち、健全な社会的共同生活は人間と神、宗教との不可分の結びつきの上にのみ基盤が据えられるのだし、無宗教的共同生活、無宗教的国家体制は拒絶されねばならないし、この拒絶は具体的な憲法的法律的形態に関して何も条件づけておらず、ユーラシア主義者たちの認識におけるそのような形態としては、一定の条件においては、例えば、「政教分離」も無害に存在しうるのである。

ロシアは、史的唯物論と無神論の勝利を実現した。しかしその革命の過程で現れた法則性は決してロシア一国だけに関わっているのではない。原初的経済的欲求とあらゆる動物的本源性の崇拝が、ロシアの境界外にも諸民族の意識の中に同様に大量に芽生えたのであり、それはロシアの境界外にも同様に長く続く恵まれた共同生活の基盤となっている。これらの諸条件の中に蓄積されている破壊的力は、早晩、ここでも社会的創造の力をも打ち負かすであろう。唯物論的無神論的見解の圧迫に、貴重で重みのある内容に満ちた思想的本質を対置しなければならない。

利己的な人間本能の最高原則化に基づいた「戦闘的経済主義」に、それが何に、どこに現れようと宣戦を布告しなければならない。宗教的世界観のために力を結集しなければならず、熱烈な感情と明瞭な考えと完全な理解をもって、新しいヨーロッパの固有の精神に対して闘わねばならない。この問題は現在ある歴史的思想的限界まで達したので、次の二つに一つが生ずると十中八九断言できる。即ち、未来のある期限に、新しいヨーロッパの文化的環境が、苦しい悲劇的な震撼の中で死滅し、煙のように四散するか、それとも西ヨーロッパで中世の終わりと共に始まった「批判的」時代が終結し、「有機的」時代、「信仰の時代」にとって代わられるに違いない。

個人的な信仰だけでは不十分だ。信仰する個人は、集団的であらねばならない。ユーラシア主義者たちは正教徒である。正教会は彼らの心を明るくする灯明皿であり、彼らは自分たちの同胞を正教会へ、その秘蹟と恩寵へと呼び招く。

正教会は、最高の自由の実現である。その原理はハーモニイ（согласие）であり、それは正教会から分離したローマ教会において支配している権力の原理に対置されている。ユーラシア主義者たちにはこう思われる。即ち、俗世の厳格な事柄においては厳格な権力なしで済ますことはできないが、精神的教会的事柄においては、天恵の自由だけがあり、ハーモニイは良き指導者であると。「ヨーロッパ」こそが、俗世の事柄の若干の部分において権力の有効性を破棄し、教会的事柄において専制的権力を導入しているのである。

もしかすると、正教会こそが新しい宗教的時代の枠内で、最新の経済的技術と科学の諸達成を、「戦闘的経済主義」

と唯物論と無神論の思想的「上部構造」から浄化しつつ、自己の覆いによって包む最大限の使命をもっているのかもしれない。昔、コンスタンチヌス、フェドシウス、ユスチニアヌスの時代に、古代の東方教会は、正真正銘の霊感に満ちた「信仰の時代」の枠内で、極めて複雑で発達した経済生活と神学的哲学的思索のかなりの自由を包むことができた。現代の経済的技術と経験的科学には、それらの発達がいかなるものであろうと、新しい「信仰の時代」の奥底でのそれらの存在と繁栄の可能性を排除するものは何もない。現代の科学・技術と、「戦闘的経済主義」、「無神論」との結合は全く必須ではないし、必然的ではないのだ。

III

ユーラシア主義は、歴史哲学的な、あるいは他の理論的な学説のシステムであるばかりではない。それは、思想を行動と結合し、限界内で理論的諸見解と並んで、行動の一定の方法論の確立に導くことを目指している。この点でユーラシア主義の前にある基本的な問題は、生活と世界への宗教的態度と最大の経験的に裏づけられた実践性との結合の問題である。ユーラシア主義者たちは、宗教的原理の擁護者であると同時に、首尾一貫した経験論者でもある。

ユーラシア主義者たちは、世界の中に、即ち、自己および他者の中に私生活と社会生活の中に、悪の現実性を極度に感じている。彼らは全くユートピア主義者ではない。人間性の罪深い損傷と、ここから生ずる経験的不完全さの意識において、彼らは、「人間性の善良さ」を前提に自己の計算を組み立てることに決して同意してはいない。もしその通りであるなら、「世界の中で」の行動の課題は、悲劇的課題として生じてくる。なんとなれば、「世界は悪の中にある」からだ。世界の罪深さの意識は、経験的決定における大胆さを排除していないばかりでなく、求めてもいるのである。いかなる目的も手段を正当化しない。罪も常に罪のままにとどまっている。しかし「世界の中で」行動するとき、それにたじろいではならない。しかもその重荷を自らに引き受けねばならない場合があるものだ。なんとなれば、行動なき「聖性」は、さらに一層大きな罪となるであろうから。

ユーラシア主義者にとって重要なのは、政治的経済的な経験的知識の領域の外で獲得される宗教的支えである。多くの応用的諸決定は、宗教的領域の観点からはどうでもいいものである。政治的経済的応用性の全重要性を理解すると同時に、そこに至高の価値を置いてないので、ユーラシア主義者たちは、別な世界観の人たちには到底分からない自由と偏見なさをもって、すべての宗教的にどうでもいい応用性の領域に対することができる。実践的決定において生活の諸要求が、ユーラシア主義者にとって指導原理となっている。それゆえに、ある諸決定においてはユーラシア主義者は最も急進的なものよりもっと急進的であり得るし、他の諸決定においては、最も保守的なものよりもっと保守的であり得る。革命の精神的原理へのユーラシア主義者たちの態度は、前述の通りである。しかし自己の物質的経験的外見において、革命によって生まれた個々のグループの政治的力の相互関係において、新しい財産配分において、革命はその著しい部分において、避けられない「地質的」事実として考えられねばならない。このことを認めさせるものは、現実感情と初歩的な国家感覚である。「革命的でない」精神のすべての行動的グループの中では、ユーラシア主義者たちが、もしかすると、誰よりも早く、急進的な、事実承認を含む道を歩み出すことができるかもしれない。この場合、事態が関わっている政治的影響と財産配分の諸事実は、ユーラシア主義者たちにとって二義的価値しかないので、最重要にして最上位の意義をもってはいない。このことが、ユーラシア主義者たちにとって事実承認の課題を容易にしているのである。要は、神のものは渡さず、損なわず、カエサルのものはカエサルになのだ（つまり、時代のすべての経験的な政治的経済的要求を考慮に入れること）。ユーラシア主義者たちの観点からすれば、課題は、罪深いもの、暗愚なるもの、恐ろしきものを、光を放つものに改鋳する新しい宗教的時代の創造によって、醜悪と犯罪を贖い、変容させることにある。だがこれが可能なのは、すべての「悪なるもの」を「善なるもの」に機械的に、

「マルクス主義流に」変える歴史の弁証法的発展の秩序においてではなく、倫理的力の内面的蓄積の過程においてなのだ。

3 ユーラシア主義の意義

以上に、わたしはユーラシア主義の二人の代表的思想家トルベツコーイとサヴィーツキイの論文を、本邦未訳であるがゆえに、敢えて抄訳的に圧縮して紹介した。この二論文から導き出されるユーラシア主義の意義について述べてみたい。

トルベツコーイ論文は初めに、ラテン・ゲルマン人たちの「ヨーロッパ中心主義」の害悪を指摘し、その破滅的結果から免れるために、非ラテン・ゲルマン諸民族のインテリゲンチアに「ヨーロッパ文化」の相対化の必要と、自己意識と自民族文化の評価方法における「根本的大変革」(**коренной переворот**) を呼びかけている。ここに『東方への脱出《エクソダス》』(**Исход к Востоку**) と題されたユーラシア主義者たちの最初の論文集の巻頭論文としての意図を見ないわけにはいかない。なにゆえに彼らの論文集は『東方への脱出《エクソダス》』と題されたのか?

それは、古代エジプトでの隷属状態から脱して、約束の地めざして進んでいったユダヤ民族の民族叙事詩とも言うべき「出エジプト記」(**Исход**) に由来する題名であるが、わたしはここで、ユーラシア主義の先駆者の一人ドストエーフスキイの『作家の日記』の中から、深く関わっている一連の言葉を引用したい。

「ロシアは単にヨーロッパのみでなく、アジアにもまたがっている。ロシア人は単なるヨーロッパ人のみでなく、同時にアジア人でもある。のみならず、アジアにはヨーロッパにおけるよりも、より多くの希望が蔵されているかもしれないのだ。それどころか、我が国の将来の運命において、アジアこそ我々の主なる脱出先(**исход**)であるかもしれないのだ。」(27―33)

「我々は、自分自身の再教育と、出エジプトについて心配する権利がある。なぜなら、我々は自ら好んで、ヨーロッパを何か精神的なエジプトみたいなものにしてしまったのだから。(中略)我々がアジアへ方向転換(**поворот в Азию**)して、アジアを新しい目で見るようになると共に、ちょうどアメリカが発見されたときヨーロッパに生じたような、それに類する何かが、我が国にも現れるかもしれない。」(27―36)

ドストエーフスキイは、ロシア人(主としてインテリゲンチア)の西欧への精神的隷属からの脱出先として、「約束の地」のごとくにアジアに目を向けさせようとしていた。トルベツコーイを初めとするユーラシア主義者たちは、まさにドストエーフスキイのこの「自分自身の再教育」と「アジアへの方向転換」の提唱に応え、実践に踏み出そうとしていたのである。

トルベツコーイ論文の次なる眼目は、「真の自己認識」という言葉にある。「ユーラシア主義者たちは正教徒である」とサヴィーツキイが述べているように、ユーラシア主義のイデオロギー的基盤は正教にある。日本ハリストス正教会の高橋保行神父によれば、正教的人間理解のスタート点は、旧約聖書創世記第一章26節の、「神曰《い》へり、人を我等の像と我等の肖に従ひて造るべし」という言葉にあるという[14]。つまり、人は神の似姿として造られた。しかし人は神との交わりから離れたとき、神の似姿としての自分を失う。正教は、罪ゆえに失われた神の似姿―「肖」と「像」の回復、即ち、本来の自分の復活に宗教的救いを見ている。トルベツコーイの言う「真の自己認識」という言葉も、正教のそのような人間観から発しているに違いない。というのは、この「自己認識」を「地上での人間の唯一にして最高の目的」とみなしているからである。

ここで言われている「自己認識」とは、「アイデンティティーの確立」という言葉と同義であり、「自己発見」とか「自己実現」とも言ってよかろう。この場合、認識されるべき「自己」とは、「自分の中の自分」即ち、自分の中の良心の声とでも言うべきものである。トルベツコーイは言っている、「真の自己認識は、人間に（あるいは民族に）、世界におけるその本当の位置を教え、自分が宇宙の中心ではなく、地球の中心ではないことを彼に示すであろう。自分自身の性質の理解から、人間または民族は、自己認識の深化の道によって、すべての人々と諸民族の等価性の認識に至る。」

個人レベルでの自己認識は、国民（民族）レベルでの自己認識にまで至らねばならず、その外面的な形での結晶表現が、独自な民族文化となっているのである。個人的自己認識と民族的自己認識との間には緊密な内面的結びつきと恒常的な相互作用があり、そのことにより民族文化の正しい進化が可能となる。「真の文化」とは、トルベツコーイによれば、「人間の最高の理想」となっている「完全な自己認識」を促進することのできる文化なのである。

ここでトルベツコーイはナショナリズムに言及する。彼によれば、「独自の民族的文化から発しているか、または、そのような文化に方向づけられているようなナショナリズムだけが、道徳的に論理的に正当化されたものとして承認されうる」という。しかし現存のナショナリズムの諸形態は、多くの場合、真のものでなく、偽のものであるという。そして、「偽のナショナリズム」の三形態として、①現存する「諸大国」との類似のみめざしているようなナショナリズム、②「戦闘的ショーヴィニズム」、③「文化的保守主義」を指摘している。これらはいずれも民族文化にとって破滅的な結果をもたらすものであり、上述のような意味での民族的自己認識に基盤を置いていない点で共通している。これに対して「真のナショナリズム」は、民族的自己認識から発して、独自の民族文化の必要性の承認に完全に基づいており、この文化を最高にして唯一の自己の課題として提起する。

トルベツコーイは結論として、ピョートル以後のロシアには、「真のナショナリズム」はまだなかったと述べ、未来におけるその創造の必要を訴えている。従来の「偽のナショナリズム」から脱出して、「真のナショナリズム」を創造すべく東方に目を向けた結果、得られた学説が「ユーラシア主義」であった。

トルベツコーイが哲学的政治学的見地から「真のナショナリズム」としてのユーラシア主義思想を理論的に基礎づけたとすれば、サヴィーツキイは地理学的経済学的さらには宗教的見地からそれに肉付けしているように思われる。サヴィーツキイ論文のⅠでは、ユーラシア＝ロシア文化の独自性の源泉が、「ヨーロッパ的」要素と「アジア的」要素の結合にあることが指摘され、Ⅱでは、宗教的倫理的原理に従属しているという意味での「従属的経済」哲学が、史的唯物論の最も完成した先鋭な表現である「戦闘的経済主義」の哲学に対置され、Ⅲでは、生活と世界への宗教的態度と実践性との結合の問題が、ユーラシア主義の前にある基本的な問題とされており、現世の醜悪と犯罪を贖い、変容させることを課題とする「新しい宗教的時代の創造」をめざすべきことが最後に述べられている。

ここでわたしは、ドストエーフスキイが一八六四年から翌年にかけて書いた『社会主義とキリスト教』というメモに記されているドストエーフスキイ独特の歴史観を想起する。彼はこのメモの中で人類の発展を、①原初的な族長制的共同体を営んでいた族長制の時代、②中間的過渡的状態の文明の時代、③第三の最終段階であるキリスト教の時代、という風に三段階に分けている（20－194）。サヴィーツキイの言う「新しい宗教的時代」は、ドストエーフスキイの言う「第三の最終段階であるキリスト教の時代」と明らかに同じ意味であり、二人は同じ歴史観をもっていると思われる。ドストエーフスキイが、「社会主義は腹より先には進まない」(20―192)として、西欧流社会主義を拒否しているのと同様に、サヴィーツキイもまた、「利己的な人間本能の最高原則化」に基づいた「戦闘的経済主義」に宣戦布告している。

ユーラシア主義は、思想家としてのドストエーフスキイを有力な先駆者として、一九世紀の「西欧主義」と「スラヴ主義」の弁証法的発展として二〇世紀ロシアに現れたまことに個性的な、民族的自己認識に基づいた思想であり、ロシアにおける「第三の道」を示唆する思想なのであった。

結語

ユーラシア主義は、ロシア正教を精神的倫理的基盤としてもち、ロシアをヨーロッパ的要素とアジア的要素をあわせもつ独自のユーラシア文化圏として位置づけ、ロシアにおける「第三の道」としての「真のナショナリズム」を確立しようとする在外亡命ロシア知識人たちによる思想的運動であった。

それは、「戦闘的経済主義」としての共産主義イデオロギーを否定しつつも、ボリシェヴィキのイニシアチヴのもとに遂行されたロシア革命を不可避的現象として容認していた。それのみならず、一九二六年にパリで出されたユーラシア主義者たちの綱領的文書『ユーラシア主義―体系的試論』では、ボリシェヴィキ権力によって導入された連邦(федерация)の国家形態について、「最良の形でユーラシア主義的理念を表現している形態」として評価され、さらに、「連邦体制は、ユーラシア文化の多様性を外面的に表示しているのみならず、それと共にその統一をも保っているのだ。その体制は、無分別なロシア化政策の傾向と最終的にきっぱり縁切りして、個々の民族的文化的分野の発達と開花を促進するものである。これは文化的自意識の進歩であり、疑いもなく重要な、その増進と豊富化である。」[15]と、賛辞さえ述べられていたのである。

しかしその後、スターリン体制下の連邦制はユーラシア主義者の期待を裏切る結果となり、周知の如き崩壊の運命をたどることになる。というのも、大ロシア人主義という「戦闘的ショーヴィニズム」に陥り、ユーラシア主義者の提唱した「真のナショナリズム」の道を進まなかったからにほかならない。ユーラシア主義者とボリシェヴィキとの連立、協調が成立していたならば、ソ連邦は民族紛争など起こらず、もっと堅実な国家体制を築き上げていたにちがいない。ユーラシア主義者たちの考え方は、今後のロシアの取るべき道について、一つの重要な可能性を暗示している。

（1）一九九八年九月二一日の「朝日新聞」に、ブレア英首相の『「第三の道」とは』と題する寄稿論文が載り、翌年一〇月には、それに多大な影響を与えたとされるアンソニー・ギデンズの書《The Third Way——The Renewal of Social Democracy》が、佐和隆光氏により、『第三の道—効率と公正の新たな同盟』と題されて日本経済新聞社から翻訳出版された。英国での原書の出版は一九九八年であることからして、もしかすると、「第三の道」という発想は、九〇年代初めのロシアの新聞・雑誌の影響かもしれない。ギデンズという社会学者がどの程度ロシア通であるか知らないが、偶然の一致とは思えない。英露両国の「第三の道」の比較検討は、また別の興味深い研究課題である。

（2）『西洋資料集成』平凡社、一九八五年、三一〇ページ。

（3）**Ф.М.Достоевский. Полное собрание сочинений, т.25, стр.7.** (Ленинград:Изд. Наука, 1983) 以下、ドストエーフスキイの著作の引用は、本文中の括弧内にこの全集からの巻数とページ数のみ記す。

（4） В.С.Соловьев. Пол. соб. соч., т.1, стр.199. (Москва:Изд. Наука, 2000)
（5） Там же.
（6） Там же. стр.199-200.
（7） Там же. стр.200, 207.
（8） Л. Люкс, “Евразийство” Вопросы философии, №.6, 1993, стр.107.
（9） Там же. стр. 109.
（10） Русский узел евразийства—Сборник трудов евразийцев.(Москва:Изд. Беловодье, 1997), стр.78.
（11） С.С.Хоружий, “Карсавин и де Местр” Вопросыфилософии, №.3, 1989, стр.82.
（12） Николай Трубецкой・Наследие Чингисхана. (Москва: Изд. Аграф, 1999), стр. 5.
（13） Пути Евразии. Сост., вступ. ст., коммент. И.А.Исаева.(Москва:Изд. Русская книга, 1992), стр.316.
（14） 高橋保行『神と悪魔―ギリシャ正教の人間観』角川書店、一九九四年、二〇四―二〇五ページ。
（15） Пути Евразии. стр.396.

第一一章　ルソーと安藤昌益

――自然観の相違――

土　橋　　貴

1　〈用在的自然観〉から〈自在的自然観〉へのパラダイム変換

J・J・ルソー（一七一二―七八年）と安藤昌益（一七〇三―六二年）の二人は、一方は西欧他方は極東の人間であったが、ともに一八世紀中頃の人間であり、しかも〈絶対主義〉の時代にあって、それに激しく反発し抵抗し平等を求めた人間である点で似ていた。ルソーは、一七世紀のデカルトの「前期啓蒙主義」から始まり一八世紀のフランスにおいてその絶頂期を迎える「後期啓蒙主義」の波に揉まれていた。一八世紀のアンシクロペディストたちにその影響力を与えた哲学者は多いが、そのなかにライプニッツがいた。問題はライプニッツのどのような哲学が彼らに影響を与えたかである。それは「人間の自然」nature humaine のとらえ方であったといえよう。啓蒙主義の本質は「理性」raison にあったが、その理性は、神が人間に与えた「完成可能性」の顕現とともに発達してくるといわれたが、その完成可能性なるものをライプニッツは既に唱えていた。(1) 完成可能性を実現していくのが理性であった。人間は、自然と接触し、自然との代謝過程のなかで理性をとおし自然を対自化し客観化していく。しかも人間にとり自然を客観化することが目的ではない。用立てるために自然を客観化するという「用在的自然観」[2]（人間のための自然観）が出現する。ここにはデカルトにより先鞭をつけられた二元論的世界観（見る者と見られる物の分極）が明確な形をとり出現する。

ところが一八世紀極東の日本にはこのような科学観は入ってこなかったために用在的自然観がほとんど育たなかったのは論を待たない。徳川幕藩体制という絶対主義体制の下で呻吟する民衆にも平等観はあったが、その平等観の特質は上の者を蹴落とし自分が上に立つために叫ばれるルサンチマンの類いでしかなかったであろう。しかも四民差別の身分制社会にあって民衆はどのようにして平等論を展開するかが分からなかったであろう。そこに安藤昌益が出現する。彼は平等を弁護するロジックを発明しなければならなかった。彼は、自己独特の自然（宇宙）観をつくりあげ、そのなかで平等観を展開していった。

ところでルソーはキリスト教的「神義論」theodicy のなかで平等観を展開したのに対し、安藤昌益は彼独特の自然観を提起し人間の平等観を弁証した。その自然観とは何か。それは非ヨーロッパ世界に存在する「宇宙義論」[3] cosmodicy により支えられた自在的自然観（自然のなかの人間観）であった。これからルソーと昌益の体制変革の政治制度論を支える思想を双方の自然観を比較することから見ることにしよう。

2　ルソーの自然観

K・レーヴィットの『世界と世界史』の「序論　哲学のテーマとしての宇宙の省察」によれば「人間およびその歴史」を含む「世界」という語は「おのずから（自然の中から）存在する一切のもの」[4]を含む。レーヴィットは、そこから論を進めて、「存在するものの全体」(と彼によりいい換えられた世界)を、古代ギリシアから中世を経由して近代まで人間はどのような出発点から理解してきたかと問う。彼によれば①古代ギリシア初期の時代は存在するものの全体を究明するために「世界」から始め②中世のキリスト教はそれを理解するために「神」から始め最後に③近代はそれを理解するために「人間」から始めた。そのように述べた後レーヴィットは最も信頼が置けないのは「むら気な人間」といい③の人間から存在そのものの全体を理解することなどできないといった。そこで彼は選択肢は①の「自然的世界」と②「聖書の伝承による神」のいずれか一つしかないといいさらに「信じられるだけで見られもしない」②の神から存在するものの全体を理解することなどできないといい、結局①の「目に見える世界」から始めるしかないと断言した[5]。我々は本章3の「昌益の自然観」で、古代ギリシアの初期にまで遡ることができる「自然的世界」そのものから存在するものの全体を理解しようとする①の存在了解の方法を、日本の近世人昌益の思想に探ってくことにするが、その前に③の人間主体から存在するものの全体としての自然を把握する仕方をルソーがどのように継承していったかを検討していくことにしよう。

先に触れたように啓蒙主義哲学の祖型を遡及すれば一七世紀のデカルトにたどりつく。〈前期啓蒙主義哲学者〉のデカルトは「独断的命題」(我思う)から「真理」(我あり)を導きだしたが、一八世紀の〈後期啓蒙主義哲学者〉は「実在するデーター」から「真理」を導きだした[6]。それゆえに一八世紀の啓蒙主義哲学者は後の一九—二〇世紀の「実証主義」を産出する基盤を形成したといえよう。その点でルソーの思想もまた〈後期啓蒙主義哲学〉の本質である〈科学〉的精神の空気を吸うところから生まれたといってよい。一八世紀に科学的精神を体現したのは先に触れたアンシクロペディストであった。すべては科学の目をとおして検証されることとなった。ルソーは、『エミール』で「私は存在する。そして感官をもち、感官を通して印象を受ける。これがわたしの感じる第一の真実であって、わたしはそれを承認しないわけにはいかない」[7]といった。「私は存在する」。ルソーのこの文章は明らかにデカルトを意識して書かれたが、デカルトのいいたいこととはずれている。というのはデカルトが理性をとおした〈存在の問い〉の結果私の存在を確証していったのに、ルソーは「私は存在する」と最初にいってしまったように、存在の問いをせずして最初から私の存在を当然視しているからである。実はルソーは自己が存在しているかどうかなどという問いには興味がなかった。彼に興味があったのは人間が「感官を通して印象を受ける」ということであった。ここで分かるのはルソーが後期啓蒙主義哲学の一派で「科学」を信奉する「感覚論者」の影響下にあったという点である。私は私がもつ感覚により私の実在を感じているのだから、何もデカルトのように理性を介しそのような問いを発する必要はないとルソーは確信していたのである。[8]ルソーは「実在の感情」により人間「主体」の存在を確信していたという点で近代人であった。自己の存在を確信したルソーは、次に「客体」としての外的世界と外的世界を超越して存在すると彼に思われた神の検証にとりかかる。前以て結論を述べればルソーは近代のデカルトが構成した〈主体―客体〉の二項対立のパラダイムを受け継いだのである。ルソーは外的世界としての「物質」の存在を「感覚」により確信した後に感覚によってはとらえることができない神という超越的存在の存在究明に向かっていく。啓蒙主義哲学者のルソーは〈宗教〉もまた当然科学の目をとおし見ていく。アリストテレスの神概念から連綿と続き、特に一六世紀の「ルネッサンス」によりその弾みをつけられた宗教観に「理神論」déisme がある。理神論は「科学者」により発明（捏造）された宗教観であった。その特質はどこにあるかというと神は宇宙を「法則をもったもの」として創造し、法則の下にそれが規則正しく転回するようにした後はそれの運行に決して「介在しない」ということにあった。理神論は〈有神論〉から〈無神論〉に到達する中間点で出現することに注意しよう。ルソーもまた理神論者の系譜下に置かれてしかるべき人物であった。理神論的自然観がルソーの革命的思想の一つの原基であった。では古代・中世のキリスト教は〈コスモス〉をどのように見たのであろうか。K・レーヴィットによればコスモスは「人間の、そして堕落した罪深い人類のすみか」となりさらに「初めも終わりもないコスモスは、過ぎ行(9)く「世界時」となってしまった。一六世紀にリヴァイヴァルしたアリストテレスの理神論は、キリスト教により否定的に見られたコスモスを肯定的に解釈することになる。つまり決してコスモスは「過ぎ行く世界時」などではないということになる。

問題となるのはルソーが自然としてのマクロコスモスたる宇宙をどのような眼差しからとらえたかであろう。そこで我々は『エミール』の『サヴォア助任司祭の信仰告白』を利用しルソーの宇宙の理解の仕方を見てみよう。ルソーは啓示神学による神の存在証明を無視し神の存在を転回する宇宙から論証せんとする。ルソーは天体を仰ぎ見ていう。宇宙は動いていると。そこからルソーは動くものは①〈自らの意志で動く〉かあるいは②〈他者によって動かされる〉かいずれか一方でしかないという。人間は①の典型である。死んだ物質としての宇宙が動いている。では運動している宇宙は①と②のいずれなのか。もちろん②であろう。動かされるものは動かすものによって動かされる。動かされるものの内部に動かすものがないならば動かされるものの外部に動かすものが存在するにちがいないとルソーはいう。最終的にはアリストテレスの伝統下でものを動かす「第一原因」が推測されることになる。ルソーはそれを「神」と呼ぶ。宇宙あるいは自然を死んだ物質と呼んだとき、それから生命性が奪われる。ルソーはキリスト教の〈反物活論（反アニミズム）〉的伝統に立っているといえる。(10)

ルソーによれば生きた存在ではない宇宙は人間の目には見えない「無形の人格」をもった神によって動かされる。死んだ物質の塊である宇宙が回転している。死んだ宇宙はしかも「法則」loi の下に規則正しく動いている。ルソーによれば神は規則どおりに動くように宇宙をつくりだしたのである。既に一七世紀のパスカルがこのような形で論証される神を「私は許せないデカルトを」といったあの神である。パスカルはこのような理神論を信仰心が入っていないといって怒ったのである。

ルソーによれば神は宇宙に「秩序」ordre を与えた。秩序とは「自然的法則」loi naturelle のことをいう。では神は何のために秩序を自然としての宇宙に与えたのであろうかとルソーは問う。ルソーはいう。宇宙を「保存するため」であると。これはキリスト教を前提にした自然像の捏造であろう。人間は自己に存在する理性をとおし、脱アニミズム化された自然を客観的につかむことができる。では人間はなぜそれを認識するのか。それを「利用する」ためである。ロック同様ルソーにとっても脱魔術化された自然としての大地は糧食を「収奪する」ために加工変形されるの客体でしかない。ルソーは、『エミール』で「土地は人間の栽培に関係のないものではない」[11]といったときロックの忠実な弟子であった。大地はしたがって「開発」exploitation という名で呼ばれたとしても、「搾取」の対象でしかなくなる。古代ギリシア人により考えられた〈自然のなかの人間〉は近代人により〈人間のための自然〉へとパラダイム変換されていったが、近代人ルソーは変換されたパラダイムの上に立って自然観を展開したといってよい。

実はルソーにとり外的自然は他の何かをひきだすためのバックグラウンドでしかない。外的自然を『エミール』であれほど詳しく述べたのは自然を述べるためではなくて、「人間」の何かを述べたかったからである。人間の何かとは何か。それは「人間の自然」であろう。では人間の「自然」とは何か。それを理解するためには次のような言葉から始まるルソーの『エミール』第一編の冒頭の次の文に注目しなければならない。「万物をつくる者の手をはなれるときすべてはよいものであるが、人間の手にうつるとすべてが悪くなる」[12]。ルソーのこの言葉は古代ユダヤ教の『ヨブ記』にまで溯ることができる「神義論」(「弁神論」とも呼ばれる)を再表明したものと考えてよい。神義論は人間の悪に対して神の義しさを弁護する学である[13]。神はすべての人間を善きものとしてつくったが人間は自らの自由意志により悪しき者となってしまった。神学は提起する。人間はこの対立をどのようにして解くことができるかと。人間の「自然」はこの難問を解くために貢献しうるのであろうか。神の被造物としての人間の自然は神の手から離れた直後は善きものとして自己を保っているが、人間の手に渡ると変質させられ堕落してしまう。では堕落以前の人間の「自然」とはいったい何か。それは神から人間に与えられた〈理性・自由・良心〉をさし、ルソーはそれを「秩序」といった(14)。ではその「秩序」としての自然はいったい何のために存在するのか。ルソーは、人間の秩序の存在根拠を宇宙の秩序の存在根拠とのアナロジー下で考えている。宇宙の秩序の存在根拠は「宇宙の保存」にあり人間の秩序としての自然の存在根拠は「人類の保存」にあるとルソーにより考えられた。

3　昌益の自然観

2の冒頭で我々は、K・レーヴィットの言葉を借り「むら気な人間」主体から神・世界を考察したり「信じられるだけで見られも知られもしない」「神」を立脚点として人間や世界をつかむことは不可能ではないかと考えた。レーヴィットはそこで「目に見える世界」から人間や世界の形而上学的真理なるものを考えていくしか選択肢はないといった。レーヴィットによれば存在するものの見方は、歴史的に見れば、目に見える①「コスモスからの出発」から②「聖書の神からの出発」を経由して③「人間の自意識からの出発」へと推移してきた。先に触れたように彼によれば②と③は疑わしいものとされ退けられた。我々は残る①を検討しなければならない。①は時間と空間を超越した普遍的理念をもつものとして主張できるのであろうか。近現代人である我々は③を当然視し自然を客体化しそれを自己のために利用してきた。しかしこのような「用在的自然観」（自然は人間に用立てられるために在るという観念）は自然を破壊しかつ最終的には人間をも破滅させかねない。ここまでくると「自在的自然観」（自然はそれ自体として在るという観念）を再検討・再評価するために①を見ていかなければならないと思われる。「人間のための自然」ではなく「自然のなかの人間」観を形成した人間を日本の思想史から探っていくと一八世紀の安藤昌益にたどりつく。これから我々は昌益の「自然」という言葉をたよりにこのことを探っていくことにしよう。

ところでルソーが「神義論」の信奉者ならば昌益は「宇宙義論」の信奉者であった。宇宙義論とは人間の悪に対し宇宙の義しさを弁証する学である。神義論者のルソーは、自らの作為（自由）によりつくった「歴史」を〈悪〉としたが、またその悪を正す方法を〈悪そのもの〉（自由）からつくりだすしかないと考えていた。つまり人間の秩序としての自然を、新しい〈作為〉によりつくりだすのである。しかし宇宙義論者は、神義論者のように神の存在を措定せず義しい宇宙と人間の悪を措定し、さらには人間が自らの意志で招いた悪から開放されるためには、自己の作為により自然を再生するのではなく、現に存在する宇宙的自然にもどればよいと考えた。昌益はこのような宇宙的自然を「転定」（天地）と呼んだ。そして〈自然のなかの人間〉を「転子」（天子）あるいは「直耕の真人」と呼び悪を「法制」と呼び、そのような法制から宇宙的自然としての「自然世」にもどることを民衆に勧めたのである。

そこでこれから我々は、悪の象徴である「法制」と彼に呼ばれた徳川幕藩体制を批判する規範原理の意味をもつ「自然」なるものを、昌益の『自然真営道』の「大序」に焦点をあわせながら見ていくことにしよう。昌益はいう。「自然とはなにか。互性・妙道の呼び名である。互性とはなにか。答えて曰く、始めも終わりもない一つの土活真が自行して、小にあるいは大に進退することである。小進すれば木、大進すれば火、小退すれば金、大退すれば水、の四行の気となる。それらがまたそれぞれにひとり進退して、進木・退木・進火・退火・進金・退金・進水・退水という八気に分かれ、それぞれの性質がたがいに作用しあう」[15]。先に引用した文を解説するまえに我々は、昌益により転定と呼ばれた宇宙的な自然は決して客体化された「物事の本質」を意味する（ギリシア語 physis のラテン語訳）naturaのではなく「自ラ然ル」といわれたように一種の「運動」状態を表す言葉であったことを確認しよう。かつて「いわゆる「身心脱落」を体験した正真正銘の禅僧」[16]であった昌益らしく彼は、仏教用語を巧みに使いながら、「妙」とは「互性」をさし「道」とは「互性の働き」(＝感)をさすという。では自リ然ルものとしての「自然」の中身となる「互性」とは何か。自然とは「土活真の自行」をさすが、では土活真の自行(自リ行フ)とは何か。それは真に活きた「土」が〈自リ然ル〉様をさす。そして真に生き生きと活動する土が宇宙をさすといえる。昌益は、中国の陰陽五行説を「土」を土台に置き木火金水を土の働きと作用に置き換えながら受容し、木火金水の相互作用を「一気の進退」といいそれを自然と名づけたといってよい。

そこでこれから我々は、昌益が「自然」としての「宇宙」(土活真)の「自行」をどのように説明しているかを見ることにしよう。昌益は、その作用をミクロコスモスとしての「いろり場」から発見している。赤々と燃えるいろり場の火に自在鉤に吊るされた鉄の鍋が懸かっている。鉄の鍋には水と煮る物が入っている。火の「性」(燃やす)が強すぎれば鍋のなかにある水は、沸騰し外にこぼれてしまい、水の「性」(冷やす)を奪ってしまう。逆に水の性が強すぎるとき、水の性は火の性を奪い、鍋の中身は生煮えとなる。物は、火の性と水の性がお互いに他の性を媒介としながら互いの性を殺さず調和し合ったときうまく煮える。これが土活真の自行をさしまた互性の妙道を意味する。[17]昌益はこのような互性の妙道を季節の循環運動にもあてはめる。春は「木」次の段々暑くなる「夏」は「火」さらに段々涼しくなる「秋」は「金」そして最後に寒くなる「冬」は「水」と〈変化〉して行きまた「春」の「木」に〈還帰〉していく。春の性は夏の性に奪われ夏の性は秋の性に奪われ秋の性は冬の性に奪われまた冬の性は春の性に奪われていくことになる。季節の循環運動のなかにも、大退して冬から大進して夏の間に春という形であるいは大進して夏から大退して冬の間に秋という形で、互性の妙道(火の性と水の性の調和)が存在する。こうして変化と還帰は無限に続き「無始無終」（始まりも終わりもない）なのである。昌益のこのような「可逆的な、反復的な時間構造」を示す「植物的時間」の観念は「不可逆的な、一回起性」の特質をもつ「歴史的な時間」の観念とは異なる。(18)「転定」（天地）の循環とはいうまでもなく四季の無限の循環をさすが、転定が与えてくれた種子は春に「生発」し夏になると「成育」し秋になると「実収」し冬になると「閉蔵」しさらに春に帰るとまた「生発」する。土活真の自行といわれるこの無限の循環を昌益は「直耕」といったのである。人間もまた直耕する自然のミニチュア版と見られることになる。昌益により直耕の「真人」と呼ばれた「転子」（天子）つまり農民は直耕する自然を介護する者として現れるのである。主体はあくまで自然である。人間もまた運回する転定のなかで生発→成育→実収→閉蔵→成育と変化と還帰をくりかえす植物とのアナロジー下でとらえられているのは次の例で分かろう。人間は〈小進〉して「生発」期としての幼少年期から〈大進〉して「成育」期としての青年期さらに〈小退〉して「実収」期としての中高年期最後に〈大退〉して「枯蔵」期としての老年期に移っていきこの世から消え去るが、私の種子を受け継ぎ生まれたわが子が生発から始める。〈進〉（始まり）は〈退〉（終わり）を含み〈退〉（終わり）は〈進〉（始まり）を含むのであり、その意味で「無始無終」なのである。昌益は、我々の死を反復再生のなかに位置づけ、誰も免れることができない死の不安を和らげようとしたといってよいであろう。我々はここには西欧の〈人間のための自然〉から〈自然のなかの人間〉へのパラダイム変換が存在するのに注目すべきであろう。ヘーゲルは、「精神」が変化と還帰の循環を繰り返しながらやがて「絶対知」という精神の最高段階に到達したとき、その循環を終え統一されるといったが、昌益にはヘーゲルのような考えはない。昌益の場合は変化と還帰はほんのつかの間調和するだろうが、その調和はすぐに分裂してしまう。調和と分裂は、寄せては返す海の波のように無限にくりかえすのである。

4　昌益の思想の今日的意義

一九世紀の中頃S・キェルケゴールは『死に至る病』を書いたが、第一編「死に至る病とは絶望のことである」の冒頭で我々読者を悩ませる難解な次のようなことを述べている。「人間とは精神である。精神とは何であるか。精神とは自己である。自己とは何であるか。自己とは自己自身に関係するところの関係である。すなわち関係ということには関係が自己自身に関係するものなることが含まれている。――それで自己とは単なる関係ではなしに、関係が自己自身に関係するというそのことである」[19]。〈自己とは精神でありまた関係〉である。〈精神としての自己〉とは関係である。〈精神としての自己〉とは「関係」(＝自己と他者との関係)に「関係する」(＝自己と他者の関係を意識している)「関係」(＝自己と他者の関係を意識している自己と自己との関係)である。ところでキェルケゴールによれば「死にいたる病」とは「絶望」をさしていた。〈自己〉は〈自己を意識している自己〉に対して「死にいたる病」としての「絶望」する。自己はこの絶望から開放されるには「希望」をもつことが必要となる。キェルケゴールの希望とは自己から「神」への超出であった。キェルケゴールの人間はこの種の希望を抱き超越的次元に飛躍することで救済されることになる。では昌益とルソーという自己は、他者としての絶対王制国家との関係下で、絶望しがちな自己に対してどのようにして希望を抱くことができたのであろうか。二人は、一八世紀の西欧と極東の両極に存在し絶対王制国家を共通の敵として戦った点に共通性があった。しかしルソーは、死後一一年後の一七八九年に発生するフランス革命によりアンシャンレジームが転覆する予兆を感じとりながら自己の生を終えたのは『エミール』で「ヨーロッパの大国の君主制がこれからも長い間存続することは不可能だとわたしと考えている」[20]いい「わたしたちは危機の状態と革命の時代に近づきつつある」[21]と断言したことから窺えるであろう。ルソーはアンシャンレジーム変革の希望を、キリスト教をとおして未来に抱くことができたおかげで自己に対する絶望からいやされたのであった。では昌益はどうであったのか。徳川幕藩体制という絶対王制国家は危機と革命の状態に近づきつつあるどころかますます盤石の度合いを強めつつあったとき、昌益は未来に暗闇に暗闇を重ねる真夜中の暗さをみたのではないだろうか。昌益はそのような真っ暗闇のなかで絶望しがちな自己に対し宇宙義論的自然観という希望を与え体制変革に執念を燃やし続けることで自己への絶望からいやされたといってよかろう。

さて二一世紀を迎えた今日、ポストモダンの思想をつくり我々に提供した人物が一九世紀のマルクス・ニーチェ・フロイト（彼は二〇世紀にまたがるが）の三人であったことに注目しよう。マルクスは下部構造の上部構造に対する自立性を、ニーチェは権力への意志という情念を、フロイトは無意識を強調したことに相違があるが、啓蒙主義哲学の本質であった「理性」に信用を置かずむしろそれに反逆したことでは三人は同じである。三人のうち特にマルクスとフロイトは理性の下に人間を動かす一種のシステムが存在すると考えたことで、モダンの〈主体の否定〉を実践したのである。ポストモダンは〈主体の解体〉をめざす①〈前期ポストモダン〉（レヴィ＝ストロース）から〈客体の解体〉をめざす②〈後期ポストモダン〉（ニーチェ）へ変質していった。モダンは（例えばヘーゲルやサルトルをさすが）「歴史」を〈主体と客体（構造）の弁証法的展開ととらえたが、くりかえすとポストモダンの①は「主体の哲学」を解体し「主体なき構造」を唱えた。①の前期ポストモダンは歴史を〈主体なきプロセス〉（商品関係や賃労働関係の再生産）つまり構造あるいはシステムの無限の反復再生産でしかないととらえた。これは既にマルクスによりなされた。②の後期ポストモダンのニーチェは特に①の「主体なき構造」つまり「客観」を「混沌」と見ることで①の前期ポストモダンを解体してしまい②の後期ポストモダンを形成した。

ところでニーチェは(a)デカルトの二元論と(b)キリスト教の解体そして(c)キリスト教を前提にした平等観を解体したといわれている。そこで(a)から見ていこう。デカルトによれば「主観」は神によりつくられた「法則」を含んだ「客観」を理性により理解する。だがニーチェによれば客観といわれるものは「混沌」であり、人間は権力への意志（生のエネルギー）により「図式化する欲求」により「混沌」に秩序を課していく主体なのである。次に(b)を見よう。僧侶は「存在すべきもの」の「存在」を「発明」しつくり上げる。ニーチェは「生成」を卑しめ存在すべきものの存在を捏造することを「概念のミイラ」化あるいは「哲学のエジプト主義」と呼び軽蔑した。そこからキリストの誕生・死・復活の物語は「世界史的詐欺」であることになる。最後に(c)を見よう。神なる者は不在なのだから神によって与えられた平等の観念もまた捏造されたものということになる。ポスト後期ポストモダンとは①の〈主体なき客体〉と②の〈客体なき主体〉の全面的な「解体」déconstructionをめざす思想である。もはや〈主体も存在しなければ客体も存在しない〉。

ではこのようなポスト後期ポストモダンの思想の源流をどこに求めることができるのか。〈バラモン教左派〉に属する古代インド仏教の特に「中観派」が唱えた説に求めることができる。仏教はいう。「アートマン」（我）は「アナトーマン」（無我）でありそれによりつくられた「現象」もまた「空」であると。では我々はなぜ「業」（カールマン）と「輪廻」（サンサーラ）により苦しめられるのか。無我の「替え詞」である「空」は「縁起」とシノニムである。「空＝縁起」とは何も存在しないという意味ではなく存在すると見られる自己と外的現象という二つの「実体」は実は人間の「相依相関」から生まれるのである。だから業も輪廻も人間の〈関係が生みだしたもの〉であり実体としては存在しないのである。主観と客観という二つの実体は存在しない。ヨーロッパが現代になり到達したポスト後期ポストモダンを特徴づける主体と客体という二つの〈実体の解体〉と〈実体から関係へ〉そして〈存在から生成へ〉というパラダイム変換は既に古代インド仏教により成し遂げられていたといえよう。

重要なことは曹洞宗開祖道元の江戸時代の弟子であった昌益を、（仏教を否定するために）仏教用語を駆使しながら③のポスト後期ポストモダン的思想をつくったフォーランナーとして見ていくことができるかという点である。「一気の進退」を「実体の否定」（non substantiality）にそして「互性の妙道」を「相互性」（each-other-ness）つまり関係にそして最後に「土活真」の「活真自行」を存在すべきものの存在を捏造し固定化する概念のミイラ化を否定する「自己生成」（self becoming-ness）[22]に置き換えることができるならば、昌益は、近代思想のイデオロギー性を暴露するポスト後期ポストモダンの思想に似た理念をつくっていたといえよう。

（1）特に次の文献を参照せよ。Rene Hubert, Sciences sociales dans L'Encyclopédie, Paris, 1923, pp. 166-175.

（2）〈人間のための自然〉とは自然を①「手段的価値」instrumental values として見る立場であり、これに対して〈自然のなかの人間〉とは自然を②「内的価値」intrinsic value と見る立場である。大事なのは「手段的価値」と「内的価値」の立場の限界を明確にすべきであることである（加藤尚武、『東洋的環境思想の現代的意義』、「熊沢蕃山の自然保護論」、農文協、一六九―一七五ページ）。

（3）宇宙義論についてくわしく知るためには拙著『国家・権力・イデオロギー』の「第九章　安藤昌益の平等観」（――宇宙義論の視点から――）の「第一節　自然観の変遷」を参照。

（4）K・レーヴィット（柴田治三郎訳）、『世界と世界史』、岩波書店、三ページ。

（5）K・レーヴィット、同書、二二―二五ページ。

（6）エルンスト・カッシラー（中野好之訳）、『啓蒙主義の哲学』、紀伊国屋書店、一四ページ。

（7）ルソー（今野一雄訳）、『エミール』（中）、岩波文庫、一二九ページ。

(8) ルソーはデカルトのように存在論を展開しなかったが、その理由については拙著『ルソーの政治思想』の「第二章自然法論」の「第三節　秩序の神の要請」(明石書店、一二七—一二九ページ)を参照。
(9) K・レーヴィット、同書、五〇ページ。
(10) ルソー、『エミール』(中)、一三三—一四六ページ。
(11) ルソー、『エミール』(上)、五二ページ。
(12) ルソー、『エミール』(上)、二三ページ。
(13) 神義論あるいは弁神論を立脚点として古代から近現代までの思想を分析した図書については拙著『自由の政治哲学的考察』(明石書店)を参照。
(14) ヨーロッパは〈人間中心主義〉であり自然はバックグラウンドの位置に下がる傾向があるが、極東に位置する日本は〈自然中心主義〉であり人間は自然のなかに溶け込む傾向がある。神により創造された自然は「自然の法則」loi naturelle をもつが、人間もまた神による被造物である限り「自然法」oi naturelle をもつ。もちろん自然の法則と自然法とは何も内的関係はない。その内在的関係はキリスト教により捏造されただけのことである。
(15) 安藤昌益(責任編集・野口武彦)、『自然真営道』(大序)、中央公論社(「日本の名著」)(19)、七七ページ。王家馬華の『日本の近代化と儒学』(農文協、一三二ページ)によれば昌益の宇宙論は、本人がそれを意識しているかどうかは別として儒学の気一元論を継承しているしさらに農を重視する立場は「儒学の伝統的な農本主義および江戸時代一七世紀に起きた「武士帰農」論(熊沢蕃山を代表とする)とも継承の関係」にある。だが昌益は武士の帰農を絶対に認めない。蕃山の「武士の城下居住の害」(「中江藤樹・熊沢蕃山」(責任編集・伊東多三郎)、『集義外書』、中央公論社(「日本の名著」)(11)、四五一ページ)の主張は、むしろ統治の立場から武士帰農論を唱えた後の荻生徂徠の政治思想につながっていく。昌益からすると彼らは「腐儒」(福沢諭吉)にすぎないであろう。
(16) 安永寿延、『安藤昌益　研究国際化時代の新検証』、農山漁村文化協会、一九九二年、三一ページ。
(17) 安藤昌益、『自然真営道』、七九—八〇ページ。

（18）永堂靖、『時間の思想』、教育社、一三ページ。
（19）S・キェルケゴール（齊藤信治訳）、『死にいたる病』、岩波文庫、二〇ページ。
（20）ルソー、『エミール』（上）、「原註」（五九）三九五ページ。
（21）ルソー、『エミール』（上）、三四六ページ。
（22）伊東俊太郎、「日本思想を貫くもの」、『仏教』、法蔵館、季刊（No.三二）、一九九五年七月号。一五九―一六一ページ。
木田元の『反哲学』（講談社・第四・五章）によれば、〈形相〉（例えばテーブルのイデー）により〈質量〉（例えばテーブルの素材）を秩序づけていくという古代ギリシアのプラトンの「製作的存在論」哲学は「技術者の存在論」（例えば大工のそれ）の類いになる。プラトンはなぜこのような存在論を構築したのか。プラトンによれば〈生成発展消滅〉を本質とする「自然」としての「政治」（変転極まりない多様な都市国家の多様な価値観が入る）に身をまかせ生きていくべきではない。そこからプラトンは「質量」（変転する政治）を秩序づける「形相」（政治哲学）を模索する。プラトンのこのような存在論哲学は、権力への意志により混沌を秩序づけていこうとしたポストモダニストのニーチェに流れていったということはできるのだろうか。となるとニーチェもまた製作的存在論を展開した哲学者と呼ぶことができようか。これが認められるならばニーチェもまたプラトニストとなるであろう。彼もまた「存在」を捏造してしまったことになる。「真理なるものはつくらないこと」が大事なのである。真理という存在の捏造を避けるためには「フォアゾクラテーカー」Vorsokratiker（ソクラテス以前の哲学者）つまり「自然哲学者」の哲学に戻る必要がある。捏造された「存在」から「生成」の場に自己を移すのが大事である。その点でも昌益の思想を学ぶ意味はある。

第一二章　中江兆民訳「民主国ノ道徳」考

――ルソー理解の導き手としてのJ・バルニ・その一面――

山田博雄

はじめに

中江兆民がフランスでルソーを「発見」するに際して、従来から重要な位置を与えられてきたのは、エミール・アコラースである。しかし、ある意味ではアコラース以上に、兆民のルソー学習への沈潜と理解の徹底に資することになったとも考えられる人物を忘れることはできない。ジュール・バルニ（Jules-Romain Barni、一八一八―七九年）がそれである。(1)

しかも、ルソーとの関連からのみバルニが重要なのではない。根本的にいってバルニの著作は兆民の思想形成、殊にその「道徳《モラール》」観に大きな影響を与えていると考えられるのである。その理由のいくつかを提示しようとするのが、本章の目的である。

そこで本章は、一八八七年（明治二〇）、兆民が翻訳したバルニ著「民主国ノ道徳」（原著は、Jules Barni, *La Morale dans la démocratie* , Paris, Germer-Baillière, 1868.）を分析し、そこに見えるルソー、殊に『社会契約論』との関連を中心にして、兆民における「民主国」及び「道徳」に関する理解の一端を抽出する。

　兆民の翻訳を通して考察する限り、「民主国ノ道徳」の内容は大きく別けて二つの事が重要であろう。その書名が的確に示すように、一つは「民主国」であり、それはどういう仕組みで成り立ち、動いていくのかを説明する。換言すれば、それはほとんど直接にルソー『社会契約論』解読のためのこの上もない鍵または註釈を提供するものとなろう。もう一つは「道徳」であり、しかもあくまで「民主国」における「道徳」である。ということは、この「道徳」もまた兆民にとって旧来のそれとはちがうものであったことを意味していよう。そして、「独立の道徳」《morale indépendante》(*Ibid.*, p. vi.) を説くのがバルニ原著『民主政における道徳』一篇の目的である。[2]

　一般に、幕末から明治にかけて、日本の知識人にとっての主要な思想的課題が、日本国の独立維持に向けて、「西洋の文明」と「日本の旧習」(福沢諭吉)とをどう理解し(または理解し直し)、いかにそれらを組み合わせるべきか(または組み合わせ得るのかどうかを見極めようとすること)にかかっていたことはいうまでもない。その課題への回答の試みとして、兆民の訳す「民主国ノ道徳」は、ささやかながら一つの典型を示しているようにみえる。

　以下、第一に「民主国」、第二に「理義」と兆民の思考様式について、第三に「平等」と「自由」、第四に「心ノ自由」=「道徳ノ自由」について、節を改めて考察しよう。ただし、兆民訳「民主国ノ道徳」はかれのその他の翻訳、――たとえば『民約訳解』『非開化論』――と同様に、否、それら以上に大胆な、一種の「自由訳」であり、また「節訳」であって、原文と訳文との逐語的な対応を検討することは易しくない(加筆、省略、差し替え、等)。ここでは場合に応じて原文と訳文の比較対照をするにとどめ、主として、兆民の訳文に見える「民主国ノ道徳」の理解、殊に兆民が自らの時代の問題を解く道具として凝らした工夫に焦点をしぼって、その「民主国」と「道徳」に関する特徴的な二、三の点を浮かび上がらせたいと思う。

1　「民主国」の構想

「民主国ノ道徳」は「民主国」をどう捉えていたのだろうか。大きな特徴として、以下の二点が際立つ。

第一は、バルニ原著に流れる「進歩」の意識である[3]。それは兆民思想の核心の一つであり、ここでもまたそれを確認できる。兆民は開巻劈頭「世運進歩ノ理」（『全集』八、二七五ページ）を強調する。そこから歴史を、日々に「民主共和ノ旨義ニ進入」し、それが「遏《とど》ム可ラザル」（同右）ことであり、「自由平等ノ大義燦然トシテ其光彩ヲ発揮スルニ至レリ」（同右）と叙述する。最後の一文は兆民の加筆と訳し替えである。「自由平等ノ大義」とは、原文では「権利の平等」《l'égalité du droit》（*Ibid.*, p. 1.）としか書かれていない。兆民は「自由」と「平等」を併記する。そのことの重要性は、後に触れる（3節）。

第二は、「民主政体ナル者」を定義して、「各個人ヲ先ニシ邦国ヲ後ニスル」（同右、二七六ページ）こと、という。「個人」から「邦国」へ。これを「民主政体ナル者」の根本原理として明快・簡潔に表現する。一見単純そうにみえて、この意味もまた、重く、かつ、大きい。各論点をさらに詳しく考察しよう。

第一、「進歩」史観を述べた先の引用文をみておく。

一つは「世運進歩ノ理」。バルニ原文は《des progrès de l'esprit démocratique》（*Ibid.*）である。すなわち「民主的精神の進歩」。兆民が単に「世運進歩」とした理由はわからない。しかし、バルニのいう「民主的精神の進歩」の史観を、兆民も共有していたことは、いうまでもない。ある意味でこの翻訳全体が、「民主的精神」についての註釈とも見える。

「世運進歩ノ理」の歴史＝「民主的精神の進歩」史そのものについては、兆民は『革命前法朗西二世紀事』（一八八六年〈明治一九〉）によって描き出そうと試みつつ、それとほとんど時を同じくして訳されていたはずの「民主国ノ道徳」（一八八七年〈明治二〇〉）においては、「民主的精神」の内容について説こうとしたのかもしれない。

しかし、もう一つの、より注目に値することは、「民主共和ノ旨義」という言葉であり、バルニ原著にいう《La démocratie》（*Ibid.*）の訳語である。「共和」とは、もちろん兆民においてはフランス語の《république》（その先にはラテン語「レスピユブリカー」《res publica》）が想起されているはずであり、おそらくそれは『民約訳解』巻之二、第六章「律例」（一八八三年〈明治一六〉）に付された「解」に連なり、「君民共治之説」（一八八一年〈明治一四〉）にさかのぼる。後者から一節を引いてみよう。

「共和政治ノ字面タルヤ羅甸語《ラテン》ノ『レスピユブリカー』ヲ訳セルナリ『レス』ハ物ナリ『ピユブリカ』ハ公衆ナリ故ニ『レスピユブリカー』ハ即チ公衆ノ物ナリ公有物ノ義ナリ……其本義此ノ如シ故ニ苟モ政権ヲ以テ全国人民ノ公有物ト為シ一二有司ニ私セザルトキハ皆『レスピユブリカー』ナリ君主ノ有無ハ其問ハザル所ナリ」（『全集』一四、一〇―一一ページ）。

兆民によれば、――この場合には、つまりはバルニ等の考え方によれば、ともいえようか[4]――「共和政治」の「本義」は、「公衆ノ物ナリ公有物ノ義ナリ」であって、「苟モ政権ヲ以テ全国人民ノ公有物ト為シ」することが、取りも直さず「レスピユブリカー」＝「共和政治」＝「自治」に他ならない[5]。兆民がわざわざ《La démocratie》に「民主共和ノ旨義」と当てたことの含意は、したがって、《La démocratie》とは、人民が主体となって「政権」を「公衆ノ物」「公有物」としていく、その行為そのものであるということになろう。それを明確に提示し、強調する訳出である。

しかし、ここに一つの疑問が起こる。一方の「君民共治之説」では、「レスピユブリカー」に敢えて「共和」の文字を用いず、「君民共治」とした。その理由を兆民は――民権運動家たちの「共和ノ字面ニ恍惚」(同右、一〇ページ)とする態度に釘をさしながら――、「実ヲ主トシテ其名ヲ問ハズ」(同右、一二ページ)と説明していた。名を捨てて、実を取る。しかし、他方、「民主国ノ道徳」では、今見た通り、《La démocratie》を、故意に「民主共和ノ旨義」と訳出する。(6) なぜだろうか。これは「自由」と「平等」との関係如何の問題として、後に触れる(3節)。

第二、「民主政体ナル者」を、「個人」から「邦国」へと定義した、その内容を具体的にみよう。

先述のように、「民主政体ナル者」は、「各個人ヲ先ニシ邦国ヲ後ニスルコト」(同右、二七六ページ)とされる。原著はこうである。

《(…) ces démocraties [des démocraties dans l'antiquité] sacrifiaient beaucoup trop l'individu à l'Etat, (…)》

(*Ibid*., p. 2.)

つまり、「[古代の] 民主政は、あまりにも個人を国家の犠牲にし過ぎていた」という。兆民はこれを、「各個人ヲ先ニシ邦国ヲ後ニスルコト」と訳して、「各個人」と「邦国」との関係を明確にし、「民主政体ナル者」はあくまで「各個人」に始まるという根本原理を打ち出す。

しかし、原理と現実はもちろんちがう。「欧洲ノ民主政治」においても、「未ダ称シテ真ニ民主制ノ完粋ナル者ト為ス可ラザル者有リ」(同、二七六ページ)。すなわち、「民主政体」を、真偽二種の「民主制度」に分類し、次のように説明する。「偽ノ民主制度」とは何か。

「往々多数ノ人民其威虐ヲ恣《ほしいまま》ニシ為メニ少数ノ人民ヲシテ怨嗟ニ堪ヘザラシム、是ニ於テ乎《か》天下法律ノ最貴重ス可キ旨義ヲ蹋翩《とうへん》シテ復タ忌憚スルコト無キニ至ル」（同右、二七七ページ）。

そこで「真ノ民主制度」を論じていう。

「予ガ所謂民主制度ハ公衆権理ノ樹立ヲ謂フナリ、若干族類ノ擅恣ヲ謂フニ非ザルナリ」（同右）。

右の日本語は、バルニ原著では次のように表現される。

《La démocratie n'est pas le règne de la force brutale, c'est celui du droit commun.》（*Ibid.*, pp. 2-3.）

「民主主義とは、暴力による支配ではなく、普通法による支配である」というほどの意味である。「普通法による支配」を、兆民は「民主制度ハ公衆権理ノ樹立ヲ謂フナリ」と訳し、「民主制度」なるものの能動的な意味合いを伝え、「暴力による支配」を、「若干族類ノ擅恣ヲ謂フニ非ザルナリ」と書いて、それはそのまま兆民が攻撃して已むことのなかった「薩長政府」、「専擅制度」（『全集』一〇、一九五ページ）批判に通じる。

さらに次の一節など、端的な、明治政府攻撃の表現として読めるのであり、また、人民の態度への批判でもある。

「世又一種虚偽ノ民主制度有リテ、一人ヲ尊ビテ帝ト為シ若クハ王ト為シ、凡ソ国ノ諸大処分ヲ挙ゲテ皆其握ニ在ラシメ、人民ハ皆唯《ただ》卑々トシテ其命ヲ聴クノミ」（『全集』八、二七七ページ）。

いまの箇所、「一人ヲ尊ビテ帝ト為シ若クハ王ト為シ、凡ソ国ノ諸大処分ヲ挙ゲテ皆其握ニ在ラシメ」る、という部分の原文は以下のごとくである。

《(…) c'est celle [une autre espèce de soi-disant démocratie] qui se livre à un maître, lui abandonne ou lui laisse prendre tous les pouvoirs, (…)》(*Ibid*., p. 3.)

原著が単に《un maître》（「支配者」「統率者」）というところ、兆民は丁重に「一人ヲ尊ビテ」と形容し、「帝ト為シ若クハ王ト為シ」と加筆する。これもまた「薩長政府」の進めていた、天皇へ「凡ソ国ノ諸大処分ヲ挙ゲテ皆其握ニ在ラシメ」ようとする動き[7]への、明らかで痛烈な批判であり、兆民訳は読者に誤読される余地をほとんど全く残さない[8]。問題とされるのは、個人に超越し、あらゆるものに超越する価値を有するとされる天皇の創出である。ここに「独立の道徳」という『民主政における道徳』一篇の主題が明瞭に浮かび上がっている。

バルニを訳出することによって、兆民は、単に「個人」から「邦国」へという原理を繰り返すだけでなく、「民主政体ナル者」の内容を明らかにしながら、時に巧妙に時に露骨に明治政府の現実を批判していた[9]。

2 「人ハ理義有ル動物ナリ」

バルニはいう。「真ノ民主制度ヲ建立」するには、「必ズ一事ノ欠ク可ラザル者」がある。それは「鞏固ニシテ動カス可ラザルノ道徳」である、と（『全集』八、二七七ページ）。国民にこの「道徳ニ依拠シテ自《みずか》ラ防守スルコト」がなければ、「制度如何ニ良好ナルモ其末ヤ必ズ姦雄ノ為メニ翻弄セラレ」るに至る、と（同右）。「制度」の整理が必要なことはいうまでもないが、その「制度」を内から支える、一種の規範意識の確立が重要視され、さらには、必須のもの（「必ズ一事ノ欠ク可ラザル者」）として強調される。

しかし、なぜ「真ノ民主制度ヲ建立」するために「道徳」が絶対的に要求されるのか。その理由は「政権」を掌握する主体にかかわる。「君主独裁貴族共治等ノ諸国」においては「国民ハ居常生計ヲ営ムノ外一モ政権ニ参与スルコト」がない。したがって、「独リ罰ヲ畏レ賞ヲ思フノ念以テ其多衆ノ悪ニ陥イルコトヲ防グニ足レバナリ」（同右、二八三ページ）。ここには明らかに「民免れて恥じ無し」（『論語』為政第二）といったニュアンスが見える。『論語』にこの言葉が登場するのは、「道徳による政治を称揚する」場面である。(10)

右の「国民」の態度は、「一人ヲ尊ビテ帝ト為シ若クハ王ト為シ、凡ソ国ノ諸大処分ヲ挙ゲテ皆其握ニ在ラシメ、人民ハ皆唯《ただ》卑々トシテ其命ヲ聴クノミ」（同右、二七七ページ）という態度に相当していよう。批判されるのは、規範意識が外から与えられ、「民」は、ただ「卑々トシテ」従うだけという、そのもたれかかる精神の構えである。「独リ罰ヲ畏レ賞ヲ思フノ念以テ其多衆ノ悪ニ陥イルコトヲ防グ」のでは、「民主国」成立のためには、全く十分でない。

一方、「民主国」の人民はどうか。「凡ソ民タル者」は、「選挙ヲ得テ直《ただ》チニ政権ニ当ル者」だけでなく、「議士ヲ任ズル者」もまた、「政権ノ一部ヲ行フ」者である。それは「他ノ国民ノ専ラ官家ニ委任シ手ヲ拱シテ治平ヲ望ム者ノ比」（同右、二八四ページ）ではない。

繰り返すが、「民主国」は「個人」から「邦国」へという原理によって成り立つ。規範意識こそはその原理を支える基本的な精神の構えである。

換言すれば、「真ノ民主制度ヲ建立」にとって、「必ズ一事ノ欠ク可ラザル者」とは、外からではない、個人の内に発する規範意識に他ならない。外からくる規範ならば、民免れて恥じ無し、の可能性を否定できない。「一種虚偽ノ民主制度」はそれで済む。「民主国」において「道徳」が必要とされるのは、そのときである。

しかし、個人の内に発する規範意識、今仮にそれを「道徳」とすれば、それが各個人によっておよそ正反対のものである場合もまた、「民主国」は成立することが難しくなろう。「其道徳ニ得ル有リテ必ズ権理職分ノ重ンズ可キコトヲ知ルヲ要スル」（同右、二八四ページ）ゆえんである。「道徳」は「権理職分」と切り離すことができないものとされる。

バルニはさらに、「道徳」は「義心」と「自由心」から成り、前者は、「自ラ信ジテ職分ノ当サニ為スベキ者有リト為スノ念」であり、後者は、「自《みずか》ラ信ジテ此職分ヲ履行スルコトヲ得ルト為スノ念」である、と説明する（同右、二七七―二七八ページ）。後者については4節で触れる。

「義心」とはまた「人ノ良心」のことであって、これあれば人、なければ「禽獣」、という。「其禽獣ニ別ツ所以ノ者ハ唯之《これ》有ルノミ」（同右、二七九ページ）。

道徳法則の普遍性への確信とその法則追究の飽くなき情熱、真理探求を冷笑する「理学者」「学士」への批判、「人」と「動物」とのちがいは「理義」の有無にかかわる、――これら兆民の思考様式の特徴は、バルニ原著に酷似する。

たとえば「義心」=「良心」《conscience》に関するバルニの説明を見よう。(*Ibid*., p. 5.)「古来学士中或ハ此良心ヲ論ジテ極テ恃《たの》ム可ラズトナス者有リ」(『全集』八、二七九ページ)。「世ノ所謂義ナル者ハ一定動ス可ラザル者ニ非ズ」というが、かれらがそう考える理由は、単に地理的なものに過ぎない。すなわち、「ピレネー」山の、以東では「義」《vérité》であるものが、以西では「不義」《erreur》となる、として「此レ正ニ風俗制度ノ地ヲ逐《お》フテ相異ナル所以ナリ」と考えている、という(同右)。バルニはその非をあばく。

「吁《ああ》此レ真ニ義不義ノ一定セザルニ非ズシテ、唯《ただ》孰《いず》レカ義タリ孰レカ不義タルコトヲ釈明スルコトノ一定セザルノミ」(同右)。

「義」《lois morales》と「不義」との「釈明」(解釈)は「一定」していないかもしれない。しかし、「義不義」の存在それ自体までもが、「一定」していないのではない。その存在は否定できない、という認識である。ここには、いわば「一元的な真理の実在に対する強烈な信念」[11]をもつ兆民にとっての、力強い知己が見出されるともいえようか。ルソー『学問芸術論』(兆民訳『非開化論』)や『社会契約論』(同『民約訳解』)に共通する認識も、バルニの原著に散見される。これらもほとんど兆民の思想的核心そのものでもある。次はその例。

「人々苟モ生存スル間ハ必ズ道徳ノ法律ノ必ズ守ラザル可ラザル有リテ、其威力極テ強ク其勢位極テ貴シ、豈一二理学士ノ僻説ヲ口ニ藉キテ善悪ノ行ヲ以テ無差別ト為スコトヲ得ン哉、豈盗賊兇漢ノ世ニ存スルガ為メニ道徳ノ法律ヲ以テ有ルコト無シト為スコトヲ得ン哉」（同右、二八一ページ）。

「善悪ノ行」が「無差別」なのではない。「一二理学士ノ僻説」は、「盗賊兇漢」の跋扈という現実を見て、「道徳ノ法律」という、「善悪ノ行」を区別する「無形ノ顕象」（同右）を否定するにすぎない。あたかも「婁騒《ルーソー》の民約は、世いまだ若き《かくのごとき》もの有るを聞かず」として否定しさった「勉雑毋《べんざむ》」のように（『全集』一、一五八ページ）。しかし、「人世」（「社会状態」）について語るとは、「事の有無」を、ではなくて、「専ら道理を推して言を立て、義の当《まさ》に然るべき所」（同右）をこそ、語らなくてはならない。

最後に、「人」と「動物」とのちがいを説く文章を引く。

「近時学士皆云フ人モ亦動物ナリト、即チ古昔希臘《ギリシア》人モ亦云フ人モ亦動物ナリト、但《ただし》希臘人ハ更ニ添ルニ一語ヲ以テシテ云ヘリ、人ハ理義有ル動物ナリト、嗚呼唯此理義ノ一語ヤ此レ正ニ吾人ト他ノ動物トノ間ニ於テ一大濠溝ヲ鑿チテ、千古相混ズルコトヲ得ザルヲ致ス所以ナリ」（『全集』八、二八八ページ）。

「人ハ理義有ル動物ナリ」。「理義」とは原文にいう《*raison*》のことである（*Ibid.*, p. 20.）。兆民が「理義」を「愛用語」の一つにしていたことは、島田虔次が取り上げて以来触れぬ研究者はいないほどである[12]。もちろん、島田の指摘する通り、この言葉の典拠が『孟子』であり、「人間であるかぎり、心は自然必然的に理義を善しとし、理義を追求し、欲する」[13]ことを意味することを、ここで否定するのではない。ただ、「理義」の意味はおそらくそれに尽きないということである。

いま兆民による「理義」という言葉の初出を詳らかにしないが[14]、他方で『孟子』にみえる「理義」の意味とは別に、上記のように、兆民の「理義」の定義（これあれば「人」、なければ「動物」）は、バルニ（であると、にわかに特定できないが）等によって、新しいニュアンスが付け加えられていることもまた、否定できない。「西洋」対「東洋」の二者択一でもなければ、「東洋」への「西洋」の（またはその逆への）解消でもない、「第三の道」の実際を示す一例である[15]。この「理義ノ念有ルガ故」に、人は「苟モ一時邪慾ノ為メニ惑乱セラル、ノ時ヲ除クノ外、中心ニ職分ノ当《まさ》ニ尽スベキト責任ノ当ニ履《ふ》ムベキトヲ知ラザル莫《な》シ」（『全集』八、二八八ページ）と「民主国ノ道徳」はいう。

3 「平等」と「自由」

バルニによれば「道徳」は、「義心」と「自由心」から成っていた。「自由心」とは原著の《liberté morale》（兆民は「心ノ自由」とも訳す）のことである。その検討は4節で行う。その前に、ここではまず、「平等」と「自由」との関係を見ておきたい。

「一人ヲ尊ビテ帝ト為シ若クハ王ト為シ」て、「人民ハ皆唯《ただ》卑々トシテ其命ヲ聴ク」に過ぎないのは、「一種虚偽ノ民主制度」（『全集』八、二七七ページ）であった。しかし、そこに「平等」がないのではない。

「是種ノ制度ニ在リテハ一国人民ハ皆平等ニシテ、独リ帝若クハ王ノ尊ブ可キ有ルノミ、但《ただし》所謂平等ハ権理ノ平等ニ非ズシテ即チ奴隷境界ノ平等ナリ」(同右)。

単に「平等」というのならば、「奴隷境界ノ平等」もまた立派に「平等」である。「君民共治」がつまりは「一君万民」であるとすれば、そこには常に「君主独裁」に堕する危険性がある。その端的な例が、「奴隷境界ノ平等」に他ならない。[16]——おそらくこのような理由によって、兆民は、一八八一年(明治一四)には「君民共治之説」を是とし、「明治十四年の政変」を経験した一八八七年(明治二〇)の「民主国ノ道徳」では、「君民共治」という用語を非としたのでもあろう。ここはあくまで「民主共和ノ旨義」でなければ不可なのであったろう。

換言すれば、この用語の変化は、時代状況の変化に対応していよう。「自由民権運動」の退潮、及び明治政府の天皇を中心とした日本国家の政治体制構築の強化、そしてそれらに伴う、兆民の改めての「民主制体」理解・構想等が関係しているはずである。[17]

「一君」=「独リ帝若クハ王ノ尊ブ可キ有ルノミ」の制度下での、「万民」の平等=「一国人民ハ皆平等」とは、すなわち「名ハ民主ト曰フト雖《いえど》モ実ハ君主独裁ノ制ノ一種ニ過ギ」(『全集』八、二七七ページ)ない。

「余ガ所謂民主制度ハ奴隷ノ境界ノ平等ナルヲ謂フニ非ズシテ、自由封疆ノ平等ナルヲ謂フナリ」(同右)[18]。

「民主制度」における「平等」とは、「奴隷境界ノ平等」ではなくて、「権理ノ平等」であり、かつ、「自由封疆ノ平等」でなければならない。——ここから「自由」が、「民主制度」においての、必須の問題として出てくる。[19]

では、「自由封疆ノ平等」とは何か。

それを理解するには、もう一つの定義、「民主制度」とは「公衆権理ノ樹立」（同右）である、ということを想起する必要がある。「公衆権理」を「樹立」するという行為となって現れる（あるいは現れなければならない）主体性が万人に「平等」に措定されている。それが「自由封疆ノ平等」である。別に言えば、人民の自発的精神と「自治」への行動とが、「民主制度」には欠くことのできない条件である。「民主国」の「道徳」において「権理職分」意識が強調されるのはそのためである（同右、二八四ページ）。

いま引いた「民主国ノ道徳」での「自由」は、『民約訳解』と重ねてみれば、一層明瞭となる。以下に見る通りである。

「平等」で「自由」な「各個人」が「邦国」に先行する。しかし、単に「平等」かつ「自由」でバラバラな「各個人」の存在、ということだけならば、それはルソーのいう「自然状態」に近い。この「自由」は、『民約訳解』にいう「天命の自由」《liberté naturelle》である。

「上古の人、意を肆《ほしいまま》にして生を為し、絶えて検束を被《こうむ》ること無きは、天に純なるものなり。故に之を天命の自由と謂う」（『全集』一、一三八ページ）。

もちろん、「自然状態」の次にくる「社会状態」（『訳解』の「人世」）こそが、兆民にとって決定的に重要だった。「人世」を成立させるためには、「各個人」は、勝手きままに「自由」な存在であるだけでは十分でなく、積極的に「公衆権理」を「樹立」する「自由」をもった存在としてあるべく要請される。この「自由」は、『訳解』にいう「人義の自由」《liberté civile》に該当する。

「民あい共に約し、邦国を建て法度を設け、自治の制を興し、斯《かく》て以て各おの其の生を遂《と》げ其の利を長ずるを得《う》るは、人を雑《まじ》うるものなり。故に之を人義の自由と謂う」（同右）。

しかし、さらにもう一つの「自由」があり、兆民にとってはこれこそがあらゆる「自由」の原点であり、人間活動の根本原理である。《liberté morale》、すなわち「自由心」=「心ノ自由」（『全集』八、二七八—二七九ページ）=「道徳ノ自由」（『全集』七、五八ページ）がそれである。(20)

一八八一年（明治一四）、『東洋自由新聞』に「心思ノ自由」と題して、兆民はすでに書いていた。

「夫レ人皆自由ノ心有リ於《ここ》ニ以テ宗教ヲ立テ道学ヲ闡キ芸ヲ講ジ伎ヲ開キ農ヲ力メ商ヲ勧ムルトキハ是レ人々各々其自由ノ心ヲ運用シテ之ヲ宗教ニ道学ニ芸ニ伎ニ農ニ商ニ及ボス者ナリ政ニ至リ奚ゾ独リ然ラザラン」（『全集』一四、一四ページ）。

「民主国」にあって「自由ノ心」をなぜ政治にだけは「運用」しないのか。そしてその「政」への「運用」とは、すなわち「相議シテ憲法ヲ造定シ以テ政ニ与カルコトヲ図ラン」（同右、一五ページ）とすることに他ならない。

4　「心ノ自由《リベルテー・モラル》」＝「道徳ノ自由《〈リベルテー、モラール〉》」

人は皆「心ノ自由」をもつ。「民主国ノ道徳」は次のように説明することで、その理由を示す。

「試ニ思ヲ反シ内ニ省ミテ一タビ観念セヨ、吾人心中必ズ一種霊活ノ力有リテ、善ヲ為サント欲セバ之ヲ為スコトヲ得、悪ヲ為サント欲セバ亦之ヲ為スコトヲ得ルコトヲ見ン」（『全集』八、二七九―二八〇ページ）。

「善」も「悪」も、人間がその「心ノ自由」において為すことである。「悪」を為して「悔恨」するのは、「明ニ自ラ心ノ自由有ルコトヲ知ルガ故ナリ」（同右、二八〇ページ）。この箇所は原著ではこうである。

《Je me sens donc libre, et c'est pourquoi je me tiens pour *responsable* de ma conduite.》（*Ibid.*, p. 6.）

「だから私は自らを自由だと感じ、それゆえにこそ私は自分の行為に責任があるとみなすのである」（強調原文）。

「心ノ自由」があるからこそ、人は「善」を為し、「悪」を為す。その「責任」は当然自らが負う。だが人はなぜ「悪」を為すのか。バルニはこう説明する。

「悪ヲ為スニ至ルハ、不幸ニシテ邪欲ノ力ノ極メテ熾《さかん》ナルノ候ニ在ルノミ」であって、それは決して「平生日常ノ状態」ではない。「豈之ヲ以テ人ノ天性ト為スコトヲ得ン哉」（同右、二八〇ページ）。「平生日常ノ状態ニ非」ずとは、原文の《la *folie* ou l'*aliénatoin*》（*Ibid.*）のことである。《liberté morale》は、すでに『民約訳解』で「心の自由」と訳されていた。

「夫れ形気の駆《か》るところと為りて自《みず》から克脩することを知らざる者、是れ亦奴隷の類のみ。我より法を為《つく》り、而して我より之に循《したが》う者に至りては、其の心胸綽として余裕あり」（『全集』一、一六六ページ）。

もう一つ、「心ノ自由《リベルテー・モラル》」の説明を引いてみよう。一八八一年（明治一四）、『東洋自由新聞』第一号の社説である。

「リベルテーモラルトハ我ガ精神心思ノ絶ヱテ他物ノ束縛ヲ受ケズ完然発達シテ余力無キヲ得ルヲ謂フ是ナリ古人所謂義ト道トニ配スル浩然ノ一気ハ即チ此物ナリ内ニ省ミテ疚シカラズ自ラ反シテ縮《ナホ》キモ亦此物ニシテ乃天地ニ俯仰シテ愧怍《きさ》スル無ク之ヲ外ニシテハ政府教門ノ箝制スル所トナラズ之ヲ内ニシテハ五慾六悪ノ妨碍スル所トナラズ」（『全集』一四、二ページ）。

注目に値するのは、文中の「浩然ノ一気」である。もちろん、『孟子』公孫丑篇第二にみえる「浩然の気」であるが、一書によれば、それは次のように解説される。

「その気［＝浩然の気］は、正義と人道とにともなってこそ養われるもので、この道義がなければ飢えしぼんでしまう。すなわち、わが内心の道義に合って生育してゆくもので、外から取ってきた借り物ではない」（傍点引用者）(21)。

兆民のいう「リベルテーモラル」＝「心ノ自由」とは、ほとんどこれに他ならないだろう。バルニの述べる、「真ノ民主制度ヲ建立」にとっての「必ズ一事ノ欠ク可ラザル者」とは、まさしく外から取ってきた借り物ではない――しかし、外来のものに縁を借りることを否定しない――、個人の内に発する規範意識に他ならない。「西洋」と「東洋」の出会うところ、それを見事に反映している例ともいえよう。

翻って、兆民がバルニ（またルソー）に加筆して頻繁に使う表現の内に、個人に発する「心ノ自由」への自覚を喚起していることは、改めていうまでもない。

「一人ヲ尊ビテ帝ト為シ若クハ王ト為シ」「人民ハ皆唯《ただ》卑々トシテ其命ヲ聴クノミ」（「民主国ノ道徳」『全集』八、二七七ページ）。

「力、以て権と為すべからず、屈、以て義と為すべからず。而して帝と云い王と云うも、其の権いやしくも道に合せざれば、聴従を須《もち》うる無きなり」（『民約訳解』『全集』一、一四七ページ）。

「是の故に若し一邦ありて、独り律例の束する所を被りて其の他を知らざれば、余は必ず之を自治の国と曰わん。其の尊に居る者の帝と称し王と称するは、問う所に非ず」（同右、一九六ページ）、等（以上、傍点引用者）。

個人に発する「心ノ自由《リベルテー・モラル》」＝「道徳ノ自由《〈リベルテー、モラール〉》」（『全集』七、五八ページ）があればこそ、人は「善」を為し、「悪」を為し、その行為についての責任は、当然自らが負う。逆にいえば、「心ノ自由」のないところで為された「悪」は、確かにそれが「悪」であるにもかかわらず（「善悪ノ行」が「無差別」なのではない！）、「悔恨」することが難しくなるはずだろう。いわんや自らの行為に対する「責任」などさらに感じない、ということにもなろう[22]。

おわりに

「民主国ノ道徳」論述の中には、「民主国」と「道徳」についてばかりでなく、兆民がそこに自分自身を読み取ったであろうと思われるところもまた、少なくない。

たとえば、理想の堅持。「凡ソ吾人ノ規図スル所有ルヤ必ズ須《すべか》ラク極致ヲ以テ目的ト為スベシ、否《しか》ラザレバ進歩ノ塗《みち》杜絶シテ已マンノミ」（『全集』八、二八二ページ[23]）。

また、死を前にしての取るべき態度。「若シ疾病自然ノ勢ニ由テ死ニ臨ムトキハ、国士タル者固《もと》ヨリ当《まさ》ニ従容トシテ畏レザルベシ」（同右、二九七ページ）。

バルニの翻訳の後、一〇数年を経て、『一年有半』の筆を執る「従容トシテ畏レザル」著者が、彷彿としていないだろうか。

また、殊に、兆民の行動への共感と励ましの集中的表現さえもが、そこに見出せないだろうか。

「清貧ヲ守リ淡泊ニ安ンジテ以テ操行ヲ全クセント欲スル」ようでなくては、「姦豪ノ徒詐謀ヲ逞クシテ威権ヲ盗窃セントスルニ際シ、能ク勇ヲ鼓シ気ヲ奮ヒ身ヲ挺シテ抗拒シ、以テ夫ノ自由平等ノ大義ニ殉ズルコトヲ得可キ乎」（同右、二九〇―二九一ページ）。

兆民にとってバルニの著作は、「ルソーの著作に劣らず――少なくともこれに次いで――重要な作品だったと考えてよいのではなかろうか」(同右、三五三ページ、井田進也による「解題」)[24]。「民主国ノ道徳」の一側面を検討する限りでも、これが首肯に値する評価であろうことは、見てきた通りである。

はじめに述べたように、バルニ原著はルソー『社会契約論』解読のためのこの上もない導きの糸として兆民の前にあった。しかし『民主政における道徳』でより重要なのは、この書を貫く主題、すなわち「独立の道徳」にこそあったというべきだろう。全体何から「独立」した「道徳」なのか。「あらゆる形而上学から、すなわち霊魂と神 Dieu に基づくあらゆる体系から」独立した「道徳」(*Ibid.*, p. 7.)である。兆民はそれを、「薩長政府」が準備する、「一人」の「帝」もしくは「王」からの、つまりは天皇(機械仕掛けの神)からの、「独立の道徳」と読み替えて鮮やかに提示してみせたのであった。

(1) 以下、兆民からの引用はすべて『中江兆民全集』(岩波書店、一九八三年~一九八六年)からとし、たとえば『中江兆民全集』第八巻、八八ページからの引用は『全集』八、八八ページと略す。
兆民とバルニの思想的関係に言及した論考の主なものは、以下の通りである。
◎井田進也『中江兆民のフランス』岩波書店、一九八七年、殊に第四章「『東洋のルソー』中江兆民の誕生」。
◎米原謙『日本近代思想と中江兆民』新評論、一九八六年、一二六ページ以下。
◎宮村治雄『理学者兆民』みすず書房、一九八九年、八二ページ以下。
◎宮村治雄『開国経験の思想史』東京大学出版会、一九九六年、八八ページ以下。
◎飛鳥井雅道『中江兆民』吉川弘文館、一九九九年、八六ページ以下。
バルニについては、フランスの哲学者で、政治家。哲学者として、カント哲学の研究、翻訳に従事。政治家として、共和主義思想を宣布した、とされる。『全集』八、三五三―三五四ページ。及び、井田、前掲書、『政理叢談』原典目録、四三―四五ページ参照。

また、次の論文は第二帝政期から第三共和政におけるバルニの思想を考察し、『民主政における道徳』に触れる。

◎北垣徹「道徳の共和国――ジュール・バルニと新カント派の政治思想」(『人文学報』京都大学人文科学研究所、第八一号、一九九八年三月)。

(2)『全集』八、三五五ページ、「解題」で、井田進也が触れている。

(3) 兆民の主催した「仏学塾」の教科書においても、一八八〇年代に「スペンサー主義の流行」が浸透していた点に関しては、宮村、前掲『理学者兆民』、一五〇ページ等参照。ただし、より細かくいえば、一般に「進歩《プログレス》の思想」と「進化《エヴォリューション》の思想」との区別の問題もあるが(丸山真男『「文明論之概略」を読む』上、岩波新書、一九八六年、九六ページ以下)、ここでは立ち入らない。

(4) たとえば、米原、前掲書、一二六―一二七ページ。同、一二九ページ等参照。そこには、バルニの他の著作から引用された文章に、兆民の述べることとほとんど同様の趣旨をみることができる。また、次註(5)も参照。

(5) 兆民にとっての《république》とは、「一つの政体、政治制度である以前に、『公事』そのもの『政治』それ自体を端的に意味するものに外ならなかった」。換言すれば、「『公事』を共同することを措いて『政治』そのものはありえず、また『自治』そのものを欠いて『政治』それ自体がありえないこと」を、兆民は明らかにしていた、との指摘がある(宮村、前掲『理学者兆民』、二〇八ページ。傍点原文)。

(6) 幸徳秋水が伝えるように、「訳書及び碑銘其他の金石文字に至りては、数回の刪正を経ること有り」(『全集』別巻、四六四ページ)ということが、この場合にも妥当するならば、《La démocratie》=「民主共和の旨義」は、不用意な語法とは考えにくい。

(7) ただし、「薩長政府」とはいっても、そこには一括りにできない微妙な問題がある。ここでは以下の点に触れるにとどめざるを得ないが、たとえば大久保利通(薩摩)と伊藤博文(長州)に対する兆民の評価にうかがうことができる。

「大政事家の為す所は、一定の方向有り、動す可らざる順序有り」。その「大政事家」の一人が大久保利通である（『全集』一〇、一六五―一六六ページ）。一方、伊藤は「野心余り有りて胆識足らず」（同、一五九ページ）、ついには「伊藤以下皆死し去ること一日早ければ、一日国家の益と成る可し」（同、一六〇ページ）とまで痛罵する。「大久保が君主への忠義や友情に引きずられて、島津久光や西郷隆盛に妥協していたら、おそらく明治政府は崩壊していたに違いない」（佐々木克『大久保利通と明治維新』吉川弘文館、一九九八年、二一九ページ）。兆民の大久保評価も、これに通ずるものがあるだろう。

さらに、この兆民の大久保評価に関連して、大久保の「君民共治」論と兆民の「君民共治之説」との関係等も見逃せない。その意味で、「兆民は実は周回遅れで大久保利通のあとを追っていたのである。政府が大久保のコースを否定して専制を選んだとき、兆民はいわばやむなく政府の敵になった側面があることも意識して置かねばならない」（飛鳥井、前掲書、一三三ページ）という指摘は興味深く、検討に値しよう。

（8）「薩長政府」の政策への批判を明白に表す訳文を一例だけ加えておきたい。「爵位勲章ヲ貴重スル者ハ五尺ノ軀幹アル大童児ナリ」（『全集』八、二九四ページ）。「爵位勲章」に相当する原文は《décorations》（*Ibid.*, p. 27.）すなわち単に「勲章」。一八八四年（明治一七）に定められた「爵位」を与える華族令への皮肉はほとんど見紛いようがないであろう。

また『革命前法朗西二世紀事』（一八八六年〈明治一九〉）にある、兆民の次の文章は、兆民自身の文章を読むときの、読者への要請と読みの構えをと自ずから端的に語っている。

「出版ノ法律」は「苛厳」であるが、その「実施」は「慢濫」である。そこでいう、「作者又当世ノ人物ヲ評セント欲スルトキハ、往々故事ニ仮托シ、意ヲ肆《ほしいまま》ニシテ模写シテ読者ヲシテ各々自ラ其意ヲ以テ推擬スルコトヲ得セシム、……著者ノ手段是ノ如ク其巧慧《こうけい》ナルヲ以テ、衆客相競フテ購読シ皆深思熟復シテ必ズ作者寓意ノ奥区ニ透徹スルコトヲ求メ、以テ楽ト為シ、……」（『全集』八、七六―七七ページ）。

そのことの実際は、むろん、本稿本文のいまの箇所のみではない。論の進み行きのなかでしばしば立ち現れるはずである。

（9）繁雑になるが、いま引いたバルニによる「民主政体」の説明を、『民約訳解』と対比してみると、兆民の訳すバルニとルソーに共通するものが見える。二つの例を挙げよう。

その一つは、バルニのいう、「民主主義とは暴力による支配ではなく、普通法による支配である」という箇所。これはたとえば『民約訳解』巻之一、第三章「強者の権」（ルソー原著の《DU DROIT DU PLUS FORT》）を思わせる（『民約訳解』当該箇所の引用は、『全集』一、一四五―一四七ページ）。

そこでは強者が仮に「力」《force》に「藉《か》りて人を制」したとして、これを「権」《droit》といえるのか、「力」＝「権」とすれば、いかなる事態を引き起こすかが問われる。

「夫れ我れ力ありて、能く人を制す。一旦また人の力、我に勝るあらば、我また其の制するところと為らん。かくの若《ごと》く転輾《てんてん》して已《や》まざれば、禍乱、無窮に相い継がん」。

「民約」＝「社会契約」が、本来、「禍乱、無窮に相い継」ぐことを回避するためのものであるとすれば、――そうでなければ「族類滅するに幾《ちか》からん」（『民約訳解』巻之一、第六章「民約」、〈『全集』一、一五六ページ〉）――、「強き者」も「其の力」を「権」としなければならず、「弱き者」も「其の屈」《obéissance》を「義」《devoir》としなければならない。

「是に由りて之を観れば、力、以て権と為すべからず、屈、以て義と為すべからず。而して帝と云い王と云うも、其の権いやしくも道に合せざれば、聴従を須《もち》うる無きなり」（傍点引用者。そしてこの傍点部分は兆民の加筆）。

「力」は「権」ではない。「権」は「道」に合わなければ「聴従」する必要はない、たとえそれが「帝」や「王」であったとしても。

もう一つは、いまのことに関連し、「一人ヲ尊ビテ帝ト為シ若クハ王ト為シ」「人民ハ皆唯《ただ》卑々トシテ其命ヲ聴クノミ」、それは「一種虚偽ノ民主制度」であるという箇所。

これは『民約訳解』巻之二、第六章「律例」にみえる次の一節と好一対をなすだろう。「……若し一邦ありて、独り律例の束する所を被りて其の他を知らざれば、余は必ず之を自治の国と曰わん。其の尊に居る者の帝と称し王と称するは、問う所に非ず」（『全集』一、一九六ページ。傍点引用者）。

『訳解』のこの傍点箇所も兆民の補訳であり、「『至尊』の成語を用いず、『帝』『王』という漢語に託してたくみに『天皇』を回避」（井田、前掲書、一五九ページ）しているはずであって、それはそのままバルニに通用する。

(10) 『中国古典選3　論語』上、吉川幸次郎、朝日文庫、一九七八年、五〇ページ。

(11) 同右、一五ページ。正確にいえば「義」と「真理」とのちがいがあり、しかもそれは重要な論点を構成するが、ここでは措く。

(12) 島田虔次、「兆民の愛用語について」、木下順二・江藤文夫編『中江兆民の世界』筑摩書房、一九七七年、二二六―二三二ページ。のち、島田虔次『隠者の尊重』筑摩書房、一九九七年、に収録。

(13) 島田、前掲、木下・江藤編『中江兆民の世界』、二三一ページ。

(14) 細かな話になるが、島田の挙げる兆民使用の「理義」の例は、すべて「民主国ノ道徳」当該箇所発表（一八八七年〈明治二〇〉三月）とほぼ同時か、それ以降のものである。そしてその後、本稿にいう意味での「理義」《*raison*》が、兆民の「愛用」するところとなる。

「理義」使用の早い例は、一八八一年（明治一四）の「言論ノ自由」あたりであろうか。「理義ナル者ハ天下コレヨリ獲難キハ莫シ」（『全集』一四、六六ページ）。しかしここでの「理義」は《*raison*》という意味ではなくて、「精理妙義」、いわば「真理」というほどの意味である。確かに、「理義」は「兆民の愛用語」ではあろうが、その意味は一定していない。

(15) 飛鳥井、前掲書、八七ページは、兆民の主張した「道徳主義」が、「実は必ずしも儒教起源のものだけでなく、一八七〇年代のフランス思想のなかに根を張っていたものをもヒントにしていたかもしれない」とする。実際、兆民における「道徳」のとらえ方は、「儒教起源のもの」と、ルソーや、バルニを介してのカントなどの西洋起源のものとの複雑な総合の上に構築されていると思われる。しかし、その構造の分析は、後の研究に譲らざるを得ない。

またこのような兆民の思考に新しい「方法」の自覚を見るものに、たとえば、宮村、前掲『理学者兆民』、四ページ、一八ページ以下等があるが、いまは立ち入らない。

(16) 丸山真男・加藤周一『翻訳と日本の近代』岩波新書、一九九八年、九三ページ参照。加藤「……一種の平等主義は前からあった。」／丸山「一君万民というね。主君だけは別だけれど、あとは、万人平等なんだ、……翼賛会時代には天皇と人民の間に介在して妨げるものを幕府的存在と言うのが流行ったけど、天皇さえ除けば平等思想は非常にあった。／加藤「……翼賛会運動の民主主義的な装いといえば、ナチはまさにそうです。個人の自由はゼロに等しい。自由主義と民主主義のコンフリクトを劇的に示した」。

(17) その意味で、宮村、前掲『開国経験の思想史』、四三ページ、の分析は正鵠を射ているだろう。一八八六年（明治一九）と一八八七年（明治二〇）の二年間の「兆民の知的営為の凝縮度の高さ」が「驚嘆に値する」だけでなく、「自由民権運動の敗北とそれに続く混迷の中にあった同時代の他の知識人と鮮やかな対照を示す」。

このほとんど「奇跡の二年」ともいえる活動は、兆民の「理学者」としての面を浮き彫りにする。

また、一八八七年（明治二〇）の時期以後──つまり「民主国ノ道徳」が発表された年以後──における、兆民の用語の変化に注目し、「デモクラシーの訳語」として、「兆民の言葉遣いは『民主』にほぼ一定し……」、との指摘がある。（飛鳥井、前掲書、一六七ページ）。当該箇所はその揺れの時期を示す一証左ともいえようか。さらにまた、本文当該箇所に関連していえば、一般に、時代の推移に伴う、兆民思想の変化と持続、またはその中での統一性という観点は、兆民研究において必ずしも十分に考察されてきていない問題ではないだろうか。

(18) いま見た「民主国ノ道徳」訳文の直後は、バルニ原著が半ページ以上にわたって訳出されていない。兆民訳の意図を推測する上で興味深い論点を含む。

「各個人」が「邦国」に先行することの意義が、いかに深く兆民のものとされていたかを示唆しているようにみえる。二つの例を挙げよう。

その一。原著はルソーの『社会契約論』批判に及ぶ。批判の要点は、本章1節でも見たように、「個人を国家の犠牲にしていた」点に関わる。「この点で、『社会契約論』の理論を留保なしに受け入れることはできないであろう」（*Ibid.*, p. 3.）という。（『全集』八、三五一ページ、「解題」で、井田進也が触れている）。

兆民はバルニによるこのルソー批判を訳さない。理由はおそらく、本章で再三述べる通り、「民主国ノ道徳」においては、兆民が、なによりもまず「個人」に力点を置いたことにある（あるいは、ルソー『社会契約論』解釈の分裂〈第一義的に尊重されるのは「個人」なのか「国家」なのか〉を避けるための省略でもあったろうか）。

その二。「近代民主政は個人の権利の尊重の上に築かれなければならず、各人は自分のもつあらゆる能力を十全に発揮すること、——一言でいえば、全き自由を妨げられてはならない」（*Ibid.*）。

「自由」に言及したこの箇所を、なぜ兆民は訳さないのか。それはむしろ、この「自由」という考えが兆民にとってあまりに重要なので、別の場で徹底して論じようとしたことに係わっているのでもあろうか。すなわち、「民主国ノ道徳」訳出の前年、一八八六年（明治一九）刊行の『理学鉤玄』がそれである。

宮村、前掲『理学者兆民』、一〇一ページでは、「極言すれば、『理学鉤玄』は、それ自体、ルソーの「リベルテー・モラル」に対してささげられた壮大な註釈に外ならなかった」（傍点原文）とされる。註（20）も参照。

(19) 宮村、前掲『開国経験の思想史』、九〇ページは、兆民の主宰した『政理叢談』でも、バルニの「自由」と「平等」の関係を訳出していたことに触れる。のみならず、この二者の関係如何はバルニの時代に一般的なものであったことは、同右、八八—八九ページ、参照。

すなわち、フランス「第二帝政下の反政府運動家たち」、殊に「急進主義的共和主義者たち」（バルニはその一人である）に共通した批判の論拠は、「第二帝政が『政治的平等』原則の一面的な強調の中に『民主政』を押し込め」て、むしろ「『公的および私的な自由』」を「抑圧」した。「だからこそ彼らは」「『自由』の積極的意義付けを自らの課題とした」。

「『自由』の積極的意義付け」は、確かに兆民自身の「課題」でもあった。

(20) 兆民における「リベルテー・モラル」の重要性に関しては、米原、前掲書、に多く言及されている。また、殊に宮村、前掲『理学者兆民』は、ある意味で、ほとんど全篇にわたりこれを詳述しているといっても過言ではないかもしれない。
(21)『中国古典選8　孟子』上、金谷治、朝日文庫、一九七八年、一一六―一一七ページ。
(22)ここに現れる「無責任の体系」構造につながる分析と批判は、ほとんど近代日本社会の思想と行動の弱点を根底的に鋭く衝いているともいえるであろう。次の陳腐な例を参照。
「……この侵略行動において、一般日本人は、自身徴兵軍隊に召集された不自由な主体《エイジェント》でありながら、みずから意識せずして、他の諸国民に奴隷の足かせを打ちつける代行人《エイジェント》となった。他人を奴隷化するために真に自由な人間を使用することは不可能である。反対に、最も残忍で無恥な奴隷は他人の自由の最も無慈悲かつ有力な強奪者となる」。(大窪愿二編訳『ハーバート・ノーマン全集』第四巻、岩波書店、一九七八年、八七ページ)。
(23)ここで「極致」とは、「『理学鉤玄』の基本用語およびそのフランス語表記一覧」(『全集』七、四ページ)に拠れば、それは《idéal》、すなわち「理想」に他ならない。
(24)米原、前掲書、一二六ページでは、「兆民がフランス時代に学んだものの最大公約数は、バルニの思想の中に表現されている」とまでいう。少なくとも本稿で見る限り、これを否定する理由はない。

第一三章　梯明秀の三木哲学批判
――京都学派左派にみる戦時下抵抗の思想構造と射程――

中島吉弘

はじめに

三木清（一八九七―一九四五年獄死）と梯明秀（一九〇二―一九六年）は、近代日本思想史においてひときわ光彩を放つ存在である。よく知られているように、三木は西田幾多郎に魅せられ第一高等学校から京都帝国大学文学部哲学科に入学（一九二一年九月）、西田からその将来を嘱望されながらドイツ留学を果たし、帰国後の『パスカルに於ける人間の研究』に開始される独自の人間学的解釈学を精力的に探究しつづけた哲学者であった(1)。一方、梯は、同じく第一高等学校から京都帝国大学文学部哲学科（社会学専攻）に入学し、留学から帰国して間もない三木をはじめ、戸坂潤、西田幾多郎、田辺元らとの密度の高い思想交流をとおして、「物質の哲学的概念」を已れの哲学原理とする「全自然史的過程の思想」を構想・展開し、その立場からマルクス『資本論』の論理学的探究へと歩んだ哲学者であった(2)。

彼らの生来の哲学的資質、あるいは生い育った宗教的精神風土の異同についてはおわりに若干触れることにして、ここでわれわれが注目すべきは、彼らの邂逅と思想交流が世界大恐慌からファシズムの嵐が吹き荒れた一九三〇年代の内外の現実と思想状況のなかで行われた点であろう。なぜなら、彼らの自己形成や思想交流はあの「暗い谷間」の時代を生き抜くなかで希求されたものだったからである。「暗い谷間」の時代こそは、彼らが生きた理不尽な現実に深く根ざそうとし、同時にそこから生を賭して哲学することを己れ自身において体現し思想を練り上げるというまことに希有な環境を、しかし当事者にとっては筆舌に尽くせぬ受難を宿命づけた時代環境を提供していたのである。(3)

とはいえ、今なぜわれわれは、一九二〇年代後半から一九三〇年代に交錯した二人の哲学者の自己形成と思想交流に関心を寄せるのであろうか。今ここで生きるわれわれ一人ひとりのありふれた日々の生活様式や思考様式の背後にかいまみられる思想の深層構造に近現代日本社会の病理現象の原因を見定め除去することもできず、それゆえにまた解消することもできない現状にあるとすれば、われわれは三木や梯らの歩んだ思想と行動の足跡から未来に向けて活かすべき多くの示唆を歴史的現在のなかにしっかりと読みとり記憶に深く刻み込まなければならないであろう。(4) しかしながら、彼らの思想交流の位相や射程ないし意義については、いまだ十分には分析されることが少なく、依然として思想史上の重要な研究課題として、われわれの眼前に深く重く横たわっている。(5)

本章の目的は、三木清と梯明秀に思想史の観点から焦点を定め、以上の課題に応えようとする試みである。その際、第一に、われわれの分析対象を限定して梯明秀の三木哲学批判に焦点を絞りたい。第二に、本論では梯の三木哲学の受容と離反の経緯を、梯の言説の内在的解読をとおして明らかにし、三木哲学批判の論理構造の核心にせまりたい。最後に、かの「暗い谷間」と呼ばれる戦時下の思想状況のなかで、現実と厳しく対峙しつつ真剣に思索し、己れを「抵抗の哲学」(三木)と「反抵抗の哲学」(梯)として生き抜いた彼らの思想と行動の原理ならびにその辿りついた帰結の意味について日本精神史の観点から検討してみたい。

1　三木清と梯明秀――邂逅の文脈

三木清は一八九七年（明治三〇年）、兵庫県の米穀商をも営む富裕な農家の長男として生まれた。彼は早くから優れた才能を示し、中学時代には文学に熱中するようになり、ことに徳富蘆花『自然と人生』（一九〇〇年）などの作品を耽読する。さらに、生命への関心からであろうが、永井潜『生命論』（一九一三年）や丘浅次郎『進化論講話』（一九〇四年）などをも読んでいる。(6) これらの著作から自然、人生、ヒューマニズム、生命への関心を深められた三木は、第一高等学校（一九一四年九月）に入学するころには宗教に心惹かれるようになり、『聖書』や親鸞の『歎異抄』、トルストイの『我が懺悔』など愛読し、就中親鸞からは決定的ともいうべき感化を受けている。もっとも、この親鸞への傾倒は、浄土真宗の信者であった祖父母や父母からの感化が下地としてあって誘発されたものといえよう。(7)

こうした宗教的素地の下に、やがて三木は西田幾多郎の『善の研究』（一九一一年）に出逢い、文学者ではなく哲学者として生きる決意を固め、一九一七年（大正六年）七月には洛北田中村に西田幾多郎を訪ね、カントの『純粋理性批判』の原典を借りて帰ったという。同年九月、京都帝国大学文学部哲学科に入学するが、大学在学中の三木は、生涯の師となる西田が精力的に発表する諸論文とそこで論及される哲学者たちの書物を読むことをとおして、西田のあの強靱な哲学的思索を追思惟（nachdenken）することに終始したようである。(8) とはいえ、三木自身の言葉によれば、新カント学派のものがよく読まれたこの時代にあって、すでに高校時代にヴィンデルバントを読んでいたこともあり、在学中には新カント学派の哲学からやはりもっとも深く影響されていた、ということになる。(9) さらに新カント学派の立場にある左右田喜一郎（経済哲学）をはじめ、その愛弟子の本多謙三、杉村広蔵らとも交流し、「哲學が廣く他の諸科學に交渉をもたねばならぬことを考へるやうになつた」（MG1：398）と述懐している。また波多野精一（哲学史・宗教哲学）からは西洋哲学の「永遠の源泉であるギリシア哲學とキリスト教」の研究が必要不可欠であることを教えられ、田辺元からは「ドイツ観念論の哲學」の理解を深められ、深田康算からは「フランスの文學や思想」への憧憬と予備知識を与えられている（MG1：399-401）。京都帝国大学を卒業し、同時に大学院に進学（一九二〇年）してからドイツ留学（一九二二年五月）までは、歴史哲学を研究テーマとして、ヴィンデルバント、リッケルト、ジンメル、トレルチ、ランプレヒト、ブルクハルト、ランケなどの研究に専念する。

留学先のドイツではハイデルベルクのハインリッヒ・リッケルトに師事し、新カント学派の哲学を中心に研究するが、初期のG・ルカーチからマルクス主義哲学の影響を受けながらもその立場とは一線を画した知識社会学者のカール・マンハイム、西南ドイツ学派に属するオイゲン・ヘリゲル、新カント学派の哲学からヘーゲル哲学・ドイツ観念論哲学の研究へ進んだヘルマン・グロックナーらと知り合い、すでに当地で学んでいた少なからぬ日本人留学生たち（羽仁五郎、大内兵衛、久留間鮫造など）とも知り合い、多くの知的刺激を受け切磋琢磨している。[10] その後マールブルクに移りマルティン・ハイデガーに師事して、アリストテレス、アウグスティヌス、デカルト、フッサールなどに関する講義に出席し、そこで現象学的解釈学の手法を習得する。ことにハイデガーからアリストテレスの研究を進められ、紹介されたガーダマーの家でアリストテレスを読んでいる。またハイデガーの助手を務めていたカール・レーヴィットとの交流を持ち、フッサールの『論理学研究』の講釈を受け、さらにドイツ精神史やシュレーゲル、フンボルトの言語哲学、ディルタイの生の哲学やニーチェやキルケゴールといった実存哲学の先駆者たちにも興味を示すようになる。三木の関心は、またマールブルク学派の認識論から出発しながらも、「一切の認識から独立して存するもの」、つまり「自体的に存在するもの（das Ansichseiende）」の研究へと転回し、本質（essentia）を世界の真の実在と考える古い存在論とは峻別される新しい存在論を構想するニコライ・ハルトマンの講義にも出席している。[11]一九二四年のウィーンへの旅行後、ドイツからパリに移り、ベルクソン、テーヌ、ルナンなどを読むが、とりわけパスカルには深い感銘を受け、パリ滞在中に四編のパスカルに関する研究論文を書き上げ、『思想』誌上に発表している（MS1：412-432）。一九二五年一〇月、三木は帰国する。[12]

以上概観したように、三木にとってドイツ留学は己れの恵まれた才能と資質に磨きをかけるうえでひときわ濃密な自己形成の機会であったことが理解されよう。三木は、これほどまでに充実した自己形成の時期を経て帰国したわけである。ところで、こうした三木が梯と出逢うには、一つの偶然と必然が働いている。というのも、それは同じ一高出身であって、京都帝大の哲学科の先輩でもある戸坂潤（一九〇〇―四五年獄死）の配慮からもたらされた出逢いだからである（KN：23-24）。

三木と梯の邂逅と交流は、一高から京都帝大の文学部哲学科へ進んだ若干の有志たちの集まり「一高哲学会」に始まる。[13]それは「現実の社会問題を捨象」してかえりみない「当時の講壇社会学への不満と反撥」（KN：48）を感じていた梯にとって決定的な出逢いとなる。というのも、梯のそうした不満や反撥が、「西欧思想の単なる移植紹介」にとどまる学問の在り方はいうまでもなく、学問の営みそのものが「現実社会にたいして果たして根を下ろしているのかどうか」（KN：48）という一貫した観点から、日本の講壇哲学や思想界を鋭く批判し反抗する三木の姿勢と深く共鳴し合ったからである。[14]三木がよく口にした言葉「ボーデンロース（bodenlos）」は、そうした批判の観点を端的に物語るものであろう。現に、梯は「一高哲学会」での三木との交流を回顧して、こう述べている。

「そうした〔「一高哲学会」の〕会合での相互談論における話題の背景には、いうまでもなく、帰朝前からすでに発表されていた三木氏の諸労作と思想があった。ハイデッカーから出発した解釈学的現象学であり、『パスカルにおける人間の研究』であり、生の存在論的把握などの諸問題であった。人間の魂と運命にたいする、現実生活の生きた動向にたいする、歴史を書き直すための創造的主体のタートザッヘにたいする、三木氏の強い関心は、当然、当時の現実社会から隔絶した講壇哲学への烈しい反抗となるほかない。西洋哲学の単に紹介移植的講義などは、もちろん問題ではなかった。たとえ独創的思弁を発揮していても現代哲学諸派の継承的発展にとどまるかぎりの思想は、『ボーデンロース』である。哲学は現実の生活に地盤をもって、そこから独創的に生い立たねばならぬ。……このような主張には、……わたしも啓発され共鳴した。」（KN：25–26）

このような共鳴関係の下で、「私は、はじめて哲学なるものに開眼させられた」（KN：48–49）、と梯は述べている。こうした梯の三木への心酔は、一九二四年にドイツからパリへと移り、すでに開始されていた一連のパスカル研究が帰国後まとめられて出版された『パスカルに於ける人間の研究』（一九二六年）とそれに続く諸労作によって一層深められていくのである。

この「一高哲学会」は一年近く続けられた後、三木の下宿で毎週開かれた「アリストテレスの講読会」（『形而上学』をギリシア語で読む）へと再編されてゆくが、梯はこの講読会にはあまり参加せず、「特殊講義」聴講終了論文「社会への関心」（一九二七年）執筆の準備に集中したようである。またこの間、梯は河上肇の指導下にあった「社会科学研究会」の学生グループとも交流しつつ、マルクス主義の古典にも触れその世界に接近してゆくことになる。(15) 一方、三木もまた帰国後に河上肇やその左傾化した周辺の学生たちはもとより、河上批判を展開する福本和夫らの言説にも直接間接に触発されたであろうが、より根源的にはドイツ留学時に育成された己れの立場から、次第にマルクス主義へと接近してゆくことになるのである。[16]

ところで、この三木のマルクス主義への接近は別の文脈において重要な意義を持つことになる。それは端的には、マルクス主義と唯物論はつまるところ経済学に集約されるべきものと捉え、哲学の立場を放棄しないかぎり、それはただの観念論にすぎない、という思い入れに対する批判と別の可能性（↓経済哲学）を提示するものであったからであった。[17] この点にかかわる梯の回顧を次にみてみよう。

「三木氏が、……マルクス主義者になるためには、もはや哲学を棄てて経済学に専門を替えるという当時の常識的な途を辿ることを斥けて、逆に、依然として哲学の枠内に踏みとどまっていながら、……現実の資本主義的矛盾を哲学の地盤として直観するところの、真に生きた哲学者になることによって、かえって同時にマルクス主義者でありうることのできる途を開拓しつつあったとき、……わたしが三木氏のこの途に従っていったのも、無理はなかったはずである。すなわち、当時の三木氏の一言と一挙が、わたしの学問的な悩みと迷いを解明してくれたわけであった。」（KN：35‒36）

こうした三木や梯の思想的選択は、日本における哲学・思想の「ボーデンロース」を批判する立場からすれば当然のなりゆきであったろう。しかしそれは同時に、「京都哲学の伝統を守り固めようとする人々からの反撥を、自ら用意する」（KN：26）ことでもあり、また大きくはファシズムの嵐のなかでなされた苛烈な思想弾圧と暴力にその身を曝すことになる受難を結果的に引き受けることを意味したのである。しかし、日本哲学界の「アカデミイ的限界」批判となる彼らの思想的選択について、久野収はこう述べている。いわく、「日本的人生のレーゾン・デエトルを、哲学の立場で、具体的、直接的に問うことは、ほとんど不可能といってよいほどの危険を含み、それを回避すれば、哲学は日本的神学の召使の役割を果させられ、絶対の権威に奉仕させられるか、アカデミイの中に閉じこめられるか、せなければならないという事情の下で、哲学と現実との関係を打開することは、……深刻な問題を含んでいるのである」[18]、と。この久野の指摘は、今も重い問いとしてわれわれに迫ってくる問題ではなかろうか。[19]

2　三木哲学の影響力と梯のタルド論

(1)「社会への関心」

梯には三木哲学の影響の下に書かれた学生時代の論文が二つある。特殊講義聴講終了論文「社会への関心」(一九二七年二月)と卒業論文「社会の虚偽性――タルドに対する解釈学的研究断片」(一九二八年三月)がそれである。[20]両論文では、ともにガブリエル・タルド(Jean-Gabriel Tarde)の解釈学的研究が試みられている。[21]本節では、三木哲学の影響がもっとも顕著にみられる論文「社会への関心」と「社会の虚偽性」を手がかりにして、梯が「存在論から唯物論への私の思想的立場の転換を、象徴するもの」(KN:「序文」IX)と述べる三木哲学批判の前史の位相を明らかにしておきたい。

米田庄太郎の下でフランス社会学を学んでいたこの頃の梯は、日本の現実社会から遊離して成立している当時の講壇社会学への不満と帝国大学生たる自己の実存的不安とが重なり合い、将来への展望を持ちえず苦悶していたようである。それは「唯の人間達」のつくる生きた「(現実の)社会への関心」から生まれた「ロゴス」とはかけ離れてあることへの不安ともいいかえられよう。同時に、この不安にはA・コント(実証哲学)からE・デュルケーム(社会学主義）へと継承されてゆく一九世紀フランス社会学の自然科学的傾向への違和感ないし批判もまた含意されていると思われる。

いわゆるカルテジアンの系譜に属するデュルケームの社会学主義からすれば、すべての社会事象とは個々人の外部にある社会的事実（fait social）、つまり個々人に外部から拘束ないし威圧として加えられる一定の行為・思考・感情の諸様式が生み出す事象であって、それゆえ社会的事実は独自の集合的性格を持つ総合物として自然科学的に眼差され分析されなければならない。しかし、デュルケームと同時代のタルドにいわせれば、そうした社会学主義の立場をとるかぎり、社会的事実そのものがいかにして成立しえたのか、という問いに原理上答えられないのである。梯は明らかに、当時支配的であったカルテジアンの系譜にある前者の立場への不満と批判を含意して、パスカリアンの系譜にある後者の立場に立とうとしている。なぜなら、社会とは精神と精神との相互作用がつくりあげる織物であるとする社会唯名論の立場にあるタルドからすれば、社会は個々人を外部から支配する客観的実在ではなく、少数の個人の革新的創造行為による「発明」と多くの他者たちによるその「模倣」の「反復」過程そのものだからである。よく知られたタルドの言葉「社会とは模倣である」とは、その背後に偶然性を己れの体系の内部へと回収し尽くそうとするヘーゲル弁証法の同一性原理を一方に見据えながら、他方でそれにもかかわらず同一性への意志にある己れの体系からさえ逃れ去ってゆく偶然性、いいかえれば経験的事実を前にして露呈されるヘーゲル的理性の限界の告白に着目するA・クールノー(22)の立場に依拠している。いわば、同一性と非同一性、必然性と偶然性、秩序と混沌といった相互に相容れない原理の共存が、「発明」と「模倣」の「反復」の場としての社会という捉え方を可能にしているのである。(23)

いずれにしても、デュルケームではなくタルドへの梯の関心には、このような背景事情が複合していたと思われる。梯によれば、タルドは社会を個人からかけ離れて静的に実在する死んだ自然科学的対象物としてではなく、生きた「具体的人間」、つまり生身の個々人がつくりあげる力動的に生成する存在として捉えようとしている。要するに、ここではこのタルドの方法論にみられる存在論的発想を三木の「基礎經驗」論を手がかりにその地盤にまで降り立って理解しようとする人間学的解釈学の手法による研究が試みられているわけである。(24)

ところで、梯はタルドの「存在の概念の内容の根底には、所有の概念が潜んでいなければならない」(KN：94)という言説と「パスカルの状態性 conditions」(KN：96)に着目して次のように解釈する三木の言説とを重ね合わせて述べている。すなわち、「状態性とはまさしく世界に於ける我々の『存在の仕方』、あるひは我々が世界に『出逢ふ仕方』」であって、それは「世界を對象化することなく却つてこれを所有する」(MG1：14)がゆえに、「可能性の領域」(KN：96)を形づくる。しかも、梯によれば、存在・所有・状態性にみられるこの「可能性の領域」は、梯が重視する「具体的人間」の存在を根本から規定する「ロゴス」そのものなのである。このような梯の解釈は、三木の次の言説に導かれていることは疑問の余地があるまい。梯は三木の言説を次のようにパラフレーズしている。すなわち、「ロゴスは、存在を顕にする機能を持つて居る。……我々が世界を其の凡ゆる可能なる仕方に於て所有するとするも、其の交渉は、ロゴスに依つて支配され指導されなければならないのである。ロゴスとは、……人間の存在の根本的存在性である」(KN：96)、と。

このように人間はロゴスによって世界を所有し同時に自己を所有する。しかし、「世界に於ける人間の存在は不安」にあり、それゆえに「動性」を内包する「不安的動性」のなかにある。ここで人間存在の本質が「關心(Sorge)」として捉え返される。なぜなら、「關心は人間の存在の最も一般的なる規定であり、人間は關心すると云ふ仕方に於て根源的に存在する」(MG3：210)からである。このように梯は三木とともに、人間存在の存在性は、「關心」によってその一切が規定されているとするのである。こうした解釈学的了解の下で、デカルト哲学の第一原理「Cogito, ergo sum（Je pense, donc je suis 我考ふる故に我在り）」を乗り越える原理として、タルドの言葉「Je desire, je crois, donc j'ai（我は欲し、信ずるが故に我は所有する）」が了解され、その存在論の原理が「関心する、故に存在はある」（KN：97）として定式化されることになる。

しかし、梯によれば、タルドのいう真の所有者は、ライプニッツが構想する宇宙の生命活動の原理としてのモナド（Monade）である。[25] しかも、そのモナドはアトムとは異なり空間的広がりを持たず、各々が自己の内的原理に従って独立・自律しつつ、自己のなかに全宇宙を映すような小宇宙としての窓のないモナドではなく、窓を開かれたモナド（monade ouverte）でなければならない。「モナドは、ライプニッツの望んだ如く小宇宙 le micro-cosmos であるに止まらず、自余の一切のモナドを征服し吸収した全宇宙 le cosmos tout entier 自体である。」（KN：98）梯は、このタルドのいう窓を開かれたモナドを、単なる点として考えられる「物質的要素」ではなく、「無限に拡がれる『作用の場所』une sphère d'action」（KN：98）として捉え返している。物質が「無限に拡がれる『作用の場所』」として捉えられるこの発想は、早くも梯哲学のマニュフェスト『物質の哲学的概念』（一九三四年）に先駆していることを考えあわせると、実に示唆深いものがあるといえよう。[26]

ところで梯によれば、タルドのモナドロジーにあって「存在するものは、空虚な実在――デュルケームの社会は其の一例――でなくして、現実的なる能因者、無数のモナドであり、彼等は、夫々に異なり種々相を呈するもの」（KN：100）であって、可能性を現実化しようとする力である。つまり存在するものはすぐれて意欲するもの（Avidité）である。[27] このようにタルドにあっては、存在が所有であり種々の様相を示すのは、自己のなかに全宇宙を映す窓のあるモナドが意欲する結果なのである。この意欲こそ、「関心」、「生の根本的存在性」、「不安的動性」の本体である。「不安的動性は、一般にモナドでなくして、特定のモナドとしての人間（が、構成する所）の世界に於ける存在性である」（KN：101）と梯が述べるのは、こうした論理構造からである。

梯によれば、タルドは所有を各モナドが相互に補い合う相互的所有〔→社会的所有〕と一方的な所有、つまり「en bloc et du dehors（一括して外部から）」する所有〔→自然科学的所有〕に分けている（KN：102）。前者は「窓の開かれたモナド monade ouverte」つまり「具体的な人間」（KN：103）の真相を捉えるが、後者は窓の閉じられたモナド、つまりアトム（atom）を捉えるにすぎない。

梯にとって「学問は、一つのロゴス」であるかぎり、ロゴスは「存在を顕にするもの」（KN：103）である。三木によれば、「人間の存在の最も根源的な存在の仕方」（MG3：199）がロゴスであって、それゆえロゴスにおいて「我々は存在に『として』の性格に於て出會ひ、存在はかかる性格に於て自己みずからを示してゐる。」（MG3：204）こうしてロゴスによって顕にされた存在は「それについて語られるとともに語る者と聞く人との共同の所有になる」がゆえに、すぐれて「共に分有する」「社会性」、「公共性（Öffentlichkeit）」（MG3：196）を自己の本質として持つのである。しかし三木はいう。「ロゴスは存在をそれの全き Als に於て、あらゆる可能なる Als において限定し得ない。ロゴスに於て存在を顕にするといふことはつねに区別する Als に於て顕にするといふことである。規定し得ない故に、区別する Als に於て顕にする」（MG3：206）、と。これはロゴスの「虚偽性（Verdecktheit）」、つまり「蔽はれて在るといふ存在の存在の仕方」への「顚倒」である（MG3：207）。なぜなら「ロゴスは、現實的なる存在を現實的なる存在そのものから顕はにする……ものであるべきに拘らず、ロゴスが存在に先立ち、ひとはあらかじめロゴスをもつて存在にのぞむ」という「顚倒」、つまり「虚偽性」を「自然的に必然的に自己みずからのうちに擔つてゐる」（MG3：206-207）からである。かくして梯は三木に従いつつ、ロゴスにおいて現象は「具体的に捕へることが出来ない」として、「我々は、ロゴスを支配する所の関心に於て、存在を見なければならぬ」（KN：103）、と結論づけることになる。これは人間学的解釈学（↓ハイデガーのいう「解釋學的現象學（hermeneutische Phänomenologie）」）の見地から、タルドの学説体系がそこから生み出されてくる「基礎經驗」、つまりタルドの「社会への関心」へと深く降り立つことを求めるものである。そこから見出されてくる地平は、「自覚的意識を持つ特殊なるモナド」、つまり「具体的人間」の研究、「人間の存在に関する学問」、すべての「学問の基礎」であるべき存在論としての人間学にほかならないのである（KN：104）。

(2)「社会の虚偽性」

次に、梯の卒業論文「社会の虚偽性――タルド（に対する）解釈学的研究断片」にみられる論理の骨格を捉えてみよう。その際に、われわれが注目したいのは「社会への関心」から已れを形成するロゴスが、いかにして、あるいはなにゆえに「虚偽性」へと転化するのか、という点である。なぜなら、三木哲学の受容に開始される梯の思想形成が「存在論から唯物論へ」の方向において遂行されてゆく分水嶺に、この「社会の虚偽性」は位置するからである。

論文は、「一　私の研究の立場」、「二　タルドの存在規定――オントロジー」、「三　タルドの人間規定――アントロポロジー」、「四　社会の虚偽性」という四つの柱から構成されている。以下、順次その要点を跡づけてみよう。

まず「一　私の研究の立場」では、タルドの研究に先立って、三木の「解釋學的現象學の基礎概念」に従って、梯の学問論が展開される。梯によれば、具体的な人間は、「意慾 avidité」する存在であるがゆえに、「根源的動性」に支えられる「関心」そのものである。そして、「人間の凡ての所有、即ち存在への交渉、及び、人間相互の関係は、関心に支配されねばならない」（KN：117）というのである。このような意味において、学問は根源的に社会的存在である人間の関心から生まれるものである。いいかえれば、学問は「人間の根源的動性」である「意慾」が生み出す相互所有の関係のなかで発動されるなんらかの「関心」からする存在把握なのである。「社会学は、根源的に、社会に対する関心から生まれねばならない」（KN：118）と梯がいうのは、このような論理構造からである。しかし、現実社会への生きた関心がいったん学問のロゴスにおいて概念化されると、それは理論的に整序された体系を志向して普遍化され固定化されてゆくことになる。本来、存在を顕にするはずのロゴスが、「社会の学問」（社会学）にあっても「ディアレクチクな運動」にある現実社会の生きた動きを捉えそこね、反対に社会の実相を隠蔽する契機となるのである。なぜなら、ロゴス以外に「存在への通路」がないがゆえに、学問のロゴスそのものが整序され体系化されて、抽象的な観念と化するからである。「在来の社会学を（唯、単に）論理的に整序して終わるべきでなくして、寧ろ、其の体系を破壊して、其の裡に秘む人間論（アントロポロヂー）を、発見すべきである」（KN：119）、と梯はいう。ここで注目しておきたいのは、梯が三木の論文「人間學のマルクス的形態」に依拠しつつ、以下のような解釈学的見地をとっている点である。「アントロポロギーとは、人間の自己解釋の謂である。人間は彼の生活の過程に於て彼みずからの本質に關して何等かの仕方に於て解釋を與へるやうに餘儀なくされるに到る。」（MG3：9）「アントロポロギーの構造はイデオロギーの構造を規定する……しかしひとたび後者が成立し終るや否や、前者みずからは後者の中に埋沒し沒入してしまふ。」（MG3：13）こうした三木の人間学的解釈学の見地からする「基礎經驗」論を「社会への関心」として捉え返しながら、マルクスの「自己疎外」論をも手がかりにして、タルド社会学の深層にある人間論を解読し、その意義と限界を見定めようと梯はするのである。

次に「二　タルドの存在規定――オントロジー」についてみてみよう。ここで再びライプニッツのモナドが取り上げられているが、重要なのは「存在すると云ふことは、異なることである」（KN：120）、とタルドが述べている点である。これを受けて梯は、「種々相 diversité は、存在の絶対的な性格である」（KN：120）、と述べている。しかし、それはどのような意味であろうか。梯が引用するタルドの言説によれば、「人が物の原理 le principe des choses と呼ぶ力と法則とは、変易を、其の条件とし目的とするものである。勿論、力は法則に向ひ、其の法則が反復される限り、現象となり、而して、一切のものは、課題の正確な再生と凡ゆる種類の均衡の限りなき安定を確保し、其の変転と更新とを妨げるに努めて居る。……然し、……物は、成程、其の固有相と共に、共通相を持つて居るが、差異は、其の本質的なるものである。」(KN：121) ここに述べられているのは、現象の連続性はその根底に、根源的に社会的存在である個体、つまり「窓の開かれたモナド」の非連続性を抱え持つがゆえに、さらにいいかえればモナドが「プラトンのイデア」(KN：123) をその内部に力として宿しているがゆえに、実際の存在、人間の歴史は、「ディアレクチークな運動」、「la ondulation infinie（無際限の波動、果てしない起伏）」(KN：124-125) となるのである。梯が以下のように述べるのは、いうまでもなく、こうした見地からである。「種々相は、存在の本質にして、絶対的であり、同一相は、相対的にして、暫定的である。即ち、凡ての同一相は、其の内部に、種々相を秘めて居る。種々相の開花は、同一相の崩壊である。」(KN：124) タルドの言葉「差異は、宇宙の alpha にして、omega である」(KN：121) とは、「物の根底は、貧しき、痩せた、色合いのないものではない。類型とは轡であり、法則とは堤である。共に、内心の革命的な種々相は、秘やかに、明日の類型・法則（のため）に腐心して居る」(KN：124)、と考える存在論から語られている。

ところで、このタルドの存在論に仮託した梯の次の問いは、重要な意味を持つといえよう。

「特定の質量、及び距離を有する斯々の天体が存在し、他の天体が、何故に存在するに至らなかつたか。……現実の存在は、斯くある如きものより異なること、能はぬものである。……然し、何故に、現にあるが如く制約

が与へられて、他の制約が与へられなかつたのであるか。」(KN：126)

これは、現実の存在がかぎりなく連鎖する無数の因果系列の「偶然的遭遇」から生じた一つの結果にすぎないことを意味する。この偶然的遭遇のなかにそれぞれの現実存在を確固不動のものとしているかにみえる必然性の根底に、その過剰性のゆえに逸脱し、別様にありうる可能性を顕にする力の発動を見極めて、それをクールノーは運勢・偶然性(Hasard)と呼び、タルドは発明・革新的創造(Invention)と呼ぶのである。「現実なるものは、宛かも無辺なる蒼穹に於ける星の如く、可能なるものの無限の中に游ぐ」(KN：127)というタルドの言説の論理をより明確にすべく、梯は、「現実の存在は、凡てアザルの結果でなければならない」とも、「必然的なるものの根底には、何等かの非合理的なるものが存して居り、現実になれるものは、現実になり能ふべきものの一断片に外ならない」(KN：126)、とも捉え返している。ここに読み取られるべき現実存在の別様にありうる可能性を積極的に評価しようとする梯は、タルドの以下の言説を援用することになる。

「宇宙は、無数の要素的なる可能力 virtualité の実現であつて、其の各々の可能力は、夫々、其の性格と、自己の中に各自(の)夢想せる宇宙とを有するとすれば、現象世界の神秘なる下層は、表面上の実在の段階と同様に、豊富なる種々相を示して居なければならない」(KN：127)。

このようにタルドのオントロジーにあっては、現実の存在は世界に潜在する「可能力」が偶然的遭遇によって実現されたものの一つにすぎないとされる。しかし、梯はタルドのオントロジーにおける存在一般の規定が、「人間相互の関係を自然に於けるモナド相互間に類推」しただけの形而上学である、と批判している（KN：128）。つまりこの批判は、「一般に人間の歴史に於ける存在の構造が、ディアレクチークな動性」にあることを確信しつつも、「自然自体のディアレクチークな動性に就いての私の解釈」（KN：128）にまで、タルドの存在一般の規定が深められるべきことを含意しているとみられるのである。

今度は「三　タルドの人間規定――アントロポロジー」の要点についてみてみよう。すでにみたように、タルドのオントロジーは、ライプニッツのモナドを「窓の開けられたモナド」と捉え返すところに成立する。それは宇宙の存在をも本質的に社会的存在と捉える存在論である。タルドにあっては、人間の存在もまたそうした社会的存在の一つにすぎない。そうであれば、人間の存在は全宇宙にみなぎる「可能力」が偶然的遭遇によって実現されたものということになる。そして梯は、さらにこう述べる。「斯くて人間自体は、自らの種々相と偶然性との性格を以て、歴史及び世界に関係せしむることに依り、必然的に不安なる動性として自覚しなければならない」（KN：129）、と。

ところで梯によれば、パスカルにおける人間は、こうした「人間の自然（la nature）」（KN：132）に不可避的に伴う不安定と動性・倦怠に耐えかねて、これらのものを乗り越えて「自己の安定と確実とに向ふ」存在であるが、タルドにおける人間は、人間が持つ「本能的社会性」のゆえに、「存在の単調と歴史の幻滅とに依る失望と落胆」とを紛らす「希望と歓喜」を抱く存在である（KN：129）。いいかえれば、パスカルは「我々の不安定を蔽ひ、我々の倦怠を紛らす」「生の技巧（l'art）」を「慰戯（divertissement）」としたが、タルドは慰戯を普遍的調和と個性の自由な開花を約束する未来史の彼方へと向かう人間の歴史と捉える。ここにタルドの人間論が「理想主義的歪曲」（KN：129）を孕む所以がある、と梯は批判する。この未来史の彼方へと向かう人間の歴史は、二つの力から構成される。信（Croyance）と欲（Désire）がそれである。つまり「信・欲は、社会の本質・力であつて、発明と模倣とは、其の形式である」（KN：131）、とするのである。タルドによれば、社会の形式である発明と模倣は、「常に一つの観念であり、若しくは意慾である。一つの判断であり、若しくは企図である。そして其処に、一定量の信と一定量の欲とが、具体化されて居る」（KN：131）のである。いいかえれば、社会の本質つまり力として、「信の流れ」はその一致と反対により社会の制度をつくり、「欲の流れ」はその協力と競争により社会の機能を支える。しかもこの信と欲は、それらの極大と平衡を目的として交流し合い、普遍的調和へと至らしめる。いいかえれば、社会の起動力である信と欲につき動かされて、個人においては革新的創造・発明がなされ、それが他者たちに模倣されて模倣流となり、さらに模倣流は論理的決闘ないし論理的協合を経て、より高次の発明を生み出してゆくのである。信と欲からなるこの過程はかぎりなく反復され堆積あるいは置換され、倍加・純化されて、「普遍的調和」という究極の目的へと収斂してゆくものとして説かれる（KN：131）。

ところで、発明者とは、あるいは模倣者とはどのような存在者であろうか。梯によれば、それらは端的に「人間一般の二つの存在の仕方」（KN：134）である。いいかえれば、発明者は、人間一般の「個人的存在の仕方」であり、模倣者は、その「社会的存在の仕方」（KN：134）である。いうまでもなく、後者の在り方がパスカルのいう「生の技巧」としての慰戯である。梯は、これを積極的に「怠惰性」と規定する。なぜなら、この怠惰性は「生の自己逃避」にほかならないからである（KN：134）。つまり、怠惰は「自己の悲惨と矮小とを紛らす」行為であって、それゆえ「人間は、安らかさと親しさを覚ゆる」ことになる。しかし、それこそは人間が「悪しき繰り返し」、つまり模倣性にとどまることを証すものである。かくして梯は、こう明言する。「発明的態度を取らずして模倣的態度に止まることは、怠惰と云はなくてはならない。即ち、怠惰とは、個人性を主張せずして社会性に止まること、自己の性格を顕にせずして虚偽性に安らうことである」（KN：134）、と。なぜなら、発明的態度とは、「自己の安定を棄てて再び〈生の〕不安に曝す」覚悟のこと、つまり「生の自覚」＝「意識 pensée に向うこと」にほかならず、一方、模倣的態度とは「生の技巧」としての「生の自己逃避」、つまり「慰戯」のことだからである。

いうまでもなく、双方ともすぐれて「存在論的・人間論的な概念」（KN：135）である。なぜなら、「人間は、模倣に生くることに依つて、自己を埋没し、発明に生くることに依つて、現在を顧みない。何れに依るも、自己ならぬものに惹かれて操られ、永久の動性を自らの運命として担はなければならない」存在であって、またそうであるからこそ「現在の自己の生を問はなければならない」（KN：138）、と考えられているからである。ここに語られている「永久の動性」とは、「生の根本的なる動性」として人間がめざす安定と確実、つまりは「存在への愛」（KN：140–141）としてある「関心」にほかならない。発明と模倣とは、こうした人間という生がその根本において孕む「永久の動性」の発動の仕方なのである。しかも、ここで確認しておくべきは、発明は存在を顕にするがゆえに真理であり、模倣は存在を隠蔽し、人を欺くがゆえに、虚偽である、とされる点である。しかし、タルドが「予見せんために見る」（KN：145）ことを力説するA・コントと同じく、社会学を法則定立の科学とすべく、「社会とは模倣である」という「模倣の優越」（KN：146）に固執するかぎり、発明が持つ存在論的・人間学的意義を貶めることにつながる、と梯はタルドを批判している。

最後に「四　社会の虚偽性」についてみておこう。ここで梯は、大略こう述べている。「社会への関心」とそこに内包される「存在の動性」への直視が回避されるならば、社会の現実（の矛盾）を顕にすべきロゴスは、反対に社会関係の一様性のみを客観化・固定化し、具体的人間の多様な可能力、つまり個人から批判の自由を権力によって奪い抑圧するものとなる。梯は、タルドの労作『社会論理学』のなかの次の言説に、その可能性を鋭く読み取っているといえよう。

「社会が一時的平和のみならず、永久的に確乎たる安定を得んためには、論理的発展の方向は、唯に全員一致にのみ留意するのみならず、国民的信念が一層合理的にして緊密であること、即ち、真理であることに、関心しなければならない」（KN : 148）。

梯によれば、こうしたタルドの「社会への関心」からは、「制度の完備と思想の固定」や「強制的な反復（としての）模倣の現象」（KN : 149）がもたらされるだけである。すなわち、タルドの「社会への関心」が、本来的には人間の歴史をも含む存在一般の力動的で革新的な運動と発展への関心に根ざしているものとはいえ、社会の永久的な「確乎たる安定」を真理と考え、「信の量のみに於ける発展」（KN : 149）に関心することは、真の存在の歴史性からの逸脱を許容することになる。ここに、タルドの存在論的思想が歪曲され、したがってまた区別すべき現実社会の論理的傾向と『社会論理学』とが混同される理由がある、と梯は批判している（KN : 150）。梯が「社会の虚偽性」と呼ぶものは、タルドのこうした存在論的思想の歪曲にみられる「人間の自己疎外」にほかならないのである（KN : 149）。この「社会の虚偽性」について、梯はこう述べている。「社会の虚偽性」とは、「社会の其の発展過程に於て自らの構造の故に必然的に矛盾を抑圧する」ことである。なぜなら、具体的な人間は、存在論的な意味においてつねにすでに別様にありうる可能性を持つのであって、それゆえ「人間は、相互に社会関係を変転し多様化して、自己の具体性を、主張することが出来た」（KN : 150）はずだからである。しかし、大半の人間には矛盾に満ちた存在の真理を顕にしえぬ慰戯と模倣への傾向が強くみられるがゆえに、「この社会関係が発展して、（その一様性の面だけが）客観化され固定される」ようになる。人間存在の存在性としての可能性に支えられた「人間の自由変更」能力は、かくして奪われ抑圧されるに至る（KN：150）。

このように現実の社会は、その内部に抱え持つ不安的動性を解消すべく安定と確実をめざすがゆえに、発明よりもむしろ模倣の反復を追求することになる。しかし、その結果として形成される社会関係の一様性は、現実社会が内包する「階級の対立」（KN：151）という動かしがたい矛盾をも同時に隠蔽してしまう。つまり、人間は「同一の社会的存在を所有しながら、その所有の仕方を異にして居る」（KN：151）のであって、自己の存在性の解釈については二つに分裂してしまうのである。梯のタルド解釈によれば、この二つに分裂した解釈のいずれか一方の下に統一されたもの、つまり「旧措定に於て、肯定的存在を持つ者と、否定的存在を持つ者とが、等しく旧措定の模倣射線中に在りながら、その模倣の仕方は、前者は同情的であるに反して、後者は否定的である」（KN：151）ような相容れない仕方で対立し合う。しかも、前者は支配的な措定を肯定し安定と確実を保つが、後者は「支配的な措定に〔依つて〕否定されて居るが故に、不安と矛盾とに〔己れを〕曝されねばならない」（KN：151）。ここで注意すべきは、後者がその意図に反して、「人間の根本的動性」に曝されている点であろう。それゆえに、後者にあっては、「自己の安定と確実に向かつて運動を起こす」（KN：151）契機が厳然と潜在し、熱く渦巻いていることになる。それはさしあたり「漫然とした懐疑」あるいは「漠然とした欲望」として現れるが、やがてそれらの根源にある不安的動性を乗り越えるべく発明がなされる。この発明は、「新動性の方向を指示し、旧模倣流を阻止して新模倣流を生ぜしむるもの」として、あるいは「量的発展に対する質的転換」（KN：152）として理解される。

ところで、タルドはこうした模倣過程にある社会内部の相剋をいずれか一方の模倣流の勝利に帰着する「論理的決闘」と呼んだが、マルクスならばおそらくそれを階級闘争（→革命）と規定したことであろう。梯の次の言説は、明らかにこの点を念頭に置きながら述べられていると思われる。

「社会の転換期としての現代に立つ無産者的存在性の人間が、（其の）自己解釈を成すに当たつて、何処に、タルドの思慕する如き夢の余地があるか。発明は、斯くて、個人的な夢の実現ではあり得ない。」（KN：153）

しかし、個人的な夢の実現ではありえない発明とは一体なんなのか。それは梯にあっては、社会関係の歴史的必然性（↓量的発展・旧措定）に深々と規定されたアザル、つまり無限の「因果系列の遭遇」による質的転換としての発明でなければならない。私見によれば、この発明は、いわば社会の歴史と現実をしっかりと踏まえた「別様にありうる可能性」の発動ともいいかえられよう。「真実の認識は、（実在的な）矛盾の絶対性を把握する」（KN：156）という梯の言説には、この論理が含意されていると考えられる。いいかえれば、人間の歴史をもその一環とする存在一般の歴史[28]には、窓のある無数のモナドの可能力から発生する種々相がつねに内在し、その結果として真の歴史は単線的進化ではなく複線的進化として現れるものである。梯によれば、「歴史とは、模倣の運命 le destin des imitation である」（KN：155）というタルドの言説には、まさしくこの論理構造にある「反進化 contre-évolution 」としての「革命」が語られているのである（KN：155）。このように梯にあって、「社会の虚偽性」とはこうした「Ondulation infinie（際限の無い波動）」（KN：156）にあり、しかも複線的進化として現れる歴史的「社会の構造自体の発展」（KN：155）が生み出す矛盾の抑圧に安住する支配的一様性にほかならない。

梯は、こうした歴史過程を「目的なく恐ろしき強さで流れて行く」巨大なる「夜の流れ」（ロマン・ローラン）と形容している（KN：156–157）。しかし、この「夜の流れ」に己れの「凡てを賭けて」（パスカル）生きようと意志する人間（ニーチェ）の「時代の意識」とはどのようなものであるのか。この問いに応答すべく、梯は己れの思想形成の地盤でありつづけた三木哲学から離脱して、「存在論から唯物論へ」の歩みを開始して行くことになる。この歩みの内実については、次節で明らかにされるであろう。

3　梯の三木哲学からの離反

(1)　人間学的解釈学から物質の現象学へ

梯の二つのタルド論は、三木の『パスカルに於ける人間の研究』(一九二六年六月)から「問の構造」(同年九月)や「解釋學的現象學の基礎概念」(一九二七年一月)、「人間學のマルクス的形態」(同年六月)などに典型化された人間学の解釈学的手法に依拠しつつ展開されていることは、すでに明らかであろう。[29] ところでここで留意すべきは、「社会への関心」が当然のことながら、『パスカルに於ける人間の研究』に依拠して書かれているのに対して、「社会の虚偽性」は、三木の「人間學のマルクス的形態」への註記がみられる点である。おもうに、本文中では一箇所にすぎない註記とはいえ、その後『唯物史観と現代の意識』(一九二八年五月)に収録されることになる「マルクス主義と唯物論」(一九二七年八月)や「プラグマチズムとマルキシズムの哲學」(同年一二月)といった三木のマルクス主義研究の起点をなす一連の諸論文を梯は卒業論文の作成に際して熟読していたはずである。というのも、「一高哲学会」が開始されて以降の数年のあいだに、帰国後の三木や梯らを含むその共鳴者たちにとって、マルクス主義の受容の是非ないしそれへの思想的態度決定が重要な課題となっていたからである。[30] しかも三木にとってそうした課題は、ドイツ留学時の人的交流やG・ルカーチやK・コルシュらに代表される西欧でのマルクス主義復興運動からの感化、さらには帰国後のルカーチやコルシュの日本における最初期の受容形態たる「福本イズム」なども直接間接の機会を提供したといえようが、現実的にはすでに唯物論の立場に移行していた経済学者・河上肇とのヘーゲル弁証法をめぐる交流などを契機として、ヘーゲルからフォイエルバッハへと読みすすみ、マルクスの『経済学批判序説』を精読するなかで、一定の人間学的形態を形づくることになる。具体的には、先に触れた「人間學のマルクス的形態」に開始され、「ヘーゲルとマルクス」（一九二八年四月）へと至る一連の諸論文がそれである。この時期には、羽仁五郎との共同編集になる『新興科學の旗のもとに』（一九二八年一〇月創刊―一三号）にも参加し、『社會科學の豫備概念』（一九二九年四月）、『史的觀念論の諸問題』（同年六月）を発表するなど、すこぶる精力的な著述活動が展開される。こうした三木のマルクス主義への急接近とその哲学的通路の開拓あるいは可能性の呈示は、マルクス主義に対する三木なりの態度表明であり、彼の一連の解釈学的諸労作は梯に決定的な思想的影響を与えることになるのである。こうした一連の諸労作のなかでも、梯と三木との交錯をみるうえで決定的に重要な論文は、「自然科學の社會的規定性」[31]であろうことについては疑問の余地があるまい。なぜなら、そこには梯哲学のマニュフェスト『物質の哲学的概念』（一九三四年）に収録される「社会の起源の問題」（一九三三年一一月）をはじめ、「生物学におけるダーウィン的課題」（一九三三年三、四月）や「生物的自然の可能性」（同年四月）、「歴史と自然弁証法」（同年九月）、さらには『社会起源論』（一九三六年）として形象化されてゆく唯物論体系への強靭な意志と深く共鳴しあう示唆深い問題提起が断片的にではあれ、みられるからである。[32]

ところで一九三〇年には、三木哲学を「觀念論の粉飾形態」（服部之総）、「相對主義と浮浪的辯證法」（栗原百寿）、「三木哲學に對する覺書」（加藤正）などを代表とする「正統派」マルクス主義者たちからの批判が開始される。また三木は、共産党への資金提供の廉で検挙され、一旦釈放の後、起訴・拘留される一方で（同年七―一一月）、法政大学教授の職を辞している。[33] こうした状況にもかかわらず、三木はマルクス／エンゲルスの『ドイチェ・イデオロギー』

の翻訳を刊行すらしている（同年七月）。しかし、「手記　マルクス主義哲學について」が書かれた同年一一月に懲役一年、執行猶予二年の判決を受けて後、梯の批判の対象となる『歴史哲學』（一九三二年、執筆は一九三〇年一一月から着手）が発表されるのである。(34)

以下、梯の三木哲学批判「三木哲学のファッショ的形態――その可能的契機を三木氏近著の『歴史哲学』に見る」（一九三二年九月）を手がかりにして、その批判の概要と論理構造を明らかにしてみたい。この批判の冒頭において、梯は三木の「人間学とマルキシズムの交渉」が『歴史哲学』という「一応の完成形態」をとったかにみえるとしたうえで、しかし「三木哲学のイデオロギー」性、つまりその理論形態が立脚する現実の地盤を問うている。そこですぐれて問われるのは、歴史哲学とは特定の歴史的意識の理論ではなく、ヘーゲルの観念論であれマルクスの唯物論であれ、ともに弁証法であるという点において弁証法一般の理論を双方が共有し、それゆえヘーゲルらの観念史観とマルクス主義の唯物史観とに共通する「歴史的意識一般の理論」（MG6：52）と考える三木の立脚点そのものである。梯によれば、三木が「弁証法的形態を装う」にしても、「現実の実在的矛盾を一般的な同一性に解消して、これを隠蔽する」かぎり、それはすぐれて「非弁証法的」であり、それゆえ「形式論理学的思惟」（KN：162）の所産にすぎないことになる。いいかえれば、現実の「政治過程が階級闘争の現段階にまで発展せる現在」(35)（KN：162）にあって、三木自身がみずから主張した「無産者的基礎經驗」（MG3：40）からこそ、存在をその本来の姿において顕にするロゴスとしての『歴史哲学』が自己形成されるべきにもかかわらず、実際には「無産者的基礎經驗」から遊離した「非弁証法的」なものとなっている。こうした「人間学的歴史哲学」という形態をとるに至った三木哲学に対して、梯は「私自身の理論に対質せしめたかぎりで指摘する」として、端的に三木哲学が「ファッショ化する必然性にある」（KN：162-163）と断定するのである。しかし、二つのタルド論にみられたようなかつての三木への心酔ぶりが、なぜ

ここに至って三木哲学への峻厳な批判とならねばならなかったのであろうか。(36)

三木によれば、歴史哲学は先にみたように、観念史観と唯物史観に共通する「歴史的意識一般の理論」であると定義される。そして歴史的意識は、第一に「個々の規定された史観に対して形式的な意味」を持ち、第二に「規範的な意味」を担い、第三に「ロゴスとしての歴史」（＝歴史学）の「根柢にあつてそれを規定する」（MG6：53）ものである。このような「歴史的意識一般の理論」としての歴史哲学は、「單に何か一定の史観そのものの叙述とは異る或ものでなければならぬ」（MG6：53）、と三木はいう。これに対して梯は、三木のいう歴史哲学が唯物史観に対して与える「特殊的位置」（KN：163）が問題であるとして、こう問い返している。「歴史の真の主体としてのプロレタリアートにとっては、史観一般ではなくして、特殊的な唯物史観が、その実践の原理として、その主体の問題として、つねに現実的な課題なのである。」（KN：163）すでに明らかなように、梯にあっては唯物史観こそが、歴史哲学の本体であるべきなのである。しかし、三木にあっては、「史觀の問題といふ空漠な問題は、……人間學及び存在論的決定の問題としてその哲學的内容を明かにされる」（MG6：56）ものである。つまり三木によれば、各々の史観には客観面に「存在論的決定」（たとえば「非感性的なイデー」ないし「感性的な物質」）が含まれ、また主観面に「存在論的決定」に対応する一定の「人間學」が含まれ、しかもそれらはともに「事實としての歴史」によって根源的に規定されている、というのである（MG6：56）。

ところで、梯にいわせれば、あらゆる問題は、原理的に「物質過程における内在的矛盾」（KN：164）であって、その矛盾がなんらかの主体によって捉えられてはじめて問題は「現実の問題として具体化する」（KN：164）のである。この「物質過程における内在的矛盾」とは、つねにあらゆる問題の根源にあり、それゆえに「原始問題」（KN：164）と呼ばれる。したがって、三木のいう「史観の問題といふ空漠な問題」とは、この「原始問題」が歴史の主体に捉えられて現実化された問題として捉えるべきものである。かくして梯にあっては、「真の現在の歴史の主体的事実が無産階級であるにおいては、史観の問題は、現実的には唯物史観の問題でしかありえない」（KN：164）のである。この見地からすれば、なるほど三木の歴史哲学もこの「原始問題」の問題化の一つではあろうが、しかしその問題化は歪曲され、歴史哲学の本体から逸脱したものとなっている、と梯はみる。

三木は、周知のように歴史を三つの契機から構成されるものと捉える。一つは「出來事」そのものの意味において用いられる「存在としての歴史」、もう一つは「出來事の敍述」の意味において用いられる「ロゴスとしての歴史」（＝「存在としての歴史に就いての知識及び敍述」）、最後は、先の二つの歴史を統一する「事實としての歴史」（＝現在における自然と歴史との辯證法的統一としてある「原始歴史（Ur-Geschichte）」）である（MG6：5–26）。三木は、この「事實としての歴史」を、「唯一定の歴史的時代に於て、唯一定の關係のもとに於てのみ、與へられてゐる」「歴史的意識」（MG6：48）の根底につねにすでにある存在であるがゆえに、「歴史の基礎經驗」であると定義する。

しかし、「事實としての歴史」が「歴史の基礎經驗」とされるかぎり、それは人間学にほかならない、と梯は批判する。というのも、三木哲学の狙いが、あらゆる理論体系を「それらが生産されたそれぞれの時代のアントロポロギーにまで、あるいは基礎経験にまで解きほぐす」人間学的解釈学から構想されており、しかも「あらゆる哲学の体系における本質的なものの位置に君臨する」（KN：166）ことに置かれているからである。次にわれわれは、こうした三木の人間学的解釈学から構想される歴史哲学について、梯がどのように批判してゆくのかを、さらに深く跡づけてゆくことにしたい。

(2) 存在論的決定から物質的決定へ

三木の人間学的解釈学は、すでに明らかであるように、マルキシズムとの交渉をとおして、労作『唯物史観と現代の意識』としてまず形象化される。しかもその際に、三木哲学がすぐれて「人間學のマルクス的形態」として現れるのは、三木哲学の発想の大地たる「基礎經驗」論からすれば、「真の現在たる事実としての歴史」が「無産者的基礎経験」であるとした三木の時局認識と思想的態度決定の必然的な帰結でもあった。梯によれば、三木が「プロレタリアートの歴史的課題は、マルクス的アントロポロギーの光に照らして歴史を書き更えることであり、このプロレタリアートの歴史的意識において、すべての社会問題は解決されねばならぬ」（KN：167）と言明しえたのも、そうした態度決定のゆえなのである。しかし、梯はこうした三木の主張に基本的には賛同しつつも、その主張を支える背景の論理、つまり唯物史観の人間学的解釈学そのものを問題にする。

三木によれば、「史観はその根源に於て事實としての歴史によつて規定されてゐる」（MG6：202-203）のであって、唯物史観もその例外ではない。ところで、「人間學は人間の現實の生活の中から生れ、彼等の現實的な生活意識としてつねに既に成立してゐる」と考える「人間の自己解釋」（MG6：230-231）の体系である。それはまず実存としてある人間「意識の主體性」（MG6：232）への問いとして成立する。しかし、人間「意識の主體性」への問いはさらに「事實の主體性」、「事實の事實性」への問いとして深化されてゆく。三木はいう。「意識に於てのみ主體的な事實がその主體性に於て自己を顯はにするといふことを意味するのでなければならぬ。人間の實存によつて存在者の存在理解が生ずるばかりでなく、寧ろ根本的には、事實の主體性、從つて事實の事實性の理解が可能にされるのである。それによつて存在とは異なる事實が理解され、かくて人間は自己を存在と事實との二重のものとして、即ち現實存在として理解するに至るのである。」（MG6：235）ハイデガーの「現存在の実存論的分析論」を想起させるこの三木の「人間の自己解釋」としての人間学には、この意味において「人間の存在解釋」（MG6：247）、つまり現存在への問いとしての「基礎存在論」が含まれているのである。[37] したがって史観の問題は、なにを「優越な意味に於ける存在」とするか、つまり「現実存在（existentia）」（「……がある」：「感性的な物質」）とするか、あるいは「本質存在（essentia）」（「……である」：「非感性的なイデー」）とするかによって根源的に分割されることになる。[38] いうまでもなく、前者からは唯物史観（マテーリアからする歴史的な見方）が、後者からは観念史観（イデーからする非歴史的な見方）が帰結するであろう。三木のいう「存在論的決定」とは、これら二つのいずれかを原理として史観が決定されることである。「如何なる方向に存在論的決定がなされるかといふことは根本的には如何なる種類の人間學がとられるかといふことに相應」（MG6：246）し、「如何なるイデオロギーもその基礎に一定の人間學を含むと共にそれに相應する一定のかくの如き根源的な存在論的決定を含む」（MG6：248）、と三木がいうのは以上のような論理構造からである。

しかし、三木のいう「現在の存在論的決定」とこれに対応する「マルクス的アントロポロギー」が「真の現在たる事実としての歴史」、つまり「無産者的基礎経験」に支えられているとしながら、それを「資本主義社会の内在的矛盾」の岩盤にまで降り立っていない、と梯は批判する。梯によれば、「マルクス的〔つまり無産者的〕アントロポロギー」はそれが生産されてくる資本主義社会の物質的諸条件（→「物質過程」）を分析することによってのみ、そこに内在する本質的矛盾（→「物質的決定」）を捉えるべきであり、三木のように「存在論的決定」を捉えるにとどまるべきではない。三木の「マルクス的アントロポロギー」から語られる「プロレタリアートの歴史的課題」や「プロレタリアートの歴史的意識」（KN：167）なども、資本主義社会の物質過程の矛盾が産出する意識形態としてこそ捉えるべきなのである。そうでなければ、その意識や課題は資本主義社会の物質過程の矛盾をたんに観念によって外的に捉えて解釈するだけであり、その矛盾そのものを現実に解決することなどできない。人間が社会の物質過程の「一契機として直接参与」（KN：168）し、その過程に内包される本質的矛盾を自己のものとして引き受け生き抜くかぎりで、その矛盾を現實に乗り越えうるプロレタリアートの歴史的課題と歴史的意識は形成されるのである。

梯は「人間はつねにみずからが解決しうる問題のみを問題にする」（KN：169）というマルクスの命題がこのような論理構造にあると理解したうえで、三木の「人間學のマルクス的形態」はこのマルクスの命題に反する「物質外的意識」形態であり、それゆえその意識は社会の物質過程に内在する本質的矛盾を解消しえない「ブルジョア的アントロポロギー」の「歴史的意識」（KN：168）にすぎない、と断定する。したがって、われわれはこの「ブルジョア的アントロポロギー」の「歴史的意識」に対応した三木の「存在論的決定」の立場から決別して、社会の物質過程に内在する本質的矛盾を現實に解消しうる「共産主義的アントロポロギー」の「歴史意識」に対応する「物質的決定」の立場へと移行すべきである（KN：168–169）、こう梯は主張する。

しかし、なぜ梯は三木の「存在論的決定」を否定して「物質的決定」へと進もうとするのであろうか。この問いに応答するには、次の三木の言説に注目しなければならない。「マルクスの人間學において最も重要なのは……一は、人間の實踐的感性的なる活動或いは勞働の根源性の思想であり、他は存在の原理的なる歴史性の思想である。……かくて唯物史觀は無産者的基礎經驗の上に、それの規定する人間學の限定の上に、成立してゐると考へられる」（MG3：37–38）。

梯はこの三木の言説を捉え返して、三木の「マルクス的アントロポロギーの性格は、無産大衆の貧困であるということより、さらに、そのことの世界史的自覺である」（KN：171）と述べている。これは端的にいえば、三木の「無産者的基礎經驗」の内實が「無産大衆の……世界史的自覺」ではなく、「事實としての歴史」に内包される「現在の行為」は、「瞬間」としてあるがゆえに「否定的なもの」と結びつき、さらに「われわれの行為に必然的にむすびついた感性的なもの、特に身体的なものである」(KN：171) と置き換えられてゆくからである。三木はこの「感性的なもの」と「身體的なもの」を「社會的身體」として概念化し、「かやうな社會的身體の概念を除いて如何なる社會概念も基礎付けられることが出來ない」(MG6：35) と述べている。[39] 一方、梯は社会概念を生産過程の深み、つまり「自然史的過程」の一環として根源的に捉えたマルクスの労働過程論の立場から、こう述べるのである。

「現在の生産過程の細胞形態としての個々の労働過程は、自然史的過程において社会の起源をなすものである。そのかぎり、物質的生活と物質的交通との全生産過程こそ、まさしく『存在としての歴史』である。『事実としての歴史』なる『現在の行為』も、この物質的生活の生産にほかならず、……社会（＝生産）概念から特に人間のみを機械的に遊離して、そして、一切を人間中心的にながむるところに、人間学が成立するのである」(KN：172)。

要するに、三木の「社會的身體」概念には現実社会の物質的生産過程への媒介が欠如しており、それゆえ「階級原理」(KN：172) を捉えきれず、しかも三木の「意図に反して、この概念はファシズムにまで発展するであろう」(KN：173) と批判される。軍部による相次ぐテロ、思想弾圧などが荒れ狂うファシズムの嵐のなかにあって、ファシズムへの抵抗が思想上の緊急課題であったことは当然予想されるとはいえ、しかし、なぜここまで已れの思想的出自に位置する三木を峻厳に批判するのか。梯はこの点について、「存在論的決定によるマルクス的アントロポロギーは、反動化する必然性にある」(KN：173) として、こう述べている。三木の歴史哲学にあっては、「現実的歴史的行為なるものが、人間の物質的生活の生産過程を、いみしえずして、この過程の弁証法的関連から機械的にきりはなされた人間の身体的必然性を、いみするかぎりの当然の結果である」（KN：173）、と。こうして自覚的にマルクスの自然史的過程の立場にある唯物論を根底にまで掘り下げて、そこからラディカルに反ファシズムの独自の原理を「物質の現象学」として開拓しつつあった梯明秀は、依然として解釈学的人間学の立場から歴史哲学を展開する三木清のあいまいな中間者的性格に対して、原理的に批判することになる。

「自然弁証法における範疇的概念としての生産を原理とするところの、したがって物質的決定によるところの、マルクス的アントロポロギーは、階級的存在を止揚する『人類社会または社会的人類』（マルクス）の意識形態である。プロレタリアートは、かかる世界史的存在としてのみ、はじめて歴史の主体たりうるのである。また、史観の問題がプロレタリアートにおいてのみ正当に把握されるゆえんであろう。ここにおいてこそ、世界の一切の事物は、その全体性において把握しつくさるべきであるからである。」（KN：174）

ここでプロレタリアートが歴史の主体であり、人類の前史にみられる階級対立を止揚する世界史的存在とされるのは、いうまでもなく階級対立を解消して人類の本史としての共産主義社会を実現しうる歴史的必然性がプロレタリアートにあると梯が考えているからである。[40] しかし、注意すべきは、その歴史的必然性が人類史のそれに限定されていないことである。つまり、梯にあって世界史的存在とは、人類史をもその一環として内包する「自然史的過程」の必然性にあるものと捉えられているからである。[41]「物質的決定」が「自然弁証法における範疇的概念としての生産を原理とする」理由は、ここにある。この意味において、「プロレタリア・アントポロギーは……唯一の歴史的意識」（KN：174）なのであって、三木のように「歴史の基礎經驗」を構成する「事實としての歴史」とこれに対応する人間学によって解釈された「歴史的意識一般」の一形態ではありえないとされる。いいかえれば、「歴史の現実的土台」(KN：174) こそ、すぐれて歴史的なものと捉える唯物史観にあっては、自然史的過程の一環としてある社会の物質過程の歴史性（→社会史的過程）が問われるのである。またそのかぎりで、社会の物質過程についての歴史的意識は、その過程に内包される本質的矛盾たる階級対立を「歴史の主体的事実」とし、かつ「弁証法的統一」において乗り越えようとする「プロレタリアートの歴史的意識」（→「課題的関係にある意識」）そのものとなるのである（KN：174-175)。

こうして梯は、「歴史的意識一般」の存在論的決定を志向する三木の人間学的歴史哲学の立場からの離反を決意し、「一切の歴史的意識の物質的決定」(KN：175) を原理として志向するマルクスの自然史的過程の立場へと転回したうえで、自己の立場を独自に構想・確立せんとするのである。次に、われわれはこの梯の立場が三木哲学を批判するなかで積極的に展開される経緯について、内在的に跡づけておくことにしたい。

4　抵抗下の哲学と反抵抗下の哲学

(1)　人間学から全自然史へ

すでにみたように、梯は三木の歴史哲学のなかにあるファシズムに抵抗しきれない可能性を暴きだすことをとおして、最終的には三木の「歴史的意識一般を否定する理論」(KN：175) を確立しようとする。いうまでもなく、その作業は三木のように唯物史観を人間学と存在論的決定によって成立する単なる史観の問題へと解消するのではなく、「自然の歴史と人間の歴史」からなる唯一の「歴史科学」（マルクス）に立脚することによって遂行される。しかもその際に注目すべきは、「物質的決定」が原理化されて、「物質一般の自然弁証法的発展過程において人間が生産されたのは、労働過程なる自然史的事実による」（KN：176）、と述べられている点である。これは人間社会の歴史的起源は、自然史的過程の一環としてある社会史の物質的基礎過程、つまり歴史貫通的な労働過程における「物質的生活そのものの生産」にあることを意味するであろう（KN：176）。現に梯にあっては、「物質的生活の生産が歴史的行為の起源であるかぎり、それは同時に、歴史的行為一般の形態でなければなるまい」（KN：176）、と推論されている。しかも「人間の本質は社会的諸関係の総体である」とするマルクスのフォイエルバッハ・テーゼに依拠しつつ、「現実的具体的な人間の物質的活動および物質的交通そのもの〔つまり対象的活動〕が、社会過程であり、歴史である」（KN：176）と捉えられているのである。

ところで、マルクスのいうように「自然科学と社会科学とは、唯一の科学としての歴史科学の二つの部門である」（KN：176）とすれば、歴史科学の対象とはどのようなものであろうか。梯によれば、その対象は「存在としての歴史」であるとされる。したがってその歴史とは、「たんに人間だけの歴史だけではなくて、物質一般の弁証法的発展過程として、物質、生命、生産を、それぞれの原理とする天体、生物、社会の三段階の各過程の総称としての全自然史的過程そのものでなければならない」（KN：176-177）、とされるのである。こうした歴史科学からすれば、歴史叙述としての「ロゴスとしての歴史」は「模写」、つまり「科学分析による対象認識」に成立する「存在としての歴史」と同一のものである。とはいえ、そこで分析される「存在としての歴史」は対象化し尽くしえない「無限性」を湛えながらも、プロレタリアートの歴史意識によって「本来の同一性」へと弁証法的に止揚されてゆくべきもの、つまり「真の現在の『事実としての歴史』」として唯物論的に読み替えられてゆくことになる（KN：177）。

ところで、ここでいわれる「真の現在の『事実としての歴史』」とはなにか。三木にあってそれは、第一に、「歴史の端緒は現在であつて、そこから過去が手繰り寄せられるのである。」（MG6：19–20）。したがって「歴史には書き更へられる必然性が内面的に屬する」（MG6：13–14）。第二に、「歴史敍述」とは、過去から伝えるべきものを選択して現在に手繰り寄せることである。つまり「歴史的なものの選擇は現在に基礎を有する。」（MG6：20）第三に、「眞の歴史的認識が成立するためにはひとつの全體が與へられねばならない。この全體を與へるものは現在である。」（MG6：21）

しかし、梯にいわせれば、この三木の歴史の現在性をめぐる議論には、「物質的決定条件」への考察、つまり「物質的諸条件の社会科学的分析」への媒介が決定的に欠落していることになる。したがってそこには、「存在としての歴史」についての「非歴史的意識」による「主観的解釈」がみられるだけであり、「自己運動する物質過程としての『存在としての歴史』」（KN：178）についての「客観的模写」がみられない。

ところで、この「客観的模写」概念には、いうまでもなく、梯の三木哲学批判が含意されている。その際に、梯が念頭に置いているのは、以下にみるような三木の歴史哲学の論理構成である。すでに触れたように、三木は歴史を構成する三つの契機を次のように捉える。一つは「ロゴスとしての歴史」である。それは、今現在にある特定の観点から過去の「出來事に就いて知らせるもの」を選択し「手繰り寄せる」ところに成り立つ「歴史敍述」である（MG6：7–24）。もう一つは「存在としての歴史」である。それは出来事そのものの歴史として客観的な「作られた歴史」（MG6：29）である。そして最後のものが「事實としての歴史」といわれるものである。それは「行爲と〔Tat〕と物〔Sache〕とが一つである」（MG6：34）ようなもの、つまり「事實」（*Tat*-sache）として「存在としての歴史」の根底にあり、それを超越する「原始歴史 Ur-Geschichte」（MG6：25）である。[42] これは「眞に動的なもの」（MG6：25）とも呼ばれるが、その際に三木は、明らかにマルクスを念頭に置きながら、人間が自己の内的自然をとおして外的自然へと結びつくがゆえに、感性的・身体的かつ行為的・実践的な存在であることを前提にしている（MG6：34）。しかも、「存在としての歴史」と「ロゴスとしての歴史」は内在的であり、「事實としての歴史」は超越的であるといわれる。(43) この点にかかわる三木の次の言説は重要である。

「歴史はわれそのもの、意識そのものの生まれるところから始まる。われといはれ、意識といはれるものも、生れたもの、作られたものとしては存在と考へられなければならぬ。このやうにわれそのものを作り、意識そのものを生むところのものこそまさしくわれわれが事實と呼ぶものである。われわれは事實に於て絶えず新たに作られつつある。そして意識を生むものは固より意識に内在的なものであることが出來ない。事實は寧ろ意識を絶えず破るところのものである。事實はまことに超越的なものである。たとひ存在が或る意味で内在的なものと考へられねばならぬとしても、事實は決して内在的と考へられ得ないものである。」（MG6：71）

こうした歴史における意識と存在と事実とを捉える立場から、「歴史的意識を與へるものは根源的には事實としての歴史のほかなからう」とし、この歴史の根源にある「事實」を「歴史の基礎經驗」（MG6：47-48）と呼んでいる。三木にあっては、超越的なものが発動してくる場所としての「歴史の現在」から、プロレタリアートの歴史的意識も同じ基本構造の一つとしてある「無産者的基礎經驗」の深みから立ち現れてくるものとされるわけである。

梯からすれば、こうした三木哲学は、「歴史の基礎經驗」の本体である「物質的諸条件の弁証法的連関」にある現実社会の物質的過程を人間学の立場から意識に反映し、そして解釈するブルジョアの歴史哲学にすぎないとされる。なぜなら、梯にあってマルクスのいう唯一の歴史科学は、そうした現実社会の物質的過程が人間学の自己否定の極北において模写されるかぎり、そこに形成される歴史意識は「批判」ではなく「革命」が歴史理論の推進力であるとするプロレタリアートの歴史的意識そのものとなるからである。梯が三木の歴史哲学に求めているのは、存在論的決定から物質的決定への、歴史哲学から歴史科学への、観念史観から唯物史観への、要するに人間学から全自然史の立場へと突き抜ける意志と決意にみちた歩みである。

しかし、三木清と梯明秀はこの命題の諾否をめぐっては最後まで相容れなかったといえよう。かつてあれほどまでに三木に影響され心酔した梯は、いまや「自然も社会も、共に人間との交渉の如何にかかわらず物質的過程そのものとして歴史的」であるとする全自然史の立場への移行をはたしている。この梯の立場からは、三木哲学は「存在を固定し、事実のみを動的とする」「プチ・ブル階級の不安と動揺」（KN：182）の表現形態として現象し、その実体は一九三〇年代に激化の一途をたどる日本のファシズムに対して原理的に抗しきれぬ抵抗形態として、内在的に批判されることになったのである。

(2)　体制の擁護と変革をめぐる原理的対立

さて、これまでみてきた梯の三木哲学批判から明らかであるように、三木哲学の発想の大地はつねに「基礎經驗」と「事實」にあることが理解されるであろう。しかし、三木哲学におけるこの二つの鍵概念の原型がすでに若き三木の手記「語られざる哲學」（一九一九年七月）のなかで告白されていたことを、われわれはここに想起しておくべきである。

三木によれば、「語られざる哲學」は端的に懺悔である。懺悔は「爭ひたかぶる心のことではなくして和ぎへりくだる心」（MG18：3）の純粋性、つまり「語る口に見出されずして語らざる魂」（MG18：35）において成立・成長する哲学である。この「懺悔としての語られざる哲學」はつねに「語られる哲學」の根底にあり、それを支えながらも決して対象化し尽くされない「自己の魂の奥底」にある深い「體驗」である。三木にあっては、こうした「自己の深き體驗」への真摯な反省のない哲学は「空中樓閣」にすぎないのである（MG18：31-33）。こうした倫理的・宗教的な含意のある「懺悔としての語られざる哲學」の構想から、件の「基礎經驗」も「事實」も要請されてくるものといえよう[44]（MG1：364, 382-384）。しかし、この懺悔と体験とはどのような関係にあるのだろうか。この問いは、三木哲学にみられる「執拗低音」として響きつづける宗教的な深層領域に深くかかわるであろう[45]。現に、三木は遺稿「親鸞」において、再度、内在的なものが同時に超越的なものであるところに成立する親鸞の「眞の内面性」を問い返しているのである[46]。三木は懺悔、つまり「自己の告白」はこの「内面性のしるし」であるとして、こう述べている。

「懺悔は……我れを去るところに成立する。我れは我を去つて、絶對的なものに任せきる。そこに發せられる言葉はもはや我れが發するのではない。自己は語る者ではなくて寧ろ聞く者である。聞き得るためには己を空しくしなければならぬ。かくして語られる言葉はまことを得る。およそ懺悔はまことの心の流露であるべき筈である。」（MG18：425-426）

このように三木のいう懺悔とは、己れを空しくしたときにのみ顕になる超越的な包摂者（→阿弥陀仏）からのまことの呼びかけである[47]。しかし、梯からすれば、こうした三木の発想の大地は、根源的に「パトロギー」（KS：271）である。いいかえれば、「ロゴスとパトスとの意識の弁証法」（KS：272）に成立する三木哲学は、やはりマルクスのいう「歴史の現実的土台」、つまり根源的に歴史的である「社会物質過程そのもの」に内在する矛盾をその本質において捉えられず、したがって歴史の現在において把握することができないのである。梯は「三木氏のパトロギー」（『唯物論研究』一九三三年六月）において、三木のいう「事實」は、「レーニンの物質についての哲学的概念の階級主観的な歪曲」（KS：271）である、と批判する。梯はその歪曲を三木が端的に「社會的身體」を「民族」と捉えている点にみている（KS：272）。しかし三木がそう捉えるかぎり、その概念からは普遍的な「人類社会」（マルクス）への通路が失われ、超国家主義としての天皇制絶対主義体制を原理的に相対化し批判しうる契機を失うがゆえに、三木哲学は「ファッショ的形態に発展する可能的契機」（KS：274）を保持するものと分析されるのである。[48]三木に対して梯が「事實」から「物質」への、パトロギーから「物質の模写」による「プロレタリアートの実践」への転回を烈しく促すのは、こうした理由からである（KS：274）。

次に、梯の三木哲学批判「三木氏による新たな根本的に曖昧な人間学的倫理」（『唯物論研究』一九三三年一〇月）の要点をみておこう。ここで梯が、三木の「倫理と人間」（一九三三年六月）を手がかりに問題にしているのは、やはりロゴスよりもパトスの根源性を主張する三木哲学の在り方である。三木にあっては、ロゴスに対して「パトスは主體的事實を根源的に表出する」（MS5：392）ものであって、それは非人称的な「諸命令の一體系」である「格率的倫理」（MS5：378-379）の根底にあるばかりではない。それはまた、最善の人間性の体現者から各人の「良心に投げられた呼び掛け appels の總體」〔ベルグソン〕（MS5：387）であり、その「呼び掛け」に応答すべく「希求（aspiration）」される「人間的倫理」の根底にあるものである（MS5：388）。とりわけ「人間的倫理」は、「超知性的パトス」、つまり「超越的関係」に根ざしているものである。なぜなら、「人間的倫理」は「その本性において強制ではなく希求である」がゆえに、「プラトン的なエロス」（MS5：397）の広さと深さを持つものと呼ばれるべきものだからである。そして人間的倫理は、人間が「エロスの中間者的性質」（MS5：398）を持つがゆえに、その性格は根本的に曖昧なものとされる。

しかし梯にいわせれば、この三木の人間的倫理の規定も、「主体がいまだ客観的に定立」されていないところからもたらされる「プチ・ブルの中間者的規定」の表現形態にほかならない。三木の人間学的倫理学にみられるのは、「プチ・ブル的な人間存在の右往左往という相互移行の自由」であって、「創造性なきaspiration！　ファッショ的pressionに耐ええない」自由主義である。それは「『強制の倫理』たる国民道徳の支配下」にあって狡猾でありながら、その支配の現実に敗北しているのである（KS：278-279）。

さらに梯は、三木哲学がその「プチ・ブルの中間者的規定」のゆえに、論壇の思想流行に積極的に荷担することになる病理についても批判する。「ジャーナリズム哲学の現状」（『夕刊大阪新聞』一九三六年一一月）はその試みである。梯によれば、三木の「ジャーナリスチックな直観力」は「満州事変」（一九三一年九月）以後、日本の知識人が不安に駆られる「精神的状況」のなかで、同じく第一次世界大戦後のヨーロッパの知識人がすでに不安な精神状況の哲学的表現として展開していた実存哲学や「不安の哲学」、ことにシェストフのそれをいち早く日本という別の文脈へと解釈し直して移植・流行させる力として機能しているだけである。ところで、梯はこの日本の知識人の「精神的状況」について、こう述べている。

「われわれプチブル・インテリゲンチアは、マルクシズムの洗礼を直接間接にうけている。事変後の反動的圧力も歴史的事実であるかぎり、他日は、やがて自己崩壊して消滅すべきであるという知識さえ、もっているのである。すなわち、われわれにとっては、たんに消極的な絶望でなくして、積極的な不安である。これは、焦躁の不安であって、絶望のうちに、なお創造の機運さえ孕んでいるのである。」（KS：283-284）

しかし、ここでいわれる絶望や不安などは三木にあっては「内的な主体的気分」にすぎないものであって、したがって「外的な客観的な出来事」を冷徹に分析し尽くしたうえで、「自ら主体的に生産力になって歴史的事実を創造する」（KS：285）ようなものではありえない。なぜなら、三木哲学にあっては「主体的気分は主体的にしか解決できない」（KS：284）と考えられているからである。梯によれば、いまや三木哲学は「不安とその超克」から「人間再生」へと論点を転回し、「主観主義的なヒューマニズム」（KS：288）哲学に変貌する。それは以前にもまして、「客観性のない主体性」の哲学であり、「唯物論研究会」に支配的にみられる傾向、つまり「主体性のない客観性」、「たんなる客体主義」（KS：288）と相補的関係にある、と梯はいう。興味深いのは、ここで三木哲学を批判する一方で、「唯研」内部にみられる自己肯定的な悟性的分析に偏執する多数の人々をも批判し、唯物論を哲学的に反省し思弁することによってそれを深化させようとする梯を含む少数の人々への擁護が告白されている点であろう[49]。いずれにせよ、三木の「不安の哲学」は、「自由主義的なプチ・ブルの非常時的な戸惑い」にすぎず、たとえその哲学を「人間再生」をめざす「主観主義的なヒューマニズム」に置き替えてみようとも、「日本ファシズムの脅威のもとにある不安の超克」（KS：288）など不可能なのである。

かくして梯は、こう述べる。

「客観的な機構そのものからの変革においてのみ、人類の自己喪失は回復され、人間の再生も実現するのである。人間労働の資本主義的自己疎外という歴史的事実の実践的直観において、われわれは、真に創造的であることができ、しかも同時に、非常時的な絶望をも克服して、あらたな希望に燃えつつ躍進することができるのであ

る。これこそが、新進の哲学である。」（KS：288）

いうまでもなく、ここに宣明される「新進の哲学」とは、マルクスの「自然史的過程」論をその極限にまで拡張して「全自然史的過程」の思想へと練り上げる際に、梯が西田哲学の「行為的直観」論に深く示唆されてつかみだした「客観的機構の分析が同時に主体的原理」となりうるような「客観即主体の実践的直観の立場」（KS：287）にある己れの物質哲学なのである。

梯は自己の構想する物質哲学の立場から、さらに技術論の文脈のなかで三木の『構想力の論理』に展開される「技術」概念をも批判の射程に収める。「技術論の現段階的課題」（『神戸商大新聞』一九三八年四月）がその具体的展開である。[50]もっとも、ここで梯が批判の対象とするものは「神話」、「制度」、「技術」と題されて『思想』誌上に一九三七年五月から翌年五月にかけて発表された三木の諸論文であって、その後『構想力の論理　第一』（一九三九年七月）としてまとめられたものに相当する。

梯は先の論文の冒頭において、思想史は論理的に捉えれば「技術史にまで降りてゆかないと具体的にはならない」（KS：290）、と指摘する。しかし、この梯の言説の背後にはどのような論理構造が控えているのであろうか。この問いに応答するには、唯物論の立場から書かれたダニレフスキー（岡邦雄訳）の『近代技術史』（一九三七年）に注目する梯の言説を跡づけなければならない。その際、梯は訳者序文にみられる技術把握における「主体性の契機の欠如」（KS：290）を抽象的なものとして批判する。なぜなら、技術はすでに作られてそこにある「労働手段の体系」として捉えるだけでは不十分であって、「労働との関聯のもとにのみ技術の発展が考えられる」（KS：291）という根本命題こそが徹底して考え抜かれねばならないからである。いいかえれば、研究対象の技術史と研究主体との単なる対立を前提として成立する「技術学」は、「技術の認識」が「技術の発展」を決定づけるような「技術史のモメント」とはなりえない、というのである。一般的には認識主体が捉えた対象はさらに主体的に生かされ働かされることによって、「創造的な概念」にまで練り上げられてゆくのであり、そのかぎりで「真の認識」もまた成立するからである（KS：291）。

これは具体的には以下のことを意味しよう。つまり、認識主体が捉える対象とは、社会の基礎過程としてある歴史貫通的な労働過程が資本制社会に規定されて資本の価値増殖過程へと転化され回収されている事態であって、しかもその事態が人間主体の自己喪失であるかぎり、「労働の主体は、自己の表現たる客体に矛盾的に対立するという自己疎外」（KS：291）にあることになる。梯にあって、技術史の研究はこうした自己疎外という根本矛盾を受苦し生き抜くことによって、労働過程の「疎外からの回復」が、つまり労働主体の自由への途が衝動として感覚されなければならない。そして梯は、「客体の分析にのみ終始して自らへの反省のない立場は、悟性的であって弁証法の成立する余地がない。だが主体への反省のみを強調して、対象の分析に欠くるときは、亦、ただ思弁的な形而上学におちいる」（KS：292）、と述べている。

ここで梯の念頭に置かれているのは、三木の『構想力の論理』に展開される技術論である。「悟性の立場を越え、単なる理性の立場にもおちいらず、客体と主体との弁証法的統一」（KS：292）を試みている点で、この『構想力の論理』は「一歩の前進を劃せしめる」（KS：292）、と梯は一応評価している。梯によれば、三木の構想力とは「感性的直観と悟性的概念とを媒介するシェマ」にすぎないI・カントの構想力を、パトスと「ロゴスとの統一を根源的に創造するUr-technik（＝原始技術）として具体化せんとする」（KS：292）ものと了解される。ところで、この梯の言説をより深く理解するには、この構想力がどのような三木哲学の文脈において着想されたのかを三木自身の言葉から了解しておくことが不可欠であろう。

三木は『構想力の論理　第一』の序のなかで、大略以下のように述べている。『歴史哲学』を発表してからの私（三木）の関心は「客観的なものと主観的なもの、合理的なものと非合理的なもの、知的なものと感情的なものを如何にして結合し得るか」（MS8：4）という問題であった。つまり、歴史における「ロゴス的要素とパトス的要素とを分析し、その辯證法的統一を論ずる」（MS8：4）ことが主要な課題であった。パスカルに魅了され、ハイデガーに影響されたのも、あるいは「唯物史観の研究に熱中」し、そこに「人間的基礎を求めようとした」のも、すべて同じ関心からであった。人間学への関心はやがてヒューマニズムの提唱という形をとったが、それも同じ関心からであった。しかし、そうしたなかでロゴス的なものとパトス的なものとの弁証法的統一は具体的にはどのようなものであるのか、この問いにだとりついたとき、「私はカントが構想力に悟性と感性とを結合する機能を認めたことを想起しながら、構想力の論理に思ひ至つたのである。」（MS8：4-5）構想力とは「ロゴスとパトスとの綜合の能力」であるが、つねに「一種の非合理主義乃至主観主義に轉落する」可能性にあるものとして、不安がつきまとうものである。これを解消するために「『技術』といふ客観的な合理的なもの」（後には「制度」）が考察されたのである。三木はこうした思索をとおして、「構想力の論理といふいはば主観的な表現は、形の論理といふいはば客観的な表現を見出すことによつて、私の思想は今一應の安定に達したのである」（MS8：5-6）、と述べている。

このように自己の思想形成史を回顧したうえで、三木は『構想力の論理』の特質について簡潔に触れている。第一に、『構想力の論理』は「観想の立場」に立たない「行爲の哲学」であり、それゆえ「ものに働き掛けてものの形を變じ（transform）て新しい形を作る」「制作の論理」である。それは「作ること（ποίησις）が同時に成ること（γένεσις）」であるという意味において形を捉える「歴史的行爲の立場」にある。第二に、『構想力の論理』は直観を根源的なものとして重視する「行爲的直觀の立場」[51]にある。それはあらゆる「媒介の論理」「反省の論理」が「一つの形に集中される最も生命的な跳躍の一點」を逃さないためである。それは芸術の創造や技術の発明に端的にみられる現実的な論理である。第三に『構想力の論理』は歴史の形から自然の形への変化を統一的な見地から把握しようとする「形の論理」である。しかし、こうした論理は、いずれにしても「觀想に終り易い傾向」にあり、「現實に物に働き掛けて物の形を變じて新しい形を作るといふ實踐」を重視し、「科學及び物の技術の概念によつて媒介される必要がある」（MS8：6–12）とされるのである。

梯によれば、こうした三木の『構想力の論理』は「ロマンチックな技術論」（KS：292）にすぎない。なぜなら、三木の議論にはパトスとロゴスとの相互否定的な媒介関係が希薄だからである。いいかえれば、「対象と意識」との「敵対的矛盾」を前提とする論理、つまり「有即無の絶対否定の論理」（KS：293）がない。技術を主体的に捉えるには、認識主体が対象へと自己否定的に即する実践的な媒介活動が不可欠なのである。それゆえこの対象への自己否定的な媒介性の欠如ゆえに、「主観的・客観的なものを越えたところから考へられる」（MS8：11）『構想力の論理』は、主体の対象への自己否定的な媒介性を欠如させることになり、結局のところ「ロマンチック」な「和解の論理」であらざるをえない。なぜなら、「現実の技術」には、「闘争の論理」が本質的に内包されているからである（KS：293）。この事実を捉えそこなう三木の『構想力の論理』は、依然として「觀想に終り易い傾向」（MS8：11）を克服しえずにいる。それはパトスとロゴスとの相互否定的な媒介関係、つまり「感性と悟性との矛盾的同一性において、物が働く」（KS：293）労働過程の本質を捉えていないからである。こうした論理構造にある労働過程において、人類は自己の生存を全うすべく、「具体的理性」（KS：293）としての技術を獲得するのである。[52]しかし、現代にあって技術は資本制的に自己疎外され、また人類の「具体的理性」も自己疎外されている。こうした技術の主体である人類の「具体的理性」が資本制的自己疎外にあることを自覚しない技術論、つまり『構想力の論理』は、「民族の全体主義に甘える心」の隙をつくりだし、「技術的ロマンチシズムが忍び込む」（KS：294）のを許容してしまうのである。

むすび

最後に、以上に試みた梯の三木哲学批判への内在的分析から明らかになった戦時下抵抗の思想構造を踏まえたうえで、日本ファシズム「体制の擁護と変革の思想」をめぐる梯の三木哲学批判の意義について考察し結論としたい。

梯明秀と三木清、この二人の哲学者の邂逅に始まる思想交流は、梯の三木哲学批判の言説への内在的分析からすでに明らかであるように、極めてスリリングな緊張関係を持続させるなかで独自の思想形成と展開を遂げてゆくことになる。しかし、このような緊張関係にある思想交流がなぜ可能となったのかは、単なる思想史上の一つのエピソードとしてではなく、より包括的な思想史ないし精神史の射程のなかで検討されるべき課題である。(53) なぜなら、三木が己れのアイデンティティを「語られざる哲学」として抱懐していた親鸞の浄土真宗への深い帰依に成立する宗教的（↓超越的）体験をつねに熱きパトスとして執拗に持続させながら、生身の人間と日本の歴史的社会的現実の地盤に深々と降り立ったところから、実存することの真実を顕にするロゴスをつかみ取ろうとした試みは、重大な意義を持つからである。(54) 彼らが批判した当時のアカデミー哲学一般の「ボーデンロース」はもとより、天皇制ファシズムによる国家総力戦体制へとなだれ込んでゆく日本の現実に抵抗すべく哲学することを身をもって体現し、生き抜こうとしたことは、個人の尊厳と自己決定権を普遍的原理として許容しえず、それゆえ根源的な他者性の解体と同質化を強制する日本的心性の構造暴力への抵抗と批判として極めて貴重な精神史的遺産である。しかし、彼らが宿命として生きなければならなかった時代環境からその思想と行動を捉え返すとき、それらの探究は反体制的な抵抗と変革の思想の形成として危険視されることを同時に意味していたのである。(55) 三木清、梯明秀、戸坂潤（一九〇〇―四五年獄死）らが引き受けることになる受難はそのことの意味を雄弁に物語ってあまりあるといえよう。(56)

三木清という実存と彼のパスカル論に深く共鳴した若き梯にとって、三木の問いを引き受けることは、こうした意味での受難を主体的に覚悟することを意味したであろう。一九二七年に発表された「人間學のマルクス的形態」（『唯物史観と現代の意識』）に始まり、『社會科學の豫備概念』や『觀念形態論』などへと形象化されてゆくマルクス主義の哲学上の思想的可能性の探求は、三木の人間学的解釈学の意図と射程を越えて、梯に巨大な哲学的示唆を与えることになったのである。つまるところ、あくまでも人間学的解釈学からなされたかぎりの「生の存在論」としてのパスカル研究からマルクス主義の哲学的研究への三木の歩みは、梯からすれば、徹底的に歩み抜かれるべきものとして決意され、そして現に徹底的に歩み抜かれた、ということである。三木は飽くまでも中間者としての人間に立ちつづけようとし、梯はおそらくは三木からも示唆されていたであろうマルクスの「自然史的過程」やエンゲルスの「自然弁証法」、レーニンの「物質の哲学的概念」の徹底した哲学的探究へとのめり込んでゆくのである。こうした彼らの基層における深い共鳴関係のゆえに発現してくる緊張関係あるいはズレが、梯の三木哲学批判を誘発しつづける起動力なのである。

こうした三木と梯の思想的営為は、当然のことながら、独自の形成と展開形態を示すことになる。一方には、浄土真宗的土壌のうえに懺悔される「語られざる哲学」を基礎経験として、新カント学派の研究からハイデガーの実存哲学、パスカル研究、マルクス主義哲学、歴史哲学、構想力の論理へと溢れでる発想を体系へと統括することなく思弁しつづけ、そして己れの地盤である親鸞へと回帰してゆくかにみえる三木の歩み、(57) 他方には、圧倒的な三木の感化によって解釈されたタルド論に開始され、処女作『物質の哲学的概念』（一九三四年）から『社会起源論』（一九三六年）をへて、『資本論の弁証法的根拠』（一九四七年）、敗戦直後の精神的虚脱状況を已れの実存分析から告白した書『戦後精神の探究』（一九四九年）、『ヘーゲル哲学と資本論』（一九五九年）、『経済哲学原理』（一九六二年）へと已れの物質哲学の原理を強靱な思索によって探究し、その具体的展開としてマルクス『資本論』体系の論理学的解明をはたしてゆく梯明秀の歩み、この両者の歩みがわれわれの前に歴史としてすでに存在している。そして彼らの歩みは、今ここにわれわれの関心から発する問いかけに応答して、三木のいう意味でその存在は「現代の意識」（MG3：220）においてロゴス化され、そして「事實としての歴史」へと深まり主体化されてゆくのであり、またそのかぎりでそれらの歴史は現在を生きるわれわれ自身の公共的な課題ともなるのである。

明治維新に開始される日本社会の近代化が尊皇攘夷を原理とする王政復古と近代「国民国家」原理との融合に天皇制国家の存立根拠を見出したことが、世界史において西欧世界にその典型化をみたというべき近代の諸原理——典型的には「普遍的諸原理」としての人権思想——を排除すべき異質な危険思想として位置づけてしまうという、まことに逆説に満ちた精神構造の形成と実は表裏一体の過程であったとすれば[58]、三木や梯が已れの実存を賭して歩み抜こうとした思想原理は、その初発から個人の意図を遙かに越えた近代日本の精神史上の病理との対決を宿命づけられるものであったのである。

畢竟すれば、日本という精神風土において本来的に《過剰なもの》としてある外来思想（→世界宗教とマルキシズム）の超越性原理[59]とそれが宿命づける受難を三木と梯はともに引き受けることになったのである。このような精神史的風土のなかで、超越性原理の受容による彼らの受難（pathos）は、「大東亜共栄圏」の構築を「日本精神」あるいは「近代の超克」において偽装する天皇制ファシズムと十五年戦争への思想的抵抗としてロゴス化され公共化たのである。[60] 三木の場合は親鸞の浄土真宗を超越性原理とする人間学としてそれは形成され、ハリストス正教会の司祭を父に持つ梯の場合は宇宙史的過程にまで拡張される自己運動する「主体的物質」を超越性原理とする「全自然史的過程の思想」としてそれは形成されたのである。しかも、彼らの哲学の超越性原理は西田哲学と田辺哲学を触媒としつつ、超越的なものが同時に内在的なものとして捉えられ、しかもその超越即内在が成立する場所として人間の主体性が捉えられているということ、まさしくこの一点において、梯の三木哲学批判は単なる三木哲学の否定でもなく、政治主義による排除のための否定でもなく、戦時下に構築されてゆく総力戦体制の非合理性と道理性のなさを明らかにし、相対化しつつ、乗り越えるべく希求される己れの哲学原理の探究にとって決して回避しえぬ課題でありつづけたのである。[61] 梯の三木哲学批判は、三木清へのオマージュなのである。

本文中の梯明秀と三木清からの引用に際しては、引用符「　」の後の（　）内に、以下に示す著作の省略記号、巻数（『三木清全集』のみ）、ページ数の順番で示し、その他の引用については、そのつど注記することにした。なお、引用文に挿入される〔　〕内の記述は、すべて引用者による補足である。

KN　梯明秀『全自然史的過程の思想——私の哲学的自伝における若干の断章』（創樹社、一九八〇年）
KS　『梯明秀経済哲学著作集（第二巻）』（未来社、一九八三年）
MG　『三木清全集』（岩波書店、一九六六—六八年）

（1）三木清については、唐木順三『三木清』筑摩書房、一九四七年、東畑精一・谷川徹三編『回想の三木清』文化書院、一九四八年、久野収「解説　三木清——生涯と著作」久野収編集・解説『三木清』（現代日本思想大系33）筑摩書房、一九六六年、住谷一彦編集・解説『三木清集』（近代日本思想大系27）筑摩書房、一九七五年、荒川幾男『三木清』紀

伊國屋書店、一九七〇年、佐々木健『三木清の世界――人間の救済と社会の変革』第三文明社、一九八二年、赤松常弘『三木清――哲学的思索の軌跡』ミネルヴァ書房、一九九四年などを参照。

（2）中島吉弘「梯明秀博士との一期一会」『未来』（六月号）未来社、一九九六年、鈴木貞美「梯明秀逝く」『文學界』（七月号）文藝春秋、一九九六年参照。

（3）ここにいう一九三〇年代の希有な環境についていえば、「日本の思想のすべての相貌が立ち現れ、その生きた根が掘り出された、われわれの内面の伝統を再吟味するのにもっとも好都合な実験室的条件を備えた時期」（荒川幾男『昭和思想史――暗く輝ける一九三〇年代』朝日新聞社、一九八九年、二二六ページ）であり、しかも「それは、明治以来の『近代化』が問いなおされるなかで、西欧近代思想と日本伝来の思想とが否応なく対質させられ、激しい衝突のなかで、それらの深部での意味が露呈した時期」（同）である、と定義されよう。なお、一九三〇年代の「暗い谷間」にあって、国家総動員体制に向けての思想弾圧に抵抗し日中戦争に反対する学生・青年たちの精神状況については、野間宏『暗い絵』、「『暗い絵』の背景」、『野間宏作品集』（第一巻）岩波書店、一九八七年、同作品集（第一〇巻）、野間宏「III 暗い谷間の時代」、『鏡に挟まれて――青春自伝』創樹社、一九七二年、梯明秀『戦後精神の探求――告白の書』勁草書房、一九七五年、一五四―一七〇ページなどを参照されたい。

（4）久野収『三〇年代の思想家たち』岩波書店、一九七五年、宮川透『日本近代哲学の遺産』第三文明社、一九七六年参照。

（5）三木と梯との関係に言及した貴重な文献としては、鈴木亨「III 西田哲学を受け継ぐ者 1 三木清 2 梯明秀」、『鈴木亨著作集』（第二巻）三一書房、一九九六年、船山信一「梯哲学と三木哲学及び西田哲学」「月報二」『梯経済哲学著作集』（第二巻）未来社、一九八三年九月がある。なお、中島吉弘「梯明秀における『西田哲学』批判の位相――『戦後精神の探究』再考への前哨として」中央大学社会科学研究所年報第一号、一九九七年六月もあわせて参照されたい。

（6）三木清「讀書遍歴」『三木清全集』（第一巻）岩波書店、一九六六年、鈴木貞美『「生命」で読む日本近代――大正生

命主義の誕生と展開』日本放送出版協会、一九九六年、船山信一『大正哲学史研究』法律文化社、一九六五年などを参照。

（7）三木哲学と親鸞の宗教思想に関する文献としては、三木「語られざる哲學」前掲『三木清全集』（第一八巻）、遺稿「親鸞」（同前）、後藤宏行『転向と伝統思想——昭和史の中の親鸞と最長』思想の科学社、一九七七年、安部大悟『親鸞に帰る精神——三木清について』法象文化研究所、一九五八年などを参照。

（8）三木自身の証言によれば、西田幾多郎の『自覺に於ける直觀と反省』をはじめとする諸労作のなかで言及される人々やその議論、たとえば「カントからヘーゲルに至るドイツ古典哲學を初め、バーデン學派やマールブルク學派の新カント哲學、マイノングの對象論、ブレンターノの心理學、ロッツェの論理學、……アウグスティヌス、ライプニッツ」などがあげられている。詳しくは、「讀書遍歴」前掲三木全集（第一巻）、三九六—三九七ページ参照。

（9）三木は「讀書遍歴」のなかで、西田から「三木の考へは新カント派のやうなもの」との指摘を受けて、「先生からさう言われて初めて私は自分の考へが新カント派的であることに氣附いて、いつのまにか深くその影響を受けてゐたのにむしろ驚いた」（前掲三木全集第一巻、三九七ページ）と述べている。ちなみに、三木の卒業論文（一九二〇年）はカントに関するもので、「批判哲學と歴史哲學」と題され一九二九年に刊行された『史的觀念論の諸問題』、前掲三木全集（第二巻）に収録されている。

（10）三木のドイツ留学と重なるかたちで交流した日本人たちについては、羽仁五郎の三木追悼講演「わが兄わが師三木清」（一九四六年）ならびに「年譜」（前掲住谷編『三木清集』、一九七五年、四六二—四六三、五二〇—五二一ページ）を参照されたい。われわれの関心からすれば、羽仁が伝える大内兵衛、糸井靖之、石原謙、久留間鮫造らと三木との思想交流が興味深い。

（11）ハルトマンに対する三木の評価については、三木清「消息一通」（前掲三木全集第一巻、四四二—四四七ページ）、またハルトマンの実在論的な批判的存在論の概要については、Nicolai Hartmann, *Neue Wege der Ontologie*, 1949（熊谷正憲訳『存在論の新しい道』共同出版、一九七六年）参照。

（12）　前掲住谷編『三木清集』、「年譜」参照。

（13）　三木を中心として谷川徹三、戸坂潤、樺俊雄、梯などが参集したこの「一高哲学会」については、一九六八年一一月に行われた座談会（梯明秀、坂田吉雄、船山信一、甘粕石介、司会・上山春平、一九六八年一一月）「京都学派左派の形成過程」前掲梯『全自然史的過程の思想』、二六三―二六五ページ参照。

（14）　三木や梯らのこうした批判的姿勢は、小牧治が指摘する次のような文脈において理解されるべきであろう（同「後進近代化と受容西欧思想――とくに受容ドイツ哲学の社会的機能」家永三郎・小牧治『哲学と近代社会』弘文堂、一九七八年）。小牧によれば、明治維新政府は政権からの疎外に不満をつのらせ、「政治参加の自由や平等」を要求する「明六社的啓蒙知識人・民権派ジャーナリスト・士族豪農民権家など」により推進された自由民権の思想や運動、さらにはこうした自由民権運動に刺激されながらも社会の底辺での窮乏生活に呻吟する中小の一般農民のラディカルな人権思想からする「よなおしのたたかいと抵抗」に直面するに至って（七ページ）、以下の結論に到達する。すなわち、「民衆をあれほど引きつけた天賦人権的自由民権思想（イギリス・フランス流の）に匹敵し、それにとってかわり、しかも君臣的国家秩序と矛盾しない自由論・国家論ないし西欧哲学が必要」（一〇ページ）である、と維新政府は判断したのである。実際、プロイセンにみられる「王室の政府」が維新政府の上からの近代化モデルに相応しく、「ドイツ学」が国策として推進・奨励されてゆくのである。こうして形成された「日本の講壇アカデミズム」は、「全体的体制に無関心たるのみか、体制の一般的非合理性と並行し、この非合理を許容し、結果としてこの非合理と手をつなぐことにもなる。」（四一ページ）さらに以上の点については、平田清明「哲学と社会を生きる――追憶の森有正」（同『哲学と近代社会』）、小牧治『国家の近代化と哲学――ドイツ・日本におけるカント哲学の意義と限界』御茶の水書房、一九七八年参照。

（15）　この間の経緯については、梯明秀「牢獄と軍隊――戦後論壇における二つの空席」前掲梯『全自然史的過程の思想』、三三二―三三六ページ参照。

（16）　この点については、「Ⅲ　西田哲学を受け継ぐ者　1　三木清――戦間期における孤独な思想」『鈴木亨著作集』（第二巻）三一書房、一九九六年、三六六ページ参照。

(17)　この点にかかわる梯の証言としては、前掲座談会「京都学派左派の形成過程」(二七〇―二七一ページ)、また三木の言及としては、「讀書遍歴」前掲三木全集(第一巻)、三九八―三九九ページ参照。なお、三木は同じ新カント学派の立場にある左右田喜一郎(経済哲学)をはじめ、大西猪之介(経済学)、左右田の弟子である本多謙三(論理学・経済哲学)や杉村広蔵(経済哲学)とも交流している。こうした観点からみれば、梯の社会学から経済哲学への歩みはすでに三木の経済哲学への関心のなかに準備されていたともみられよう。

(18)　久野収「足跡」、前掲久野『三〇年代の思想家たち』四一―四二ページ、鈴木亨「III　西田哲学を受け継ぐ者　1　三木清」、前掲鈴木著作集(第二巻)、三六一―三六二ページ参照。

(19)　この点については、前掲小牧論文、前掲小牧『国家の近代化と哲学』参照。

(20)　この特殊講義とは、梯の証言から、米田庄太郎(一八七三―一九四五年:京都帝大社会学講座初代主宰者)の社会学の講義のことであろう(前掲梯『全自然史的過程の思想』、二六二、二七三ページ)。なお、「社会への関心」の同書収録に際しては、「一　デュプラの現代社会学に対する指向」と「二　フランス社会学の方法論」が省略されている。

(21)　ちなみに、「社会への関心」では三木の論文・著作への註記の数は、註記総数四三のうち一三箇所(『パスカルに於ける人間の研究』八箇所、「問の構造」一箇所、「解釋學的現象學の基礎概念」四箇所)である。なお、田辺元『最近の自然科學』とE・デュルケーム(*Le suicide*)への註記が各一箇所みられるが、それ以外の二八箇所はすべてタルドへの註記である。また、「社会の虚偽性」では註記総数七九のうち五箇所である(『パスカルに於ける人間の研究』二箇所、「解釋學的現象學の基礎概念」一箇所、「人間學のマルクス的形態」二箇所)。なお、補足文中での三木のパスカル論からの引用ないし援用は五箇所みられるが、それ以外の七四箇所はすべてタルドへの註記である。以上からも三木の梯への影響力は絶大であったことがわかろう。

(22)　アントワーヌ・クールノー(Cournot, Antoine Augustin 1801-77)は、フランスの数学者、経済学者、哲学者であり、パスカルの確率論を独創的に数学的確率論と哲学的確率論として展開したことで知られる。前者は自然科学と社会科学とくに経済学に応用され、後者は認識論・知識論として展開された。本稿の文脈から興味深いのは、哲学的確率論にあっては経験的事実を前にして理性の限界性が露呈される仕方について論究されている点であろう。いいかえれば、秩序と偶然から構成される現象世界の科学的認識が個々の認識領域においてどの程度の有効性と確実性を持ちうるかが問われるのである。詳細は、小林道夫ほか編『フランス哲学・思想事典』弘文堂、一九九九年、二三三―二三五ページを参照。

(23) このような意味においても、タルドはパスカリアンである。この点について、G・タルド『世論と群集』(未来社、一九六四年)の訳者・稲葉三千男は、「デカルトとパスカルとは、二つの思考形式の、あるいは二つの思考方法の、それぞれの偉大な代表者であって、現代の精神は、これらのいずれかに二分されている」というベルグソンの言葉に触れて、こう述べている。「十九世紀末のフランス社会学界を二分した巨星、タルドとデュルケームの思想形式を、あるいは思考方法をみるなら、ここにもカルテジアンとパスカリアンとの、またパスカルの有名な二分法に則していうなら『幾何学的精神と繊細の精神と』の、運命的な対立を発見できよう。」(同、二三〇ページ)こうしたフランスの精神史的文脈からすれば、梯のタルド研究が三木のパスカル研究と密接な関係にあることがわかるであろう。

(24) 三木は『パスカルに於ける人間の研究』では、「基礎經驗」と解釈学的手法についてこう述べている。「概念の與へられてゐるところではそれの基礎經驗を、基礎經驗が與へられてゐるところではそれの概念を明らかにするのが解釋の仕事である。」(前掲三木全集第一巻、五ページ)さらに、「人間學のマルクス的形態」の冒頭では、「日常の經驗がロゴスによつて支配されてゐるのに反して、基礎經驗はロゴスに指導されることなく、却てみづからロゴスを指導し、要求し、生産する經驗である。それは言葉の支配から獨立であるといふ意味でひとつの全く自由なる、根源的なる經驗である。」(前掲三木全集第三巻、五ページ)また「ロゴスの支配し能はぬ根源的なる經驗は動性として存在する」がゆえに、「不安的動性は基礎經驗の最も根本的なる規定」である。それは経験に光を与え公のものとして救済する言葉を拒む「闇として經驗される」ものである。いいかえれば、「ロゴスによつてあらかじめ強制」されない「存在に對する人間の交渉の仕方」、世界を所有する人間の「動的雙關的關係の全體」、つまり生の根源的な事実性のことである(前掲三木全集第三巻、六―八ページ)。この点については、同三木全集第三巻『觀念形態論』、前掲鈴木著作集(第二巻)、三八九ページ、前掲佐々木『三木清の世界』、七三―七五ページ参照。

(25) ライプニッツ「モナドロジー」については、下村寅太郎編『スピノザ／ライプニッツ』(世界の名著30) 中央公論社、一九九四年、四三七―四六〇ページ参照。

(26) この点を傍証するものとしては、梯へのインタビュー「レーニンの『物質の哲学的概念』から私の『全自然史的過程』の思想へ」(一九六四年九月) 前掲『全自然史的過程の思想』、三五二―三五三ページが興味深い。また、レーニンの「物質の哲学的概念」が湛える積極的な可能性に言及する三木と梯との関係についての指摘としては、前掲鈴木著作集（第二巻)、三九〇―三九一ページが示唆深く重要である。

(27) この意欲については、三木清「解釋學的現象學の基礎概念」前掲三木全集（第三巻)、二一〇ページ参照。ここで梯が念頭に置いているのは、明らかに、M・ハイデガーがいう「現存在の実存論的分析 (existenziale Analytik des Daseins)」の立場から、日常性を生きる「ひと (das Man)」(＝非本来的な自己) とは存在論的 (ontlogisch) に区別される「現存在 (Dasein)」(＝人間) の存在根拠として「關心 (Sorge)」概念を捉える三木の議論である。

(28) ここではこの存在一般の歴史が後に「全自然史的過程」として概念化され体系化されてゆくことに注意されたい。この点については、註 (41) 参照。

(29) 前者の二論文は『社會科学の豫備概念』(一九二九年四月) に収録され、後者は『唯物史觀と現代の意識』(一九二八年五月) に収録されている。

(30) この点の分析的証言としては、前掲久野『三〇年代の思想家たち』、七三―八三ページ参照。なお、こうした思想的課題は西田幾多郎や田辺元にも十分に意識されていた。この点については、前掲鈴木著作集（第二巻)、二七〇―二七三ページ、竹内良知『西田哲学の「行為的直観」』農山漁村文化協会、一九九二年、一三、一〇一ページ、前掲荒川『昭和思想史』、二九―三〇、五五―五六、一八五ページ、西谷啓治ほか『田辺哲学とは』燈影舎、一九九一年、四七―九四ページなどを参照。

(31) この論文の原題は「社會と自然」で、雑誌『思想』(一九二九年八月) に発表され、後に『觀念形態論』(前掲三木全集第三巻、五一九―五二一）に収録されている。この論文における三木の言説は、梯の「物質の哲学的概念」の探究にとって極めて重大な意味を持っていたと思われるので、以下にその論点を長くなるがまとめておきたい。すなわち、「これ（ダーウィンの書『種の起源』）は我々の見解にとつて自然史的基礎を含んでゐる」というマルクスのエンゲルス宛書簡（一八六〇年一二月一九日）の一節を引用したうえで、三木はこう述べる。「彼（ダーウィン）が説いた進化または發展といふことは單なるメハニスムスによつて明らかに盡されるものでない。それを明らかにするためにはテレオロギーをその神祕的な姿から解放して、それの『合理的な意味』を把握することがまた必要である。唯物辯證法とは恰も斯くの如きものである。」（五〇七ページ）三木はまた、「物質とは感覺によつて我々に與へられるいる（「我々の意識の外部に存在する」）客觀的實在である」というレーニンの「哲學的範疇としての物質」についての命題が「カントに於ける『物自體』の規定と甚だ類似してゐる」と指摘しつつ、さらに敷衍してこう述べる。「現代の新カント學派がつとめて抹殺しようと試みている物自體に積極的な意味を認めてカントを新しく解釋し直すことが出來るやうである。しかるにそのためにはカントの全哲學がこれまでのやうに認識論的にでなく、寧ろ存在論的に解釋されることが必要であらう。そして他方に於いては、マルクス主義の唯物論が從來の感覺主義的認識論に陷らないためには、感覺そのものがまた存在論的に把握されることが要求されてゐるやうに見える。」（五二一ページ）そしてこれらの課題に応えるとき、「初めて物質としての自然と社會との區別及び關係が哲學的に解明されるに到るであらう。」（五二〇ページ）結局、この課題の哲学的解明は、『歴史哲學』の「第三章　歴史的發展」（前掲三木全集第六巻、一〇四―一〇五ページ）において「自然史Natur *geschichite*」の問題として意識されながらも、最終的には『構想力の論理』にみられるような技術を媒介とする自然史と人間史の結合を問題とする「形の哲學」として展開されることになる（「哲學ノート」前掲三木全集第一〇巻、四五〇―四五一ページ）。

（32）この点については、前掲三木全集（第三巻）、前掲鈴木著作集（第二巻）、三九〇―三九一ページ参照。ここで鈴木は次のような極めて重要な指摘をしている。「三木はその後、これらの重要な唯物論的テーマに触れることはなかったが、この問題を梯明秀が物質の哲学的概念の確立として批判的に継承したのであろう」として、「自然史のテレオロギー的把握を志した梯氏の初期の労作の発想の地盤と終点とはすでに三木のこの論文のなかに予見されている」（同三九一ページ）。

（33）　前年の一九二九年四月、共産党員が大量検挙され、党組織が壊滅的な打撃を受ける（四・一六事件）という政治弾圧のなかで、共産党のシンパサイザーとみなされた三木は豊多摩刑務所の未決監に収容される。それにもかかわらず、三木への「偽装暴露の批判」は執拗に繰り返され、マルクス主義の理論研究誌『新興科學の旗のもとに』と雑誌『國際文化』グループが合同して設立された『プロレタリア科學研究所』（一九二九年一〇月創立）の組織的機関誌『プロレタリア科學』（同年同月創刊）の編集部は、編集長と「唯物辯證法部会」の責任者としての三木を解任・排除している。これを契機として三木はマルクス主義から離脱してゆくことになる。荒川幾男はロシア・マルクス主義をもって「正統派」とする人々による三木批判の背景について、こう述べている。「『ボルシェヴィキー化する』ことは、主体的には自己を共産主義者として確立するための思想改造の倫理的な努力であるとともに、理論的には、政治の優位によって党の正統性を後光にしつつ、『正統派理論』によって『純化』するセクト闘争であった。」（前掲荒川『昭和思想史』、五四―五五ページ）なお、三木の反批判については、「唯物論とその現實形態」（一九二九年二月、前掲三木全集第三巻）、「唯物論は如何にして觀念化されたか――再批判の批判」（山崎謙・秋澤修二と分担執筆、一九三〇年六月、前掲三木全集一〇巻）参照。

（34）　この点については、本多謙三「哲学の新転向」『思想』（一九三二年八月）参照。

（35）　この論文「三木哲学のファッショ的形態」が雑誌『批判』に掲載された一九三二年には、前年三月の「三月事件」（陸軍青年将校「桜会」によるクーデター未遂事件）→「錦旗革命事件」一〇月）や九月の満州事変を受けて、海軍青年将校や農村青年らによる血盟団事件（井上準之助前蔵相暗殺二月九日、三井合名理事長団啄磨射殺三月五日）をはじめ、満州国建国宣言（三月一日）、五・一五事件（犬養毅首相射殺）、特別高等警察部設置（六月二九日）といった「急進ファシズムの全盛期」に入る。一方、コミンテルンから「日本に於ける情勢と日本共産党の任務に関するテーゼ」（「三二年テーゼ」）が示されている。この「三二年テーゼ」については、前掲宮川『日本精神史への序論』、一〇九―一一一ページ、前掲荒川『昭和思想史』、六五―六八ページ、長岡新吉『日本資本主義の群像』ミネルヴァ書房、一九八四年、一三九―一六四ページ、加藤哲郎『コミンテルンの世界像』青木書店、一九九一年、「はしがき」などを参照。

(36) 三木の『歴史哲學』（一九三二年）の刊行に応答するかのように、梯は、先に示した『物質の哲学的概念』（一九三四年）に収録された諸論文のほかに、習作的な性格を持つものとはいえ、「生産世界の判断過程」（一九三四年）、「労働過程の弁証法」（一九三四年）、「人間労働の資本主義的自己疎外」（一九三五年）、「資本発生の弁証法」（一九三五年）（以上『資本論の弁証法的根拠』一九四八年に収録）といった一連の画期的な諸論文を精力的に発表し、マルクス経済学批判の唯物論的原理の思弁的探究に全精力を注いでいる。

(37) ハイデガーの「基礎存在論」と「現存在の実存論的分析論」については、木田元『ハイデガー』岩波書店、一九八三年、一一四―一二六ページ参照。

(38) 本質存在（essentia）と事実存在（existentia）の哲学史上の位置づけについては、木田元『哲学と反哲学』岩波書店、一九九〇年、一七〇―二三二ページ、同『反哲学史』講談社、一九九五年参照。

(39) 三木の「社會的身體」概念の分析については、湯浅泰雄『近代日本の哲学と実存思想』創文社、一九七〇年、二二八―二二九ページ参照。

(40) こうした思想と行動の体系がもたらした歴史現実の原理的反省と批判的分析については、中島吉弘「第一〇章　S・ルークスのマルクス主義批判と一九八九年革命論――〈道徳性〉の認識を手がかりにして」中央大学社会科学研究所編『革命思想の系譜学』（研究叢書四）中央大学出版部、一九九六年参照。

(41) 梯はマルクスの「自然史的過程」概念を天体史⇅生物史⇅社会史の三階層から構成される主体的物質の現象形態として捉える立場を「全自然史的過程の思想」と呼び、己れの哲学の立場としている。この点については、さしあたり梯明秀「総括的序論＝全自然史的過程の思想」前掲梯著作集（第一巻）所収、ならびに同『資本論への私の歩み』現代思潮社、一九六〇年を参照されたい。

(42) 三木はこの「事實」概念の哲学史的意義について、以下のように述べている。「カントの自我は純粋に實踐的なものに徹底されることによつてフィヒテの所謂事行となつた。然しながら我々のいふ事實としての歴史はカントの自我はもとより、フィヒテの事行とも決して等しくない。それはフィヒテに於けるが如き純粋な行爲でなくして、却て感性的なもの、身體的なものと結び付いた實踐である。それは Tathandlung（事行）ではなく、まさに Tatsache（事實）である。」（前掲三木全集第六巻、三三ページ）ここにはフォイエルバッハのヘーゲル批判を批判的に継承したマルクスの「自然主義＝人間主義」（『経済学哲学手稿』）から構想された実践哲学が明らかに想定されている。

(43) この点については、前掲唐木『三木清』、一一九―一二九ページ、前掲赤松『三木清』、一八五―二〇〇ページ参照。

(44) 前掲唐木『三木清』、三―四ページ、一一八ページ参照。

(45) 丸山真男によれば、「執拗低音（basso ostinato）」とは、日本思想史の「個性」として同定される概念であり、大陸からの外来思想が主旋律として「そのままひびかないで、低音部に執拗にくりかえされる一定の音型によってモディファイされ、それと混ざり合って響く」事態のことである（丸山「原型・古層・執拗低音――日本思想史方法論についての私の歩み」武田清子ほか編『日本文化のかくれた形』岩波書店、一九八四年、一四六―一四八ページ）。なお、同「思想史の考え方について――類型・範囲・対象」同『忠誠と反逆――転形期日本の精神史的位相』筑摩書房、一九九二年をも参照。

(46) この点については、安部大悟『親鸞に返る精神――三木清について』法象文化研究所、一九五八年、一一一―一二六ページ参照。

(47) 前掲唐木『三木清』、二八七―二八九ページ参照。

(48) 三木と同じく親鸞に触発されて『懺悔道としての哲学』を書いた田辺元（一八八五―一九六二年）についていえば、彼の当初の反ファシズムの意図とは裏腹に、その「種の論理」が「歴史的基体としての種族的共同体」＝天皇制国家への滅私奉公を強いる総力戦体制の無限肯定へと転落したことを、ここでは想起しておくにとどめたい。この点については、前掲後藤『転向と伝統思想』、一六九ページ、同「総力戦理論の哲学」『共同研究転向』（改訂増補・中巻）平凡社、一九七八年、前掲荒川『昭和思想史』、一八五―一八九ページを参照されたい。

(49) この梯の論文にあっては、戸坂潤、岡邦雄、三枝博音が「悟性主義」の立場にあるものとして否定的に言及され、一方、船山信一、古在由重が「弁証法的合理主義」の立場にあるものとして肯定的に言及されている。

(50) 梯の技術論に関する原理的考察については、中島吉弘「梯明秀の労働過程論と技術論について――根源的異質性としての物質の構想力に向けて」中央大学『大学院研究年報』(第一七号Ⅳ文学研究科篇)、一九八八年参照。

(51) 「行爲的直觀の立場」とは、いうまでもなく、西田哲学の概念である。とはいえ、唐木順三によれば、『構想力の論理』は西田哲学の客観主義を強く意識しつつも、その対極にある主観主義の立場から乗り越えようとした試みとされる(前掲唐木『三木清』、一四八―一五一ページ参照)。また、「自由民権運動の挫折を旧同志として身近に経験した」北村透谷の「内部生命論」に至る歩みについて考察するなかで、「昭和初期のマルクス主義運動の挫折を同伴者として深刻に経験した」三木の『構想力の論理』が、「おそらく昭和の時代にわが国で書かれた最高の『自由』論のひとつとして読める」とする坂部恵の言説は、本章の課題意識からみて極めて示唆的である(坂部恵「西洋経験としての『自由』」茅野良男・藤田正勝編『転換期としての日本近代』ミネルヴァ書房、一九九九年、七六―七九ページ)。

(52) 梯技術論の意義と限界については、前掲中島「梯明秀の労働過程論と技術論について」参照。

(53) 宮川透『日本精神史への序論』紀伊國屋書店、一九六六年参照。

(54) 饗庭孝夫『経験と超越――日本「近代」の思考』小沢書房、一九八五年参照。饗庭が分析しているように、パスカルからマルクスへ、そして『構想力の論理』から『親鸞』への三木の歩みには、「日本『近代』の知識人の〔土俗的共同体へと回帰する〕心性と知的営為の二重構造」(同、三一七ページ)がある意味では確かにスリリングな形で露呈しているといえよう。とはいえ、こうした三木の歩みが以下の家永三郎の言説の文脈のなかに位置づけて理解されることは、やはり重要である。「親鸞は、貴族社会の脆弱性とその歴史的転落の危機感を根源として流布した末法思想を媒介とはしたが、無常観とは全く無縁であり、人間の有限性相対性をその罪悪において把握することによって、その教義は終始実践意志の問題を核心として体系づけられた。そして重要なのは、……日本の伝統である内在的世界観を脱却し絶対超越の世界への転入に成功した結果、現実世界内のあらゆる人間的権力・権威・栄華を相対視する視点に到達し、これまで日本の思想界の体勢を占めてきた地上の権力・権威・栄華の祈願を使命としてきた鎮護国家・銷炎致福等の呪術を一切否定する高さに上昇できたばかりでなく、政治権力から加えられる弾圧に敢然と抵抗する主体性さえ確立されるにいたったことである。……しかし……不法な権力の打倒にまでは進み得なかったにせよ、地上の権力と、その個々の具体的様相あるいは発動をめぐり対決するよりも、むしろ地上の権力をトータルに否定する立場を確立したことのほうが、日本思想史の上では空前の根源的精神革命であったというべきであり、むしろそこにこそ絶大な歴史的意義があったといわなければならなぬ。」（家永三郎「日本思想史における超越性と内在性」前掲家永・小牧『哲学と近代社会』、一九六―一九七ページ）三木の遺稿『親鸞』には、このような精神革命に連なる地上の権力への抵抗の意志が厳然と伏在しているように思われる。

(55)　彼らにみるような思想形成が危険視される理由については、前掲小牧『国家の近代化と哲学』、二六五―二七五、二七八ページ、前掲小牧論文、三―六ページ参照。小牧によれば、文字どおりの「王政復古の親政、孔子の道による徳治」を主張する「伝統的儒教主義」者たち（元田永孚）と、文明開化を「科学技術や実業の面における教育といういわば産業面の合理化によって、個人の自由や人権を実現するための思考や運動をそらし、個々人の生存権を中核におく国家観ないし政治論を空論として斥け、もって個人を現存体制のもとに包括し埋没」せしめんとする「知性派官僚」（岩倉具視・伊藤博文・井上毅たち）の対立を孕みつつも、「権力側の構想と方策」が上からの日本の近代化として強力に推進され結実してゆく背景には、「それを可能にしそれを実現させるような精神的風土（民権意識の未成熟ないし弱さ）が存在した」（同前掲書、二八〇―二八二ページ）のである。

(56)　前掲宮川『日本近代哲学の遺産』参照。

(57)　前掲饗庭『経験と超越』、三〇九―三一七ページ参照。

(58)　前掲小牧『国家の近代化と哲学』、前掲小牧論文参照。

(59)　ここにいう日本の精神風土とは、加藤周一に従っていえば、「個人が集団に高度に組みこまれている」ために、「家や村や藩や国家」といった「集団に超越する価値が決して支配的にならら」ず、典型的には個人の「便宜主義（opportunism）・体勢順応主義」的行動様式として現象する「統一的な全体」としての精神文化ともいえよう（加藤「日本社会・文化の基本的特質」前掲武田『日本文化のかくれた形』）。この「統一的な全体」としての「基本的特徴」は「競争的集団主義（competitive grouping）」、「世界観の此岸性と超越的価値の不在（this-worldliness）」、「国民的健忘症（national amnesia）」として現れる「現在主義」が相互に関連し合いながら成立させる、「極端な形式主義と極端な『気持』主義の両面を備えた価値の体系」（同二〇、四三―四四ページ）である、と加藤は述べている。さらに家永三郎によれば、「仏教渡来以前に於ける日本の古代思想」の「論理的構造」は「肯定的人生観と連続的世界観と云う二語に尽きるであらう」として、「太古人の思想にとつて、あらゆる世界は現実世界と空間的にも性質的にも連続するものとして映じたのである。つまり一切の世界はすべて自分等の住むこの国土の延長としてしか考へることが出来なかつた」（家永『日本思想史に於ける否定の論理の発達』新泉社、一九六九年、二五―二六ページ）と述べている。そしてこう述べる。「日本人もまたその古代思想に於ては否定の論理を欠いてゐた。否定の論理が思想としては仏教から与へられたものであること、恰も西洋思想が同じものを基督教から与へられたのと其の軌を一にし、加之、仏教基督教が日本及び西洋にとつてそれぞれ異郷より齎された外来思想であり、この外来思想によつて初めて否定の論理が教へられた点までが奇しくも符節を合してゐるのである。」（同二四ページ）

(60) 中島吉弘「京都学派と十五年戦争――ヨーロッパ近代理性と『近代の超克』論の陥穽」『クリティーク』（一〇号）青弓社、一九八八年参照。

(61) 野間宏の『暗い絵』（前掲野間作品集一）の「解説」のなかで、紅野謙介が「過剰なるものをかかえたがゆえに、社会の象徴秩序から逸脱していった青年」（四三〇ページ）深見進介（↓梯明秀）の抱懐するに到った世界を捉えた言説は、以上の問題を考えるうえで、示唆的である。「『暗い絵』では深見進介の新たな主体への変容に焦点があてられている。すなわち宇宙、自然、精神／身体を貫流し、カオスからコスモスへ、無から有へ、そしてその逆へと生成と消滅をくり返す生命論的主体へ。その主体はもはや一個の人格的主体を意味しない。多くの存在の生と死を含んだ内在的かつ超越的な何ものかである。それを宇宙史、自然史、人類史を貫く歴史そのものだと言ってもいい。」（四三〇ページ）

第一四章　韓日国境の形成過程と認識の変化

崔　長　根

はじめに

日本は独島の領有権を主張している。韓国は独島を韓国領土として実効支配している。歴史的に見ると、韓国側は、日本が二つの岩礁たる独島の存在を全く知っていない時から関心をもち、領域として扱っていたことがすでに先行研究で明らかになったところである(1)。日本が本格的に独島の存在を認識して関心をもつようになったのは、一九〇三年ころ、漁夫中井養三郎が独島の貸出願を提出するために日本政府の要員を訪ねたときからである。一方、一九〇〇年の韓国側の行政区域を見ると、明らかに独島が韓国領域の一部として扱われていたことが確認できる。にもかかわらず、日本側の主張は、無主地の独島を一九〇五年正式に日本の島根県に編入したとして、それを第一の根拠として取り上げている。また、その措置は、韓国に遅れた日本側の一方的なものであることはいうまでもなく、日本の大陸侵略という膨張期に領土拡張の一環として確保した国際法上に認められないものである。それゆえ、筆者は現在日本の独島領有権主張は韓国主権に対する行政干渉であると確信している。

本章の目的は、このような焦点に立って、日本の独島領有権主張の不当性を一層明確にするために、歴史の中で日本の国境認識とその形成過程を分析しながらまだ未決のままにある韓日間の国境形成過程である、独島の領有権問題を考察してその地位を明らかにするところにある。

研究方法として、まず、日本側の国境観念の形成が豊臣秀吉の全国統一後の対外膨張意識から始まると断定して、「壬辰倭乱前後期の境界観」について考察する。第二に、西洋列国の東洋進出期に国防認識から隷属関係の認識をもっていた周辺地域との関係を検討するために「徳川幕府時代の境界観」について考察する。第三に、西洋列強による国家危機から脱出する方法として周辺地域編入および国家併合の時期であった「明治期の境界観」について考察する。第四に、特に、独島は日本の敗戦後、独島の歴史的関係を知っていなかった連合国側の一九五二年対日講和条約での曖昧な独島措置、一九五二年の韓国政府の平和線宣言による独島領有権の再確認、一九六五年韓日会談での日本の独島領有権主張など「敗戦後の境界観」について考察することにする。その時、韓日間の国境形成に主な要素として登場する対馬、鬱陵島、独島について考察することになる。

1　壬辰倭乱前後期の境界観

今日のような日本の国境形成における認識の始まりは、やはり豊臣秀吉の日本全国統一以後と見るのが妥当であると思う。歴史的に見ると、統一日本という国が国境意識を持つことになるのは豊臣秀吉の全国統一以後であると考えられる。その以前は藩中心の国家体制の中は領地間の境界意識はあったかも知れないが、極東のはてに位置している日本として大陸国家を始めとする他国との関係がそれほどなかったので、日本全国と外国との国境意識は生まれなかった。日本の領域観念に関する先行研究から見ると、古来日本の領域は、八世紀中期に建てられた「多賀城碑」によれば、仙台の北方二〇里は蝦夷の領土であるとの記録がある。その後「杭武帝の時は坂上田村麻呂が統制して津軽海峡に達し、西暦八〇二年、そこに胆沢城を築」いた。[2] 鎌倉幕府の『吾妻鏡』によると、「建保四年(一二一六年)六月、東寺の凶賊や強盗、海賊の類五〇人あまりを蝦夷に流したとある。続いて文暦二年(一二三五年)夜討、強盗の末輩を蝦夷島に流罪とした。たとえ流罪とはいえ、北海道へ倭人移住の記録はこれが最初である」とあるように、[3] 一三世紀中葉になってやっと境界ではなく、犯罪人を追い払う地として蝦夷地の存在を認識した程度で、まだ境界の認識は生まれていなかったことがわかる。それから、「花園帝の時、一四四三年(嘉吉三年)、武田太郎という人が信広海を越えて蝦夷の国に侵入して土地を経営した」とあるように、[4] 日本列島に続いている蝦夷地に対して消極的で領域意識は生まれてはいなかったものの、境界意識が生まれ始めたと考えられる。つまり、「中古以来、専ら対外経営を事とせず、内乱また頻発たる起こり、領土拡張を図るものがなかったが、かえって元寇の侵犯(一二七四、一二八一年)があり、その後にはスペイン、ポルトガルを始め中世以後の欧州諸国の植民地獲得を争う時に、徳川幕府(一六〇〇―一八六七年)は外国と交通するの危機を恐れ、寛永鎖国令を発した。但しオランダ(一五八〇年種子島にオランダ人銃砲技術伝習―引用者)に限り長崎に出入りすることを許し、幕末に至る」とあるように、[5] 一三世紀中葉の元寇の侵犯やスペイン、ポルトガルなどによってやっと境界意識が生まれて鎖国を断行し、その鎖国のさなかに主従関係の確認の意味で周辺地域と交流を行なっていたくらいであった。つまり、一九世紀に入るまでは、周辺地域である琉球、北海道、小笠原諸島、台湾、尖閣諸島、欝陵島、独島など明治以後領土化を試みた地域については積極的な領域の認識はなかったのである。

徳川時代に、長崎を開港してオランダとの西洋交易を除く、対馬を通じた通信使の来日などの朝鮮との交易、松前藩を通じての蝦夷および中国との交易、薩摩藩を通じた琉球との交易などは従属関係を確認するくらいのもので、対外危機を恐れた鎖国の日本国家体制を維持するに汲々たる措置として領土膨張の動きはなかった。

ここで、この時期の朝鮮と日本との国境問題を考える場合、対馬の地位が重要な要素として台頭する。古来から対馬は、倭冦の根拠地で島主宗氏によって統治される地域として知られ、また、地理的に朝鮮と日本の間に位置して豊臣秀吉の日本全国統一の時、日本に統合される。最近の研究によると、倭寇とは今の韓国の全羅道南部地域に「倭韓」として朝鮮半島にいた一氏族集団であるとの説もあり、日本列島に住んでいた元日本人であるとのことも問題があるが、それはともかく、史料によると、対馬が日本に統合される以前に朝鮮と深い関係を維持していたという。『世宗実録』一四一九年六月条によると、「対馬はわが国(朝鮮)と海を間にしているが、われの治めを受けている地域である」。「対馬は本来朝鮮の一部である。山が険しく耕地が狭い。対馬が倭冦の根拠地になったとき、朝鮮国王は恥を忍んでこれを容認して戦いをやめた。[6] 飢饉の時は憂いと思い、通商のための門戸を開き助けを求める対馬島を助けて生計が立てられるようにめんどうを見てあげた」とある。[7] すなわち、一四一九年六月ごろに、朝鮮朝廷では対馬を領域の一部であると考えていたが、本土と遙かに遠く離れていたため、対馬が倭冦の根拠地となったとき、それを認めたという。また、壬辰倭乱(一五九二―九八年)の時、領議政・柳成龍の『懲毖録』によると、「対馬島主宗盛張が島を守っていたが、朝鮮に服従した。対馬は朝鮮に属する」とある。[8] このように当時の朝鮮朝廷では、対馬が距離から見ても日本より近いので、朝鮮の一部と考えていたことがわかる。

それに対して、対馬と日本との関係はどうなのか、豊臣秀吉が日本を統一する勢いで蝦夷を平定して、さらに九州を平定する直前に、対馬島主は、一五八六年、自ら秀吉に書簡を宛て服従することを告げた。それ以後、豊臣秀吉が朝鮮侵略を計画していた時は忠誠を誓い、実際、壬辰倭乱の時、島主宗義智は、日本軍の尖兵として一万八、七〇〇人と七〇〇余隻の戦艦を朝鮮に送り、日本側に立って参戦していた。[9] このように、対馬は豊臣秀吉の日本全国統一期に朝鮮侵略に協力という役割と重なって日本に統合されて、幕府はそのときから日本領域の一部と認識していた。

一方、対馬は地理的に日本と韓国との間に位置していたので、朝鮮本土と離れていた、東海の欝陵島に領土的な関心をもっていた。そもそも対馬の人は、対馬が険しい山地となっていたため食料不足の状態で、朝鮮の全羅道や慶尚道にまで潜入してものを略奪していたが、土地が対馬より肥沃で木材の産地で海産物も豊富な欝陵島にも潜入していたのであった。

一四〇七年、対馬島主宗貞茂が平島全を朝鮮朝廷に派遣して土産物を献納し、さらに、倭寇が拉致していた捕虜を送還して、欝陵島に対馬人が住んで島を統治しうるように許可を求めた。朝鮮太宗は「一般的に自分の国に住むのが極めて当たり前なことだ。国境を越えると事を起こす」と指摘して対馬島主の請願を拒絶した。[10] ここで、一五世紀の朝鮮と対馬、対馬と欝陵島の関係がうかがえる。前述では、一五世紀ごろ、朝鮮朝廷が対馬を朝鮮の一部である認識もあったが、やはり、この引用文から見てもわかるように、対馬は朝鮮に面倒を見られていた従属関係であることが明確である。つまり、この時の対馬は、日本の領域でもなく、朝鮮の領域でもない、宗貞茂を島主とする独自的な存在であることがわかる。このような関係を裏付けるものとして、朝鮮世宗の時、李鍾茂が対馬を征伐したとき、それに対する対馬以外に対抗する勢力はなかったことから見ても、対馬と朝鮮、それから、対馬と日本との関係がうかがえるのである。

壬辰倭乱以後、戦争後の荒廃化した本土の収拾にも気力のない朝鮮朝廷は、欝陵島に日本人が潜入して被害を出していたので、陸地から遙かに離れて保護を受けられない島民を保護する目的をもって送還して島を空島化していた。その機会を利用して対馬島主は欝陵島を独占しようと意図していた。一六一四年六月、小型の船で朝鮮の東来府に書契を提示して、「徳川家康の命令を受けて磯竹島を視察に往くところであるが、台風に会う恐れがあるので、道を案内する人を同行させてくれること」を求めていた。[11] つまり、対馬島主は壬辰倭乱後、元の島民は朝鮮朝廷によって送還されていて、実際、島には人が住んではいなく、日本人が欝陵島を潜入していた状況であったので、欝陵島に対する朝鮮政府の領土意思を確かめるためであった。それに対して、朝鮮朝廷は欝陵島が朝鮮の島であることを主張する懐柔文を与えて帰させた。さらに、同年九月、朝鮮朝廷は対馬島主に書契を与え、「欝陵島は『東国与地勝覧』にも朝鮮領土であると明確になっていること」を主張すると共に、対馬の欝陵島領有権主張には強硬に対応するとの意思を幕府に伝えるように通告した。[12] 一六一五年、対馬島主は再び欝陵島の地形の探検に行く道であるとして、二隻の船に乗って東来府を訪ねてきた。朝鮮側は強硬な抗議書を持たせて帰させたのである。[13] もちろん、日本でもそれより遙かに以前から欝陵島を韓国領土として認識していた。一〇〇四年の『権記』によると、「高麗の藩島である欝陵島の人が漂流してきた」とあり、また、「高麗の藩島のなかには新羅国欝陵島の人がいる」。「新羅ウルマ島の人が来る。ウルマ島は即ち欝陵島である」とある。[14] すなわち、一〇〇四年頃、日本では今の欝陵島が「欝陵島」の名で高麗の領域として知られていたのである。もちろん独島は天気がよければ欝陵島から見えるが、当時は何の役にも立たない岩礁に過ぎないものだったので、ただの海とほとんど変わらないものと認識していた。

そして、倭冦が高麗末期と朝鮮初期にかけて全羅道内陸の奥地と慶尚道の南部を侵入していたが、その時、倭冦の侵入を防ぐことができたのは、朝鮮の境界対策であった。それが朝鮮太宗の時、施行した欝陵島の空島政策である。その理由は、欝陵島が遠く離れた海の真ん中に位置していたので、軍役を避けるため身を隠す人が出たり、また、欝陵島に住む多くの島民が倭冦の侵入による被害が出ていたためであった。一四〇三年、朝鮮政府は江原道監司の要請を受けて住民を陸地に移住させた。当時欝陵島には、一五戸八六名の人が住んでいた。[15] また、前三陟万戸・金麟雨を推薦した戸曹判書・朴習が江原道監察使から聞いた話を借りて太宗に欝陵島以外に小さい島の存在を告げていた。そのため、朝鮮朝廷は「武陵按撫使」金麟雨を「武陵等処按撫使」に改名して、小さい島、即ち、独島を含めて両島の管理を委任したのであった。[16] そして、一四二五年、世宗の時は、人の目を避けて二八名が欝陵島に入っていた。その際朝廷は、金麟雨を「于山・武陵等処按撫使」として任命した。[17] このとき、朝鮮朝廷は「独島」である「于山」を朝鮮の領域と認識してその管理を命じていたのであった。その時、「独島」を「于山島」と呼んでいたことがわかる。朝鮮朝廷は倭寇の侵略から東海の「欝陵島」と「独島」を守っていたのであった。

それ以外でも、朝鮮朝廷が「独島」を朝鮮領域として扱っていた痕跡はかなりある。たとえば、一四三二年及び一四五四年に編纂された『世宗実録』の「朝鮮地理誌」によれば、「県の正東海の真ん中に于山と武陵が位置している。天気がよければ互いに清明に見える」との記録がある。[18] 東海に欝陵島からいい天気の時、見える島は独島のほかにはない。世宗の時に独島と欝陵島を朝鮮の領域として扱っていたことがわかる。[19] 一四七六年、成宗の時は、独島の形をそのまま描写して「三峰島」と呼び、独島を朝鮮の領域と扱っていた。それから、一四八一年の『東国与地勝覧』、一五三一年の『新増東国輿地勝覧』にも「欝陵島」と「于山島」を明記して朝鮮の領土と記録している。[20]

つまり、前述のように、対馬と日本との関係は、対馬は、壬辰倭乱直前に豊臣秀吉に服従された後、仲介して壬辰倭乱の時、断絶した日朝関係を再開させた。また、それ以降は日本の朝鮮外交の窓口として役割を担当してきた。そして、欝陵島と日本との関係は、日本列島に住んでいた人々は朝鮮の新羅と高麗時代から欝陵島を朝鮮領域と認識していたが、豊臣秀吉の朝鮮侵略期から欝陵島が日本の領土拡張の対象となっていた。たとえば、佐藤信淵によると、「豊臣の朝鮮侵略の時、最も早く因幡国の主人亀井武蔵守茲矩が兵士を率いてこの島（欝陵島）に入り、島主を殺害してこの島から朝鮮国咸鏡道を攻撃した」と指摘している。[21] つまり、壬辰倭乱以後、日本人は頻繁に欝陵島に潜入して漁獲と伐採を行っていた。それ以降、二回にわたる倭乱によって国家統治力が極めて弱体化された朝鮮朝廷は、日本人の討伐と乱獲を統制する力がなかった。この時期に日本人が欝陵島を「竹島」、「磯竹島」と呼ぶようになり、朝鮮側では南海岸および東海岸の少数の漁民が一時的に欝陵島へ入り出漁するくらいで、多くの日本人が潜入して欝陵島を独占していた状態であった。

2 徳川幕府時代の境界観

徳川幕府は、一六〇〇年関が原合戦で勝利して江戸に幕府を開いて一八六八年明治政府が成立するまで二六八年間続いたが、長崎を通じたオランダを除いて西洋人の来日は言うまでもなく、海外日本人の帰国さえ許さない鎖国政策をとっていた。一六一八年、徳川幕府は米子の町人大谷甚吉と村川市兵衛が欝陵島渡航のための免許を申請したので、それを許可したことがあった。この大谷家と村川家は欝陵島へ往復し、その途中に位置する独島(松島)の存在を知った。徳川幕府は、一六五六年、松島(独島)渡航の免許を要請する大谷家に対してそれを許可したこともある。[22]つまり、大谷家が欝陵島への航海免許証を取得したにもかかわらず、さらにその道筋にあった独島の渡海免許証をも取得したことは幕府の海外渡航を厳しく取り締まっていたことがわかる。特に、当時徳川幕府が発行した渡海免許証は、日本人の海外渡航および帰国さえ禁じていたときだから、渡航免許証をもっていない人は本来、日本国外には出られなかった。即ち、この渡航免許証は外国への渡航を許可するものであったので、当時幕府は欝陵島および独島を日本の領域ではなく、朝鮮の領域として扱っていたのである。

日本側の記録として始めて現れる独島(松島)の存在は、一六六七年の『隠州視聴合記』である。『隠州視聴合記』は、出雲の官人斎藤豊仙が藩主の命を受けて編纂したもので、その中に、「この二つの島(欝陵島、独島)は無人島であるが、高麗を見ることが、まるで雲州（島根県）から隠岐を見るのと同じだ。即ち、日本の西北境地はこの州（隠州）をもって限（境界）とする」とある。[23] 即ち、当時の島根県庁では、欝陵島はもちろん、独島をも朝鮮の領域として認識していたのである。

一六九三年、日本が独島と欝陵島を朝鮮の領域と認識していた状況のなかで、韓日両国の漁民が衝突する事件が発生した。[24] その経緯は次のようである。即ち、釜山の漁民安龍福の一行四〇余は、欝陵島に漁業に出かけたとき、欝陵島に侵入して漁業と伐採を行っている日本漁夫を発見して欝陵島が朝鮮領域であると主張した。それに対して、日本漁夫は欝陵島の所属問題を明確にするとして安龍福の一行を日本の隠岐に誘引した。安龍福の一行は、隠岐島主によって伯耆州太守に渡されたが、どうどうと欝陵島が朝鮮の領域であることを主張して日本漁夫の欝陵島侵入を禁止することを要請した。すでに伯耆州太守は欝陵島が朝鮮領土であることを知っていたので、安龍福の一行を江戸の関白（ここでは幕府の将軍のことをさす）に移送した。幕府将軍はそれを調査した結果、伯耆州太守にして「欝陵島非日本界」という書契を命じ、江戸→長崎→対馬を経由して朝鮮へ帰らせるよう命じていた。[25]

ところが、安龍福の一行が長崎についたとき、長崎島主と対馬島主は、関白が伯耆州をして書かせた「欝陵島非日本界」の書契を奪って一行を対馬へ連れていって監禁した。これは長崎島主と対馬島主が欝陵島を奪取する意図があったからである。対馬島主は、前述のように、朝鮮朝廷の空島政策による空いている欝陵島を占領する機会を窺っていたので、この機会を利用して新らたな書契をもたして使節として橘真重（多田与左衛門）を釜山の東来府使に派遣した。その書契では、むしろ安龍福の一行が日本の領域である欝陵島へ侵入した越犯者として扱い、「これからは日本の領域である竹島に朝鮮船舶の出入を決して許せない。貴国も出漁を厳しく禁じること」を要請しているものであった。つまり、安龍福の一行を越境者として扱うと共に、欝陵島を日本の領域であることを主張していたのである。[26]

この問題をめぐって、朝鮮朝廷内で苦心していた。対馬島主の要求は幕府の要求であると信じていたからである。朝廷内では、強行派と穏健派の意見が各々分かれて対立し、結局、穏健執権派の左議政・睦来善、右議政・閔黯は「たとえ朝鮮の境地である欝陵島さえも遠いと思い、漁民の往来を禁じているが、なおさら貴国の境地である竹島へ入りご面倒をかけているが、書札まで送らせるなんて、(中略)」と書き、日本の竹島とは別に朝鮮の欝陵島が存在するような言い方をして、間接的な方法もって欝陵島が朝鮮の領域であることを主張して、外交上日本との紛争を避けようとした。これを見た橘真重は「朝鮮の領域欝陵島」という文字を削除する文書修正を要求した。結局、朝鮮朝廷がその要求を収容しなかったので、一五日間を待っていた橘真重は最初の回答書を持って対馬に帰ったのである。[27]

朝鮮朝廷では、「欝陵島＝竹島」の同一の島を二つの島のように表記した穏健派を追い出して、新しく南九万を領議政とする強行派が執権することになった。新執権派は、「朝鮮朝廷の領域を他人に与えることは許せない」と穏健派を非難して、国王粛宗に対して「接慰官を派遣して曖昧な回答書を回収し、さらに、責任者を懲戒し、日本人の欝陵島侵入を禁じさせて欝陵島の日本領域化を防止する」ことを上訴した。粛宗は上訴を受け入れて以前の回答書の回収を命じた。一方、朝廷は安龍福の一行を審問して江戸幕府の将軍が一行を厚待して欝陵島が朝鮮領域であることを認めたことと共に、対馬島主が江戸幕府に功を立てるために長崎で書契を略奪して欝陵島を日本領域と偽造して書契を取り替えたことを訴えてその事実を知ることができたのである。[28]

一六九四年八月、対馬島主は第二次使節として橘真重を派遣して「欝陵島」という用語の削除と、第二書への回答を要請した。それに対して、南九万は以前の回答書を取り消すと同時に、対馬島主が安龍福の一行を監禁したのは領域権利に対する干渉であると抗議して、徳川幕府に対して日本人の欝陵島侵入を禁じるように要請する回答書を与えた。橘真重は朝鮮朝廷の提示した修正書に対して「拘執」および「侵渉」の字の削除を要請したので朝鮮側はそれを拒否した。その後、朝鮮朝廷は王の許可を得て三陟僉使張漢相をして欝陵島を調査させた。さらに、一六九四年以降は、従前の空島政策を放棄して一、二年に一回ずつ長期的に欝陵島の捜討を行った[29]。

一六九六年、対馬島主宗義倫が欝陵島を日本の「竹島」であると主張して朝鮮の主張に不服をとなえたため、この問題は朝鮮朝廷と江戸幕府の間の外交問題へ拡大した。宗義倫が亡くなり、宗義方が新任島主に就任した挨拶にかねて、一八九六年一月、江戸の幕府を訪問したとき、伯耆州太守など四人が集まった席で「竹島一件」について論議された。結局、幕府の将軍は「朝鮮領土であると認めざる得ない」と言い、日本人の欝陵島渡航の禁止令を下すと共に、対馬島主をして朝鮮へその内容を伝達することを命じた。対馬島主は朝鮮の渡海訳官を呼んで書札を与えて徳川幕府の決定を朝鮮側に渡した[30]。

その後一六九六年、安龍福一行は、欝陵島には日本人が多数侵入していたので、伯耆州太守との間に談判するために、第二次渡航を決心して欝陵島を訪問した。そのとき、日本人が漁業および伐採を行っていたので、朝鮮の領土である欝陵島の侵入を責めた。そのとき、日本人は松島（独島）人だと主張したので、「松島即于山島此李我国地汝敢住此島」とし、「松島は朝鮮の于山島だが、敢えて松島人だと言うのか」と責めた。一行は、翌日独島に入り、そこにいる日本人を追い出すと共に隠岐島に入って、すでに以前に関白が欝陵・于山の両島を朝鮮領土であると認めたことを主張して日本人の欝陵島侵入に対して抗議した。伯耆州太守が安龍福の上訴を受け入れたので安龍福は李仁成をして幕府に上訴するようにした。ところが、息子の懲戒を恐れた対馬島主の父は伯耆州太守に切実に要請したため、関白に上訴することはなかった。同時に、伯耆州太守は、「竹島と松島が朝鮮領土である以上、対馬島人が侵入するときは国書を与えると、厳しく処罰する」（両島帰属而国之後或有更為犯越者　島主如或横侵　並作国書　定訳官入送　則当為重処）ことを約束したのである[31]。ついに、対馬島主は、一六九七年一月、刑部大輔裁判差倭平盛常を正式に朝鮮に派遣して欝陵島と独島が韓国領土であることを通報した。また、一六九九年、欝陵島（竹島）と松島（独島）が朝鮮領土であるとの外交文書を朝鮮に送付することによってこの問題は完結したのである。このように、朝鮮側は言うまでもなく、一七世紀の日本は独島および欝陵島を朝鮮領土と扱っていた。それ以後、一七八五年、大学者林子平は、日韓中の三国国境を画線した「三国接壌地図」という地図を製作して欝陵島と独島を「朝鮮ノ持チ」と記録し、朝鮮の領域であると認めていた(32)。そして、一八世紀の「総絵図」にも同じように、独島と欝陵島を「朝鮮ノ持チ」と記録して国境線を画定していた(33)。つまり、日本の知識人たちは、一八世紀末になると、国境線画定の必要性を感じて、それに努めるが、その時、欝陵島と独島を朝鮮の領域として扱っていたのである。

3　明治維新前後期の境界観

一六世紀中半、スペインやオランダをはじめとする西洋諸国が植民地開拓のために日本列島に訪れてきた。一六〇〇年に誕生した徳川幕府は、対馬を通じた朝鮮、越前を通じた蝦夷、琉球を通じた中国貿易など極めて制限的な対外交渉を除く鎖国政策をとった。対外におけるこのような徳川時代の危機意識は、一八四〇年英中間の阿片戦争によって一層高まるようになった。このような状況のなかで現実的な危機として現れたのが一八五三年四隻の黒船にのってきたペリーの来航であった。西洋に対する危機意識は幕府に国境線の画定を促す結果を招来した。西洋諸国の来日を予想して国家的危機を訴えると同時に、国境拡張論を主張した代表的な人物が本田利明、佐藤信淵、会沢正志斎、吉田松蔭などである(34)。

特に佐藤信淵は、朝鮮と日本との関係について言及した代表的な人物である。すなわち、朝鮮侵攻のための戦略として隠岐島から四、五〇里西北海上に松島（独島）と竹島（欝陵島）があることを指摘し、朝鮮侵略の上、まず、竹島を占領して朝鮮本土を攻めることを主張している。[35] また、吉田松蔭は、一八五八年七月、萩に滞在していたが、政府官吏として江戸にいた木戸孝允に朝鮮と日本との領土紛争中にある欝陵島を指摘して、「竹島論は、即ち、日本が元禄（一六九六年）時代に朝鮮に渡したことは過ちであった。[36] 朝鮮を侵略するには欝陵島を先に取らなければならないということには異論がない」とし、欝陵島を先にとることを提言した。[37] さらに、木戸に書簡を送り、西洋列強が竹島を狙っているとの噂を聞いたが、それは長州藩に直接脅威となると指摘し、「朝鮮に空島の竹島を日本が開墾するとすれば異論なし、すなわち、それは最初の航海雄略となる」と強調した。[38] すなわち、西洋に奪われるうちに竹島（欝陵島）を占領することを主張した。そして、一八六〇年木戸は大村益次郎と共に、老中久世大和守に西洋より先に竹島（欝陵島）を開拓することを建議したことがあったが、幕府がそれを許可しなかった。[39]

日本は一八六八年明治維新を通じて近代的な国家として明治政府を設立するが、明治政府に参加した顔触れのなかに吉田松蔭と関係していた人物は、長州藩出身（内治優先派）の志士である伊藤博文、木戸孝允、井上馨などをあげられる。特に、その中で、上述したように木戸は松蔭から直接欝陵島編入の諮問を受けている。木戸と朝鮮侵略論との関係を見ると、実際木戸は、明治政府設立早々から大村益次郎に書簡を送り、「兵力を以て朝鮮の釜山を開港せしめる（中略）朝鮮側の反対がある時は戦争も辞さないのでその対策が必要である」と、征韓論を主張した人物である。[40]

一八六九年九月、外務省出仕・佐田白茅、同斉藤栄、外務小録・森山茂が朝鮮の視察を行い、「朝鮮国情調査報告書」を政府に提出して、「松島（独島）は竹島（欝陵島）に隣接して松島はこれまで掲載の記録はない。竹島は元禄（一六九六年）以後暫くの間朝鮮が人民を居留させたが、物産が豊富であると聞いた」と報告している。[41] これは言うまでもなく、木戸の要請によって行われたものであろう。木戸は佐田白茅に対して「私も大村益次郎のような征韓論の立場であるが、今すぐ征伐するものではない。あなた方と同様な立場であるが、緩急の差がある」と主張した。[42]木戸の朝鮮侵略論は、全面戦ではなく示威による軍事的威嚇であった。[43]すなわち、調査の結果、すでに欝陵島は一六九六年徳川幕府が朝鮮領土であることを認めていたし、また、朝鮮側が実効支配している状況であるので、実際、積極的に領土編入の措置をとることができなかった。その時、独島についても「朝鮮側の掲載記録ない」と政府に報告されていたにもかかわらず、岩礁たる独島は編入価値を感じていなかったので特別な措置はなかった。[44]そして、一八七六年七月、陸奥国出身武藤平学が、同年一一月、下総国印旛郡佐倉田町斎藤七郎兵衛が在ウラジオストクの瀬脇貿易事務官に欝陵島編入を政府に提出することを依頼した。同事務官は、一八七七年欝陵島開拓願を外務省(外務卿寺嶋宗則)に提出した。また、同年島根県人戸田敬義も東京府知事に欝陵島渡海願を提出していた。この件については、東京府知事が中央政府に照会することもなく却下した。その理由は、元禄元年の渡航禁止措置の事実関係を知っていたし、さらに実際一八三七年渡航禁止措置に違反して不法渡航した石見国浜田藩廻船問屋会津屋八右衛門が刑に処せられ、また数十人は屠腹して、その罪を幕府に謝った事件が一般に広く知られていたからであった。[45]

外務省はこのような一般の人の欝陵島開拓願によって再び欝陵島開拓を刺激されて外務省記録局長渡辺浩基にしてその歴史的所属関係を調査させた。その際、渡辺浩基は、「彼の竹島なるものは朝鮮の欝陵島である」。「無主の一島のみある」とし、欝陵島は朝鮮領土であるが、独島は無主地であると報告していた。特に渡辺は「此近傍に英魯其戦艦を出没す若し夫我国の部分ならんには多少の注意無る可らず」とし、欝陵島に対して領土的措置をとるにあたっては列強の干渉も憂慮せざるえないと指摘した。[46]つまり、欝陵島は西洋列強にもよく知られているので注意が必要であるが、少なくとも「独島」は記録がないので編入措置をとっても列強の干渉の余地はないと言う内容の報告であった。もちろん、渡辺の報告書は個人的意見にすぎないものである。この時、日本政府は、欝陵島は朝鮮領土であり、独島は無主地だと報告されたものの、何の役にも立たない岩礁たるものであったので何の関心もなかっただろう。

一八七六年三月一七日、日本内務省は全国地籍を調査して地図を作成するために各県に調査を指示したが、その時、島根県は「欝陵島」と「独島」を島根県の地図及び地籍調査に含めるかどうかについて問い合わせたことがある。内務省は五カ月にかけて、一七世紀末朝鮮との往復関係文書を調査した後、一八七七年四月九日、「それはすでに元禄一二年(一六九九)終わった問題である。竹島と松島は朝鮮領土なので日本とは無関係である」という結論を出し、島根県に送達した。[47] つまり、この時、日本政府は独島と欝陵島を朝鮮領土と扱っていたのである。

一八八三年三月、明治政府は「朝鮮称欝陵島の議は従前彼我政府既定の儀もあり(中略)日本人妄りに渡航上陸した」として朝鮮領土であることを認めていた。[48] これは朝鮮政府が日本人の欝陵島侵入に抗議してその帰還を要請したさい、明治政府が再び北沢正誠にして欝陵島の所属を調べさせて、「松島は古代朝鮮人称する欝陵島にして古来我版図外の地たるや知るべし」との報告を受けたからであった。このとき日本政府の関心は欝陵島であり、独島については、編入の意思および関心が全くなかった。

日本海軍省参謀局が製作した「朝鮮全図」では「独島」を朝鮮領土として表示している。日本外務省も一八七六年「朝鮮東海岸図」を製作して「独島」を朝鮮領土として表示している。日本海軍省水路局は一八八七年の再版から一九〇五年まで版を重ねるたびに「朝鮮東海岸図」では「独島」を朝鮮領土と表示している。[49] また、日本海軍省編纂の「朝鮮水路誌」にも「独島」を朝鮮領土のなかに分類している。[50] 一八八六年日本海軍省が編纂した世界水路誌である「寰瀛水路誌」(第二巻第二版)には「リアンコル島列岩(独島)」として朝鮮の東岸のなかに入れてある。[51] また、一八八九年、海軍省は「寰瀛水路誌」の編纂を中断して、それを「朝鮮水路誌」と「日本水路誌」に区分したが、その際、「独島」を「朝鮮水路誌」のなかに入れてある。[52]

このように、日本政府は、少なくとも一九〇〇年までは独島を鬱陵島と共に、疑いなく朝鮮領域の一部であると信じていた。ところが、日本が「独島」に対する関心をもつようになったのは、一九〇三年漁民中井養三郎があしか猟獲のために内務、外務、農商務三省に「りやんこ島領土編入並に貸出願」を提出してからである。当初中井は、「独島」が韓国領域であると信じていたので、日本農商務省を通じて韓国政府に漁労独占権を確保する申請書を出すつもりだった。ところが、独島編入の必要性を主張する山座政務局長の意見を聴取した日本海軍省の水路局長が中井に働き掛けたので、ついに中井は日本政府に「りやんこ領土編入並に貸出願」を提出するようになったのである。一九〇五年二月二二日、日本政府は一方的に島根県所属の竹島と命名して「独島」を日本領土編入する措置をとった。それは当時日露戦争中であったので、戦略上必要によってとった措置で、実際一九〇五年七月、独島に海軍望楼を設置した。それは日露戦争後撤去された(53)。

その時、日本政府は、固有領土として認識していた韓国政府に対しては何の通報もなかった。韓国政府は、その事実について一年後鬱陵島郡守沈興択の報告で知った。政府及び在野知識人たちは一斉にそれに反対する意思を表明した。参政大臣は「一九〇六年四月二九日、独島が日本人の領地ということは全く根拠のないこと」とし、内部大臣は一九〇六年五月一日、「独島が日本の属地というのは全く理の立たないこと」と拒否した。当時の朝鮮の新聞である『大韓毎日新報』、『皇城新聞』も日本の不法的な行動を一斉に非難報道を行った。また、そのほか、黄玹をはじめとする在野知識人たちも日本の不法的措置を聞いて憤慨していた。特に黄玹は『梅泉野録』で、「距鬱陵島洋東白里 有一島 曰独島 旧属鬱陵島 倭人勒 称其領地 審査以去」とし、日本人が旧鬱陵島所属の独島を勝手に自分の領地であると主張することを非難していた(54)。

4　敗戦後の境界観

日本の無理した領土拡張欲は、一九四五年敗戦によってその幕を閉じた。カイロ宣言によって明治以来日本が武力をもって拡張した領域を元の国に帰すことが命じられた。その結果、朝鮮（韓国と北朝鮮）は日本から分離独立して国土を回復することができた。しかし、日本は一九五二年韓国の平和線宣言後朝鮮の一島である「独島」に対しては日本領域から分割しないで日本の固有領土だと主張している。その理由は、「独島」は一九一〇年日本に併合したものではなく、その以前一九〇五年無主地の状態にあるものを正当に編入した固有領土であるとの主張である。

敗戦以後、日本は一九五二年対日講和条約が発効するまで連合国最高司令部の統治下にあった。韓国側も一九四八年八月大韓民国政府が設立するまで連合国最高司令部の統治下にあった。連合国最高司令部では、韓国沿岸における日本の漁業の乱獲を防止するために韓国と日本との間にある東海での漁業範囲を決めなければならなかった。そのために連合国最高司令官マッカーサーラインはそれを画線したが、いわゆるそれがマッカーサーラインというものである。マッカーサーラインは独島を韓国領域に含む東海の国境線として役割を果たしていた(55)。日本政府は数次にかけてマッカーサーラインの撤廃または拡張に努力したものの、日本の意見がすべて受け入れられるわけではなかった。ところで、一九五一年九月対日講和条約が締結されると、日本から連合国最高司令部の撤回と共に、マッカーサーラインも撤回される運命におかれていた。さらに対日講和条約交渉にあたって、日本側は交渉当事者として参加して独島が日本領土に入れられるようにアメリカをはじめとする連合国側に強く働き掛けた。それに対して韓国側は講和条約の交渉当事者にはなれず、直接独島を含む東海の主権を主張することができなかった。しかし、連合国最高司令部は当初から「独島」を韓国領土であるとの認識を持っていて、講和条約交渉の第五次草案までは「独島」を韓国領土であると明記していた。(56) ところが、第六次から第八次の草案で意図的に独島が韓国領土である明記が削除された。つまり、それは日本の働き掛けによるものである。(57) このような状況を知った韓国側は連合国側のアメリカに対して数次にわたって条約案にマッカーサーラインの維持を要請して間接的に独島を日本領域のなかに入れる措置をやめるように切実に要請した。(58) 一方、連合国側のイギリスも草案を作成していたが、朝鮮東海の歴史的事実関係を全く知らなかったので、第一次草案では「独島」を日本領土であると表示し、第二次ではそれを削除していた。最終的に連合国はアメリカとイギリスの草案を調整して「独島」を韓国領土であるとの明記を避けていた。(59) つまり、これは、領有権問題となっている状況のなかで、独島の歴史的地位をよく知らなかった連合国が一方的に提示した日本側の資料のみで決定することを避けて、所属問題の最終的決定を当事者に委ねるための措置であった。

一九五二年一月、韓国政府は、講和条約の交渉で日本の計略によって固有領土の独島が不利に決定されることを憂慮して、独島を領域に入れた「平和線」を宣言した。同時に歴史的にも国際法的にも独島が韓国領土であることを国際社会に向かっての宣言であった。対日講和条約案を決定した連合国側も韓国政府宣言の平和線に対してはそれほど問題にすることはなく、(60) 一九六五年「韓日会談」によって平和線が撤回されるまで約一四年間、韓日両国の国境線として役割を果たして東海の秩序を維持してきたのである。

「平和線」の設置後、韓国政府は「平和線」を侵犯する船舶を徹底的に取り締り、国境線内にある独島と東海の海洋資源を守ってきた。それ以後、日本はたえず「平和線」を不法的措置であると抗議すると共に、独島の領有権を主張して東海主権の拡張を狙ってきた。このような日本側の態度は、一九六五年の「韓日会談」で「平和線」の撤回を主議題として採択し、幾つかの他の懸案とともに、一四年にかけて「平和線」の撤回に努力してついに独島の領有権を一層容易に主張できる公海上に引き出すのに成功した。これによって、日本は東海海洋主権の確保と共に独島領土権の主張に有利な地位を確保することができた。

それ以後、日本はたえず独島領有権の主張を強化し、東海海洋の主権の拡張に努めてきた。一九七四年、二〇〇カイリの「大陸棚条約」を締結した。一九七九年、「操業自律規制」を決めて韓国漁業を制限した。一九七七年、北朝鮮・ソ連との間で二〇〇カイリ排他的経済水域（ＥＥＺ）を画定した。それから韓国との排他的経済水域画定の機会を窺って独島を基点とするＥＥＺ画定のための雰囲気を醸成してきたのであった。(61)

一九七四年国連国際海洋法会議で二〇〇カイリＥＥＺの採用が決定されて一九八四年発効したが、このような国際海洋秩序の変化は日本をして東海での二〇〇カイリのＥＥＺ設定を促すことになった。ついに日本は一九九六年二月国会の同意を得て韓国側との間でＥＥＺ交渉を始めた。日本が独島を日本領土と見なして独島を基点とするＥＥＺ設定を主張して韓国側の譲歩を迫っていたので当然交渉の進展はなかった。そうすると、日本は韓国側の譲歩を引き出すために一方的直線基線を適用して既存のルール（一九六五年漁業協定）を適用して操業中の韓国漁船をだ捕し始めた。さらに、一方的に一年期限（日本のＥＥＺ国会批准一年目になる一九九七年二月）を定めてＥＥＺ設定が画定されない場合は一九六五年の漁業協定の破棄を脅迫した。実際、日本はその期限になると、既存（一九六五年）の漁業協定の破棄を宣言して一方的に韓国漁船をだ捕し始めた。韓国は不法的漁船だ捕と一方的措置に抗議して韓日両国のＥＥＺ交渉は漁業紛争に発展した。その後、日本政府は、独島を含む東海海洋主権拡張のために、ＥＥＺ設定を留保して独島を中間水域にいれる漁業協定の締結を提案した。韓国政府は、当初これに否定的であったが、政権交代と金融危機という国内的状況のなかで、独島に対する韓国の地位を毀損しない条件で日本の要求を受けいれることを決めた。(62)一九九八年一月、日本は韓国の金融危機を機会としてとらえて、一方的に宣言した既存の漁業協定の放棄は、新たな漁業協定の締結を促す結果となり、新漁業協定は半強制的に調印させられたのである。

現在、日本は多方面において独島領土奪還政策をとっている。すなわち、新漁業協定による暫定管理水域のなかに「独島」を入れた措置、日本人の独島住民とする戸籍登録、韓国の独島実効支配を干渉する行為、武力による島奪還のための作戦訓練開始などがその例である。これからもこのような日本の独島奪還政策は一層計画的かつ緻密に行われるにちがいない。このような日本の対韓姿勢が今後の韓日関係を決定する重要な要因として作用するだろう。

おわりに

日本の国境および領土権に関する意識変化は、領域防備意識から国境画定意識、国境拡張意識へと転換していったことがわかる。それを時代的に区分すると、領域防備意識については、一三世紀の蒙古侵入によって海外からの侵入者の存在を認識したときから、薩摩藩の島津氏の琉球国侵略、松前藩武田の蝦夷地侵略、対馬藩による朝鮮との間接的外交など、日本との属国関係を形成していく一連の過程である。国境画定意識については、幕末期になると、イギリス、アメリカなどの極東進出による危機意識から、西洋に奪われる前に先に日本が占領して直接列強の危機から免れるという周辺領域を日本領域に編入する明治初期の領土的措置である。国境拡張意識については、日清戦争の勝利で日本の国際地位が高まり、直接列強からの危機を免れたにもかかわらず、膨張の次元で拡大した領土拡張である。したがって、日清戦争以後、拡大した「独島」に対する領土編入措置をはじめ韓国併合、さらにその後の領土権を確保した一連の措置である。

このような視点から、韓日間の国境問題に対する日本の領土認識の変化について言及すると、次の三点を指摘することがである。韓日間の国境画定をめぐる諸問題は、対馬、欝陵島、独島をめぐる紛争という形で現れる。

第一に、領域防備の意識については、対馬が日本に所属されたのは、豊臣秀吉が全国を統一する直後、島主が豊臣に忠誠を誓って壬辰倭乱のときは実際日本側に立って朝鮮と戦った一連の過程である。それ以前、韓国側では、対馬を朝鮮の一部、または従属関係として思っていたし、また、倭乱以前には、朝鮮朝廷による空島政策の時は、韓国政府に対して、独自に欝陵島の貸出願を出してその経営を要請したことがあった。ところが、壬辰倭乱直前に日本に服従して豊臣秀吉の部下として朝鮮を侵略し、倭乱後には、日本側に立って対馬島主が欝陵島の領有権を主張したことがあった。このように、倭乱によって国力が衰弱して対馬が完全に日本に編入されたにもかかわらず、朝鮮側はそれに何の異議も提示しなかったので簡単に日本の領域になってしまったのである。特に、欝陵島の場合は、一七世紀末、伯耆州の人が欝陵島に潜入して領有を主張した事件があったが、それを処理する過程で、幕府の関白が欝陵島と「独島」が朝鮮領土であることを認めて日本人の渡航を禁じたのである。これで対馬と欝陵島および独島の所属関係が明確となり、日本はこの時期には明らかに「独島」を朝鮮領域として認めていたのである。

第二に、国境画定の意識は、日本の幕末から明治初期にあたるが、世界史的に見ると、西洋列強の未開拓地の開拓のために出かけた西洋諸国の世界航海時代である。日本では、林子平が三国の地図を作成して国境を画線していた時期である。その事例として、欝陵島に対して日本が領土編入を意図して調査を行った時期である。一六九六年幕府が欝陵島を朝鮮領土であることを認めたにもかかわらず、数次にわたってその歴史的根拠を検討した。結局、一六九六年すでに幕府によって画定された根拠以外に再発見することができず、さらに列強が朝鮮領域の欝陵島の存在を知っていたので、列強の干渉を憂慮してその措置を諦めざる得なかったのである。この時期に日本政府が独島の存在を知ってはいたが、領土的措置を取るほどの価値を全く感じていなかったので何の関心も寄せなかった。欝陵島の属島ぐらいに思っていたのだろう。

第三に、国境拡張の意識については、日本と朝鮮関係から言うと、対馬、欝陵島、独島の所属は、領域防備および国境画定期に国境画定は終わっていたが、その範囲を越えた領土拡張を意図することである。すなわち、朝鮮併合を断行するための日露戦争の挑発、日露戦争中に朝鮮の領域である「独島」を勝手に無主地と見なして一方的かつ国内的措置をもって領土編入措置をとった行為がここにあたる。日本政府は、国内的措置をとる直前まで「独島」を韓国領域として扱っていたが、日露戦争中の韓日関係と国際関係の弱点を利用して不法的にとった措置であった。一九四五年、日本の敗戦、連合国の勝利によって日本は明治以来武力で占領した地域を返還することが命じられた。にもかかわらず、日本は諸外国との条約を独自的に解釈して巧みに日本の利益ばかり考えている。「独島」に対する日本の領有権主張も同じである。日本の言い方を借りると、「独島」の編入は無主地に対する正当な領土的処置であるとし、「独島」の領有権主張を固執している。このような日本の「独島」領有権主張は戦争および植民地支配の責任回避を遙かに超える帝国的な本質がそのまま残っているというい証拠でもある。

（1）韓国の先行研究で歴史的にも国際法的にも独島が日本の領土であるという研究は全くない。しかし、日本の研究者のなかにも、独島が韓国領土であるとの認識をもった研究業績を数多く出している。代表的に、山辺健太郎、「竹島問題の歴史的考察」、『コリア評論』第七巻第二号、一九六五、梶村秀樹、「竹島=独島問題と日本国家」、『朝鮮研究』一八二、一九七八、堀和生、「一九〇五年日本の竹島領土編入」、『朝鮮史研究会論文集』、第二四巻、一九八七、佐藤正人、「世界史近現代史における独島」、『독島領有権과 海洋와 海洋主権』、独島研究保存会、一九九八、などをあげられる。

（2）稲葉周之助、『植民地政策』、岩波書店、明治四五年、四六—四八ページ。

（3）榎本守恵、『北海道の歴史』、北海道新聞社、昭和五六年、五一ページ。

（4）稲葉周之助、『植民地政策』、岩波書店、明治四五年、四六―四八ページ。
（5）同上。
（6）最近「倭＝日本」という関係を否定する先行研究が出ている。倭は韓国南部に住んでいた「倭韓」という国を指すものだとの指摘である。
（7）『世宗実録』、世宗元年六月壬午条。
（8）柳成龍『懲毖録』、一六四六。壬辰倭乱の当時、領議政柳成龍が書いた、壬辰倭乱の手記である。
（9）貫井正之、『秀吉と戦った朝鮮武将』、六興出版、平成四年、七二ページ。
（10）『太宗実録』、太宗七年三月庚午条、「上曰　在其境内常事也　若越境而来　則必有辞矣」。
（11）『邊例集要』巻一七、欝陵島条、国史編纂委員会版、下巻、五〇二ページ。
（12）『光海君日記』巻八二、光海君六年九月、辛亥条。
（13）『増補文献備考』巻三一、余地考一九、于山島、欝陵島条。
（14）『大日本史』巻二三四、列伝五、高麗条。
（15）『太宗実録』、太宗一七年二月壬戌条。
（16）慎鏞廈、『独島、보배로운 韓国領土』、知識産業社、一九九六、四八ページ。
（17）『世宗実録』巻三、世宗七月八日、甲戌条。
（18）『世宗実録』巻一五三、地理志、江原道　蔚珍県条。
（19）『成宗実録』巻八、成宗元年一二月甲寅条。
（20）『新増東国輿地勝覧』巻一五、蔚珍県条。
（21）琴秉洞、「日本の朝鮮侵略思想」、『朝鮮時報』、一九九三年六月一〇日。
（22）川上健三、『竹島の歴史地理学的研究』、古今書院、一九六六、七一―七二ページ。
（23）『隠岐視聴合記』巻一、国代記部。

(24)『粛宗実録』巻二六、粛宗二〇年二月辛卯条。
(25)同上。
(26)李勲、「朝鮮後期의 独島領属시비」、韓日関係史研究会、『独島와 대마도(対馬)』、知性의 샘、一九九六、二三一―四二ページ。
(27)『粛宗実録』巻二六、粛宗二〇年二月辛卯条。
(28)同上。
(29)『粛宗実録』巻二八、粛宗二〇年八月乙酉条。慎鏞廈、『独島의 民族領土史研究』(知識産業社、一九九六、一〇四ページ)参照。
(30)『粛宗実録』巻三〇、粛宗二二年九月戊寅条。慎鏞廈、『独島의 民族領土史研究』(知識産業社、一九九六、一〇七ページ)参照。
(31)同上。
(32)前掲、慎鏞廈『独島의 民族領土史研究』の地図参考。
(33)同上。
(34)崔長根、『明治政府の領土拡張政策』、中央大学大学院、修士論文、一九九四年。
(35)琴秉洞、「日本の朝鮮侵略思想」、『朝鮮時報』、一九九三年六月一〇日。
(36)吉田松蔭、「桂小五郎宛書簡」、安政五年七月一一日、『日本思想大系』五四、岩波書店、一九七八、一七―一八ページ。
(37)崔長根、『韓中国境問題研究』、白山資料院、一九九八、参考。
(38)吉田松蔭、「桂小五郎宛書簡」、安政五年七月一一日、『日本思想大系』第五四巻、二三八ページ。
(39)菊田貞雄、『征韓論の真相とその影響』、第一部、一九四一、一九ページ。
(40)『木戸孝允文書』第三巻、二三二ページ。
(41)佐田白簿、「征韓論の旧夢談」、『明治文化全集二二　雑史編』、日本評論社、一九二九、三八ページ。

(42)「吉田松蔭の朝鮮侵略論から見た明治新政府の初期対韓政策」、『韓日関係史研究』第一〇集、一九九九、一六八―一九五ページ。
(43) 山辺健太郎、『日韓併合小史』、岩波新書、一九六六、一七ページ。
(44) 前掲、山辺健太郎『日韓併合小史』、一七ページ。
(45) 前掲、川上健三『竹島の歴史地理学的研究』、三七ページの資料参照。
(46) 前掲、川上健三『竹島の歴史地理学的研究』、三八ページの資料参照。
(47)『公文書』内務省之部一、一八七七年三月一七日条「日本海内竹島外一島地籍編纂方伺」、三月二〇日条「太政官指令文書」。
(48) 日本外務省編、『日本外交文書』第一六巻、外務省蔵版、三二六ページ。
(49) 前掲、愼鏞廈『独島、보배로운 韓国領土』、一〇五―一〇六ページ。
(50) 李漢基、『韓国의 領土』、一九六九、二五三―二五四ページ。
(51) 日本海軍省水路部、『寰瀛水路誌』第二巻第三版、一八八六、三九八―三九八ページ。
(52) 前掲、愼鏞廈『独島의 民族領土史研究』、四〇ページ。
(53) 前掲、愼鏞廈『独島의 民族領土史研究』、四七ページ。
(54) 黄玹、『梅泉野録』、三七五ページ。
(55) 崔長根、「韓日漁業協定と領土権問題」、中央大学法学会編、『法学新報』第一〇七巻第三・四号、中央大学、二〇〇〇、三一三ページ。
(56) 金柄烈、「対日講和条約에서 独島가 楼落된 顚末」、『独島領有権과 海洋와 海洋主権』、独島研究保存会、一九九八、一六六―一九五ページ。
(57) 同上。
(58) 前掲、崔長根「韓日漁業協定と領土権問題」、三一三ページ。

(59) 同上、三一四ページ。
(60) 同上、三一七ページ。
(61) 同上、三三二ページ。
(62) 同上、三三九ページ。

第一五章　ピエロ・ゴベッティの自由主義革命の思想

中村勝己

はじめに

ピエロ・ゴベッティ（一九〇一―二六）は、第一次大戦後イタリアの混乱期からファシズム体制成立期に活躍したジャーナリスト・政論家である。彼はファシズムに対する非妥協的な姿勢を貫いたことで、イタリアではアントニオ・グラムシ（一八九一―一九三七）と並んで高い政治的道徳的評価を得ている。グラムシがイタリア共産党の創始者の一人と目されるのに対して、ゴベッティはレジスタンス期に活躍した行動党（一九四二―四七）のイデオロギー的父祖の一人と見なされてきた。東西冷戦終結後の状況を反映してイタリア国内では彼の遺した思想の再評価が進んでおり、国外（英仏）への紹介も始まっている。[1] 本章では一九九〇年代イタリアにおけるゴベッティをめぐる議論を追跡しつつ、これまで日本に紹介されることの少なかった[2]ゴベッティの政治思想（自由主義革命）を整理することを通して、ゴベッティ再評価の意味を考察したい。

1　一九九〇年代イタリアにおけるゴベッティ論争

イタリアでは八〇年代からの「左翼の再定義」をめぐる議論[3]や、九〇年代における「リベラル社会主義」再評価の動き[4]、行動党の歴史的評価をめぐる論争[5]を背景にしてゴベッティに関する論争が九〇年代に入って活発に行われた。参加した人びとの数は多いがそのなかで代表的な論者をあげれば、ゴベッティの現代的価値を擁護する側にノルベルト・ボッビオ（元トリーノ大学政治学教授・現在共和国終身上院議員）、パオロ・フローレス・ダルカイス（雑誌『ミクロメガ』編集長、かつてイタリア共産党を「分派主義者」として除名された経歴をもつが、イタリア共産党解党＝左翼民主党結成の過程に参加した「クラブ左翼」運動を哲学者マッスィモ・カッチャーリらと組織化）、ジャンニ・ヴァッティモ（トリーノ大学哲学教授、イタリア・ポストモダニズム思想の旗手、現在欧州議会議員）らがいるのに対して、ゴベッティのリベラリストとしての資質を疑い現代におけるゴベッティ再評価に異議を申し立てているのがジュゼッペ・ベデスキ（政治思想史研究）、エルネスト・ガッリ・デッラ・ロッジャ（歴史家）、ディーノ・コフランチェスコ（政治思想史研究、リベラル社会主義者グイード・カロージェロの研究者）らである。

一九九一年の左翼民主党の成立、一九九二年に入ってからの判事の「清潔な手（mani pulite）」作戦による汚職高官摘発活動、そして一九九四年総選での右派連合（メディア界の「帝王」スィルビオ・ベルルスコーニが率いるフォルツァ・イタリア、ネオ・ファシズムから脱皮したジャンフランコ・フィーニ党首の国民同盟、北部諸州のイタリアからの離脱を主張していた北部同盟を中心とする）政権の誕生などにより流動化する現代イタリア政治にとってのゴベッティ思想の「アクチュアリティー」を強調するのが、前述のフローレス・ダルカイスである。一九九四年三月二七日の総選挙の結果（右派連合「自由の極（Polo delle libertà）」の勝利）を受けて書かれた『ミクロメガ』誌の論文「自由から再出発せよ」[6]はゴベッティへの直接の言及こそないものの、腐敗した政治階級（クラクシ社会党とアンドレオッティらのキリスト教民主党）とこれに追随してきた左翼勢力に対する厳しい批判により、かつてのゴベッティの主張を彷彿とさせる。そこではゴベッティ的な「自由主義革命」が構想され、左翼勢力（主に左翼民主党）の自由至上主義的改良主義（riformisti libertari）への転換が提案されていた。

この議論は更に発展して、まさにゴベッティ的なタイトルをもつ論文「自由主義革命」に引き継がれた[7]。そこではゴベッティ的な歴史観に基づいて、「イタリア民主主義の貧困」の原因が「イタリアには宗教改革も政治革命も不在であるということにまでさかのぼって」指摘され、「イタリアも徹底的に自由主義革命を実現すべきである」とされている。フローレス・ダルカイスにとっての自由主義革命の現実性は、判事たちによる「清潔な手」作戦の完遂にあった。彼は言う。「結局のところ《清潔な手》作戦が自由主義革命のためにまたとない機会を与えているというのは、まさにこの活動が政治権力に対する司法活動の自立の強力な主張から生じているためであり、他方では腐敗の事実における統治する側と統治される側との共犯性を断つという希望を可能にするからである」と。さらにフローレス・ダルカイスは、イタリアにおける「自由主義革命」を遂行する諸主体として三つの勢力からなるブロックをあげる。すなわち、EU統合を控え「ヨーロッパ的な諸基準を必要としている経営者ブルジョワジー」と、イタリアの国際競争力の回復によって「恩恵を受ける」「民間セクターの労働者たち」、そして「〝特権的〟であると同時に屈従的な労働条件」の下で「能力と資質を生かすことのできない」「公的セクターの労働者たち」の三者である。マスメディアをつうじた世論形成を行う「ポピュリスト的でソフトなペロン主義」の政治勢力（右派連合、とりわけベルルスコーニのフォルツァ・イタリアを指す）に対抗し、彼らを「政治的に代表し」得る勢力として「左翼によって支えられた中道た左翼勢力と中道派の新しい連合による政治刷新の構想として蘇ることになった。

年が明けて一九九五年の三月、フローレス・ダルカイスは左翼民主党機関紙『ウニタ』のインタビューに答えて[8]再度左翼の自由主義的転換の必要性を主張し、そうした勢力である「行動党的で自由至上主義的な左翼」による「ヨーロッパ的なタイプの中道派との同盟」を提唱する。そしてその中道派の代表として「具体化されうるのはロマーノ・プローディだけです」と述べ、その一年後に首相に選ばれるプローディの名を具体的に挙げているのは興味深い[9]。

この議論を踏まえてフローレス・ダルカイスがゴベッティを主題的に論じたのが、九五年七月に再刊されたゴベッティの評論集、新編集版『自由主義革命』[10]に付された序文である。「一九二〇年代初頭のゴベッティによるイタリア政治と社会への批判は、新たな（しかし実際には古いクラクシ的な、そして更に古臭いアンドレオッティ的なものの復活としての）ベルルスコーニ派によるレトリック過剰な聖なる一九九四年と九五年の日々の、感動的なほどリアルな細部に至るまでの生体解剖に見える」と述べて、ゴベッティのイタリア政治批判の論点が今日のイタリアにもあてはまるという認識を明らかにしている。そのうえで「左翼の行動党的で自由至上主義的な、つまりはゴベッティ的な転換がいよいよ正当なもの」となり、「ゴベッティの教えはその非妥協性においてますます今日的である」と結論している。

この序文は様々な反響を呼んだが、その前にまずこの評論集が出版される以前の議論を見ておこう。同年二月の『ストーリア・コンテンポラーネア』誌上に発表されたディノ・コフランチェスコの論文「グラムシ派行動党のイデオロギーに関する諸考察」[11]は、かつての行動党に参加した歴史家アレッサンドロ・ガランテ・ガッローネの近著[12]を取り上げつつ批判している。本来この論文の主題は現在も影響力をもつ行動党のイデオロギーを批判することにあるのだが、ゴベッティへの言及も見逃せない。「工場評議会運動に自由主義革命の推進力を見て取ることに傾いていたゴベッティのよく知られた判断を捨て去るどころか、統一戦線の観点から見たこの構想の価値を強調することでゴベッティの判断を再び取りあげた」というのが行動党に参加したレジスタンス世代の左派知識人に対するコフランチェスコによる批判である。「ゴベッティが工場評議会運動の文化を自由主義の現代版と取り違えたことは、彼が当時まだ若すぎたということを考慮に入れたときにだけ正当化できるようなイデオロギー的無知の例であることは明らかであり」、行動党の知識人、とりわけピエモンテの行動党に参加した知識人たち[13]は、二〇年代トリーノの新しい左翼文化を代表するゴベッティとグラムシの思想を戦後の自分達の政治的立脚点のエンブレムとして押し出すことにより、結果的に共産党の文化的ヘゲモニーの確立に加担した、というのである。コフランチェスコにとってゴベッティは自由主義者とは認めがたく、今日の自由主義の構成要素から彼の思想は除外されてしまうことになる。

　コフランチェスコと同じくゴベッティを自由主義政治思想からの逸脱として批判するのがエルネスト・ガッリ・デッラ・ロッジャである。彼は同年三月一一日付けの新聞『レプッブリカ』のインタビューに答えて、イタリアの自由主義には二つの流れがあること、その一つはクローチェやルイージ・エイナウディに代表される「カヴール的な歴史的右派の後継者」であり、これに対してもう一つがゴベッティの自由主義であるとして次のように言う[14]。「ゴベッティの思想が自由主義と定義され得るのは、歴史的な意味においてだけです。この点については彼がロシア革命を自由主義革命と見なしたことを指摘すれば十分でしょう。彼にとって自由とは、反官僚制的で反国家的な解放のことなのです。(……) まさにこのタイプの思想は、左翼に対して境界線をきっぱりと引くことをしない自由主義の解釈を可能にしたのです」。ガッリ・デッラ・ロッジャは「自由主義は右翼と左翼をひとつ屋根の下に包み込むような被いなのでしょうか」というインタビュアーの質問に対して明確に否定的な答えを与えている。ゴベッティの急進主義と本来の自由主義は相入れないということである。

こうして前述の新編集版『自由主義革命』の刊行後には、新しく創刊されたネオ・リベラル派の雑誌『リベラル』の常連執筆者の一人であるジュゼッペ・ベデスキが、挑発的なタイトルの論文「偽リベラリスト・ゴベッティ」を『リベラル』の同年七月号に寄せた(15)。ベデスキは「[ゴベッティが] イタリア社会（……）の再生者としての労働者革命の神話に全面的に心酔していた」ことを批判し、「イタリア史上何世紀にもわたる諸問題に解決を与えるにあたっての（農民と同盟した）労働者階級の中心性と、その決定的な役割を強調したグラムシの革命の政治構想に［ゴベッティの立場が］完全に従属」していたことを指摘して、ゴベッティを偽リベラリストと断じた。

翌年一九九六年はゴベッティ没後七〇年にあたり、九〇年代を通じてこの年に最も多くの論者がゴベッティを取り上げた。二月一六日付けの新聞『スタンパ』にノルベルト・ボッビオが短いながらも意義深い文章を寄せている(16)。ボッビオによれば、この間のゴベッティ批判は行動党についての論争と同一歩調をとってすすんでいるという。ゴベッティと行動党の思想を批判する論者は、両者に共通するものとして「エリート主義的な権力観や道徳論的な政治観、そして自らの対立物に反転してしまうほど急進的で非妥協的な反ファシズムの姿勢」を指摘しているが、なによりも彼らは「ゴベッティと行動党の政治における最大の罪は、共産党を民主主義的な政党として正当化する役割を引き受けたことにある」と見なしているとボッビオは整理する。しかしボッビオによれば、「彼らのゴベッティと行動党への批判の復活は、イタリアにも現れた《歴史修正主義》論の登場と結び付けて理解されるべきである」。

イタリアにおける「歴史修正主義」論は「ファシズムの過ちを軽減し反対に反ファシズムの過ちを重視する」という傾向を含むが、こうした議論を背景とするゴベッティ批判に対しては譲歩の余地がないとボッビオは考えている。「ゴベッティに対する敵意のなかでも特にひどい形態に対しては、これを正真正銘の《文化的テルシテス主義》の表明と見なすことを私はためらわない」とボッビオはいう。「テルシテス」とはホメーロスの叙事詩『イーリアス』に出てくる神話上の人物で、ギリシャで最も卑怯で傲慢かつ手に負えない者として描かれている[17]。英雄アキレウスの一撃によって殺された「テルシテス」の名を論敵に冠することは、事実上知識人失格を宣告するに等しい。

しかしその一方で、ボッビオは、今こそゴベッティの思想が現実化する時代が来たと考えるフローレス・ダルカイスのようなゴベッティ再評価に対しては、距離をおいている。「私は《自由主義革命》のアクチュアリティーについて全面的に納得しているわけではない。というのも今日のイタリアに必要なのは、自由主義革命よりも《民主主義の再建》だからである」と。ただしボッビオは次のように付け加えてもいる。「もしゴベッティのアクチュアリティーについて論じるならば、いまここでそれをはかることはできない。彼のアクチュアリティーは歴史を超越しているからである。ゴベッティのアクチュアリティーとは、ヴィットーリオ・アルフィエーリの描いた英雄[18]のアクチュアリティー、すなわち《独裁者を憎む者》のアクチュアリティーである」と。強大な独裁諸権力に対する自由の擁護と市民社会の形成を柱とするノルベルト・ボッビオの民主主義理論[19]が、アルフィエーリからゴベッティに至る民主主義的なピエモンテ自由主義の流れを汲むものであることが読み取れる。ボッビオがゴベッティを自らの先行者と見なし共感を寄せているのは、彼がゴベッティに一冊の本を捧げていることからも明らかである[20]。その二日後、二月一八日付けの新聞『レプッブリカ』にフローレス・ダルカイスは、これまでのゴベッティ論争を総括するような文章を寄せた[21]。上述のボッビオの議論に肯定的に言及した後で、ゴベッティの現代イタリア政治におけるアクチュアリティーについて再度強調し「評論集『自由主義革命』のほとんど各頁に、今日の我々のために書かれたように見える分析を見付けることができるだろう」と結論している。

一九九七年、九八年に入って沈静したかに見えたゴベッティ論争は、九八年の左翼民主党党首マッスィモ・ダレーマ首班の内閣の成立を経て九九年になると再燃の兆しを見せ始めた。アルベルト・カベッラによる入門書『ピエロ・

ゴベッティ伝』[22]の刊行をきっかけに、イタリア・ポストモダンの旗手と目されてきたジャンニ・ヴァッティモがゴベッティへの肯定的な評価を明らかにしたのである。[23]ヴァッティモが重視するのは、社会主義のモデルが失効した現代社会において進歩と解放を希求する者にとってのゴベッティ的な自由主義の意義である。ヴァッティモによれば、ゴベッティは「社会的な対立が本当の意味で自由主義的であること、つまり万人を同じ条件での競争につかせるために《自然的》不平等を制限する諸規範によってその対立が管理されること」を求めたのである。よって「今日においても右翼に特徴的な自然主義や社会ダーウィニズムから真の自由主義を区別するものをゴベッティのなかに見いだすことができる」とする。

ヴァッティモの議論は、ゴベッティ論争と並行して行われた「左翼の再定義をめぐる論争」を念頭にして行われている。イタリアにおける左翼の再定義論争とは、一言でいえばこれまで左翼―右翼の対立軸であった国家か市場か、結果の平等か自由競争を通じた格差の是認か、といった様々な二者択一の組み合わせをいったんシャッフルして、基幹産業の労働者の権利擁護を政策の柱とする社会民主主義からの脱皮とEU時代のグローバリズムに対応し得る新しい左派の立脚点へと再構成するための知的準備作業だったと言えよう。同年四月に発表された別の論文では、「我々は今後もゴベッティを左翼自由主義者と呼ぶことができるし、右翼と左翼の間の区別を今後も古臭くないと考えることができる」と述べている。[24]伝統的な左翼の性格に自由主義（小さな政府、経済活動の規制緩和、機会の平等と競争の重視、個人のライフスタイルの尊重）を導入することをはじめとした様々な議論を通じて、新しい時代の民主主義思想を構築しようという姿勢が窺える。[25]

このように九〇年代イタリアにおけるゴベッティ再評価は、その当時の政治再編と左翼民主党の統治勢力への転換という文脈に強く規定されたため、新自由主義的な色合いが著しく濃い。ゴベッティに対するこうしたアプローチは、既に見たフローレス・ダルカイスの中道左派ブロック論のようにゴベッティをアクチュアルなテーマに接続することを可能にした反面、ゴベッティが「自由」や「革命」という言葉にこめた思想や歴史性をともすれば見逃すことになってはいないだろうか。ヨーロッパ左翼形成に向けて新自由主義と社会民主主義の対立を乗り越えたいわば「第三の道」を模索するイタリア左派知識人たちの努力には学ぶべき所が多いが、ゴベッティ思想の深さに比して九〇年代のゴベッティ像はその可能性を十分に汲み尽くしているとは言い難い。「ゴベッティのアクチュアリティーは歴史を超越している」という前述のボッビオの言葉を私はそのような意味に解したい。すなわちゴベッティの可能性は、九〇年代イタリア政治革新の枠組みにとどまるものではないという意味にである。そこで次節以降、ゴベッティの原典に即して彼の思想を検討することにしよう。

2　ゴベッティの自由主義革命思想

それではこれからゴベッティの自由主義思想の内実を見ていくことにするが、彼は自らの自由主義思想を簡潔なテーゼのような形でまとめてはいない。ゴベッティは抽象的な議論を嫌い、常に具体的な問題を論じることを通じて自らの立場を提示しようと努めたからである。よって我々もゴベッティの政治評論の分析を通じて彼の思想をつかみ出すよう努めなければならない。

ピエロ・ゴベッティの思想は、彼のジャーナリスト活動の紆余曲折や当時のイタリアの政治情勢の激しい起伏と絡んで、複雑な発展経路をたどった。わずか七年間と彼の活動期間は実に短いが、これを次のように四期にわけて考えたい。

① トリーノ大学法学部入学時に、高校時代からの友人たちを募って始めた雑誌『エネルジーエ・ノーヴェ』（一九一八年一一月創刊）から、その休刊（一九二〇年二月）とサルヴェーミニらの『ウニタ』派の政治活動の挫折（一九二〇年五月）まで。

② トリーノにおける工場占拠闘争（一九二〇年八月）からグラムシらの雑誌『オルディネ・ヌオーヴォ』への協力（一九二一年）を経て、徴兵（一九二一年七－一二月）まで。

③ 週刊紙『自由主義革命』創刊（一九二二年二月）からムッソリーニのローマ進軍（一九二二年一〇月）を経て、政治評論集『自由主義革命』発刊（一九二四年三月）まで。

④ マッテオッティ議員殺害事件（一九二四年六月）から本格的な反ファシズム活動と文芸紙『イル・バレッティ』創刊（一九二四年一二月）を経て、パリ亡命・死去（一九二六年二月）まで。

この節ではゴベッティの(1)主に『エネルジーエ・ノーヴェ』時代のロシア革命評価と(2)評論集『自由主義革命』にみる労働者アリストクラシー論、そして(3)ゴベッティのファシズム批判の三点を中心に、彼のユニークな自由主義政治思想の特質を見ていくことにする。

(1) ロシア革命評価の変遷にみるゴベッティの自由観

一見奇妙なことだが、ゴベッティにとって一九一七年一一月のロシア革命は共産主義革命ではなく自由主義革命だった。ゴベッティの自由主義革命観とはおおよそ次のようなものである。歴史上の革命には常に民衆の解放が、言い換えれば強大な諸権力からの諸個人の自立と自己決定領域の拡張が、つまり自由の拡大が認められる。西ヨーロッパ先進諸国の市民革命を導いた思想は、こうした自由の実現を目指した革命的な自由主義政治思想であった。この自由主義思想をブルジョワジーの階級的イデオロギーとみなし、その止揚を自らの歴史的役割と考えていたマルクス主義も、ゴベッティによれば自由主義の継承者と位置付けられるべきだという。進化論的で経済決定論的なマルクス主義(第二インター＝イタリア社会党）によって歪められた自由の拡大というこの核心を、ボリシェヴィキのリーダーたち（レーニンとトロツキー）は社会主義という枠内ではあれ実現に導こうとしている。こう評価したゴベッティは、ロシア革命を自由主義革命と定義してこれを高く評価するというユニークな視点を打ち出した。[26]

ただし彼のロシア革命評価自体が流動発展している。『エネルジーエ・ノーヴェ』時代（一九一八年一一月―一九二〇年二月）のゴベッティは「共産主義に関しては確信的な反対者である」と言明していたし、[27]一九一九年七月二五日号の『エネルジーエ・ノーヴェ』でゴベッティはロシア革命に対して、とくに計画経済というボリシェヴィキの実験に関して次のような厳しい判断を下している。「個人の活動のイニシアティブの段階的な廃止、官僚制（あるいは緩慢さ、無駄の多さ、無責任の体制）の過剰な発達、交易の困難、様々な形態の寄生状態の増加、富の凄まじい浪費（……）。このプログラムは典型的かつ徹底して社会主義的なものだ。ボリシェヴィキがこの考えを実行しようとして採用した手段は（……）結局のところプログラムのますます有害な荒廃をもたらしている」。[28]またこうも述べている。「ロシアにおけるマルクス主義の実験は確かに破産した。国有化のあらゆる信奉者に対する自由主義経済の古くからの反対意見は、以前にも増して確固としている。ボリシェヴィズムは、国有化失敗の新たな証明となった」。[29]このようにゴベッティはボリシェヴィキの社会主義建設を国有化計画経済としてとらえ、それが諸個人の自発性を抑圧するだけではなく非効率でもある点を指摘して全面的に否定した。

しかしその一方で、彼は同じ論文のなかでトロツキーとレーニンの政治指導者としての資質を高く評価している。「［しかし］ロシア革命は社会主義の実験のなかにだけあるのではない。そこでは新しい国家の土台が建設されている。レーニンとトロツキーは単なるボリシェヴィキではなく、人民を覚醒させ徐々に彼らの生命を再生させた行動する人間たちである」[30]。つまりゴベッティは、ボリシェヴィキ指導者たちは国有化計画経済を断行する一方で労働者、農民、兵士ら民衆の下からの自発性を引き出し彼らを新社会建設のための行動へと駆り立てている点で、事実上「社会主義の否定と自由主義の肯定と賞揚」[31]を具現していたととらえる。

こうした政治指導者としてのボリシェヴィキへの肯定的な評価は、『エネルジーエ・ノーヴェ』の休刊からトリーノの工場評議会運動との出会いを通して更に強められることになった。一九二一年一月から日刊紙になったグラムシらの『オルディネ・ヌオーヴォ』の演劇評や文芸批評を担当している時期に、ゴベッティはソヴィエト・ロシアに対する論評をボローニャの日刊紙『イル・レスト・デル・カルリーノ』に寄せた。「ロシア革命は（……）農村に民主主義を設立し、専制政治と農村共同体を倒し、人民が信頼する国家（……）を建設することにより、本質的に自由主義の肯定なのだ」[32]。

同時に、この革命の指導勢力であるボリシェヴィキに対する評価も高くなっている。「マルクスのなかにある歴史の観念を汚染する唯物論的で運命論的な核心」[33]を退けて民衆の行動の能動性を強調した主意主義的なトロツキーをゴベッティは評価した。こうしたボリシェヴィキ評価には、グラムシのロシア革命論（資本論に反する革命）からの影響を指摘することができる[34]。グラムシにとっても「ボリシェヴィキ革命は事実よりもイデオロギーによって構成されて」おり、「ロシアの歴史は史的唯物論の諸規範に従って発展すべきだったであろうという批判的図式」を乗り越えたとされていた[35]。しかし、その一方でソヴィエト・ロシアにおける社会主義建設を巡る両者の違いも明白である。自由主義者であるゴベッティがプロレタリア独裁＝階級の廃絶を認めないのはいうまでもない。ゴベッティはグラムシのロシア革命論から影響を受けた、というよりも以前からあったボリシェヴィキ評価の視点がグラムシらとの共同作業を通じてより発展されたというべきであろう。

(2) 評論集『自由主義革命』にみるゴベッティの労働者アリストクラシー論

一九二四年三月発刊された評論集『自由主義革命』は、雑誌『エネルジーエ・ノーヴェ』の活動をへて一九二〇年夏秋のトリーノ労働者による工場占拠の闘争を目の当たりにしたゴベッティが、一九二二年二月から始めた週刊紙『自由主義革命』に折々発表した政治評論を集成したものである。この時期のゴベッティの政治思想を理解するうえで最重要な文献であり、ここではその中でも特に彼の自由主義革命思想の中心となる階級闘争論＝労働者アリストクラシー論をみよう(36)。

階級間の闘争が社会と文化の質を高め、道徳的な革新（il rinnovamento etico）を社会にもたらすというジョルジュ・ソレル（一八四七—一九二二）流の闘争観と、ガエターノ・モースカ（一八五八—一九四一）、ヴィルフレート・パレート（一八四八—一九二三）のエリート循環の政治・歴史理論を受け継いで、ゴベッティはイタリア政治革新の主体をトリーノの工場評議会運動に参加した近代的な工場労働者たち、階級へと組織された労働者に見いだす。ゴベッティは評論集『自由主義革命』の第二部「イタリアにおける政治闘争」の第四章「共産主義者たち」のなかで論じている。「工場評議会のなかで労働者は近代の不可欠の要素としての自らの尊厳を感じ取り、技術者、知識人、経営者との関係をもつ自らを見いだし、特殊で個別な利害の思想ではなく自らの態度を強め得るような進歩と自立の理念を自らの諸要求の中心におき、自らの属する階級が権力を獲得するための実践的な組織をつくろうとしている(37)」。

ゴベッティはイタリア国内の社会主義者をまったく評価していない。むしろ第一次大戦前のイタリアを長く統治したジョリッティ首相（一八四二—一九二八）とならんでイタリア政治を腐敗させた元凶のひとつとさえ考えていた。

彼が評価した左翼の政治勢力はトリーノの工場評議会運動を指導したグラムシら『オルディネ・ヌオーヴォ』グループだけである。では社会主義者ではないゴベッティが、組織された労働者の運動に自己の理念が実現されつつあると考えたのは何故だろう。それは第一に、労働のなかに「自らの尊厳」を、つまり労働者の人間性を取り戻す運動に労働者の自立=自由の拡大を見たからであり、第二には「[新たに形成されるべき]政府は、力の尽きた指導階級の遺産を受け継ぐ能力のある下からのアリストクラシー（un'aristocrazia venuta dal basso）となろう」(38)という言葉にみられるように、イタリアの経営者階級がもはや社会を近代化し刷新する指導階級の役割を果たし得ないとする認識を彼がもっていたからである(39)。

こうして第一次大戦後の高揚し戦闘化した労働運動にコミットする、イタリアでは新しいタイプの自由主義革命思想が生まれた。「工場評議会の偉大な運動を前にして一人の自由主義者たる私は、ルイージ・エイナウディ（一八七四―一九六一）やエドアルド・ジレッティ（一八六三―一九四〇）のような単なる否定的立場を取ることはできない。我々は近代イタリアにおいて生み出され得た最も自立的な運動のひとつに立ち会っているのだ」(40)。先行する世代の自由主義経済学者たちとは明らかに異なった政治的立場をゴベッティは選択した。彼の自由主義革命思想の誕生である。階級闘争の社会的意義と労働者の自治=自由の理念を肯定するゴベッティの自由主義の特徴は、次の引用にも明らかである。「階級闘争を通してだけ自由主義は自らの豊かさを示すことができる。政治において階級闘争が果たす役割は、経済において交換と商業の現象が果たす役割に相当する。階級闘争は、民衆による革新の常に活動的な真のテコである新しいエリートの形成のための確実な装置である。闘争だけがイニシアティブの発生を条件付ける一方で、諸個人の自由を保証するのである」(41)。

(3)　ゴベッティによるファシズム批判

このように理解されたイタリア政治刷新の主体たる労働者階級が、ローマ進軍を前後して政治的抑圧を強めるファシズムに批判的なゴベッティにファシズム批判の確信を与えたのも当然のことであろう。ファシズムは、その暴力的な姿勢によって見えにくくなっているが、苛烈な階級闘争を回避し静寂な社会運営を希求する退嬰的性格をもつ点で、利益誘導と脅迫で野党の取り込みを図り政治を腐敗させたジョリッティ的な自由主義と同根であるという判断をゴベッティは下している。事実、ファシズムに合流することになったナショナリスト勢力を批判して次のように言う。「諸階級を破壊あるいは飼い馴らそうというナショナリストの夢想は、社会平和主義の夢と同じ本質をもっており人びとの生活における対立がもつ教育的な役割を忘れている」(42)。

第一次大戦後の社会的混乱期に高揚した北部イタリアの工場占拠の運動は、指導力を期待された社会党の非協力やジョリッティの巧みな収拾策によって終息させられた(43)。「我々はそのとき既に疲労の兆候や平和への願いに気付いていた」(44)。経営者階級や中間諸階級が社会闘争の高揚に対して見せたこうした忌避や恐怖が、組織された労働者と並んで本来イタリア社会刷新の主体となるべく期待されていた彼らをファシズムのヘゲモニー下に移動させたとゴベッティは考えた。

ジョリッティ政治のトラスフォルミズモ的な性格がムッソリーニのファシズム政治を生み出したととらえて両者の性格の共通性を強調する点で、ゴベッティのファシズム観は、そのおよそ二〇年後にファシズムを「第一次大戦に参加したほとんどすべての国民」の間に見られた「《自由の意識》の低下期に照応するひとつの《逸脱（parentesi）》だった」ととらえたベネデット・クローチェのような保守的自由主義者のファシズム観(45)とは著しい対照をなしている。「偉大なイタリアの栄光」という神話に熱狂し俗衆化した人びとの人気取りに長けたムッソリーニの政治手法に触れながら、ゴベッティは言う。「こうした経験のうちにも、ジョリッティのトラスフォルミズモが更に確固とした演劇的な方法で再現されている。彼の政治家としての才能は、まったく人間的でも戦闘的でもない指標である戦術的計算、大衆操作の計略にすべて切り縮められている」(46)と。

ゴベッティにとりムッソリーニとはイタリア政治文化の歴史的貧困を一身に体現した人物と受け止められた。「イタリアにはプロレタリアもブルジョワジーもいない。いるのは中間諸階級だけだ。それは分かっていた。もし仮に我々がそのことを知らなかったとしても、ジョリッティがそのことを教えてくれただろう。したがってムッソリーニには何の新しさもないのだ。ただムッソリーニによって我々に全員一致主義の実地の証拠が与えられ、英雄的な少数派の不在と異端派の一時的な終焉が立証されただけのことである」(47)。にもかかわらず、ムッソリーニがファシズム運動の指導者として頭角をあらわし大衆の支持を得ているという事実をゴベッティは重視する。「ムッソリーニはこうした疲弊と休息への願いを代表する英雄だった。自分の力に自信をもっている楽観主義者然とした彼の姿、雄弁家としてのテクニック、成功と宗教的儀式に対する偏愛、神秘化や大袈裟な言葉遣いの能力、これらはイタリア人のあいだで明らかに成功を収めている」(48)。

こうしてファシズムの成立を、闘争を通じた階級間の諸利害の再調整や均衡を保証する制度や政治文化のイタリアにおける未成熟と結び付け、イタリアの指導階級と大衆とを問わず国民全体に内在する問題ととらえたゴベッティは、「ファシズムは国民の自叙伝である、諸階級の協調がありうると信じ、政治闘争を放棄してしまうような怠惰な国民の」(49)という厳しいイタリア批判を明らかにしている。そして彼はイタリアの政治を支えている文化と歴史の分析に向かうことになった。

3　リソルジメント論にみるゴベッティの歴史意識

ゴベッティは、ファシズムという反民主主義的で暴力的な独裁政治の根拠を探るためにイタリア政治と社会を歴史的に考察することになった。ファシズムの勝利を可能にしたものは一体何なのか。ゴベッティはその根拠を宗教改革という言わば「知的道徳的改革」（A・グラムシ）を経ずに近代化したイタリアの政治文化の非世俗性と非民主性（大衆参加の経験の欠如）にあると考えた。「ファシズムはイタリア人の自叙伝である」という彼の警句はまさにそれを指している。ファシズムの勝利を可能にしたイタリア政治文化の歴史的展開を過去にさかのぼって探ることがゴベッティの課題となった。ゴベッティにおいてはファシズム論とリソルジメント論はこの意味でつながっている。この節ではゴベッティの学位論文『ヴィットーリオ・アルフィエーリの政治哲学』や死後出版された未完の書『英雄なきリソルジメント』などを中心に彼の歴史意識を探る(50)。

(1)　ピエモンテ啓蒙思潮の探究

ゴベッティは週刊紙『自由主義革命』を創刊するにあたり（一九二二年二月）、編集方針のひとつとして「リソルジメントにおけるイタリアの政治的形成の全面的見直し」をあげており、同年六月にはリソルジメントを思想的に準備した人物としてアルフィエーリを扱った学位論文をトリーノ大学（ジョエーレ・ソラーリ教授）に提出、翌年には単著として出版した。それゆえ上記のようなゴベッティ思想の深化は、ファシズム分析からリソルジメント研究へという時系列的な発展ではなく既に着手されていたリソルジメント研究が折からの政治情勢の急変によってよりアクチュアルな政治性を帯びた結果生じたものだと考えられる。

ゴベッティがリソルジメント研究のためにさかのぼるのは、アダルベルト・ラディカーティ（一六九八―一七三七）にはじまり[51]ヴィットーリオ・アルフィエーリ（一七四九―一八〇三）で頂点に達するピエモンテの啓蒙思潮である。ローマ教皇領を中心にして幾つもの小国が分立し啓蒙主義に依拠した改革の芽が反動的な体制との間で緊張を生み出していた一八世紀のイタリアにおいて、後に統一国家形成に結び付くような近代化に向けた歩みを開始していたのは、なによりもトリーノを首都とするサルデーニャ王国であったとゴベッティは考える。イエズス会をはじめとする教会勢力から「異端」の嫌疑をかけられながら、近代的で自由な思惟を獲得するための文字どおり命懸けの闘いを続けた彼らピエモンテの啓蒙思想家たちの仕事をゴベッティは丹念に追う。

イタリア統一の過程をサヴォイア王家やピエモンテ穏健派のカヴール伯、共和主義革命派のマッツィーニやガリバルディの活躍によってイタリア国家とイタリア国民が成立するナショナル・ヒストリーとして描くのではなく、いまではもう誰も顧みないほど忘れられ無視されたピエモンテの宗教的文化的「異端派」（カトリック文化の反動性、奴隷性を厳しく批判した啓蒙思潮）の側からリソルジメントを見ることで、そこに眠ったイタリア政治文化刷新の「未発の可能性」を掘り起こし継承しようとゴベッティは考えた。「たとえ彼らが共通してあまり著名ではなく、しばしば誤解されてきたとしても、それは彼らがナポリ・ヘーゲル派よりも重要性がないということではない。ナポリ・ヘーゲル派よりも恵まれず重要視されて来なかったのは、彼らがこの二〇年間ナポリ・ヘーゲル派がもったのと同じくらい深みのある継承者と解釈者をイタリア文化のなかに見いださなかったということにすぎない[52]」と。

ゴベッティのリソルジメント論において最も重要なテーマのひとつは、イタリア国家の近代化と民主主義的再建はローマ・カトリック教会の権力と国家・社会との関係を新たにつくり直さなければ不可能であるという点[53]であり、

『英雄なきリソルジメント』で取り上げられたピエモンテ啓蒙思潮の知識人たち（アダルベルト・ラディカーティ、ダルマッツォ・ヴァスコ、ヴィットーリオ・アルフィエーリ、ジュゼッペ・バレッティら）もそうした考えをもっていた。「ジャンノーネ、ヴェッリ、ベッカリーアに先駆けた」「イタリア半島で最初の啓蒙主義者」(54) ラディカーティは、国家の権力と教会の権力（potere temporale）との間の関係をまずもって再定義することなしには、イタリアに近代的で民主主義的な国家を確立することはできないと明確に自覚していたとゴベッティは考えた。「国家の世俗性は、彼の思想の明確で確固たる結論である」(55)。よってラディカーティの矛先は、新生サルデーニャ王国を強化するために教皇庁の支配に向けられた。「しかし、この理想が実現するためには国民国家が形成されることが必要だった。アダルベルト・ラディカーティはこの洞察に到達し［サルデーニャ王国追放後に書いた著作のなかの］ナポリ王への献辞においてイタリアの統一はローマ帝国崩壊後、ヴァチカンの政治によって禁じられてきたことを指摘している」(56)。

しかし彼らのなかで最もゴベッティの評価が高いのはアルフィエーリである。ゴベッティにとってのアルフィエーリは、「フランス嫌い（Misogallo）」によってイタリアの民族意識を鼓舞した愛国詩人というよりも、イタリアの世俗的（反カトリック的）な覚醒を促し後の国家統一を精神的に準備した革命的思想家と見なされている。「アルフィエーリは、一八世紀半ばに共和主義的アリストクラシーによって指導された国家統一という意味での下からの革命の可能性を予見した唯一のイタリア人だった。彼の思想は独自のものでフランス革命を先取りしている。彼は改革者だったけれども、彼の予言は、我が国の愛国者たちが日和見主義者（trasformisti）だったのに対して、執拗で論理的な厳密さをもっている」(57)。

アルフィエーリは、カトリシズムを個人の自由を抑圧するものとしてだけではなく、専制政治を支えるものとして厳しく批判した。かれのカトリック批判は教皇の無謬説に向けられた。「《直接に神を代表するような》人物、《決して誤謬を犯さない人物》が存在するということを人民が信じ得るのは無知と恐怖のためにすぎない。《かくして無知は自由の対立物である。破門によって神への畏れを呼び起こすことができなくなれば、それによって明らかになるのは、教皇庁あるところ暴君あり、宗教的独断論あるところそれを支える剣ありということだ》[58]」。「教皇の無謬で無制限の権威への信仰を受け入れた健全で自由な人民は《すでに全面的に暴君を信頼する準備をしていることになる。暴君は、死者への教皇の冥福の祈りと破門によって価値を与えられて事実上の大きな力をもち、人民を説得するか強制するかして、すでに宗教のことでは教皇にだけ従っている彼らを、政治のことでは君主にだけ従うようにさせるだろう》[59]」。また、アルフィエーリは上記のラディカーティ同様にカトリック教会から自立した世俗国家を創設する必要性を自覚していたとゴベッティはいう。「[アルフィエーリにとって]人民は(……)たとえ理論的問題を技術的に練り上げることがなくても、真理の練り上げに参加している。こうした考えは、カトリック教会との闘いに有効な、哲学的自由の政治的実現である世俗的にして宗教的な国家の理論に行き着くが、後にイタリアの自由主義思想の独自で健全な中核部隊を活性化するモチーフになるだろう[60]」。

しかしゴベッティは、このようなアルフィエーリの政治思想を自由の哲学と呼ばずにあえて「自由の宗教(La religione della libertà)」と呼んだ。何故ならゴベッティによれば、アルフィエーリは単にカトリシズムを攻撃しイタリア国家のカトリック教会からの自立と世俗化によるイタリア統一を望んだだけではなく、自由を求める人民の行動は宗教的な熱狂の姿をとった道徳心、信仰心によって基礎付けられるべきだと考えていたからである。「アルフィエーリの反抗的な本能は、ひとつの批判的で宗教的な明快さを示している。カトリシズムに対する彼の論争は、不信仰なジャコビーニの懐疑主義に向かわずに、人びとと人民の行動と生活を導くような、より精神的な宗教心、英雄的な道徳を求めている[61]」とゴベッティは指摘している。

更に、アルフィエーリはゴベッティにとって一八世紀イタリアにおける国民意識高揚の頂点に位置するだけではなく、自分達反ファシズム世代が求めていた知識人類型としての輝きをはなっていたものと思われる。事実、ゴベッティは次のように言っている。「アルフィエーリは、政治的抑圧に対する活動的な知識人の抵抗の最も高貴な例を我々に残した。それは、自分が暴君よりも精神的に高い立場にいると感じるがゆえに決して負けることのない、たった一人の抵抗である」[62]。ゴベッティによってアルフィエーリは、反ファシズムの立場でイタリア社会の革新を指向する知識人の運動のシンボルと位置付けられた。実際、ゴベッティは『英雄なきリソルジメント』のアルフィエーリの章を閉じるにあたってこう書いている。「[アルフィエーリの思想は]イタリア史においていまだに待たれているひとつの革命の告知で（……）ある。しかしそれはこれまで継承者の現れなかった立場なのだ」[63]と。

(2)　未完の革命としてのリソルジメント

ゴベッティにとってリソルジメントは、未完の革命（la rivoluzione non riuscita）であった。彼がリソルジメントをそのようにとらえたのは、イタリア文化が宗教改革と啓蒙主義による宗教意識の世俗化や政治文化の近代化・民主化を経ておらず、人民大衆（popolo）の広範な参加を欠いているがゆえに、統一後に多くの問題を生じさせていると考えたからである。これに対して、幾分理想化され過ぎているとはいえ、ドイツ（プロシア）の統一過程が対置される。「[ドイツの国家統一は]宗教改革の連帯精神の継続をあらわし、宗教的な禁欲（l'ascesi religiosa）の息子であり、市民意識のなかでの国家理念の伸長に従って自らの発展の度合いを測った。（……）ドイツにおける統一革命は、人民的であり精神的（popolare e morale）だった」[64]とされている。近代イタリア史におけるプロテスタント的な宗教改革の欠如という問題意識をゴベッティに与えたのは、複数の研究者の指摘によれば[65]、彼に先行する世代の歴史家、思想家たち（B・スパヴェンタ、A・オリアーニ、G・ジェンティーレ、M・ミッスィローリら）の議論であるが、同時に、二〇世紀初頭のドイツで展開された「プロテスタンティズムと近代世界」との関係についての議論との対応も明らかである。[66]

かくして、不徹底に終わった革命としてのリソルジメントを完遂へと導く新たな政治的変革運動が構想され、その役割は二〇世紀の先進的な労働者による自由主義革命に引き継がれた。「[工場評議会運動とグラムシら『オルディネ・ヌオーヴォ』の]新しい秩序という理念自体が、リソルジメントのいまだ実現されていない諸要求を継承しようという意志から生まれたのである」[67]と述べて、この継承関係を明らかにしている。ゴベッティは週刊紙『自由主義革命』創刊号（一九二二年）に掲載された「マニフェスト」において、イタリア史のなかで工場評議会運動が担う性格を定義して「イタリアにおける最初の世俗的運動、近代革命にとっての国家の意義をその論理の帰結にまでもってゆく能力をもった唯一の運動、すべての教会を否定する反カトリック的な宗教理念を表現できる唯一の運動」[68]として高く評価した。

他方、ゴベッティは一九一九年に結成されたイタリア人民党にも高い評価と期待を寄せていた。「比例代表制の布告者となった人民党は、そのキリスト教的――自由主義的倫理の点でも、（ストゥルツォ（……）のように）教権主義を考える際の世俗的かつカヴール的な精神の点でも、このイタリアにおいてイタリア人に容認される規模でプロテスタント的性格をもったひとつの革命を開始した」[69]と述べている。フィリッポ・メーダ（一八六九―一九三九）やルイージ・ストゥルツォ（一八七一―一九五九）による人民党結成を、ローマ併合に反発するヴァチカンの「ノン・エクスペディト（一八七四年）」によるカトリックの国政参加禁止の制約下でイタリアの広範な階層に世俗的な政治意識を生み出そうとする試みと考えたからである。

つまり、トリーノのフィアットに代表されるような先進的で開明的な経営者階級と組織された近代的な工場労働者との間で闘われる社会闘争（階級闘争）が制度的に基礎付けられ、この闘争から生まれて労働者を政治的に代表する共産党と、保守的であっても民主主義諸制度の価値を尊重するようなカトリック諸階層を代表する人民党とが競い合う、そうした政治闘争を通して民主主義諸制度の定着とイタリア政治の刷新（エリートの周流）が展望されていたのである。

また、宗教改革を経て内面の自由（権威からの自由）を確立しキリスト教の支配を廃した世俗国家の形成というヨーロッパ最良の成果に追い付き、イタリア社会を変革することを目指したゴベッティにとって、リソルジメントとイタリア社会のその後の推移はこの国に固有の遅れ（未成熟）を示すものであり、民衆の諸闘争と自由な経済活動、文化活動（下からのエリート＝指導階級形成）によって克服されるべきものであった。

まとめ

これまで見てきたように、ゴベッティの自由主義革命思想は、第一次大戦後のイタリア政治の民主主義的刷新を実現するために、階級闘争の封じ込めではなく制度的保証を求め、生産過程への参加と自主管理を求めて工場評議会運動を推進した近代的な労働者階級の役割に大きな期待を寄せた点で、イタリア近代史上前例のない新しい型の自由主義の登場を意味した。と同時に、彼の自由主義革命思想は単なる反ファシズム・民主主義思想ではなく、宗教改革の経験を欠いたイタリア近代史における社会・国家の未成熟の克服という課題を引き受け、近代的な労働者階級の運動にイタリア文化を世俗化し、近代的な政治意識を生み出して、不徹底に終わったリソルジメント（国家の統一と民主主義的近代化）を完遂する役割を認め、更にはローマ・カトリック教会とイタリア国家との関係を再定義する課題をも彼らに託した点で、政治を支える文化の役割を重視する独自の政治文化論と歴史観とを統合した政治思想であったことを確認した。

イタリアの現代政治の混迷からの脱出の手掛かりとして今日ゴベッティが再読されるのは、現代の諸問題をこうした歴史のパースペクティブにおいてとらえようという彼の歴史観に裏打ちされた政治思想がアクチュアリティーを失っていないからであろうし、また、国家の役割を過大に重視し結果的に諸個人のイニシアティヴを抑圧してしまった二〇世紀の左翼思想の構成要素を、大胆に組み替えて二一世紀の新しい民主主義思想をつくりだすためのヒントがそこに含まれているからであろう。

しかし同時に、ゴベッティの自由主義革命思想が、九〇年代イタリアの政治刷新のための新自由主義色の強いプログラムの旗印とされるだけには収まり切らない射程をもっていることも明らかである。九〇年代のイタリアでは、労働者による労働の自主管理の課題はついに中道左派の政治プログラムとはならなかったようだ。また「革命」を単なる政権交替と同一視することはできない。ボッビオは一九九一年にトリーノで開催されたゴベッティ研究集会で次のように述べている。「《自由主義革命》という言葉でゴベッティは何を意図したのか？（……）それは解放としての革命でありあらゆる上位の権力からの解放という意味での自由主義革命なのである」[70]と。ゴベッティの希求した自由主義革命もまた、いまだに完遂されることを待っている未完の革命なのではないだろうか。

（1） Paolo Bagnoli, "Piero Gobetti and the Liberal Revolution in Italy" Journal of Modern Italian Studies, 2 (1), 1997, Piero Gobetti, La Révolution Libérale（Paris : Editions Allia, 1999）などを参照。

（2）ゴベッティの邦訳および研究論文として次のものがある。ピエロ・ゴベッティ、上村忠男・北村暁夫訳「或る自由主義者の書いたトリーノ共産主義者たちの歴史」『南欧文化』第一〇号（一九八四年）、一五―三三ページ。これはゴベッティの主著である評論集『自由主義革命』からではなく、彼の新聞『自由主義革命』からの翻訳。この論文は評論集に収められる際に大幅に加筆修正されている。藤沢道郎「《自由主義革命》の位相　トリーノ工場評議会とピエロ・ゴベッティの思想」『池田廉教授退官記念論文集』一九九三年、三二〇―三三四ページ。戸田三三冬「第一次世界大戦とイタリアの戦後若者文化（一九一八―一九二〇）」『歴史と地理』第四八五号（一九九五年）、一―一一ページ。同「『パルチザン日記』解説」アーダ・ゴベッティ、堤康徳訳『パルチザン日記一九四三―一九四五イタリア反ファシズムを生きた女性』平凡社、一九九五年、二一―八八ページ。

（3）ノルベルト・ボッビオ、片桐薫・片桐圭子訳『右と左　政治的区別の理由と意味』御茶の水書房、一九九八年。真柄秀子『体制移行の政治学　イタリアと日本の政治経済変容』早稲田大学出版部、一九九八年。特に第四章「新しいアイデンティティを求めて」。ボッビオの邦訳書からは割愛されたPietro Polito, “Ripensare la sinistra. Primi orientamenti bibliografici (1980-1994)”も重要である。

（4）その端的な現れは、リベラル社会主義者のカルロ・ロッセッリ（一八九九―一九三七）の主著がボッビオの新たな序文を付して一九九七年にエイナウディ社から再刊されたことである。同書にあげられた文献目録によればC・ロッセッリを主題とする研究の発表数は、イタリア国内で七〇年代に二六点、八〇年代に一二点であるのに対して、九〇年代には一八点（一九九六年まで）となっておりその関心の復調がわかる。イタリアにおけるリベラル社会主義をめぐる論議はJ・S・ミル、ホブハウスらイギリスの左派リベラリストやグイード・カロージェロ（一九〇四―　）やアルド・カピティーニ（一八九九―一九六八）らの再評価を促した。

Cfr. Michelangelo Bovero, Virgilio Mura, Franco Sbarberi, a cura di, I dilemmi del liberalsocialismo (Roma : La Nuova Italia Scentifica, 1994). Carlo Rosselli, Socialismo liberale, con introduzione e saggi critici di N. Bobbio, Nuova edizione a cura di John Rosselli (Torino : Einaudi, 1997).

(5) 行動党をめぐる論争は雑誌《Il Mulino》、《Il Ponte》などでG. E. Rusconi, N. Bobbio, G. Belardelli, V. Foa, E. Galli della Loggia, P. Bagnoliらが参加して行われた。

(6) Paolo Flores d'Arcais, Il populismo italiano da Craxi a Berlusconi. Dieci anni di regime nelle analisi di 《MicroMega》(Roma : Donzelli editore, 1996) pp. 122-32.

(7) "La rivoluzione liberale", ibid., pp. 133-42. 初出は一九九四年の《ミクロメガ》。

(8) "Ci vuole una rivoluzione liberale" l'Unità (14 marzo 1995).

(9) フローレス・ダルカイスによる一連の政策提言がどの程度左翼民主党の方針に反映されているのかは即断できないが、一九九五年当時の左翼民主党書記長マッスィモ・ダレーマの発言は注目に値する。当時の左翼民主党の路線を後房雄は次のように整理している。「左翼民主党のダレーマ書記長が、一九九五年七月の政策大会の報告において、あえて「自由主義革命」というスローガンを提起した。ダレーマは、国家の機能がかなり以前から官僚主義と能力の下方平準化をもたらすものに堕していたという認識を示したうえで、左翼自身が、個人の能力の制限を隠蔽する平等主義の代弁者、同業組合主義と不平等を生み出す国家に保証された平等主義の代弁者と見られるようになっていたと自己批判した。そして、こうした個人のエネルギーの成長と解放を妨げるような国家モデルへの反発こそが八〇年代の保守主義革命の勝利の根拠だったというのである。そのうえでダレーマは、イタリアでもフォード主義時代とは異なった国家―社会―市場関係に基づく改革の季節が到来していると述べ、「自由主義革命」こそがわれわれのイタリアへの提案だと言い切ったのである。そこでは、福祉国家像もまた、「保障の網」から「機会の源泉」へと転換されている」。後房雄『「オリーブの木」政権戦略　イタリア中道左派連合から日本政治へのメッセージ』大村書店、一九九八年、一三―一四ページ。

(10) P. Flores d'Arcais, "Gobetti, liberale del futuro" in P. Gobetti, La Rivoluzione Liberale (Torino : Einaudi, 1995), pp. VII-XLVI.

(11) Dino Cofrancesco, "Considerazioni sul gramsciazionismo. A proposito dell'ultimo scritto di Alessandro Galante

Garrone", Storia contemporanea, a. XXVI, n. 1（febbraio 1995）, pp. 75-97.

（12）Alessandro Galante Garrone, Il mite giacobino. Conversazione su libertà e democrazia raccolta da Paolo Borgna（Roma : Edizione Donzelli,1994）.

（13）ピエモンテの行動党に参加した知識人は、多かれ少なかれ二〇年代のゴベッティの反ファシズム運動の理念を継承し、三〇年代の《正義と自由》運動と関係をもっていた。ヴィットリオ・フォア（イタリア労働総同盟指導者）、フランコ・ヴェントゥーリ（歴史家）、レオーネ・ギンズブルク（ロシア文学者）、アウグスト・モンティ（教育者）、ノルベルト・ボッビオ（政治学者）など、戦後イタリア文化の代表的人物が多い。

（14）Giorgio Battistini, "I nipotini di Gobetti" La Repubblica（11 marzo 1995）より重引。

（15）Giuseppe Bedeschi, "Gobetti il finto liberale" Liberal（7/1995）.

（16）Norberto Bobbio, "Liberali senza rivoluzione" La Stampa（16 febbraio 1996）.

（17）ホメーロス、土井晩翠訳『イーリアス』富山房、一九九五年、六三―六八ページ。

（18）ヴィットーリオ・アルフィエーリ（一七四九―一八〇三）劇作家、ピエモンテ州アスティの裕福な貴族の家に生まれヨーロッパ各地に遊学、一七七二年トリーノに戻り悲劇『クレオパトラ』を発表。フランス革命のバスティーユ占領に感激するが、後にテロリズムに失望。劇作以外に『専制政治論（Della tirannide）』などを発表し、ローマ教皇庁と王侯貴族による政治支配を激しく批判した。文学史上、啓蒙主義からロマン主義への移行期の文学者とされる。

（19）N. Bobbio, Il futuro della democrazia（Torino : Einaudi, 1984）, L'età dei diritti（Torino : Einaudi, 1990）などを参照。

（20）N・ボッビオにはゴベッティを主題とする著作があり、トリーノの民主主義的なリベラル潮流の歴史についての著作（ピエモンテ州とアオスタ州の高校生のために書かれたもの）においても、その叙述をゴベッティとグラムシから説き起こしている。Cfr. Trent'anni di storia della cultura a Torino 1920-1950（Torino : Cassa di Risparmio di Torino, 1977）, Italia fedele. Il mondo di Gobetti（Firenze : Passigli editori, 1986）を参照。

（21） P. Flores d'Arcais, "Il vero Gobetti e i finti liberali" La Repubblica（18 febbraio 1996）.
（22） Alberto Cabella, Elogio della libertà. Biografia di Piero Gobetti（Torino : Editrice Il Punto, 1998）.
（23） Gianni Vattimo, "Gobetti sì che era liberale" L'Espresso（25 febbraio 1999）.
（24） G. Vattimo, "Gobetti e Gramsci : confronto e dibattito" Pagine del Piemonte（4/1999）.
（25） ゴベッティは、労働運動にとっての自由と平等の関係についてマッツィーニの思想を批判する文脈で次のようにいう。「労働運動の問題は、自由の問題であって社会的平等（uguaglianza sociale）の問題ではない。」「社会的平等の原理は、あらゆる反逆の理想（……）であったし、あらゆる時代の人間にとり最も悲劇的に揺り動かされた願いだったが、今日革命的な推進力をつくりだす力を使い果たした。個人の差異化（differenziazione）の原理だけが、社会的な道徳、自己の能力の限界についての感覚、自己犠牲の責任感を養うことができる。」（I torti del mazzinianismo, in La Rivoluzione Liberale, 1995, p. 127）
（26） 本節執筆のため次のものを参照した。Marco Revelli, "Gobetti《liberal-comunista》?" in I dilemmi del liberal-socialismo, a cura di M. Bovero et al.（Roma : La Nuova Italia Scientifica, 1994）, pp. 63-84. G. Vagnarelli, La Rivoluzione russa tra Gramsci e Gobetti（Ripatransone : Maroni, 1997）.
（27） "La nostra fede" Energie Nove, serie II, n. 1（5 maggio 1919）, in Piero Gobetti, Scritti politici（Torino : Einaudi, 1960）, p. 83.
（28） "Rassegna di questioni politiche" Energie Nove, serie II, n. 6（25 luglio 1919）in Scritti politici, p. 140.
（29） Ibid., pp. 150-1.
（30） Ibid., p. 151.
（31） Ibid.
（32） "Trotzki" Il Resto del Carlino,（5 aprile 1921）, in Scritti politici, p. 206.
（33） Ibid., pp. 208-9.

(34) M. Revelli, op. cit., p. 71.

(35) Antonio Gramsci, "La rivoluzione contro il《Capitale》" Avanti!, a. XXI, n. 356 (24 dicembre 1917), in La città futura 1917–1918 (Torino : Einaudi, 1982), p. 513.

(36) 以下、評論集『自由主義革命』からの引用は一九九五年に刊行された新編集版『自由主義革命　イタリアにおける政治闘争試論』を使う。本書は編者 Ersilia Alessandrone Perona の手になる校訂版である。引用の際には略号 RL を使い、全集のページ数を併記する。SP は全集第一巻 Scritti politici の、SSLF は全集第二巻 Scritti storici, letterali e filosofici の略号である。また本節執筆のため次のものを参照した。Paolo Bagnoli, Piero Gobetti. Cultura e politica in un liberle del Novecento, con prefazione di Norberto Bobbio (Firenze : Passigli Editori, 1984).

(37) "La lotta per i Consigli", in RL, p. 103, in SP, p. 1009, 初出は週刊紙『自由主義革命』一九二二年四月二日号

(38) Ibid.

(39) こうしたゴベッティの労働者自治の理念、階級闘争の社会的価値の擁護は九〇年代ゴベッティ論争では十分な光が当てられていない。

(40) Ibid., p. 105, in SP, p. 1010.

(41) "La lotta di classe e la borghesia", in RL, p. 134, in SP, p. 1038, 初出は週刊紙『自由主義革命』一九二二年三月五日号、強調は原文。

(42) Ibid., p. 135, in SP, p. 1038.

(43) 詳しくは次のものを参照。Paolo Spriano, L'occupazione delle fabbriche. settembre 1920 (Torino : Einaudi, 1964), 邦訳、桐生尚武訳『工場占拠イタリア一九二〇』鹿砦社、一九八〇年。

(44) "Elogio della ghigliottina", in RL, p. 165, in SP, p. 1067, 初出は週刊紙『自由主義革命』一九二二年一一月二三日号

(45) Renzo De Felice, Le interpretazioni del fascismo (Roma-Bari : Laterza, 9 ed., 1983), p. 30,邦訳、藤沢道郎・本川誠二訳『ファシズム論』平凡社、一九七三年、三三ページ。ゴベッティのファシズム論をデ・フェリーチェにならって

《露呈（rivelazione）の理論》と呼びつつクローチェの前述のような理論と対比した論文に次のものがある。Cfr. M. Revelli, “Piero Gobetti e il fascismo. La teoria della《rivelazione》” in AA. VV., Perché Gobetti. Giornata di studio su Piero Gobetti（Torino, 16 aprile 1991),（Manduria-Bari-Roma : Lacaita editore, 1993), pp. 103-120.

（46） “Mussolini”, in RL, p. 176, in SP, p. 1077.

（47） “Elogio…”, in RL, p. 165, in SP, p. 1067.

（48） “Mussolini”, in RL, p. 173, in SP, p. 1074.

（49） “Elogio…”, in RL, p. 165, in SP, p. 1067.

（50） ゴベッティのアルフィエーリ論は、新しい序文をつけて再刊されている。Piero Gobetti, a cura di A. G. Graziano, La filosofia politica di Vittorio Alfieri（Cagliari : Demos editore, 1998）次のものは『英雄なきリソルジメント』の戦後復刻版である。P. Gobetti, Risorgimento senza eroi, con Introduzione di Franco Venturi（Torino : Einaudi, 1976).

（51） アダルベルト・ラディカーティ（トリーノ一六九八―一七三七）。一五代サヴォイア公、シチリア王を経て初代サルデーニャ王となるヴィットーリオ・アメデーオII世（一六七五―一七一三）の相談役として宮廷入りし、政教分離主義を擁護。ローマ教皇庁とピエモンテの関係が緊張したためロンドンに亡命（一七二六年）。一旦トリーノに戻るが二八年に国外追放、ロンドンで逮捕された後オランダへ移る。イタリア啓蒙主義の先駆け、平等主義的民主制を唱えた。

（52） “Prefazione”, La filosofia politica di Vittorio Alfieri, 1998, pp. 47-48, in SSLF, p. 87.

（53） 一八七〇年のローマ併合によって態度を硬化させた教皇庁は、一八七四年には「ノン・エクスペディト」を確認してカトリック教徒の国政参加を禁止したが、その後ジョリッティ時代のジェンティローニ協定（一九一三年）を経てイタリア人民党の結成（一九一九年）を見ることになった。イタリアの世俗的な政治意識の発達を阻んだカトリック教会の存在をゴベッティは重視した。

（54） Risorgimento senza eroi, in SSLF, p. 39.

（55） Ibid.

(56) Ibid., p. 47.
(57) Ibid., p. 31.
(58) La filosofia politica di Vittorio Alfieri, p. 81, in SSLF, p. 113.
(59) Ibid.
(60) Ibid., p. 109, in SSLF, p. 132.
(61) Alfieri, in Risorgimento senza eroi, ora in SSLF, p. 75.
(62) Ibid., p. 73.
(63) Ibid., p. 76.
(64) “L’eredità del Risorgimento”, in RL, p. 28, in SP, p. 938.
(65) 次のものを参照。P. Bagnoli, “L’analisi del Risorgimento”, in op. cit., pp. 123-176, Walter Maturi, Interpretazioni del Risorgimento. Lezioni di storia della storiografia（Torino : Einaudi, 1962）.
(66) ゴベッティの友人の一人でジャーナリストのジョヴァンニ・アンサルドは、週刊紙『自由主義革命』紙上の論争に参加して、ドイツのW・ゾンバルト、M・ヴェーバー、E・トレルチの仕事に言及しつつ、プロテスタント的な世俗内禁欲（ascesi laica）、天職（vocazione）観念がイタリアの資本主義的近代化にとってもつ意義を指摘している。Giovanni Aasaldo, “Polemica sul《Manifesto》”, La Rivoluzione Liberale, a. I, n. 3, 1922, in Le riviste di Piero Gobetti, a cura di Lelio Basso e Luigi Anderlini（Milano : Feltrinelli, 1961）, pp. 123-128.
(67) “I comunisti”, in RL, p. 110, in SP, p. 1015.
(68) “Manifesto”, La Rivoluzione Liberale, a. I, n. 1（12 febbraio 1922）, in SP, pp. 238-9.
(69) “Critica liberale”, in RL, p. 141, in SP, p. 1045.
(70) N. Bobbio, “Perché Gobetti”, AA. VV., Perché Gobetti. Giornata di studio su Piero Gobetti（Torino, 16 aprile 1991）, a cura di Cesare Pianciola e di Pietro Polito（Manduria-Bari-Roma : Piero Lacaita editore, 1993）, p. 34.

第一六章　歴史的制度論の国家像とその変容
――スコッチポル&ファインゴールド『ニューディール期の国家と政党』（一九九五）を中心に――

高橋善隆

はじめに

現代政治学における「新制度論」の潮流は、一九八五年のスコッチポル論文以来多くの蓄積をもち、メインストリームの一角を形成している。(1)日本においても、ピーター・ホールに依拠して「制度・利益・アイディア」を共通の分析枠組みとする共同研究などが現れている。(2)また歴史的制度論と合理的選択派制度論の比較ばかりでなく、歴史的制度論の初期研究を構造的制度論として区別する研究も現れてきている。(3)しかし、こうした研究動向は多くの成果をあげている一方で理論内在的傾向を強めているように思われる。

こうした文脈とは距離をおき、スコッチポルを再読してみると一九八五年の『国家論の復権』においては、政策を従属変数とし、何が政策を決定するのかという視点から公共政策形成の分析モデルが探求されているのに対し、(4)一九九二年の『兵士と母親を守る』においては政策を独立変数とし「公共政策は出力や結果でなく出発点である」(5)という分析視角が提示されており、強い印象を受けた。スコッチポルはモデルの説明力よりも、通説を覆す応用問題の事例を見いだすことに、強い関心を抱いているのではないだろうか。

また公共政策形成の分析モデルとして歴史的制度論を論ずる場合でも、多元主義や階級政治で充分説明可能な事例に歴史的制度論を適用する必要があるとは思われない。強者でもなければ多数派でもなく、またよく組織されてもいない人々の利益が政策に反映されるような場合、あるいは社会からの入力を重視した政策が失敗し、逆に社会からの入力を無視した政策が成功したような場合、それをどう説明するのか。国家の自律性や能力（ウェーバー・ヒンツェ・パースペクティブ）、国家構造がアクターに課す政治社会学的制約（トクビル・パースペクティブ）、国家と社会を結ぶ政策回路（カッツェンスタイン）などはこうした応用問題を解く鍵として有効なのではないか。

こうした理由から、本論では歴史的制度論の分析枠組みを精緻化・一般化するのではなく、スコッチポルのニューディール分析について応用問題としての成否を再検討してみたい。個々の具体的事実や他の分析視角との対比を通じてニューディールの社会的内実を考察の対象としていく。

第一節では一九八五年の『国家論の復権』から一九九二年の『兵士と母親を守る』、そして一九九五年の『ニューディール期の国家と政党』について分析視角を簡潔に比較し予備的考察を試みる。政策を従属変数とする公共政策形成の分析モデル、政策を独立変数とする二系列の政策フィードバック、政党編成と政党戦略、という形で個々の著作は異なった視点を含んでいる。

第二節ではニューディール分析の具体的事例として、スコッチポルによる農業調整局と産業復興局の比較を再検討する。農業調整局ではランド・グランド・カレッジや農務省の出身者が、既得権益から自律した政策形成とその遂行能力を有していたのに対し、産業復興局ではモルガン商会よりはるかに見劣りする凡庸なスタッフが自律性のみならずその政策遂行能力も欠いていた。しかし逆説的なことに政策的帰結として農業分野では既存の社会関係が強化され、産業界では労働勢力中心の新たな社会関係が構築される。こうしたスコッチポルの分析視角は短期的射程としては示唆に富んだものであるが、中長期的解釈としては不十分な点もある。アイディアの政治として語られる農務省の公益観自体が変容した事実や、広義のニューディール体制そのものが倫理的基盤の転換により制度化を実現した事実は、社会的内実の解明がなければ説明できないように思われる。

第三節では、まず多元主義、エリーティズム、マルクス主義、合理的選択派制度論によりなされたニューディール分析について、スコッチポルが批判的検討を加えているのでそれを紹介する。またパワーリソース理論、ネオ・グラムシアンなどスコッチポルとは対照的立場にある研究から向けられた批判を検討し暫定的総括を試みる。

1　スコッチポルの分析枠組

一九七〇年代から今日に至るシーダ・スコッチポルの研究を概観すれば、初期の比較革命史および歴史社会学の方法論に関する業績と、「国家論の復権」以後の公共政策に関する理論およびアメリカ社会政策形成史に大別することができる。本論で考察の対象とするのは後者の公共政策分析であり、とりわけ『国家論の復権』『兵士と母親を守るために』『ニューディール期の国家と政党』を通じた分析枠組の変容と事例研究の成否を再検討することにある。『ニューディール期の国家と政党』第二部に明示されているように、多元主義・エリーティズム・ネオマルクス主義・合理的選択派制度論などのアプローチに批判を加えつつ新たな政策形成の分析枠組を提示することにその狙いがあるように思われる。予備的考察として一九八五年から九五年に至るスコッチポルの分析枠組を概観しておこう。

『国家論の復権』第一章においてスコッチポルが提起した「社会中心の諸理論から国家中心アプローチへ」という理論は二つの視座から構成されている。第一に、目的志向行為者としての国家が、社会集団から自律した政策形成を行い（State Autonomy）、困難な状況下での政策遂行能力（State Capacity）を有していること。第二に、制度的構造としての国家が、全体構造として集団形成や集団の能力を左右し、政治文化に影響を与え、政策アジェンダに枠をはめることである。(6) 第一の視角は Weberian-Hintzean perspective、第二の視角は Tocquevillian perspective と定義されている。これらは社会集団の交差圧力や階級支配といった社会からの入力を重視する政策形成モデルの限界を克服するものである。こうした視座を前提とした事例研究が、第八章「スウェーデン・イギリス・アメリカにおける、大恐慌へのケインズ主義的政策対応の可能性と国家構造との関係」である。

一九三〇年代の大恐慌に対し資本主義的民主制をとる国々の間で異なった政策的対応がみられたのはなぜか？ スコッチポルはスウェーデンとイギリスの比較考察を通じて導き出されたいくつかの視座をニューディール期のアメリカに適用している。政策形成に影響を与える要因の中で決定的に重要であったのは何か。より具体的には大恐慌への対応として社会的ケインズ主義を導入する上でその成否を分けたものは何であるのか、が問題とされる。社会中心の諸理論としてスコッチポルが検討の対象とするのは、労働者階級の影響力、セクター間の同盟および国際経済との結合形態などである。(7) 連立政権による労働者政党の政府が大恐慌に直面するという共通の状況の中で、スウェーデンとイギリスの政策的対応が異なるものとなったのはなぜか。労働者階級の影響力という見地からすれば、ケインズの母国でもあり、また最も成熟した労働者階級を擁していたイギリスで、最も早く最も完全な社会的ケインズ主義が実現されるはずだったということになる。しかしながら事実はこれとは逆に推移したのである。

スコッチポルが指摘したのは、経済エキスパートを政策形成に登用しうるような国家構造が存在したか否か、過去

図1　政策形成のダイアグラム

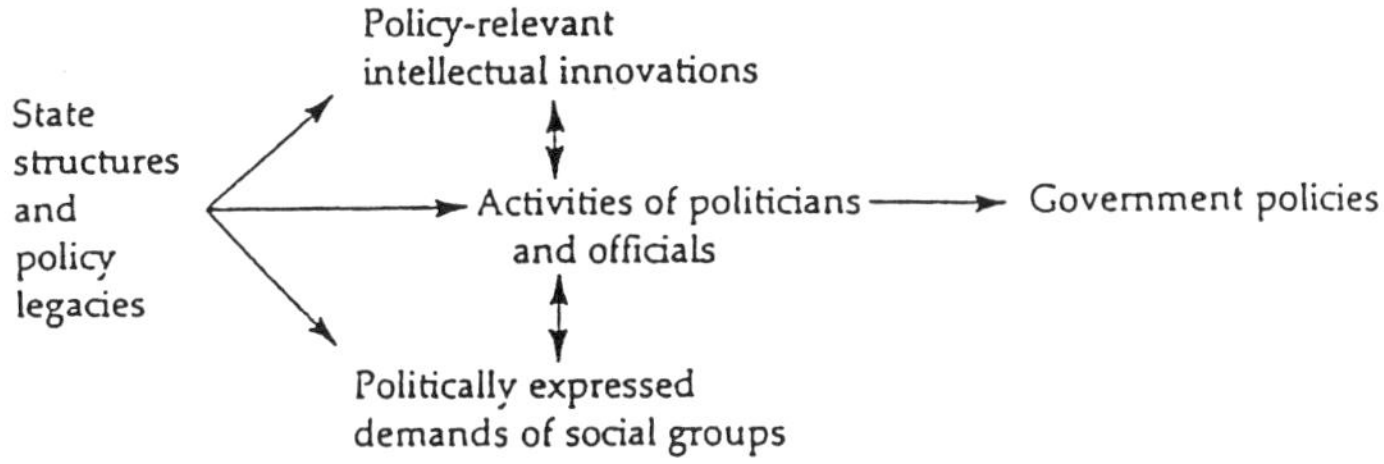

（出典）　スコッチポル 1985, p. 119

における政策遺産が政策の形成と執行にどのような制約を課したか、という点である。ケインズ『一般理論』からの引用によれば「既得権益の力は過大評価されすぎている。経済学者や政治学者の思想は、それが正しい場合にも間違っている場合にも、一般に考えられているよりはるかに強力である。実際のところ世界を支配するものはそれ以外にはないのである。」とのことである。しかし「思想が強力であるとしても、いかにして政策に関連した知識が登場し、それが政策に影響力を行使しうるかということについてケインズは明らかにしなかった。」とスコッチポルは皮肉を述べている。[8]当時のイギリスにおける経済政策形成過程では、ケインズは必ずしも主流派としての影響力を行使していたわけではなかったのである。

これに対しスウェーデンではハマーショルド、ヨハンソン、ミュルダール、オリーンら後にストックホルム学派を形成することになる若手グループが調査を委託され精力的に政策提言を行ったとされる。また公的失業保険の欠如ゆえに、イギリスのように失業保険の受給資格をめぐる泥沼の政争が生じることもなかったのである。

こうした分析枠組は、図1に簡潔に示されている。第一に、政策形成のプロセスを描くダイアグラムの中で、政策アイディアの知的イノベーションは、政治的に表現された社会集団からの要求と同様に独自の領域をなしてはいるが、政治家や官僚の活動との相互作用を通じてのみ公共政策の形成に関与することができる。第二に、政策アイディアのイノベーション、政治家と官僚の活動、社会集団からの要求という三領域のすべてに対し、国家構造と政策遺産が制約を課している。このことは換言すれば、社会集団が政治過程に行使しうる組織力と戦術は、こうした集団がその内部で活動することを余儀なくされる国家構造自体によって制約を受けていること、そして、特定の国家構造は政策アイディアが公共政策形成過程へ組み込まれる参入経路をパターン化することを意味している。こうしたダイアグラムは短期的には公共政策を従属変数とするモデルを意味することになろう。(9)

イギリスとスウェーデンの比較を踏まえた第三節でスコッチポルはアメリカの国家構造とニューディールの限界について検討している。脆弱な国家官僚制、分権化した公的権威、プログラム化能力のない政党といった当時のアメリカの特性を前提として、経済政策と社会政策という目的の異なる二つの道の結合が可能であったのかについて論じられている。①一九二〇年代以前にはウィスコンシンのコモンズ学派とUSDAのテクノクラートを除いて組織的専門家集団の存在しなかった事情から、三〇年代においてもなお社会的支出プログラムの導入とコントロールをめぐる政策遂行能力が疑問視されていたこと、②労農同盟を持続できず挫折と変容を余儀なくされたこと、③分権的政治構造を前提として南部民主党が議会内保守連合を形成したこと、などが社会的ケインズ主義導入の障害として指摘されている。(10)農業政策および労働政策の起源・執行・帰結、一九三〇年代を通じたテクノクラートの様態、政党編成と政党戦略については、次節で詳細に検討するが、一九八五年論文は短期の公共政策分析として成功を収めつつも、中長期の政治経済体制との関連でいくつかの問題点が残されているように思われる。

次に一九九二年の『兵士と母親を守るために』で提示された分析枠組について検討する。同書は、南北戦争以後二〇世紀初頭に至るアメリカの社会政策形成史を考察の対象としている。スコッチポルは第一章で四つの視点を示しているが、興味深いのは「公共政策は出力や結果でなく、出発点である」と明言していることである。八五年論文におけるモデルは、「何が公共政策を決定するのか」を問題にしており、政策は短期的な従属変数として扱われていたが、九二年の枠組では中長期的視座が強調されているといえる。アクター間の相互作用が政治家や官僚の活動に集約され政策となり制度に帰結するとしても、個々のアクターは、過去の政策や制度に制約を受けざるをえない。こうした関係を辿っていくと先行する政策のみならず、原初的政治制度の形成について歴史社会学的考察を試みなければならなくなる。

スコッチポルは具体的に、①国家および政党組織の確立と変容 ②制度と手続きによる社会集団への制約 ③相対的機会構造 ④政策フィードバック、を提示している。

第一に、国家および政党組織の確立と変容としては、官僚制の確立された時期および普通選挙導入の時期が問題とされる。脆弱な国家官僚制、プログラム化能力がない政党、政治的権威の分権的構造を考察するためには、民主主義が初期においてパトロネージ・デモクラシーの形態を取らざるをえなかった理由、中央集権化を嫌った人々が建国の中心であった事情などの検討が必要とされる。また白人成年男子が早期に選挙権を手にしたことで、参政権獲得が労働者階級全体の目標とならず強力な労働者政党が形成されなかったこと、政治そのものが移民やローカリティで分節化されていることも、アメリカの政治システムが持つ特性とされる。これらは、労働者階級の影響力を重視するパワーリソース理論がアメリカにうまく当てはまらない理由としてあげられている(11)。

第二の視角、制度と手続きによる社会集団への制約は、八五年に提起したTocquevillian-perspectiveを継承するもので、社会集団のアイデンティティー・目標・能力それ自体が、制度的構造としての国家に制約されることを意味している(12)。

第三の視角は、相対的機会構造である。アクター自身の動員力や意識のみならず政治制度が提供する相対的機会は決定的に重要であるとされる。組織能力と制度が与えた機会との結合した具体例として、マターナリスト（女権論者）の成功、パターナリスト（家父長的福祉）の失敗が指摘されている。[13]

第四の視角は、政策的フィードバックである。制度化された政策は二系列のフィードバック機能を持つ。まず政策能力の拡大という機能、そしてポジティブ・フィードバック、ネガティブ・フィードバックが他の政策提案の運命に影響を与えるという機能である。南北戦争に関与した人々の年金をめぐるパトロネージ・デモクラシーが先例としてネガティブ・フィードバックの機能を起こし、一般的・普遍的老齢年金の妨げとなり、導入に反対する根拠として利用されたことが指摘されている。[14]

こうした視角を通じた社会政策形成史の分析は、過度の一般化を回避しつつ、また逆に個々の個別的事例の叙述に埋没することもなく、ある一定の厳格な条件下での定式化を試みるものといえよう。

『ニューディール期の国家と政党』（一九九五年）では、従来の「国家の自律性」「国家の政策執行能力」に加え「政党編成」「政党戦略」の視座が提起されている。完全競争ではなく寡占的競合状態としての二大政党制を前提としたモデルである。[15]ニューディール期の農業政策、労働政策について、その起源・執行・帰結を分析して行く過程で、国家が社会集団への自律性を欠き、あるいは政策執行能力を欠如させていた場合、政権をめぐる政党内部の連携や政党戦略は絶えず修正を余儀なくされることが明らかになる。一九三二年から三六年にかけての政策的帰結により、逆に政党編成や政党戦略が変容を遂げるのである。二大政党制のもとでは選挙ごとに支持を変えるコンテステッド・グループの獲得が最も重視されるが、一九三〇年代においては農民がコンテステッド・グループに位置していた。八五年論文で指摘されていた労農同盟の変容と挫折について検討する上でも農業政策をめぐる多くの逆説が重要な意味を持つことになる。産業復興局とは対照的に農業調整局のテクノクラートが自律的かつ政策遂行能力を有していたために、予期せぬ帰結が生じることになるのである。

次節では、ニューディール期の農業政策・労働政策について、その起源・執行過程・帰結を具体的に検討する。

2　農業調整法・全国産業復興法の起源・執行・帰結

『ニューディール期の国家と政党』が具体的に考察の対象としているのは、一九三二年から三六年にかけての農業調整法・全国産業復興法をめぐる政治過程である。なぜ全国産業復興法は失敗し、農業調整法は成功したのか？　これまで多元主義・エリート理論・マルクス主義・合理的選択派制度論などが必ずしも十分な説明を与えることのできなかったこの問題について、歴史的制度論の分析視角から解釈を試みるのが、この研究の目的とされている。

全国産業復興法・農業調整法ともに、民主党政権発足後の百日議会で成立し、生産制限と価格上昇を目的とし、最高裁から違憲判決を受けるという共通した経緯を辿っていながら、全国産業復興法が失敗し農業調整法が成功したのはなぜなのか。またそのことにより一九三二年から三六年の間にルーズベルト政権にいかなる変化がもたらされたのか。国家の政策遂行能力が、二つの政策分野で対照的であったことから意図せざる結果が生じたのである。

(1)　農業調整法の起源・執行・帰結

農業政策における制約は、マクナリー・ハウゲン法案の挫折に象徴される工業優先の農政である。マクナリー・ハウゲニズムは農業価格に二重価格を導入し農民の購買力を高めようとするものであった。表3に見られるように農産物価格の低下は大恐慌期特有の現象ではなく、第一次大戦終了以降慢性的に見られていたのである[16]。国内の農産物価格を高い水準に維持し、余剰作物を海外にダンピング輸出することでマクナリー・ハウゲン法案は農民の生活向上を

表1　マクロ経済指標

Table 1. Macroeconomic indicators, 1929-1936

Year	Money GNP (billion $)	Price Index (1929=100)	Real GNP (billion $)	Unemplovment (% civilian labor force)	Money Supply (billion $)[a]	Bank Failures (number)
1929	104.4	100.0	104.4	3.2	26.4	659
1930	91.1	96.4	94.4	8.9	25.4	1352
1931	76.3	86.8	87.8	16.3	23.6	2294
1932	58.5	78.1	74.8	24.1	20.6	1456
1933	56.0	76.9	72.7	25.2	19.4	4004[b]
1934	65.0	81.6	79.5	22.0	21.5	61
1935	65.0	82.5	87.8	20.3	25.5	32
1936	82.7	83.0	99.5	17.0	29.2	72

Soures : Money GNP, price index, real GNP from Lester V. Chandler, *America's Greatest Depression,* 1929-1941 (New York : Harper & Row, 1970), pp. 4-7. Unemployment, bank failures from U. S. Department of Commerce, Bureau of the Census, *Historical Statistics of the United States, Colonial Times to* 1970, Bicentennial ed. (Washington, D. C. : U. S. Government Printing Office, 1975), 1 : 135, 2 : 1038. Money supply calculated from Milton Friedman and Anna Jacobson Schwartz, *A Monetary History of the United States,* 1867-1960 (Princeton : Princeton University Press, 1963), pp. 711-13.

[a] Average of monthly M-1, currency held by public plus demand deposits in commercial banks.

[b] Figure noted in source as not strictly comparable to previous years.

（出典）　スコッチポル 1995, p. 6

表2　鉱工業生産の推移

Table 2. Industrial production, 1929-1936

Year	Textile Mill (million $ value add.)	Petroleum and Coal (million $ value add.)	Lumber and Wood (million $ value add.)	Rew Steel (million short tons)	Motor Vehicles (million factory sales)
1929	2321	829	1322	61.7	4.5
1930	—	—	—	44.6	2.8
1931	1525	432	524	28.6	1.9
1932	—	—	—	15.1	1.1
1933	1342	395	379	25.7	1.6
1934	—	—	—	29.2	2.2
1935	1461	471	542	38.2	3.3
1936	—	—	—	53.5	3.7

Source : U .S. Department of Commerce, Bureau of the Census, *Historical Statistics of the United States, Colonial Times to* 1970, Bicentennial ed. (Washington, D. C. : U. S. Government Printing Office, 1975), 2 : 669-80, 2 : 693, 2 : 716.

（出典）　スコッチポル 1995, p. 7

意図したのだった。しかしアンドリュー・メロン財務長官や財界はこの法案に懸念を抱く。ヨーロッパに低価格の穀物が供給されれば、欧州労働者の生活費が低下し、欧州産業全体の最低賃金・労働コストを引き下げることが可能になる。欧州で工業製品の生産コストが低下すればアメリカの製造業が脅かされるというのである。このような因果関係が成立するかはともかく、議会を通過したマクナリー・ハウゲン法案に対し一九二七年にクーリッジ大統領は拒否権を行使した。そして工業優先の農政にもかかわらず共和党政権は一九二〇年代に勝利を続けていたのだった。こうした背景から、ニューディール期の農業政策は農民の所得回復にとどまらず、農工間格差の解消を課題としていたのである。

農産物価格の下落を防ぐ方法については、農業調整局内でも対立が存在した。マクナリー・ハウゲニズムの支持者や加工業者、ジョージ・ピーク局長らは二重価格・ダンピング輸出や出荷協定方式を主張したのに対し、ヘンリー・ウォレス農務長官ら主流派は生産管理作付制限を主張した。結果としてピーク局長は一九三三年一二月に農業調整局を去り、減産に給付金を与え農産物価格上昇を目指す方式が採用された。農業調整法自体は一九三六年一月六日のバトラー判決で最高裁から違憲判決を受ける。通商条項を根拠に生産管理を行ったことが州権利の侵害にあたり、また給付金の財源とした加工税が憲法違反とされたのである。農業調整局は生産管理の根拠を一般福祉条項に修正し、給付金を一般財源から支出することで一九三六年二月九日に土壌保全国内割当法を成立させた。その名目は土地を枯渇させる作物の作付を制限し、土壌強化作物に助成金を与えるというものだった。こうした経緯を通じて農業政策は一定の成果を収める。スコッチポルは農業政策の成功理由を、農務省やランド・グランド・カレッジの人材がもつ優れた能力にあるとしている。各作物のエキスパートとして綿花のアルジャー・ヒス、小麦のM・L・ウィルソン、トウモロコシと豚のA・G・ブラックなどがおり、農務省と農業経済研究所を交互に経験し能力を向上させていたので

表 3　農産物の価格と生産量の推移

Table 3. Price, production, and parity levels, 1910-1936

	Wheat		Corn		Hogs		Cotton		
Year	Production (in million bushels)	Price (in $/ bushels)	Production (in million bushels)	Price (in $/ bushels)	Production (in million bushels)	Price (in $/ bushels)	Production (in thousand bales)	Price (in $/ pound)[a]	Parity Ratio[b]
1910	625	.91	2,853	.52	12,025	8.14	11,609	13.96	107
1911	618	.87	2,475	.68	12,517	6.21	15,694	9.65	96
1912	730	.81	2,948	.55	11,945	6.73	13,703	11.50	98
1913	751	.79	2,273	.70	12,220	7.54	14,153	12.47	101
1914	897	.98	2,524	.71	12,594	7.52	16,112	7.35	94
1915	1,009	.96	2,829	.68	13,935	6.47	11,172	11.22	103
1916	635	1.43	2,425	1.14	13,582	8.37	11,448	17.36	120
1917	620	2.05	2,908	1.46	12,928	13.89	11,284	27.09	119
1918	904	2.05	2,441	1.52	14,792	16.14	12,018	28.88	110
1919	952	2.16	2,679	1.51	13,983	16.39	11,141	35.34	99
1920	843	1.83	3,071	.64	13,533	12.92	13,429	15.89	80
1921	819	1.03	2,928	.52	14,132	7.63	7,945	17.00	87
1922	847	.97	2,707	.73	16,518	8.40	9,755	22.88	89
1923	759	.93	2,875	.81	17,008	6.94	10,140	28.69	89
1924	842	1.25	2,223	1.06	15,388	7.34	13,630	22.91	95
1925	669	1.44	2,798	.70	14,168	10.91	16,105	19.62	91
1926	832	1.22	2,547	.74	14,909	11.79	17,978	12.49	88
1927	875	1.19	2,615	.85	16,340	9.64	12,956	20.20	91
1928	914	1.00	2,666	.84	16,189	8.54	14,477	17.98	91
1929	824	1.04	2,516	.80	15,582	9.42	14,825	16.78	92
1930	887	.67	2,080	.60	15,176	8.84	13,932	9.46	83
1931	942	.39	2,576	.32	16,541	5.73	17,097	5.66	67
1932	756	.38	2,930	.32	16,368	3.34	13,003	6.52	58
1933	552	.74	2,398	.52	16,566	3.53	13,047	10.17	64
1934	526	.85	1,449	.82	12,385	4.14	9,636	12.36	75
1935	628	.83	2,299	.66	10,673	8.65	10,638	11.09	88
1936	630	1.02	1,506	1.04	12,976	9.37	12,399	12.36	92

Source: U. S. Department of Commerce, Bureau of the Census, *Historical Statistics of the United States, Colonial Times to* 1970, Bicentennial ed. (Washington, D. C.: U. S. Government Printing Office, 1975), 1: 511, 519, 517, 489.

[a] One bale=500 lb. cotton.

[b] The parity ratio is the ratio of farm prices to farm costs, each computed with the 1910-1914 average set at 100. Hence, a parity ratio above 100 means farm purchasing power is more than in the base period; a ratio below 100 means farm purchasing power is less than the base.

(出典)　スコッチポル 1995, p. 15

ある[17]。とりわけスコッチポルは、農業調整局に結集した才能が一九三三年以前に育成されていた点を強調する。一八六二年のモリル法により設立されたランド・グランド・カレッジが農業政策の実務家を養成していたのである。一八六〇年代の法制化が一九三〇年代の成功をもたらす要因、政策遂行能力の源泉として指摘されている[18]。

農業政策の帰結はいかなるものであったのか。一九三三年から三六年にかけて農産物価格の価格回復に一定の成果を収め、農工間格差の解消にも進展が見られたが、農業部門内での格差が新たな争点として問題とされることになる。シェア・クロッパーやテナントと呼ばれる人々の自作農化である。これはバンクヘッド・ジョーンズ法や農場保障局を通じて農業部門の階級関係に介入を試みるものとなる。一九三七年以降、急進化した農務省は地主・南部保守派・全米農務局連合と対立を深め、ラディカル派を代表するウォレス農務長官は都市部の進歩的勢力と提携し、副大統領へと転身するものの、労農同盟が挫折する要因ともなるのである[19]。

(2) 全国産業復興法の起源・執行・帰結

全国産業復興法は、直接の契機としては三〇時間労働を盛り込んだブラック法案の政策的脅威に対抗するものとして一九三三年六月に成立したが、第一次大戦下での戦時産業局（WIB）を参考にその経験を持つジョンソンのもとで構想された。生産制限と無競争の高価格が目標とされ、経済界は反トラスト法緩和が実現されるためこれを支持した。労働側も最低賃金・労働時間・生産条件・団体交渉についての法制化を目指すためこれを支持した。表4に見られるように全国産業復興局のスタッフは財界出身者が多数を占め、業界利益の優先されるものとなった[20]。

政策の執行を担うスタッフは、ウォール街の銀行家ジョン・ハンコック、繊維産業代表ネルソン・スレーター、軍部出身クラレンス・ウィリアムス、リンゼイ・ロジャースなどの学識経験者、高齢の法律家によって構成されていたが、全体としてモルガン商会のスタッフよりはるかに劣る人々から構成されていた。公益や経済全体を考えたスタッフはほとんどなく、産業間調整や計画化の訓練も受けておらず、不都合な統計は無視して業界利益を優先したため、消費者や中小企業に多大な悪影響を及ぼしたとされている。内務省のハロルド・イクスに一任された石油コードを除いてすべてが失敗に終わったのである[21]。

表 4　全国復興局スタッフの経歴

Table 4. Prior careers of NRA code officials (percentage distribution)[a]

Rank	Business	Government	Academic	Law	N[b]
Division Administrator	70.0	50.0	0.0	20.0	10(1)
Deputy Administrator	89.6	35.4	10.4	12.5	48(0)
Assistant Deputy	90.5	21.6	9.5	2.7	74(8)
Total	88.6	29.5	9.1	7.6	132(9)

Sources : U. S. Congress, Senate, *Employees of the National Recovery Administration, Senate Document No.*164, 73d Cong., 2d sess., March 20, 1934, was the source for names of officials responsible for each proposed code, and the main source for career data on these officials. Information that was omitted or ambiguous in *Employees of the NRA* was obtained from *Dictionary of American Biography, National Cyclopedia of American Biography, Who's who*, and *New York Times* obituaries.

[a] Includes officials with direct responsibility for codes serving as of or prior to March 20, 1934. Percentages sum to more than 100 since some officials had experience in more than one category.

[b] Totals and percentages do not include officials for whom career date could not be obtained. The number of such officials is shown in parentheses.

＊全国復興局のスタッフは財界出身者に占められていたことが見てとれる.

（出典）　スコッチポル 1995, p. 95

全国産業復興法は経済政策として失敗しただけでなく、労働政策の点でも問題を残した。組合行為の即時禁止など、労働インジャクションと呼ばれる司法による不当介入は既に一九三二年のノリス・ラガーディア法で禁じられていたが、積極的意味での労使関係法制化は全国産業復興法のＮＩＲＡコードにより初めて実現された。しかしSection7(a)に記された内容は、団結権・団体行動権を認め、会社組合加入を義務付けないとしながらも、経営者に承認や交渉を強制せず、会社組合と多数派組合のどちらを代表とみなすか明記されていなかった。(22)

当初、ルーズベルトは一九三四年三月二五日に自動車産業の争議調停で多数派組合を無視し、また労働争議法案に拒否権を発動するなど必ずしも労働側の立場にいたわけではなかった。しかしクラーク決議で復興法二年更新案が拒否され、合衆国商工会議所で財界による復興法批判が展開され、一九三五年五月二七日に最高裁から復興法違憲のシェクター判決が下されるに及んで支持基盤の転換を余儀なくされたのである。同年七月五日、ルーズベルトはワグナー法に署名した。これは経営側の団体交渉に応ずる義務を明記し、不当労働行為の明確な規定を設け、多数決代表の排他的交渉権を認める法案であった(23)。

スコッチポルによれば、こうした過程は政策遂行能力（State Capacity）の欠如が、政党編成と政党戦略に変容をもたらしたものと解釈される。産業復興法体制が一九三二年の政党編成・政党戦略を反映するものであったのに対し、一九三六年以降の政党編成・政党戦略はワグナー法の法制化に寄与した人々を中心に展開していくことになるのである。

(3)　国家の自律性・政策執行能力と政党編成・政党戦略

『ニューディール期の国家と政党』（一九九五年）において分析のポイントとなっていたのは国家の自律性・政策遂行能力と政党編成・政党戦略との関係である。

農業調整法をめぐる自律性という視点からは、農民が二大政党制のもとで選挙ごとに支持政党を変えるコンテステッド・グループとして、選挙の帰趨を握る存在であったにもかかわらず、農民の意向は無視され農務省は独自の政策形成を行ったとされる。マクナリー・ハウゲニズムに依拠した二重価格は拒否され、生産管理作付制限が採用された。しかし農務省やランド・グランド・カレッジのテクノクラートは優れた政策遂行能力を有していたために、農産物価格の回復・農工間格差の解消に一定の成果を収めた。

これに対し全国産業復興法をめぐっては、経済界や業界の意向を受け入れながらも復興局が政策遂行能力を欠いて

図 2　組合組織率

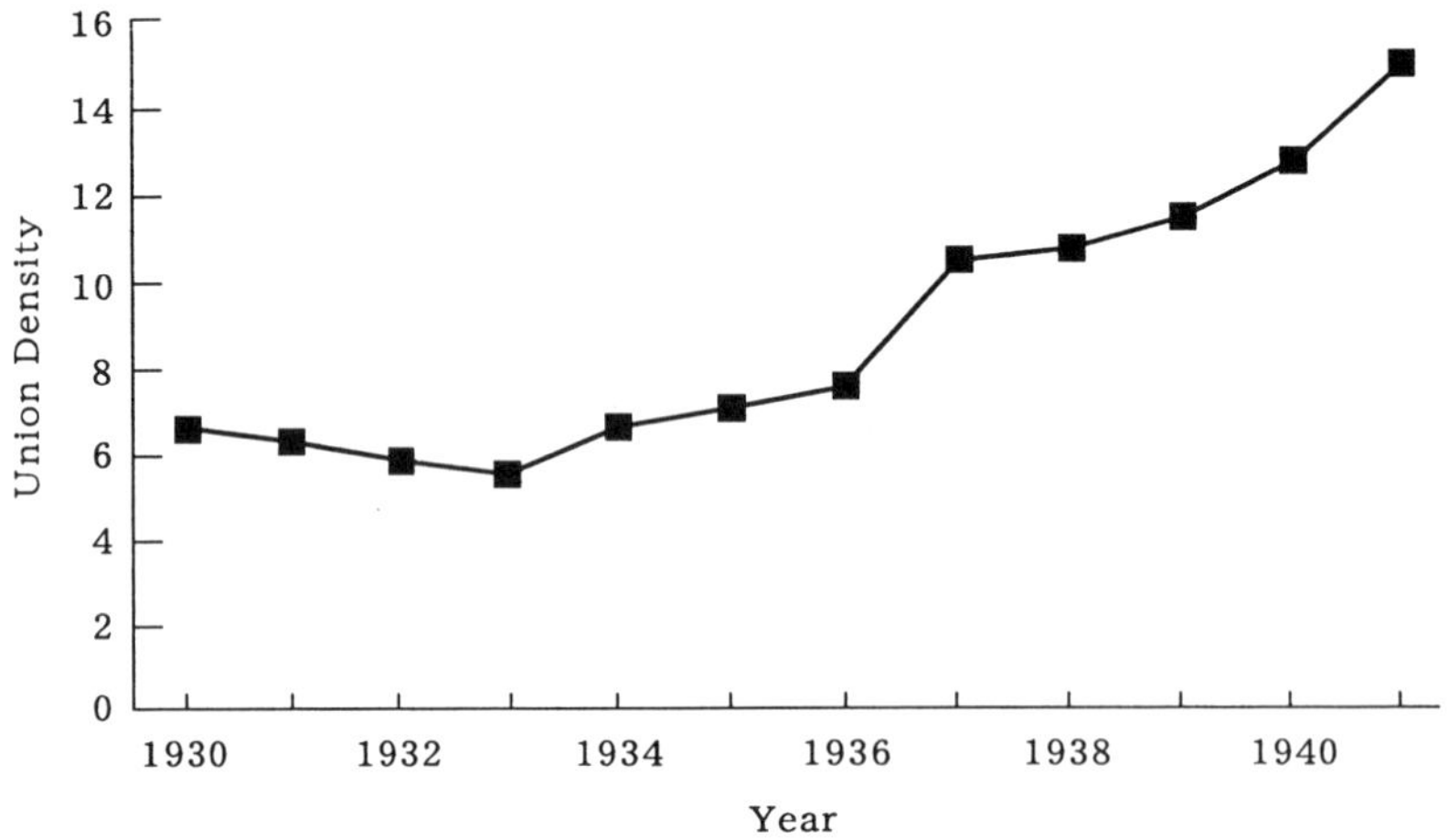

Figure 2.　Union density, 1930-1941
(Union members as percentage of civilian labor force. Does not include company unions.)
Sources: Calculated from data on union membership in Leo Troy, *Trade Union Member ship. 1897-1962* (New York: Columbia University Press for Natdonal Bureau of Economic Research, 1965), p. 1, and from data on civilian labor force in U.S. Departnent of Commerce, Bureau of the Census, *Historical Statistics of the United States, Colonial Times to 1970*, Bicentennial ed. (Washington, D.C.: U.S. Govemment Printing Office, 1975), 1: 126.

（出典）　スコッチポル 1995, p. 118

いたために破綻し、逆にその支持を失うことになったのである。結果として産業資本家は一九三六年の政党編成・政党戦略の外部に置かれ、都市部の工業労働者が内部に重要な位置を占めることになった。

なぜ農業調整法は成功し全国産業復興法は失敗したのか、この問題についてスコッチポルが示した分析は極めて明快かつ適切である。しかし農業調整法を成功に導いた政策遂行能力の源泉は、リンカーン時代に成立したモリル法によりランド・グランド・カレッジが人材供給を果たしていたことに帰せられるのであって、ルーズベルト政権の意図や戦略によるものとはいえない。また復興法体制の崩壊が都市労働者中心の新たな政党編成・政党戦略に結びついたドラマも限ら

図 3　争議件数

Figure 3. Strdke volume, 1930–1941

(Worker days lost per one thousand employed in civilian labor force. This statistic is based on Douglas A. Hibbs, Jr., "Industrial Conflict in Advanced Industrial Societies", *American Political Science Review* 70(4): 1034–36 [December 1976]. Hibbs's denominator is the number of wage and salary workers; because this data in not available for the period of the table, the number of workers employed in the civilian labor force is used here.)

Source: Calculated from U.S. Department of Commerce, Bureau of the Census, *Historical Statistics of the United States, Colonial Times to 1970*, Bicentennial ed. (Washington. D.C.: U.S. Government Printing Office, 1975), 1: 126, 1: 179.

（出典）　スコッチポル 1995, p. 127

れた可能性の中での苦渋の選択というべきであって、ルーズベルト政権の構想力によるものとは思われない。こうしてみると一九三二年から三六年にかけての意図せざる帰結は、政治家や官僚たちの意識や戦略という次元を超えて、政策遂行能力（State Capacity）が政党編成・政党戦略に結びついた稀有の事例といえるのではないか。スコッチポルが極めて適切なケースを発見し、これをうまく説明してみせたということであって、こうした関係が一般化可能であるのか、他の文脈に応用できるのか、については検討を要する。

事実、一九三七年以降の急進化した農務省はその自律性にもかかわらず、必ずしも成功を収めることはできなかった。農工間格差の解消という公益観

表 5　民主党議員の構成

Table 5. Composition of congressional Democratic party, 1931-1936

		House	
Congress	Total	Urban[a]	South[b]
73d	217	46	100
(1931-32)		(21.2)[c]	(46.1)
74th	313	73	100
(1933-34)		(23.3)	(31.9)
75th	322	86	100
(1935-36)		(26.7)	(31.1)
		Senate	
Congress	Total	Urban	South
73d	47	5	22
(1931-32)		(10.6)	(46.8)
74th	59	7	22
(1933-34)		(11.9)	(37.3)
75th	69	10	22
(1935-36)		(14.5)	(31.9)

Sources : Kenneth C. Martis, *The Historical Atlas of United States Congressional Districts,* 1789-1983 (New York : Free Press, 1982) ; idem, *The Historical Atlas of Political Parties in the United States Congress,* 1789-1989 (New York : Macmillan, 1989) ; U. S. Congress, *Biographical Directory of the United States Congress,* 1774-1989, Bicentennial ed. (Washington, D. C. : Government Printing Office, 1989), U. S. Department of Commerce, Bureau of the Census, *Fifteenth Census of the United States, Population* (Washington, D. C. : Government Printing Office, 1931).

[a] Representatives from nonsouthern districts including all or part of cities over 250,000 population ; representatives elected at large from nonsouthern states resident in cities over 250,000 ; senators from nonsouthern states resident in cities over 250,000.

[b] Representatives and senators from Alabama, Arkansas, Florida, Georgia, Louisiana, Mississippi, North Carolina, South Carolina, Tennessee, Texas, and Virginia.

[c] Figures in parentheses indicate percentage of total Democrats.

・民主党の構成に占める比重が，南部選出議員から都市部選出議員へと推移しているのが見てとれる．

（出典）　スコッチポル 1995, p. 136

を共有している間は、その手段の選択において農民の意向を無視し自律した政策選択をしても成功を収めることが可能だったが、農業部門内格差の解消という新たな公益観のもとでシェアクロッパー・テナントの自作農化を進めることは、全米農務局連合や南部民主党との根本的な対立を招いたのである。

また一九三六年の新たな政党編成・政党戦略において中心的役割を担うウォレス農務長官は、その後副大統領を務め、ルーズベルトの有力な後継候補となったが、一九四四年の党大会では、中道と右派の連携やハネガン動議などの議事運営によりトルーマンに副大統領の座を奪われ、商務長官に転身することになる。こうした四四年の変化は、スコッチポルの提起した政策遂行能力と政党編成・政党戦略の関係から説明することはできない。ウォレスや彼を支持する都市部の進歩的勢力はこの時点でも政策遂行能力の源泉であり続けていたのである。容共リベラルであった彼にとって独ソ不可侵条約以後、共産主義の信頼が低下したことはマイナスであったし、冷戦とともに威信は大きく揺らぐことになる。また民主党内にも中道派と右派の連携、労農同盟の挫折などの変化がみられていた。民主党を支持する知識人はアメリカ進歩的市民同盟（容共リベラル）と民主的行動のためのアメリカ人協会（反共リベラル）に分裂し、民主党を離脱したウォレスは進歩党から四八年の大統領選に立候補するが、結果として一人も代議員を獲得できずに終わるのである。(24)

こうした政党編成・政党戦略の変化に対し、スコッチポルの分析枠組は必ずしも有効な解釈を与えることができないのではないか。換言すれば、歴史的制度論は適切な事例を発見することによって応用問題としての強みを発揮するのであって、あらゆる文脈に適用可能な理論の一般化・精緻化を試みるものではない。

3　ニューディール分析の諸潮流とスコッチポル批判

(1)　多元主義、エリート理論、ネオ・マルクス主義、合理的選択派制度論との対話

『ニューディール期の国家と政党』第二部でスコッチポルは、他のアプローチとの対話という形で、①多元主義 ②エリート理論 ③ネオ・マルクス主義 ④合理的選択派制度論によるニューディール分析を批判している。(25)

多元主義とは、支配的政治エリートが存在せず多様な利益集団の交差圧力が、均衡・安定することによって穏和な政策形成が行われるという考え方である。スコッチポルによれば、農業調整法がなぜ農業団体の意向を反映せずに制定され成功を収めたのか、当初は業界の支持があった全国産業復興法がなぜ失敗に終わったのか、多元主義では説明できないという。農業政策には利益の表出がなされなかったし、産業政策における無原則な利益の表出は交差圧力の均衡・安定をもたらすことなく破綻してしまったということである。

エリート理論によれば、交差圧力の均衡・安定は、権力の中間水準でのことに過ぎず重要な問題は常に一握りの人々が決定しているとされる。しかしビジネス・エリートの期待が大きかった復興法体制は失敗に終わり、彼らの支持していなかったワグナー法が制定された過程は、エリート理論では説明できない。一九三二年の復興法体制が産業資本家を重視するものであったのに対し一九三六年以降は都市工業労働者の利益が重視されるなど、影響力を行使する人々は決して一枚岩でも常なる存在でもなかった。また、一般に経済エリートとみなされる産業資本家は、一九三六年の政党編成ではまったく政策に影響を及ぼすことができず反ルーズベルト陣営を形成していたのである。

次に、ネオ・マルクス主義である。ニューディール期の多くの政策決定が資本家主導でなかったことは周知の事実

であり、「国家は資本家階級による階級支配の道具」であるとする古典的マルクス主義は破綻している。また「資本主義国家は、短期的には個別資本の利益に反する政策を取ることにより長期的に資本制経済全体の安定を図る」とする構造主義的マルクス主義に対しては、復興法体制崩壊後の労働立法が長期的にも戦後秩序の制度基盤につながり、労働勢力の政治的影響力強化に貢献したとスコッチポルは指摘している。

最後に、合理的選択派制度論であるが、ここではハンセンの農業政策をめぐる立法過程、連邦議会の分析が批判の対象にされている。制度の創設や政策イノベーションを政治家の合理的選択の結果として理解するのは一面的すぎるとして、執行過程の分析が欠如していることを問題点として指摘する。議会で何を決議しようと当該分野の政策遂行能力がなければ政策イノベーションを実現することはできず、一九三〇年代の経緯からすれば、執行能力の如何によって、政党編成や制度の創設が影響を受けたのである。(26)

全体の総括として、スコッチポルは、Statenessと政党編成による整理を行っている。多元主義・エリート理論には国家の自律性・政策遂行能力といったStatenessの視点が欠如している。政党編成の視点からは、多元主義や合理的選択派制度論には階級関係のような固定的要素が捨象されていること、マルクス主義やエリート理論には状況に応じた流動的要素性が捨象されていることが指摘される。(27)

こうした批判はかなりの程度妥当しており、一九三二年から三六年にかけての、全国産業復興法・農業調整法についてはスコッチポルの分析が際立って優れ

図4　国家構造と政党編成から見た諸理論の比較

政党編成 ＼ 国家構造	Functional	Permeable
Flexible	Rational Choice	Pluralism
Fixed	Marxism	Elitism

（出典）　スコッチポル 1995, p. 219

ている印象を受けるが、これは適切な事例の発見に成功したということであって、別の事例では他のアプローチが有効でありうることはいうまでもない。

(2) スコッチポル批判の潮流

それではスコッチポルの歴史的制度論に対してはいかなる批判がなされているのだろうか。ボブ・ジェソップは、一九八〇年代のスコッチポルに対する批判を四つに類型化している。①多元主義やマルクス主義に対する無理解 ②事例研究による反論 ③方法論に関するもの ④戦略的意図、である。[28]アメリカ政治学の中心人物、ガブリエル・アーモンドはスコッチポルの多元主義理解に疑義を呈しているが、[29]こうした批判はエリート理論、構造機能主義、マルクス主義の理解についても様々な形でなされている。諸理論の特性を簡潔に形式化する傾向は、論争相手からすれば、納得できないものなのかもしれない。

ニューディールの事例研究としては、スコッチポルが一九八〇年に公表した「資本主義への政治的対応：ネオ・マルクス主義の国家論とニューディールの事例」[30]や、ファインゴールドとの共同論文である八三年の「初期ニューディールにおける国家能力と経済的介入」[31]、八四年の共同論文「国家・政党・産業界の関係：産業復興からワグナー法へ」[32]、さらに本稿でも検討した『国家の復権』などに対して、一九八七年にロンダ・レビン、一九八八年にギルバートとハウ、一九八九年にポール・カマック[34]が批判を試みている。とりわけギルバートとハウの農業政策に対する批判は適切である。長期的視野からの検討が欠如しているために、合衆国開発局・土地賦与複合体・農事局の階級的バイアスが見落とされ、再入植局や農場保障局が言及されていないこと、商業的農民と底辺層の二分法は単純すぎることなどが指摘されている。[35]南部のプランテーション型シェアクロッパー、西部の資本主義的農業経営、中西部ホームステッドの家族的経営といった視点は、スコッチポル・ファインゴールドによる一九九五年の研究でも部分的に言及されるにとどまっており、対象を一九三二年から三六年に限定しているために農業政策をめぐる長期的解釈は必ずしも検討されていない。

第三の方法論に関するものとしては、国家と社会の二分法が単純すぎるとの批判がなされている。第四の批判としてスコッチポルらステイティストの研究には、強い国家への回帰を渇望する戦略的意図が感じられるという批判もある。ボブ・ジェソップ自身は、「社会中心の諸理論から国家中心アプローチへ」というスコッチポルの問題提起が、国家と社会の排他的二分法に陥っており、国家と社会の相互浸透、政策ネットワークの媒介機能などを重視すべきだとしている。(36)その後のジェソップの研究領域は、スコッチポルらステイティストとの論争よりも、レギュラシオン理論との相互補完性による政治経済分析を重視しているようである。(37)

結びにかえて

歴史的制度論の文脈で紹介される理論の中から、スコッチポルの『国家論の復権』『兵士と母親を守るために』『ニューディール期の国家と政党』に対象を絞り、分析枠組の変容と事例研究の成否について検討してきた。とりわけフアインゴールドとの共著『ニューディール期の国家と政党』が扱っている一九三二年から三六年の農業調整法・全国産業復興法については、問題設定と適切な事例が合致した稀有な成功例と評価することができる。しかし中・長期的政治経済体制の問題も含めて理論の射程に収まらないいくつかの問題点が残されていることも事実である。(38)

一九八五年論文で批判の対象とされたパワーリソース理論からは、歴史的制度論の国家像において最も重要な

Statenessの扱いについて根本的な問題提起がなされている。ロートスタインは、一九三〇年代のスウェーデンについて詳細な事実関係に依拠して、『国家論の復権』に過激な批判を加えているが、理論的問題点としては、各国間・政策領域間の自律性と政策執行能力の差異がいかなる理由で生じるのかについてまったく説明がなされていないと指摘する。[39] これは、九五年の研究についても妥当することであって、農業調整法の政策執行能力がリンカーン時代のモリル法を源泉としていたように、過去の経緯・偶然・思わざる帰結により既存の理論で説明できない事例が解決されるという手法が取られている。歴史的制度論はその前提から、一般理論への道を閉ざしているというべきかもしれない。

またスコッチポルの研究は初期ニューディールの政治過程について、成功を収めたとはいえ、ニューディールとは何か？　という問題に答えるためには中長期の政治経済体制を論ずる必要があるのではないか。「ルーズベルトにとって地位の継承者はトルーマンであり、理念の継承者はウォレスであった。」という研究が示すように、ニューディールが一九三〇年代から五〇年代にかけて、体制として確立して行く過程には倫理的基盤の変容があったように思われる。[40] このことを例証する労農同盟の挫折や、ウォレス派の後退といった政治過程にはネオ・グラムシアンの分析視角が有効であろう。あるいは容共リベラル離脱後の政党編成が通説的にはニューディール連合とみなされるのかもしれない。

少なくとも一九六八年までは政権が民主党であろうと、共和党であろうとニューディール体制は継続していたと考えられている。下院の構成のみに限定すれば一九九四年までこの構造が継続していたと論ずることも不可能ではない。ニューディールとは何か？　この問題には様々な視角が提示されており、少なくとも中長期の体制論が必要不可欠であることは間違いないだろう。

歴史的制度論は、あらゆる文脈に妥当する一般的説明を否定し、対象の限定と適切な事例の発見に分析の成否がかかっている。その優れた説明力は、理論の射程に制約を課すことで、可能となっている。その意義は同時に限界と不可分のものでもあり、その評価には想像力と思考力を必要とするように思われる。

（1）本稿が依拠したスコッチポル（Theda Skocpol）の著作は以下の三冊である。
・*Bringing the State Back in*,
edited by Peter. B. Evans, Dietrich Rueschmeyer, Theda Skocpol.
Cambridge University Press, Cambridge, 1985.
・*Protecting Soldiers and Mothers*,
: The Political Origin of Social Policy in the United State.
The Belknap Press of Harvard University Press,
Cambridge Massachusetts, 1992.
・*State and Party in America's New Deal*,
Kenneth Finegold And Theda Skocpol,
The University of Wisconsin Press, Madison Wisconsin, 1995.

（2）水口憲人、北原鉄也、久米郁男編著、『変化をどう説明するか：政治編』、木鐸社、二〇〇〇年。

（3）建林正彦、「新しい制度論と日本官僚制研究」、日本政治学会編、『二〇世紀の政治学』、岩波書店、一九九九年。

（4）T. Skocpol., 1985, op. cit., pp. 117–119.

（5）T. Skocpol., 1992, op. cit., p. 58.

（6）T. Skocpol., 1985, op. cit., pp. 9–29.

（7） Ibid., pp. 112–115.
（8） Ibid., p. 116.
（9） Ibid., pp. 117–119.
（10） Ibid., pp. 141–148.
（11） T. Skocpol, 1992, op. cit., pp. 23–26, 41–47.
（12） Ibid., pp. 47–54.
（13） Ibid., pp. 56–57.
（14） Ibid., pp. 58–60.
（15） T. Skocpol, 1995, op. cit., pp. 38–44.
スコッチポルとファインゴールドが提示しているモデルはあくまで二大政党にのみ妥当するものである。現代の政党論では穏健な多党制と分極的多党制の境界設定が重要視されており、二大政党制は理想でもなければ一般的類型ともみなされてはいない。こうした意味で、政党論への貢献を過大評価することはできない。
（16） Ibid., p. 15.
（17） Ibid., pp. 104–110.
（18） Ibid., p. 112.
（19） ヘンリー・ウォレスの農業政策については、久保文明、『ニューディールとアメリカ民主制』、東京大学出版会、一九八八年、が包括的に検討している。
（20） T. Skocpol., 1995, op. cit., pp. 94–98.
（21） Ibid., p. 101.
（22） Ibid., pp. 121–128.
（23） Ibid., pp. 129–138.

（24）一九四八年の大統領選挙は、民主党が三分裂し、トルーマンおよび進歩党のウォレス、南部保守派のストローム・サーモンドが各々独自に立候補した。それにもかかわらず民主党は共和党のデューイを三〇三対一八九の大差で破り圧勝した。

（25）スコッチポルと他のアプローチの対話については、書評待鳥聡史「異なる分析手法とその対話の試みとその限界」『レヴァイアサン』、木鐸社、一九九八年臨時増刊号、一七六―一八六ページ。

（26）J.M. Hansen, *Gaining Access : Congress and the Farm Lobby, 1919–1981*（Chicago : University Chicago Press, 1991）.

（27）T. Skocpol, 1995, op. cit., p. 219.

（28）Bob. Jessop, *State Theory : Putting Capitalist State in their Place,*（Cambridge UK, Polity Press, 1990）pp. 283-288.
ボブ・ジェソップ『国家理論：資本主義国家を中心に』中谷義和訳、御茶ノ水書房、一九九四年。四一四―四二四ページ。

（29）G. Almond, "Return to the State", American Political Science Review, 82(3), pp. 853-74.

（30）Theda Skocpol., "Political Response to Capital Crisis : Neo-Marxist Theories of the State and the Case of New Deal", Politics & Society, 10, no. 2（1980）pp. 155-201.

（31）Theda Skocpol., "State Capacity and Economic Intervention in the Early New Deal", Political Science Quarterly 97, pp. 256-278.

（32）K. Finegold and T. Skocpol., "State, Party, and Industry, : From Business Recovery to the Wagner Act in America's New Deal" in C. Bright And C. Harding, eds, *Statemaking and Social Movements*（Ann Arbor : University of Michigan, 1984.）pp. 159-92.

（33）R. F. Levin., *Class Struggle and the New Deal, : Indestrial Labour, Indestrial Capital, and the State*（University

Press of Kanzas, 1988).

(34) P. Cammack., "Bringing the State Back In :a Polemic", *British Journal of Political Science*, 19 (2), pp. 261-90.

(35) B. Jessop., op. cit., p. 284.

(36) Ibid., pp. 287-288.

(37) ボブ・ジェソップとレギュラシオン理論の相互補完性、彼らの近年の動向については、拙稿「グローバル・エコノミーと国際競争力」、『グローバル化の政治学』所収、日本比較政治学会編、早稲田大学出版部、二〇〇〇年、を参照されたい。

(38) 一八八五年にスコッチポルが提起した社会的ケインズ主義にしても、マリナー・エクルズ、ロックリーヌ・カリー、アルビン・ハンセン、ウォルター・サラントらマクロ経済政策のテクノクラートについて、農務省やランド・グランド・カレッジ同様の考察が必要であろうし、戦後のケインジアンとの対比も不可欠であろう。ロックリーヌ・カリーら経済テクノクラートの活躍については、

W. J. Barber., Design within Disorder, : Franklin D. Roosevelt, the Economist, and the Shaping of American Economic policy, 1933-1945 (Cambridge Universuty Press, 1996).

(39) Bo, Rothstein., "Marxism and Institutional Analisis : Working Class Strength and Welfare State Development in Sweden" in *History and Context in Comparetive Pubulic Policy*, edited by Douglass Ashford (Pittuburg and London, University of Pittuburg Press, 1992).

(40) ウォレスの政策構想・体制構想については、久保文明、前掲書、二四五―二六七ページ。

執筆者紹介（執筆順）

和《わ》田《だ》 重《しげ》司《し》　中央大学経済学部教授
齋《さい》藤《とう》 俊《とし》明《あき》　岩手県立大学総合政策学部助教授
高《たか》橋《はし》 和《かず》則《のり》　中央大学法学部兼任講師
下《しも》條《じょう》 慎《しん》一《いち》　中央大学文学部兼任講師
落《おち》合《あい》 隆《たかし》　神奈川県立麻生高等学校教諭
鳴《なる》子《こ》 博《ひろ》子《こ》　中央大学法学部通信教育部インストラクター
横《よこ》山《やま》 清《きよ》彦《ひこ》　中央大学法学部兼任講師
大《おお》矢《や》 温《おん》　札幌大学外国語学部助教授
村《むら》井《い》 淳《じゅん》　関西外国語大学（専任）講師
大《おお》木《き》 昭《てる》男《お》　桜美林大学国際学部教授
中央大学法学部兼任講師
土《ど》橋《ばし》 貴《ただし》　中央学院大学法学部助教授
山《やま》田《だ》 博《ひろ》雄《お》　中央大学法学部兼任講師
中《なか》島《じま》 吉《よし》弘《ひろ》　中央大学文学部兼任講師
桜美林大学コア教育センター兼任講師
崔《ちぇ》 長《じゃん》 根《ぐん》　大邱大学校東洋語文学部兼任教授
中《なか》村《むら》 勝《かつ》己《み》　中央大学大学院法学研究科政治学専攻
博士後期課程
高《たか》橋《はし》 善《よし》隆《たか》　都留文科大学文学部社会学科兼任講師

体制擁護と変革の思想　　研究叢書10

2001年3月31日　発行

編　者　池庄司　敬信
発行者　中央大学出版部
代表者　辰川　弘敬

192-0393　東京都八王子市東中野742-1
発行所　中央大学出版部
電話 0426（74）2351　FAX 0426（74）2354

十一房印刷工業㈱・東京製本

ISBN4-8057-1310-0

中央大学社会科学研究所編

6 ヨーロッパ新秩序と民族問題

—国際共同研究II—

A 5 判496頁・価5000円

冷戦の終了と EU 統合にともなう欧州諸国の新秩序形成の動きを，民族問題に焦点をあて各国研究者の共同研究により学際的な視点から総合的に解明。

中央大学社会科学研究所編

7 現代アメリカ外交の研究

A 5 判264頁・価2900円

冷戦終結後のアメリカ外交に焦点を当て，21世紀，アメリカはパクス・アメリカーナIIを享受できるのか，それとも「黄昏の帝国」になっていくのかを多面的に検討。

中央大学社会科学研究所編

8 グローバル化のなかの現代国家

A 5 判316頁・価3500円

情報や金融におけるグローバル化が現代国家の社会システムに矛盾や軋轢を生じさせている。諸分野の専門家が変容を遂げようとする現代国家像の核心に迫る。

中央大学社会科学研究所編

9 日本の地方ＣＡＴＶ

A 5 判256頁・価2900円

自主製作番組を核として地域住民の連帯やコミュニティ意識の醸成さらには地域の活性化に結び付けている地域情報化の実態を地方の CATV システムを通して実証的に解明。

中央大学社会科学研究所編

10 体制擁護と変革の思想

A 5 判520頁・価5800円

A.スミス，E.バーク，J.S.ミル，J.J.ルソー，P.J.プルードン，Ф.И.チュッチェフ，安藤昌益，中江兆民，梯明秀，P.ゴベッティなどの思想と体制との関わりを究明。